제2판

우리에게 헌법이란 무엇인가

대한민국 국민의 상식을 위한 헌법주석서

정만희 지음

pnc
publishing and culture
피앤씨미디어

제2판 머리말

지난 해 졸저 「우리에게 헌법이란 무엇인가」가 피앤씨미디어를 통해 출판된 지 1년이 되었다. 대한민국 헌법의 조문해설서 형식으로 발간된 이 책은 법학도와 사회과학 전공자들에게는 헌법입문서로서, 나아가 헌법에 관심 있는 일반 독자들에게도 시민교양서로 폭넓게 읽힐 수 있다고 기대하면서 집필한 것이다. 법률분야 출판계의 사정도 이 책의 출판에 자극이 되었다. 헌법 분야의 출판 서적들을 보면 우수한 헌법교과서와 전문 학술서 및 수험용 교재 등은 매년 서점가에 쏟아져 나오고 있으나 일반 시민들의 교양과 상식을 위해 필요한 헌법 책들은 찾아보기 쉽지 않다. 다행히 최근에 와서 일반인을 위한 헌법해설서가 여러 권 발간되고 있지만, 정치적 이념 성향으로부터 중립적인 입장에서 헌법이론에 충실한 조문해설서는 눈에 띄지 않는 것 같다. 이러한 출판계의 현실을 감안하여 저자는 헌법학자로서의 양심에 따라 정치적 성향에 치우치지 않고 헌법이론을 바탕으로 한 체계적인 헌법해석서를 발간하였던 것이다. 우리나라의 입헌민주주의 발전과 법치주의의 확립을 위해서는 일반 국민들의 헌법에 대한 관심과 소양을 키워나가는 것이 매우 중요하다는 평소 생각을 실천하게 되었다는 점에서 의미가 있는 일이었다.

이번의 제2판은 초판 내용의 기본 틀을 유지하면서 책 전반에 걸쳐 각 조항마다 부분적인 수정·보완을 한 것이다. 기본권 조항에 있어서 조문해설이 부족하거나 보충설명이 더 필요한 부분을 보완하여 일반 독자들이 좀 더 쉽고 편하게 읽을 수 있도록 배려하였다. 헌법조문의 해석상 여러 논점이 있고 학설 대립이 있는 부분에는 독자들의 입장에서 이해도를 높일 수 있도록 그 내용을 간결하게 정리하고 중요도가 낮은 세부적인 설명은 과감히 삭제하였다. 초판 때 교정 작업에서 발견하지 못한 오탈자 여러 군데를 수정하였다. 그리고 특정 조항 해설에 있어서는 새롭게 제기된 헌법논쟁에 관한 내용들을 추가하였다. 최근 논란이 되고 있는 제12조 제3항의 영장주의에 관한 부분에 있어 문재인 정부 임기말의 이른바 '검수완박법' 강행처리과정에서의 검찰수사권 폐지의 위헌여부에 대해 저자의 견해를 언급하였다.

「우리에게 헌법이란 무엇인가」라는 졸저의 출간 목적은 대한민국 국민이 주권자로서 헌법을 제대로 이해할 수 있도록 헌법조문들을 직접 읽고 그 의미를 명확히 파악하게 함으로써 당당하게 정치권력을 비판하고 감시할 수 있는 힘을 갖게 하는 데 있다. 법학을 전공한 일부 사람들을 제외한 대부부의 일반 시민들은 헌법조문을 가까이에서 접하고 읽어 볼 기회가 많지 않기 때문에 헌법지식이 부족하다고 할 것이다. 국민이 주권자라는 것과 국민의 자유와 권리가 헌법에 보장되어 있고, 국가권력은 함부로 개인의 자유와 권리를 침해해서는 안 된다는 정도는 막연히 알고 있을 뿐, 헌법 전반에 걸쳐 적용되는 기본원리가 무엇인지, 국민의 기본권은 어떻게 보장되고 제한되며 국가권력에 의한 기본권 침해의 경우 권리구제수단은 어떻게 이루어지는지, 통치구조에 있어서 국가기관의 구성과 작용, 국가기관 상호간의 권력통제장치는 어떻게 작동되는지 등에 관하여는 그때그때 정치권의 언론보도를 통해 단편적으로 이해하는 수준에 머물러있다고 할 것이다. 그렇기 때문에 우리 헌법에 헌법의 최고원리로서 국민주권원리를 천명하여 모든 국가권력의 원천이 국민이며 국가권력의 정당성의 기초가 국민에게 있다는 것을 선언하고 있음에도 현실적으로 이 원리의 규범적 의미는 명목화되고, 오히려 권력담당자는 국민 위에 군림하려 하고 국민 전체의 봉사자의 지위를 망각하는 경우가 다반사로 나타나고 있다.

건국 후 자유당 정권의 독재와 군사 쿠데타, 권위주의시대를 거치면서도 국민의 자유수호의 불굴의 의지는 권력에 저항하면서 1987년 국민적 합의에 의한 민주적 개헌으로 한 단계 발전된 민주주의체제를 갖출 수 있게 되었지만, 우리의 정치는 여전히 국민의 눈높이에 훨씬 못 미치는 저급한 수준에서 벗어나지 못하고 있다. 국익을 우선하야 하는 정치인들은 정파 간의 이해관계를 둘러싼 극한 대립과 충돌로 국민을 실망시키고 분노케 하고 있다. 국가의 권력기관의 구성과 그 권력행사는 국민적 합의로 제정한 헌법에 의해 부여되는 것이지만 집권에 성공하고 나면 집권세력은 권력을 남용하여 헌법의 정신과 가치에 반하는 탈법과 편법을 일삼으며 법치주의를 훼손시키고 있다. 정치인들은 단지 선거시에만 국민을 두려워하고 국민에 머리를 숙이지만 선거가 끝나고 나면 국민을 위한 정치는 실종되고 만다. 그나마 국민의 여론이 살아 있어 정치과정을 비판하고 권력을 통제하는 기능을 수행하지만 그 기능은 미력하다. 따라서 우리의 권력과정의 현실이 헌법규범이 명하는 대로 움직이고 권력담당자가 헌법을 준수하도록 하기 위해서는 주권자인 국민의 권력에 대한 비판과 감시가 강화되어야 하고, 그렇게 하기 위해서는 국민 모두가 국가의 최고규범이며 권력제한규범인 동시에 기본권보장규범인 헌법의 의미를 올바르게 이해하고, 그 헌법이 권력으로부터 침해당하지 않고 제 기능을 할 수 있도록 헌법의 수호자로서의 역할에 충실할 필요가 있음은 물론이다. 다시 말하면 대한민국의 정치 현실에서 국민이 주권자이며 기본권을 향유하는 주체로서 대우받으며 권력으로부터 무시당하지 않기 위해서는 헌법지식으로 무장한 많은 국민들이 권력과정에 대해 침묵을 지킬 것이 아니라, 적극적인 민주여론형성을 통해 바른 소리로 질책하고 비판할 수 있어야 한다는 것이다.

제2판 발간으로 졸저의 내용에 내실을 기하고 일반 독자들의 입장에서 가독성을 높이도록 노력하였으나 여전히 미흡하고 아쉬운 점이 남는다. 앞으로도 지속적으로 수정 보완을 통해 대한민국 국민의 상식으로서 헌법지식을 보급하는 데 기여할 것을 약속드리는 바이다.

2022년 8월

저 자 씀

머리말

헌법학을 전공하여 40년의 세월 동안 대학교수로서 교육과 연구생활을 해오다가 정년퇴직을 한 지 어느새 2년이 흘렀다. 대학의 강단에서 헌법을 강의하면서 교과서와 학술저서들을 집필하고 학회활동을 통해 연구논문도 꾸준히 발표해 왔다. 학자로서 게으르지 않은 삶을 살기 위해 노력해 왔다는 생각도 든다. 사십대의 혈기 왕성한 때에는 지역 언론매체를 통해 정치적 이슈가 되는 헌법문제에 관하여 시론과 칼럼을 기고하면서 현실의 정치권력에 대한 비판의 목소리를 내기도 하였고, 재직 중 본부 보직을 맡은 기간은 학문공동체의 화합 속에 대학발전을 위한 변혁지향적 리더십을 갖추려고 노력하기도 하였다. 그렇게 교수생활을 마감하고 정년퇴임을 맞은 시점에 지나온 발자취를 뒤돌아보니 세월의 덧없음을 실감하게 될 뿐, 연구업적으로 당당히 내놓을 만한 역작이 보이지 않는 것을 깨닫게 되는 공허한 마음만 남는다. 다만 한 가지 의미 있는 것을 찾는다면 평생 학문의 외길을 걸어왔으며 아직도 학문에의 열정은 식지 않고 여전히 남아 있다는 점이다. 저자 스스로 그 열정이 살아 있음을 다행이라 생각한다. 앞으로의 삶도 글을 읽고 글을 쓰는 천직의 길을 뚜벅뚜벅 걸어갈 것이다. 위대한 역사가 사마천(司馬遷)이 말한 것처럼 세상에 나와 입공(立功)과 입덕(立

德)을 남길 만한 능력은 없으나 조그마한 입언(立言)으로 나의 존재를 찾을 수 있다면 큰 보람이 아닐 수 없다.

저자는 지난 2019년 6월말 동료·후배교수들과 제자 법조인들이 만든 저자의 정년퇴임기념논문집 출판회 자리에서 감사의 인사에 덧붙여 언급한 말이 있다. "정년 후에는 대학의 울타리를 벗어나 일반 시민독자층을 위한 헌법책을 몇 권 집필하고 싶다"는 뜻을 밝힌 것이다. 일반인이 쉽게 읽고 이해할 수 있는 시민교양헌법과 한국헌법의 역사에 관한 책을 발간하여 헌법의 상식과 지식의 보급에 기여할 수 있다면 커다란 보람이 될 것이라는 생각을 전한 것이다. 그 약속을 지키기 위해 퇴직 후 준비해 온 두 권의 원고를 정리하게 되었고, 그 중 한 권을 이번에 세상에 내놓게 되었다.

이 졸저는 '대한민국 헌법'의 전문(前文)과 본문 제1조에서부터 제130조까지의 모든 조항에 관한 해설서이다. 학계에서는 이미 헌법학자들에 의한 전문학술연구서로서 체계적이고 방대한 헌법주석서(註釋書)가 여러 권 발간되어 헌법해석론에 크게 기여하고 있기 때문에 이 책은 그러한 깊이 있는 주석서 발간을 계획하여 쓴 것은 아니다. 헌법에 관심 있는 일반 시민독자들의 헌법에 대한 이해를 돕기 위한 시민교양헌법의 의도로 집필한 것이다. 다만 헌법 총강 부분을 비롯한 주요 조문의 설명에 있어서는 최소한 언급되어야 할 내용을 담기 위해 역사적·사상적 배경과 학설을 정리하고 비교헌법적 관점과 헌법재판소의 주요 판례들을 상당부분 반영하다 보니 일반 독자들에게는 읽기에 부담스럽게 느껴질 수도 있을 것이다. 결국 이 책은 처음에 저자가 의도했던 민주시민의 교양과 상식으로서의 헌법해설서의 성격에서 좀 더 나아가, 「헌법학」의 입문서로서 헌법의 기초이론을 내용으로 하게 된 것 같기도 하다.

최근의 우리나라 정치과정에서 제기되는 주요 논쟁이나 국민적 관심사는 거의 예외 없이 헌법문제로 귀결되기 때문에 국민들은 어렴풋이나마 정치문제가 곧 헌법문제라는 것을 인식하고 있다. 우리 헌법의 조문이 어떻게 쓰여 있는지에 대한 관심도 커지고 있는 것이 사실이다. 특히 2017년 3월 10일 박근혜 대통령이 헌법에 정한 탄핵심판절차에 의해 파면되는 것을 지켜보면서 우리 국민은 살아있는 권력을 통제하는 헌법의 놀라운 힘을 알게 되었다. 그 탄핵심판의 계기가 된 박 대통령과 측근의 국정농단의혹 사건을 규탄하기 위한 대규모 촛불집회 과정에서 많은 시민들은 헌법 제1조의 민주공화국과 국민주권의 의미를 실감하였다. 그리고 박근혜 정부 당시인 2014년 12월 헌법재판소가 진보성향이 강한 통합진보당에 대해 해산결정을 내린 정당해산심판 사건을 통해서도 헌법이 자유민주적 기본질서를 어떻게 수호하는지를 알게 되었다. 이처럼 국가권력과 정치과정에 대한 통제기능를 담당하는 제도적 장치들이 모두 헌법규범에 의한 것이며, 이러한 헌법상의 규정들이 단지 명목적이거나 장식적인 것이 아니라 실질적으로 권력과정을 규율하는 효력을 갖는다는 것을 우리 국민들은 최근 몇 년간의 정치과정을 지켜보면서 새삼 이해하게 되었다. 그리고 시민들은 이미 1987년 헌법체제 이후 인권에 대한 의식이 크게 제고되어 공권력에 의해 침해된 개인의 권리 구제를 위해 헌법재판소에 헌법소원을 청구하는 일이 거의 생활화되어 있다. 이는 곧 우리 국민의 헌법의식이 상당한 수준에 이른 것을 말해 주며, 헌법규범이 국가공동체의 질서를 유지하고 국민의 편에서 국민의 자유와 권리를 보호하는 기능을 수행함을 인식하게 된 것을 말한다. 이제 우리 사회는 과거 권위주의체제의 힘의 지배에서 벗어나 헌법이 지배하는 시대로 진입하였다고 할 수 있다. 여기서 중요한 것은 헌법이 지배하는 사회가 정착되기 위해서는 헌법을 만든 우리 국민이 주권자로서 권력과정을 감시하며 헌법을 수호하려는 '헌법에의 의지'가 전제되어야 한다는 것이다.

그렇지만 아직 우리 국민들 중에는 헌법이 추구하는 기본이념과 원리가 무엇인지, 헌법전에 담겨진 많은 내용들이 어떠한 것인지에 관해서는 잘 모르거나 막연하게 알고 있는 사람들이 적지 않을 것이다. "대한민국의 주권은 국민에게 있고, 모든 권력은 국민으로부터 나온다"고 헌법 제1조 제1항에서 천명하고 있지만, 정작 국민이 주권자로서의 지위에서 또는 모든 국가권력의 원천으로서 제 역할을 다하고 있는지에 대해서는 의문이 있다.

국가의 기본법인 헌법이 국가공동체 전반에 관한 근본규범으로서 작용하고, 공동체의 통합을 위한 객관적 가치질서로서 기능하며, 국민의 자유와 권리를 보장하고 정치권력과정을 통제하는 최고규범으로서 역할을 다할 수 있도록 하기 위해서는 주권자로서의 국민이 헌법에 대한 이해의 폭을 넓히는 것이 중요하다. '최후의 헌법의 수호자'로서 국민이 헌법에의 의지를 확고히 할 때 헌법에 의해 수권된 국가기관과 권력담당자들은 헌법을 준수하지 않을 수 없게 되고, 주권자인 국민을 의식하며 국민의 소리에 귀를 기울이게 된다. 헌법 속에 담겨진 국가공동체의 근본가치를 실현하기 위해서도 국민의 헌법수호의 의지가 전제되어야 함은 물론이다. 그렇기 때문에 우리 국민은 국가의 기본법으로서 헌법의 작동원리를 정확히 이해하고 헌법의 기본원리에 대한 지식을 바탕으로 권력과정을 감시하고 비판할 수 있는 성숙한 시민으로서의 의식수준과 역량을 키워나가야 하는 것이 매우 중요하다.

또한 헌법의 운용과정에서 제기되는 개헌문제에 있어서도 정치권의 개헌논의가 정파적 이해관계에 따른 권력욕구의 수단으로 행해지는 것을 억제하고, 민주적인 절차에 따라 개헌에 관한 국민적 공감대 형성을 바탕으로 한 민주적 개헌이 이루어지도록 하기 위해서도 국민은 일상적인 정치생활 속에서 제기되는 헌법문제에 대해 적극적인 관심을 갖는 태도가 요구된다고 할 것이다. 헌법에 대한 국민의 이해와 관심이 높아질 때 정치권의 개헌논의를 지켜보는 국민들은 우리 헌법의 통치구조의 문제점이 무엇인지, 개헌의 경우 어떤 방향으로 가야 할지를 깊이 인식하게 되고 정치권이 주도하는 개헌작업에 수동적으로 따라가지 않게 된다.

이 책을 통해서 독자들은 우리 헌법의 기본원리 및 헌법이 추구하는 기본정신과 가치가 무엇이며 헌법에 보장된 국민의 자유와 권리는 어떻게 보장되는지, 통치구조에 있어서 입법권, 행정권, 사법권의 권력관계 및 헌법재판제도에 의한 권력의 통제기능 등을 상당한 정도 이해할 수 있을 것이다. 그러나 헌법 조문을 이해하는 데 있어서는 헌법규범의 추상성과 함축성, 개방성과 미완성성 등의 특성으로 인하여 헌법해석의 어려움도 알게 될 것이다. 우리 헌법은 1948년 제정된 후 현행 헌법에 이르기까지 9차례의 개정과정을 거쳐 왔기 때문에 헌법조항의 해석에 있어서는 그 헌법규범의 내용이 변경된 시대적 배경과 이유에 관한 이해가 필요하기도 하다. 특히 우리 헌법의 해석에 있어서는 헌법재판소의 판례의 중요성을 강조하지 아니할 수 없다. 현행 헌법은 헌법재판소제도가 도입되어 그동안 수많은 판례들을 축적해 오면서 헌법해석의 기준과 방향에 관한 중요한 지침을 제공하고 있다. 이 책에서도 헌법조항의 해석과 관련하여 기본적으로 언급되어야 하는 헌법재판소 판례가 반영되도록 하였다.

이 책을 쓰면서 저자는 일반 독자가 쉽게 이해할 수 있도록 가능한 한 법학자의 무겁고 딱딱한 문체의 틀을 벗어나려고 신경을 썼으나 여전히 한계가 있음을 인정한다. 헌법전공자로서 집필하다 보니 개개의 헌법조문의 해석에 관한 헌법이론과 판례의 기본사항들을 빠뜨리지 않으려는 욕심 때문에 책의 볼륨이 처음에 구상했던 것보다 늘어나게 되었다. 저자의 무능 탓이다.

끝으로 이 책의 발간을 흔쾌히 승낙해 주신 피앤씨미디어의 박노일 대표님께 감사드리고, 최준규 전무님과 기획·편집의 담당자 여러분의 노고에 진심으로 고마움을 전합니다.

2021년 8월
부산광역시 남구 용호동의 연구실에서
정 만 희 씀

차 례

대한민국 헌법 전문

전문

유구한 역사와 전통에 빛나는 우리 대한국민은 3·1운동으로 건립된 대한민국임시정부의 법통과 불의에 항거한 4·19민주이념을 계승하고, 조국의 민주개혁과 평화적 통일의 사명에 입각하여 정의·인도와 동포애로써 민족의 단결을 공고히 하고, 모든 사회적 폐습과 불의를 타파하며, 자율과 조화를 바탕으로 자유민주적 기본질서를 더욱 확고히 하여 정치·경제·사회·문화의 모든 영역에 있어서 각인의 기회를 균등히 하고, 능력을 최고도로 발휘하게 하며, 자유와 권리에 따르는 책임과 의무를 완수하게 하여, 안으로는 국민생활의 균등한 향상을 기하고 밖으로는 항구적인 세계평화와 인류공영에 이바지함으로써 우리들과 우리들의 자손의 안전과 자유와 행복을 영원히 확보할 것을 다짐하면서 1948년 7월 12일에 제정되고 8차에 걸쳐 개정된 헌법을 이제 국회의 의결을 거쳐 국민투표에 의하여 개정한다.

1987년 10월 29일

헌법 전문도 본문과 마찬가지의 규범력을 갖는다

우리나라의 현행 헌법전(憲法典)은 전문과 본문 제1장에서 제10장까지의 130개 조문으로 구성되어 있다. 일반 시민의 입장에서 볼 때 헌법은 민법이나 형법, 형사소송법 등 다른 법률과 비교해 볼 때 그 조문의 수가 그리 많지 않다고 할 수 있으나, 이들 법률과는 달리 조문의 표현이 매우 추상적이고 함축적으로 규정되어 있어서 헌법의 조문을 읽고 그 의미 내용을 바로 이해하는 것은 쉬운 일이 아니다. 그러므로 헌법의 이해는 '헌법의 해석'이라는 과정을 통해 비로소 가능하게 되며, 여기서 헌법의 해석은 학자들의 학리적 해석론이나 헌법재판소와 법원의 판례에 의해 체계적으로 확립된 것을 근거로 하게 된다. 우리 헌법전을 펼쳐 보면 맨 처음 나오는 서문에 해당하는 것이 헌법 전문(前文)이다. 이 헌법 전문은 본문과 함께 헌법전을 구성하면서 헌법이라는 국가의 최고규범으로서의 규범력을 그대로 갖는 것이기 때문에 헌법 전문의 해석도 본문의 해석만큼 중요한 의미를 갖는다.

일반적으로 각국 헌법에 전문을 두고 있는 경우에 그 전문의 내용으로는 헌법제정의 유래와 목적, 헌법제정의 주체, 헌법의 이념과 기본원리 등이 기술되어 있다. 우리 헌법의 전문에도 헌법제정의 유래와 헌법개정의 과정, 헌법이 추구하는 근본이념과 가치를 기술하고 국가공동체 통합의 방향 및 방법 등을 제시하는 것을 그 핵심적 내용으로 하고 있다.

헌법 전문의 해석에 있어서 종래 학계의 논의는 헌법의 전문도 헌법의 본문과 마찬가지로 헌법규범으로서의 법적 효력을 가지는가의 문제에 관한 것이다. 부정설에 의하면 헌법 전문은 헌법제정의 역사적 설명이나 개정의 연혁을 서술한 것에 지나지 않고, 헌법제정에 관한 국민적 결의 등을 단순히 선언한 것에 불과하며 법적 규범력을 가지는 것은 아니라고 한다. 이에 반하여 긍정설은 헌법 전문이 헌법제정권력의 소재를 밝히고 헌법이 추구하는 이념과 가치에 대한 국민적 합의에 의한 결단을 규정한 것이므로 이는 헌법 본문과 일체를 이루면서 헌법으로서의 효력을 가진다고 본다. 헌법 전문의 규범성을 인정하는 긍정설이 통설이다. 이러한 통설적 입장에 따라 우리 헌법의 전문은 단지 헌법제정에 관한 선언적 의미를 갖는 화려한 어휘의 나열에 불과한 것이 아니라 헌법규범으로서의 효력을 그대로 갖는 것이며, 더 나아가 그 내용이 국민주권의 이념과 자유민주주의의 가치 등을 천명한 최상위의 헌법규범의 성격을 갖는 것으로 이해될 수 있다.

우리 헌법재판소 판례도 헌법 전문의 법적 효력을 인정하며, 헌법 전문의 내용이 본문에 없더라도 이는 재판규범으로 작용한다고 보고 있다.

헌법재판소는 일제로부터 조국의 자주독립을 위하여 공헌한 독립유공자와 그 유족에 대하여 국가가 응분의 예우를 하여야 할 헌법적 의무를 지니는 것은 헌법 전문에 규정된 "3·1운동으로 건립된 대한민국임시정부의 법통을 계승"한다는 선언에서 그 헌법적 근거를 찾고 있다. 즉 헌법 전문의 이 규정은 "대한민국이 일제에 항거한 독립운동가의 공헌과 희생을 바탕으로 이룩된 것임을 선언한 것이고, 그렇다면 국가는 일제로부터 조국의 자주독립을 위하여 공헌한 독립유공자와 그 유족에 대하여는 응분의 예우를 하여야 할 헌법적 의무를 지닌다고 보아야 할 것"이라고 판단하여 전문의 헌법적 효력을 인정하고 있다(헌재 2005. 6. 30. 2004헌마859).

우리 헌법 전문은 하나의 문장으로 구성되어 있지만 많은 내용을 담고 있는 장문으로 기술되어 있다. 1948년 제헌헌법상 전문 내용의 기본 골격은 현행 헌법에 이르기까지 거의 그대로 유지되고 있으나, 그 동안의 헌법개정 과정에서 전문의 일부 내용이 수정·삭제되기도 하고 새로운 내용이 추가되기도 하였다. 현행 헌법의 전문에 기술된 내용으로서 우리 헌법이 추구하는 핵심적 가치와 기본원리 등은 다음과 같이 나누어서 설명될 수 있다.

첫째, 헌법 전문에 "유구한 역사와 전통에 빛나는 우리 대한국민은 … 1948년 7월 12일에 제정되고 8차에 걸쳐 개정된 헌법을 이제 국회의 의결을 거쳐 국민투표에 의하여 개정한다"라고 규정하고 있는데, 이는 유구한 역사와 전통에 빛나는 대한민국의 '국민'이 헌법을 제정하고 개정한다는 것을 밝힌 것이다. 즉 국민주권원리에 입각하여 헌법의 제정과 개정의 주체가 대한민국 '국민'임을 천명한 것이다. 그리고 1948년 7월 12일 제정되어 "8차에 걸쳐 개정된 1980년 헌법을" 다시 국회의 의결과 국민투표로 개정한다고 하여 현행 헌법이 헌법제정 이후 제9차 개정헌법임을 밝히고 있다.

둘째, "3·1운동으로 건립된 대한민국임시정부의 법통 … 을 계승하고"라고 하여 광복 후 수립된 대한민국정부가 1919년 3·1운동과 대한민국임시정부의 이념과 정통성을 계승한 것임을 밝히고 있다. 여기서 대한민국임시정부의 '법통 계승'의 표현은 제헌헌법 당시부터 존재했던 것이 아니라 1987년 헌법개정과정에서 새로 규정된 것이다. 1948년 제헌헌법은 헌법전문에 "기미(己未) 3·1운동으로 대한민국을 건립하여 세계에 선포한 위대한 독립정신을 계승하여 이제 민주독립국가를 재건함에 있어서"라고 표현하였다. 즉 1948년 헌법은 3·1운동으로 건립된 대한민국을 계승하여 민주독립국가를 재건하는 것이라고 규정하였다. 그러나 1962년 헌법(제3공화국헌법)에서 전문이 개정되어 위 문구에서 "기미 3·1운동으로 대한민국을 건립하여"가 삭제되고, "3·1운동의 숭고한 독립정신을 계승하고"로 변경되었다. 그 후 1987년 헌법개정에서는 "3·1운동으로 건립된 대한민국임시정부의 법통을 계승하고"로 표현이 다시 바뀌게 된 것이다. 이와 같이 제헌헌법 전문의 "3·1운동으로 대한민국을 건립하여 … 민주독립국가를 재건함에 있어서"라는 표현이 현행헌법에 이르기까지 그대로 유지되지 않고 있기 때문에 해석상 논란이 있는 것이다.

현행헌법 전문의 "대한민국임시정부의 법통 계승"의 의미는 대한민국이 한반도 내에서 유일하게 대한민국임시정부의 독립정신과 민주적 이념을 계승한 정통성 있는 국가임을 확인한 것이다. 그리고 여기서 임시정부의 법통 계승은 정통성의 계승을 의미하며, 적법성의 계승을 포함하는 것은 아니라고 보는 입장이 학계의 유력한 견해이다(성낙인, 헌법학, 법문사, 2019, 123면). 이러한 임시정부의 정통성 계승의 의미는 제헌헌법을 기초한 유진오 선생의 글에서도 찾아볼 수 있다. 그는 제헌헌법을 해설하면서 "우리의 헌법제정이 단순히 연합국의 승리와 후원의 산물이 아니고, 유구한 역사와 전통에 빛나는 우리나라 국민이 3·1 독립정신과 같은 위대한 정신을 가지고 일본 제국주의와 투쟁한 결과이며, 3·1운동의 결과 민의에 의해 수립된 대한민국 임시정부를 계승하여 재건한 것임을 선언함으로써 민족정신을 강조한 것"이라고 언급한 바 있다(유진오, 헌법해의, 명세당, 1949, 15면 이하). 즉 3·1운동의 위대한 독립정신에 의해 수립된 임시정부를 계승한 것이 1948년의 대한민국 정부이며, 대한민국정부만이 민의에 의해 수립된 대한민국임시정부를 계승한 정통성 있는 정부라는 것을 밝힌 것이다.

다만 1919년의 임시정부는 당시 주권이 상실된 상황에서 국제법상 합법적 정부로 인정될 수 없는 것이었으므로 1948년 대한민국정부가 임시정부의 완전한 민주독립국가로서의 적법성을 계승한다는 의미로 해석하기는 어렵다. 그렇지만 1948년 대한민국정부는 대한민국임시정부의 민주이념과 독립정신을 계승한 것으로 한반도에서 유일한 정통성을 갖는 정부라는 것을 분명히 한 것으로 해석할 수 있다. 따라서 대한민국임시정부의 법통계승의 의미는 1948년에 탄생된 대한민국의 역사적·이념적 기초와 정통성의 뿌리가 바로 3·1운동과 대한민국임시정부에 있다는 것으로 이해할 수 있다.

셋째, "불의에 항거한 4·19민주이념을 계승하고"라고 하여 독재정권을 타도하고 민주정부를 수립한 4·19혁명이 국민의 저항권행사라는 것을 간접적으로 인정하고 있으며, 우리 국민의 민주화를 위한 의지와 노력에 대한 자긍심을 표현하고 있다. 헌법 전문의 4·19민주이념에 관한 규정은 1962년 헌법 전문에서 최초로 '4·19의거'로 규정한 것을 1987년 헌법에 의해 '4·19민주이념'으로 바뀐 것이다. 여기서 한 가지 언급할 것은 1962년 헌법에서 처음 "4·19의거와 5·16혁명의 이념에 입각하여 새로운 민주공화국을 건설"한다고 선언하였으나, 1980년 헌법에서 '4·19의거'와 '5·16혁명'의 표현이 삭제되었다는 점이다. 1962년 제3공화국헌법의 정당성을 확보하기 위하여 군사쿠데타를 주도한 세력에 의해 '5·16혁명'이라는 표현을 삽입하였으나 결국 이 표현은 헌법 전문에서 사라지게 되었다.

넷째, "자유민주적 기본질서를 더욱 확고히 하여"라고 하여 대한민국의 국가적 이념과 기본적 정치질서는 자유민주주의적 질서의 확립임을 전제로 그 질서를 더욱 확고히 한다는 것을 강조하고 있다. 이는 1972년 헌법에 의해 새롭게 추가된 내용이다. 자유민주적 기본질서는 국민적 합의에 바탕을 둔 국가적 이념이며 우리 헌법이 지향하는 핵심적인 가치를 의미한다. 이 헌법 전문의 자유민주적 기본질서는 헌법 제4조의 평화통일조항에도 "자유민주적 기본질서에 입각한 평화통일정책"으로 규정하고 있다. 헌법재판소는 자유민주적 기본질서의 개념을 자유주의와 민주주의의 결합 개념으로 이해하면서 "모든 폭력적 지배와 자의적 지배, 즉 반국가단체의 일인독재 내지 일당독재를 배제하고 다수의 의사에 의한 국민의 자치, 자유·평등의 기본원칙에 의한 법치주의적 통치질서를 말한다. 구체적으로는 기본적 인권의 존중, 권력분립, 의회제도, 복수정당제도, 선거제도, 사유재산과 시장경제를 골간으로 한 경제질서 및 사법권의 독립 등을 의미한다"라고 정의하고 있다 (헌재 2005. 6. 30. 2004헌마859).

다섯째, "조국의 … 평화적 통일의 사명에 입각하여"라고 규정하여 조국의 평화적 통일을 민족적·국민적 과제로 하고 있음을 분명히 하고 있다. 이 헌법 전문의 평화통일의 사명에 따라 헌법 제4조에 "대한민국은 통일을 지향하며 자유민주적 기본질서에 입각한 평화적 통일정책을 수립하고 이를 추진한다"라고 규정하여 평화통일의 원칙을 재천명하고 있다. 그리고 헌법 전문에 "밖으로는 항구적인 세계평화와 인류공영에 이바지함으로써"라고 하여 대한민국은 평화애호국가라는 것을 표방하고 평화주의를 바탕으로 하는 세계질서 형성에 노력한다는 것을 밝히고 있다.

여섯째, “조국의 민주개혁과 … 모든 사회적 폐습과 불의를 타파하며, … 각인의 기회를 균등히 하고, 능력을 최고도로 발휘하게 하며”라고 하여 조국의 민주주의의 수립을 위한 개혁과제로서 모든 사회적 폐습과 불의의 타파를 선언하고 있다. 봉건적 인습, 계급적 차별 또는 인간의 존엄을 무시하는 것과 같은 종래의 사회적 폐습을 타파하고 정치, 경제, 사회, 문화의 모든 영역에 있어서 각인의 기회를 균등히 하고 능력을 최고도로 발휘할 수 있도록 하는 것이 민주개혁의 사명이라고 선언하고 있다.

일곱째, “안으로는 국민생활의 균등한 향상을 기하고”라고 하여 사회정의와 실질적 평등에 입각한 사회국가 내지 복지국가원리를 천명하고 있다. 형식적인 정치적 민주주의만으로는 모든 국민에게 인간다운 생활을 보장할 수 없으므로 국민의 실질적 자유·평등을 확보하기 위하여 국민생활의 균등한 향상을 강조한 것이다.

여덟째, 헌법 전문은 “정의·인도와 동포애로써 민족의 단결을 공고히” 한다고 규정하여 민족주의와 민족의 단결을 강조하고 있다. 민족의 단결도 침략적 야심이나 당파심, 이기심 등을 중심으로 단결할 것이 아니라 정의·인도와 동포애로써 단결할 것을 촉구함으로써 민주사회를 건설할 수 있는 초석을 만들고자 하였다.

아홉째, “자율과 조화를 바탕으로 … 자유와 권리에 따르는 책임과 의무를 완수하게 하여”라는 표현은 우리 헌법이 전제로 하는 ‘인간상’(人間像)에 관하여 규정하고 있는 것으로 볼 수 있다. 자율과 조화를 바탕으로 자유민주적 기본질서를 확고히 하고, 자유와 권리에 따르는 책임과 의무를 완수하게 함으로써 헌법상 국민 개개인의 인간상이 주체성과 사회성을 구비한 자주적 인간임을 밝히고 있다. 즉 헌법이 전제로 하는 인간상은 사회성이 결여된 개인주의적 인간도 아니고 개성이 없는 단순한 집단주의적 인간도 아닌, 자율과 조화를 바탕으로 자유와 권리에 따르는 책임과 의무를 완수하는 자주성과 사회성을 겸비한 인격적 인간상을 의미한다(허영, 한국헌법론, 박영사, 2005, 136면). 헌법재판소도 헌법상의 인간상에 대해 언급하고 있다. "헌법상의 인간상은 자기결정권을 가진 창의적이고 성숙한 개체로서의 국민이다. 우리 국민은 자신이 스스로 선택한 인생관·사회관을 바탕으로 사회공동체 안에서 각자의 생활을 자신의 책임하에 스스로 결정하는 민주시민이다"라고 하여 자주적이고 사회적인 민주시민으로서의 인간상을 강조하고 있다(헌재 1998. 5. 28. 96헌가5).

마지막으로 "우리들과 우리들의 자손의 안전과 자유와 행복을 영원히 확보할 것을 다짐하면서"라고 하여 우리 대한민국 헌법 제정의 목적과 국민적 과제가 국민 모두의 안전과 자유와 복지의 조화적 실현에 있음을 밝히고 있다.

제 1 장

총 강

> 제1조
> ① 대한민국은 민주공화국이다.
> ② 대한민국의 주권은 국민에게 있고, 모든 권력은 국민으로부터 나온다.

민주공화국이란 국민의 국가이며, 자유국가이다

헌법 제1조 제1항은 우리나라의 국호가 '대한민국'(大韓民國)이며, 국가형태가 민주공화국(民主共和國)임을 선언하고 있다. 국호를 대한민국이라고 규정한 것은 우리나라가 3·1운동의 결과 수립된 '대한민국임시정부'의 법통을 계승한 것이라는 의미를 가진다. 1948년 대한민국헌법 제정 이전의 1919년 3·1독립운동의 결과 수립된 상해 임시정부는 대한민국 임시정부헌법을 제정하면서 국호를 '대한민국'으로 칭하고 국가형태를 '민주공화제'로 규정하였다.

우리나라의 국가형태가 민주공화국이라는 의미는 첫째, 대한민국은 군주제를 부정하는 '공화국'이라는 것이다. 즉 우리나라는 비군주국이며 전제주의와 독재를 부정하는 국가이다. 공화국(republic)의 개념은 라틴어의 '*res publica*'에 어원을 둔 것으로 '공공의 것', '모두의 것'을 의미한다. 따라서 공화국은 군주제를 부정하고 전제적 정치체제를 부정하는 국민 모두의 국가를 말한다.

둘째, 공화국의 내용으로서 '민주'는 국민주권원리를 이념적 기초로 하는 민주주의를 의미한다. 민주주의는 '국민에 의한 통치'의 원리로서, 국민의 의사에 따라 국가권력의 행사가 이루어져야 한다는 정치원리를 말한다. 민주주의 국가에서는 국민의 자유보장을 위하여 권력을 제한하는 수단으로 권력분립원리와 법치주의를 채택하게 된다. 그러므로 민주공화국이란 국민의 국가이며, 독재와 전체주의국가(인민공화국)를 부정하는 자유국가이며 법치국가라는 것을 뜻한다. 민주공화국의 의미에 관하여 건국헌법의 기초자인 유진오 박사는 다음과 같이 해석하고 있다. "20세기 초기에 이르기까지는 공화국과 민주국은 동의어로 사용하였으나 근래 공화국 중에도 나치스 독일 같은 독재정체나 소련 같은 소비에트제도를 채택하는 국가가 있어서 공화국의 정치형태가 일정하지 않다. 제1조에서 공화국이란 명칭만 사용하지 않고 권력분립을 기본으로 하는 공화국임을 명시하기 위하여 특히 '민주공화국'이라는 명칭을 사용한 것이다"(유진오, 앞의 책, 19면).

우리 헌법 제1조 제1항의 민주공화국은 헌법의 핵심을 이루는 근본규범을 의미한다. 이 조항은 헌법제정권자의 근본적 결단에 해당하는 것이므로 헌법개정절차에 따르더라도 개정할 수 없는 헌법개정금지사항에 해당한다. 민주공화국을 보장하기 위해서 헌법은 '방어적 민주주의'정신에 입각하여 민주공화국과 민주적 기본질서에 위배되는 헌법적대적 정당활동에 대해서는 정당해산제도(헌법 제8조 제4항)를 통해 대처하고 있으며, 민주공화국의 구조형태와 조직체계를 위협하거나 침해하는 개인의 행위에 대해서는 「형법」과 「국가보안법」 등에 의한 규제가 이루어진다.

모든 권력은 국민으로부터 나온다

제1조 제2항은 "대한민국의 주권은 국민에게 있고, 모든 권력은 국민으로부터 나온다"라고 규정하여 국민주권의 원리를 천명하고 있다. 국민주권의 원리는 우리 헌법의 최고원리로서, 대한민국의 국가의사와 국가적 질서를 결정하는 최고권력이 국민에게 있다는 것을 의미한다. 군주제를 부정하는 공화국에 있어서 국민이 곧 나라의 주인이며, 나라를 다스리는 최고권력의 주체가 국민이라는 것이다. 여기서 국가의사를 결정하는 최고권력으로서 '주권'(sovereignty)이란 대외적으로 독립되

어 있고 대내적으로 최고의 권력을 말한다. 그것은 단일불가분의 권력으로서 국민 전체에 귀속되는 것을 본질로 하는 권력 개념이다. 그리고 주권의 주체로서 국민이란 이념적으로는 대한민국의 국적을 가진 국민 전체를 말하고 현실적으로는 주권의 행사자로서의 국민을 의미하는 유권자 전체를 말하며, 이는 능동적 시민의 총체라고도 한다. 즉 국민 전체가 통일체로서 하나의 주권자가 되고 동시에 개개인의 국민도 주권자의 일원으로서 선거권과 국민투표권을 행사함으로써 국민주권 원리를 실현하게 된다.

국민주권의 원리는 오늘날 민주주의국가에서 국가권력의 정당성의 근거로 이해되고 있다. 즉 국가권력은 국민에 의사에 따라 부여된 것이므로 여기에 그 권력의 행사가 정당화되는 이유가 있는 것이다. 그러므로 "모든 국력은 국민으로부터 나온다"라는 말은 모든 권력, 즉 국가의 통치권으로서 입법권, 행정권, 사법권의 행사는 주권자인 국민의 위임에 의하여 국민의 뜻에 따라 행사되어야 하는 것을 의미하므로 국가권력의 행사가 국민의 의사에 합치되지 않을 때에는 그 권력행사는 정당화될 수 없게 된다.

군주주권론에서 국민주권론으로의 이행

근대적 주권이론은 처음에는 군주주권론에 의해 형성되었는데, 이는 중세 봉건질서의 붕괴와 근대적 정치질서의 형성이라는 역사적 배경 속에서 근대적 절대군주제국가의 성립을 위한 이론적 근거가 되었다. 그리하여 군주가 갖는 주권이란 절대적 권력으로서 대외적으로 교황이나 황제로부터 독립되어 있고 대내적으로 봉건영주의 권위에 우선하는 최고의 위치에 있는 권력으로 이해되었다. 군주주권론을 체계화한 보댕(J. Bodin)은 왕권신수설에 기초하여 모든 권력은 군주 개인에게 집중되어야 한다고 주장하였다. 홉스(T. Hobbes)의 군주주권론은 국가의 성립기원에 관한 사회계약론을 바탕으로 '만인의 만인에 대한 투쟁상태'로서의 인간의 자연상태를 극복하기 위하여 사회계약을 통해 모든 시민은 그들의 권리를 무조건적으로 포기하고 주권자인 군주에게 양도함으로써 사회평화와 안전을 확보할 수 있다고 하였다. 그러나 이러한 절대군주제 시대의 군주주권이론은 서구에서의 시민혁명을 계기로 하여 구체제의 붕괴와 함께 부정되고 새로운 국민주권이론이 탄생하게 되었다. 이러한 국민주권이론은 전제군주국가에서의 권력행사의 절대성과 자의성에 대한 항의적·투쟁적 이데올로기로서 형성된 이론이다.

프랑스 시민혁명과 국민주권원리

근대 시민혁명의 정당화의 근거로서 국민주권론은 1789년 프랑스 시민혁명 과정에서 탄생한 이론이다. 전제군주제가 부정되고 새로운 국민주권의 국가를 탄생시키는 과정에서 주권자로서의 국민의 개념이 무엇인지에 관하여는 혁명 당시 전개된 인민(people)주권론과 국민(nation)주권론의 구별을 이해할 필요가 있다. 루소(J.J. Rousseau)의 사회계약론에 입각한 '인민'주권론에 있어서는 주권의 주체는 사회계약에 참가하는 시민의 총체, 즉 유권자의 총체로 보는 것이었다. 이러한 루소의 인민주권론은 인민 대중의 정치참여를 실현하는 직접민주제를 이상으로 하였다. 반면에 인민 대중의 정치참여를 경계하는 입장에서 시에예스(Sieyès)와 몽테스키외(Montesquieu)의 '국민'주권론은 주권의 주체를 인민과 구별되는 전체 국민으로 함으로써, 그것은 시민의 총체보다 한층 더 추상적인 관념으로 규정하였다. 이러한 추상적이고 이념적인 '국민'주권론은 당연히 대의제 민주주의를 원칙으로 채택하게 된다. 여기서 대의제 민주주의는 국민의 대표자로서의 의원이 자기 선거구의 특수이익을 대표하는 것이 아니라 전국민의 이익을 대표하는 지위를 갖는 것이었으며, 의원은 선거구에 의해 선출되더라도 주권의 행사를 헌법에 의해 국민으로부터 직접적으로 부여받은 것으로 간주되어 자기의 선거구의 의사에 구속되지 않고 자유롭게 그 권한을 행사할 수 있는 것으로 이해하였다. 이를 대의제 원리의 구성요소로서 '무기속위임의 원칙' 또는 '자유위임의 원칙'이라고 한다. 그리고 국민주권론에 있어서 대의제는 권력의 남용과 자의적 행사를 방지하기 위하여 권력분립원리를 채택하게 된다.

반면에 루소의 '인민'주권론에 있어서는 인민이 직접 주권을 행사하므로 권력분립원리가 부정되고 권력집중의 원리가 요청된다고 하였으며, 직접민주제와 함께 대의제원리를 채택하는 경우에도 의원은 그를 선출한 국민의 의사에 철저하게 구속되는 강제위임 내지 기속적 위임의 원칙이 적용되는 것이었다. 이러한 두 원리의 구별은 프랑스 혁명의 역사적·계급적 대항관계 속에서 나타난 것이었는데, 결국 1789년 혁명 후의 첫 프랑스 헌법(1791년 헌법)은 시에예스의 국민(nation)주권론에 입각하여 대의제 민주주의와 의원의 전체 국민 대표성을 규정하게 되었다. 그리고 선거인의 역할은 그의 선거구의 특수이익의 대리인을 선발하는 것이 아니라 전국민의 대표자를 선출하는 것이므로 선거인도 일반이익의 입장에서 누가 대표자로 적합한지를 판단할 수 있는 자격을 가져야 했던 것이다. 이러한 능력을 갖추기 위해서는 그 나름의 교양과 재산이 필요하다고 한다면 그러한 조건에 의한 선거권의 제한은 당연히 인정될 수밖에 없었던 것이다. 그러나 이 제한선거의 이론에 대하여 루소의 인민주권론과 보통선거원칙의 입장에서는 주권자인 인민의 주권을 제한하는 것이기 때문에 허용될 수 없는 것이었다.

그렇지만 결국 시에예스의 주도하에 제정된 1791년 프랑스 헌법은 국민주권론의 기본구조를 채택하였으며, 국민대표의 선출에 있어서는 제한선거를 채택하였던 것이다. 국민주권의 헌법 하에서 보통선거제가 채택된 것은 20세기에 들어와서 가능하게 되었다. 그리고 당시 시민혁명을 주도한 소상공인 등 유산계급의 부르주아는 프랑스인권선언에서 재산권의 절대성을 선언하였고 1791년 헌법에서도 재산권의 불가침성을 규정하였다. 혁명과정에서의 첫 번째 헌법인 1791년 헌법은 입헌군주제를 유지하였으나 혁명기의 혼란 속에서 10개월만에 폐지되고, 루이16세는 1792년 1월 처형되었다. 그리하여 1793년 헌법은 인민주권론에 입각하여 직접민주제와 의회의원에 대한 인민소환제 등을 채택하였으나 시행되지 못하였고, 1794년 급진적 혁명주체 세력의 로베스삐에르도 처형되었다. 결국 1795년 새로운 헌법의 제정에 의해 대의민주제와 권력분립제, 집정관제 등을 도입하게 된다.

요컨대 국민(nation)주권론과 인민(people)주권론의 구별에 있어서 국민주권론은 민중의 정치참여를 필연적인 것으로 받아들이지 않음으로써 권력을 부르주아 계급에 확보시키려는 것을 특징으로 하지만, 인민주권론은 루소의 사회계약론을 중심으로 전개된 것으로 인민이 직접 주권을 행사하며 인민의 각 구성원은 주권행사에 참여할 당연한 권리를 가진다고 하여 민중의 정치참여를 불가피한 것으로 본 점에서 근본적인 차이를 발견할 수 있다. 이러한 국민주권론과 인민주권론의 이원적 대립은 당시의 온건혁명파와 과격혁명파 사이에 사용된 하나의 도구적 개념이며 역사적 개념으로서의 의미를 가질 뿐, 오늘날 국민주권이론은 양자의 대립을 극복하여 양자의 개념을 포괄하는 넓은 개념으로 이해되고 있다.

현대의 국민주권원리는 간접민주제를 원칙으로 한다

오늘날 현대헌법의 국민주권원리는 위와 같은 양자의 구별을 전제로 하지 않고 있으며, 국민주권과 인민주권의 조화적 실현을 내용으로 하는 헌법원리를 채택하고 있다. 그리하여 주권의 주체로서의 국민은 이념적 통일체 개념으로서의 전체 국민을 의미하며, 현실적인 주권의 행사자는 유권적 시민의 총체로 이해하게 된다. 여기서 국가의 의사결정은 국민이 직접 국민투표에 의하여 정하는 직접민주제의 방법도 있지만, 국가의 규모가 확대된 현대국가에 있어서는 기본적으로는 간접민주제 방식을 원칙으로 하고 국민의 보통선거에 의해 대표자를 선출하여 그 대표기관으로 하여금 국가의사를 결정하게 하여 그 정당성을 국민에게서 구하게 된다. 따라서 오늘날 간접민주제를 기본원칙으로 하는 국민주권원리는 국가의 의사결정이 종국적으로 국민에 의하여 정당화되는 원리로 기능하게 된다. 따라서 국민의 위임과 신탁에 의해 권력을 행사하는 국가기관은 항상 국민의 의사를 존중하고 공공의 이익 실현을 위해 노력할 때 그 권력행사는 정당화되는 것이다. 반면에 국민의 다수의사에 반하여 정파적 이익에 치우쳐 권력을 남용하거나 자의적으로 행사하게 되면 그 권력기관은 국민의 신임을 배반하게 되고 국민의 책임추궁을 피할 수 없게 된다. 말하자면 국민주권원리는 국가권력의 근원과 주체는 국민이며 국민만이 국가권력에 정당성을 부여할 수 있다는 원리로 이해하게 된다.

헌법상 국민주권의 이념을 실현하기 위해서는 우선 통치권의 행사를 국민의 기본권에 기속시켜야 한다. 즉 국가권력은 국민의 기본권보장을 위해 행사되며 기본권을 침해하는 권력행사는 정당화될 수 없으므로 자유민주주의와 법치주의원리를 헌법상의 기본원리로 채택하게 된다. 우리 헌법도 국민주권원리를 구현하기 위하여 대의제 민주주의를 비롯하여 기본권보장과 권력분립원리 등을 규정하고 있으며 국민투표제, 선거제도, 정당제도, 직업공무원제도 등을 채택하고 있다. 특히 실질적인 국민주권을 보장하기 위하여 유권자들이 자기들의 권익과 국민 전체의 이익을 위해 적절하게 주권을 행사할 수 있도록 민주적인 선거제도가 마련되어야 하고, 국민 각자의 참정권을 합리적이고 합헌적으로 보장하는 선거법이 제정되어야 하는 것이 중요하다.

국민주권원리의 실질화를 위한 권력담당자와 국민의 노력

국민주권의 원리는 단지 추상적인 헌법의 최고이념을 선언하는 형식적 개념에 그치는 것이 아니라 그것은 헌법의 최고원리로서 헌법의 규범력을 갖는 실질적 개념을 의미한다. 따라서 모든 권력은 규범적으로 국민주권원리에 철저하게 기속되어야 하며, 국민주권을 무시하거나 경시하는 국가기관의 권력행사는 더 이상 정당화될 수 없는 것이다. 한국의 정치현실에 있어서 국민들이 정치를 불신하고 국회나 대통령 등의 권력기관에 대해 비판의 목소리를 높이는 것은 국민으로부터 나오는 권력을 국민의 뜻에 따라 행사하지 않고 정파적 이해관계에 따라 권력을 남용하기 때문이다. 헌법과 국민주권원리를 준수하고 그 실현을 위해 노력하지 않는 권력담당자에 대해 책임추궁을 해야 하지만 그 책임을 묻는 데에는 제도적 장치의 한계가 있으므로 궁극적으로는 주권자인 국민의 헌법수호의 의지를 강화하는 것이 중요하다. 주권의식을 가진 국민이 정치과정을 보다 능동적으로 감시·비판하고, 선거를 통한 대표자 선출에 있어서도 냉정하고 이성적인 선택을 해야 한다. 국민주권원리의 구현방법으로서 의회제도의 현실은 국민의 의사와 괴리되어 국민을 크게 실망시키고 있으며, 국회의원 개개인은 국민 전체의 대표자의 지위에서 국가이익을 우선해야 함에도 불구하고 소속 정당의 대리인으로서 정당기율에 예속되고 있는 것이 심각한 수준에 이르고 있다. 이런 점에서 최근 국회의원에 대한 국민소환제 도입론은 국민의 지지를 받고 있다. 대통령은 최고권력자이지만 동시에 헌법수호자로서의 책무를 다해야 한다. 우리의 대통령제가 성공하지 못하는 이유는 대통령의 취임선서 당시의 초심을 유지하지 못하고 국민 위에 군림하려 하기 때문이다. 대통령이 겸허하게 국민의 소리를 경청하고 민심을 읽으면서 국정을 수행할 때 대통령은 국민주권을 실천하는 국민의 대통령이 되는 것이다.

제2조

① 대한민국의 국민이 되는 요건은 법률로 정한다.

② 국가는 법률이 정하는 바에 의하여 재외국민을 보호할 의무를 진다.

국가의 인적 구성요소로서 국민

헌법 제2조는 국가의 인적 구성요소로서 국민을 규정하고 있다. 국민은 국가권력, 영토와 함께 국가구성의 3요소의 하나이며, 동시에 헌법의 인적 적용범위를 의미한다. 즉 대한민국 헌법은 원칙적으로 대한민국 국민에게 적용된다. 여기서 국민이란 국법에 의하여 국적(國籍), 즉 국민이 되는 자격을 부여받은 개개의 자연인을 말한다. 따라서 대한민국의 국민이란 헌법 제2조 제1항과 「국적법」에 의하여 대한민국 국적을 취득한 개개인을 의미한다. 이러한 국민은 대한민국 영토 내에 있거나 외국에 있거나 관계없이 대한민국 헌법의 적용을 받는다. 따라서 헌법은 국내에 거주하는 국민뿐만 아니라 외국에 체류하고 있는 재외국민에게도 그 효력이 미친다.

국민은 헌법상 주권의 주체로서의 지위와 주권의 행사자로서의 지위를 가지며, 기본권의 주체와 공적 의무의 주체로서의 지위를 가진다. 주권의 주체로서의 국민은 전체 국민을 의미하며, 주권의 행사자로의 국민은 유권자의 총체로서 선거권과 국민투표권의 주체를 의미한다.

기본권의 주체와 공의무의 주체로서의 국민은 개개인으로서의 국민을 말한다.

국적법에 의한 국적의 취득요건

우리 「국적법」은 국적에 관하여 단일국적주의와 속인주의(屬人主義) 내지 부모양계혈통주의 등을 원칙으로 하고 있다. 출생이라는 사실에 의해 자동적으로 국적이 부여되는 선천적 국적 취득에는 부모의 국적에 따라 출생자의 국적을 결정하는 속인주의 내지 혈통주의와 부모의 국적에 관계없이 출생한 지역에 따라 국적이 결정되는 속지주의 내지 출생지주의가 있다. 우리의 「국적법」은 종래 부계혈통주의를 원칙으로 하여 왔으나, 1997년 12월 개정된 법률에 의해 부모양계혈통주의에 기초한 속인주의를 원칙으로 하면서 여기에 속지주의를 일부 가미하고 있다.

헌법재판소는 「국적법」 개정 이전의 부계혈통주의의 원칙을 채택한 구법 조항에 대하여 평등원칙에 위배되어 위헌이라고 결정한 바 있다. 즉 부계혈통주의에 따라 한국인 부와 외국인 모 사이의 자녀와 한국인 모와 외국인 부 사이의 자녀를 차별취급하는 것은, 모가 한국인인 자녀와 그 모에게 불리한 영향을 끼치므로 헌법 제11조 제1항의 남녀평등원칙에 어긋난다고 하였다. 한국인과 외국인 간의 혼인에서 배우자의 한 쪽이 한국인 부인 경우와 한국인 모인 경우 사이에 성별에 따른 특별한 차이가 있는 것도 아니고, 양쪽 모두 그 자녀는 한국의 법질서와 문화에 적응하고 공동체에서 흠 없이 생활해 나갈 수 있는 동등한 능력과 자질을 갖추었는데도 불구하고 전체 가족의 국적을 가부(家父)에만 연결시키고 있는 구법 조항은 헌법 제36조 제1항이 규정한 "가족생활에 있어서의 양성의 평등원칙"에 위배된다는 것이다. 모가 한국인인 자녀들은 외국인이므로 원칙적으로 대한민국의 공무원이 될 수 없고,

거주·이전의 자유, 직업선택의 자유, 재산권, 선거권 및 피선거권, 국가배상청구권 및 사회적 기본권 등을 누릴 수 없거나 제한적으로밖에 향유하지 못하게 되므로 구법 조항은 자녀의 입장에서 볼 때에도 한국인 모의 자녀를 한국인 부의 자녀에 비교하여 현저하게 차별취급을 하는 것으로 헌법상의 평등원칙에 위배된다고 하였다(헌재 2000. 8. 31. 97헌가12).

후천적 국적 취득은 출생 이외의 인지, 귀화 등 일정한 사실에 의해 국적을 취득하는 것을 말한다. 인지란 혼인 외에 출생한 자를 자신의 자녀로 인정하는 의사표시를 말하며, 귀화란 외국인으로서 대한민국 국적을 취득하는 것을 말한다. 귀화에 의한 국적 취득에는 법무부장관의 허가가 있어야 한다.

국적과 관련하여 대한민국 성립 이전의 조선인의 국적이 문제되며, 북한주민이 대한민국 국민인지 여부가 문제된다. 이에 관하여는 헌법과 국적법에 명시적 규정이 없으나, 대법원 판례에 의하면 미 군정하의 조선 국적의 보유자는 대한민국의 국적을 취득하였다고 본다. 또한 북한주민의 경우도 북한법의 규정에 따라 북한국적을 취득하였다고 하더라도 북한지역 역시 대한민국의 영토에 속하는 한반도의 일부를 이루는 것이어서 대한민국의 주권이 미칠 뿐이므로 북한주민이 대한민국의 국적을 취득하고 이를 유지함에 있어 아무런 영향을 끼칠 수 없다고 판단하였다(대판 1996. 11. 12. 96누1221).

대한민국 국민이 자진하여 외국국적을 취득하거나 외국인과 혼인하여 배우자의 국적을 취득하게 된 경우 등 「국적법」상 규정된 일정한 원인에 의해 국적은 상실된다. 국적을 상실한 자는 법무부장관에게 국적상실의 신고를 해야 하며, 대한민국 국민으로서 누릴 수 있는 권리를 법령에 다른 규정이 없는 한 국적상실한 날로부터 3년 이내에 한국인에게 양도하여야 한다. 국적을 상실한 자도 법무부장관의 국적회복허가를 받아 국적을 재취득할 수 있다(동법 제18조 제2항, 제9조).

복수국적의 제한적 허용

「국적법」은 종래 복수국적을 허용하지 아니하였으나, 2010년 개정법에서 복수국적을 제한적으로 허용하는 방향으로 바뀌게 되었다. 현행 「국적법」은 대한민국 국적을 취득한 외국인은 1년 이내에 외국 국적을 포기하여야 하며, 다만 대한민국에서 외국 국적을 행사하지 아니하겠다는 뜻을 법무부장관에게 서약한 경우에는 복수국적을 허용한다(동법 제10조 제2항). 외국에서 거주하다가 영주할 목적으로 만 65세 이후에 입국하여 국적회복허가를 받은 자도 국내에서 외국국적을 행사하지 않을 것을 서약한 경우에는 복수국적이 허용된다. 복수국적자는 대한민국의 법령 적용에서 대한민국 국민으로만 처우한다(동법 제11조 외2 제1항).

「국적법」은 대한민국 국민인 복수국적자의 국적선택의무를 규정하여 만 20세가 되기 전에 복수국적자가 된 자는 만 22세가 되기 전까지, 만 20세가 된 후에 복수국적자가 된 자는 그 때부터 2년 내에 하나의 국적을 선택하도록 하고 있다(동법 제12조 제1항). 다만 복수국적자라 하더라도 「병역법」 규정에 따라 제1국민역에 편입된 자는 편입된 때부터 3개월 이내에 하나의 국적을 선택하거나, 직계존속이 외국에서 영주할 목적 없이 체류한 상태에서 출생한 자는 병역의무의 이행과 관련하여 현역·상근예비역 또는 보충역으로 복무를 마치거나 제2국민역 편입, 병역면제처분 등을 받은 때부터 2년 이내에 하나의 국적을 선택하여야 한다(동법 제12조 제2항). 따라서 「국적법」은 직계존속이 외국에서 영주할 목적 없이 체류한 상태에서 출생한 자는 병역의무의 이행과 관련하여 현역 복무를 마치거나 제2국민역으로 편입된 경우, 병역면제처분을 받은 경우에만 국적이탈신고를 할 수 있도록 규정하고 있다. 이는 원정출산을 병역기피의 수단으로 이용하는 것을 방지하기 위한 것이다.

재외국민의 국가적 보호

헌법 제2조 제2항의 재외국민의 보호는 오늘날 세계화시대에 있어 국경 개념의 축소화와 국민생활의 변화에 따라 재외국민에 대한 국가적 보호를 필요로 하게 됨에 따라 규정된 것이다. 재외국민과 재외동포의 출입국과 체류, 대한민국 내에서의 법적 지위를 보장하기 위하여 「재외동포의 출입국과 법적 지위에 관한 법률」이 제정되어 시행되고 있다. 이 법률에 의하면 '재외국민'이란 대한민국의 국적을 가지고 있으면서 외국에 생활근거를 가지고 외국의 영주허가를 가지거나 장기간 외국에 체류하는 자를 말하는데, 재외국민은 「재외국민등록법」에 의해 등록을 하여야 한다. 이러한 재외국민은 대한민국 국민이므로 당연히 헌법상 기본권의 주체가 된다. '외국국적동포'는 한 때 대한민국 국적을 가졌던 자(대한민국 정부수립 이전에 국외로 이주한 동포를 포함한다)를 말한다. 이러한 외국국적동포는 법적으로 외국인에 해당하기 때문에 외국인에 대한 기본권제한의 법리가 그대로 적용되지만, 예외적으로 다른 외국인에 비교하여 이 법률에 의해 일정한 사항에 관하여(부동산거래 및 금융거래상 대한민국 국민과 동등한 권리보유 등) 특별한 보호를 부여하고 있다.

재외국민보호에 관한 주요 헌법문제는 재외국민에 대한 선거권을 어느 정도 허용할 것인가의 문제가 있다. 헌법재판소는 대한민국 국민임에도 불구하고 「주민등록법」상 주민등록을 할 수 없는 재외국민의 선거권행사를 전면적으로 부정한 구 「공직선거법」 조항에 대하여, 처음에는 1999년 결정에서 그러한 거주요건에 의한 보통선거의 제한은 선거권의 본질 및 선거의 공정성 확보 등의 공공복리를 위하여 필요한 것이라 보고 과잉금지의 원칙에 위반되지 않는다고 하였으나, 그 후 2007년에 판례를 변경하여 거주요건에 의한 선거권제한은 과잉금지의 원칙에 위반하여 재외국민의 선거권과 평등권을 침해한다고 판시하였다. 선거인명부에 오를 자격이 있는 국내거주자에 대해서만 부재자신고를 허용함으로써 재외국민과 단기해외체류자 등 국외거주자 전부의 국정선거권을 부인하는 것은 국외거주자의 선거권과 평등권을 침해하고 보통선거원칙에도 위배된다고 하였다. 또한 주민등록을 할 수 없는 국내거주 재외국민에 대해 그 체류기간을 불문하고 지방선거의 선거권과 피선거권을 부인하는 것은 국내거주 재외국민의 지방의회 의원 선거권과 공무담임권을 침해한다고 판단하였다(헌재 2007. 6. 28. 2004헌마644).

그리하여 2009년 「공직선거법」 개정으로 비로소 재외국민에 대한 국정선거권이 인정되어 대통령선거에 투표권을 행사할 수 있게 되었다. 다만 국회의원선거에서는 국내에 주민등록이 되어 있지 않고 거소신고도 하지 않은 재외선거인에게는 지역구국회의원 선거권을 제한하였다. 헌법재판소는 주민등록이 되어 있지 않고 국내거소신고도 하지 않은 재외국민에게 임기만료 지역구국회의원 선거권을 인정하지 않은 이 법률조항에 대하여 재외선거인의 선거권을 침해하는 것이 아니라고 합헌결정을 하였다. 즉 지역구국회의원은 국민의 대표임과 동시에 소속지역구의 이해관계를 대변하는 역할을 하고 있으므로, 전국을 단위로 선거를 실시하는 대통령선거와 비례대표국회의원선거에 투표하기 위해서는 국민이라는 자격만으로 충분한 데 반해, 특정한 지역구의 국회의원선거에 투표하기 위해서는 '해당 지역과의 관련성'이 인정되어야 하기 때문에 주민등록과 국내거소신고를 기준으로 지역구국회의원선거권을 인정하는 것은 해당 국민의 지역적 관련성을 확인하는 합리적인 방법이라고 판시하였다(헌재 2014. 7. 24. 2009헌마256등).

선거법상 해외체류 국민에 대한 선거권은 1967년 제6대 대통령선거에서 최초로 인정된 바 있다. 당시 독일에 체류 중인 간호사, 광부들과 베트남전에 참전한 국군 등의 해외체류 국민들은 우편을 통해 투표에 참여하였다. 다만 해외 거주 영주권자는 제외되고 일시적 해외체류자에게만 선거권을 허용한 것이다. 이 해외체류 부재자투표는 1972년 유신헌법 이후 폐지되었다. 2009년 「공직선거법」 개정으로 재외국민과 해외체류자에 대한 국정선거권이 인정되었다.

> 제3조
> 대한민국의 영토는 한반도와 그 부속도서로 한다.

대한민국 영토의 범위는?

제3조는 국가의 영토에 관한 조항이다. 영토는 국가영역의 기초가 되는 일정한 범위의 육지를 말한다. 세계 각국 헌법을 보면 영토조항을 두고 있지 않은 나라도 적지 않아서 미국, 일본, 터키, 스페인, 네덜란드 등 60여 개국의 경우에는 영토조항이 없다. 그렇지만 일반적으로 헌법에 영토조항을 두고 있는 나라들의 경우 영토조항은 국가의 정체성을 확인하는 의미가 있다. 그리고 영토조항은 국가의 영역의 범위를 확정함으로써 국가의 관할범위를 분명히 하며, 나아가 영토수호의지를 표현하는 의미를 가진다.

우리 헌법의 영토조항의 연혁은 건국헌법에서부터 규정된 것이 계속 이어져 온 것이지만, 건국헌법 이전의 대한민국 임시정부의 헌법

(1919. 9. 11. 제정)에서부터 영토에 관한 조항을 두어 "대한민국의 강토는 구한국의 판도로 함"(제3조)이라고 규정한 바 있다. 그러나 우리 헌법상 영토조항의 의미에 관하여는, 대한민국이 분단국가라는 특수한 상황에서 헌법이 제정되었고 사실상 대한민국의 통치권이 행사되지 못하는 지역까지 영토에 포함시켜 놓았기 때문에 그 해석을 둘러싸고 학계의 다양한 논의가 전개되어 왔다.

국가의 영토는 자연적 원인이나 국제조약, 사실행위 등에 의해 그 범위가 변경될 수 있다. 영토가 변경되면 국가의 지배권이 미치는 공간적 범위와 국민의 범위에 변동을 가져오게 된다. 우리 헌법은 침략적 전쟁의 부인을 규정(제5조 제1항)하고 있기 때문에 무력수단에 의한 영토변경은 금지되며, 조약에 의한 영토변경의 경우에는 헌법개정의 절차를 거쳐야 한다.

영토에 접속한 일정 범위의 해역으로서 영해가 있는데, 우리나라는 「영해 및 접속수역법」에 따라 한반도와 그 부속도서에 접속한 12해리까지를 '영해'로 하고 있다. 다만 이 법률 시행령에 따라 대한해협에서의 영해는 3해리로 하고 있다. '접속수역'은 영해기선(해안저조선)에서 24해리의 수역으로 영해를 제외한 것으로서, 이 접속수역은 관세, 출입국관리, 보건 및 위생에 관한 법규위반을 방지하고 제재를 가할 수 있는 수역을 말한다. 한편 「배타적 경제수역법」은 해양법에 관한 국제연합협약에 따라 '배타적 경제수역'을 설정하고 있다. 배타적 경제수역은 영해기선으로부터 200해리까지의 수역으로 영해를 제외한 것이다. 이 수역 내에서 해저의 상부수역, 해저 및 그 하층토의 천연자원탐사·개발·보존·관리 등 경제적 활동에 관한 주권적 권리를 행사한다.

"대한민국의 영토는 한반도와 그 부속도서로 한다"는 영토조항의 의미에 관하여는 학자들에 따라 다양하게 해석되어 왔으나 종래의 일반적인 해석론은 다음과 같다. 첫째, 우리나라의 영역은 구한말 대한제국 시대의 국가영역을 기초로 하고 있다는 것이다. 대한민국 임시정부헌법에서부터 명문화된 영토조항은 당시 제국주의시대의 국제법질서 속에서 자주독립의 의지를 적극적으로 표명한 것이었으며, 건국헌법의 영토조항도 대한민국은 대한제국의 정통성을 계승하여 국가적 계속성을 갖는다는 것을 밝힌 것이다. 둘째, 우리나라의 영토의 범위를 명백히 함으로써 국제평화주의의 정신에 따라 타국의 영토에 대한 야심이 없음을 선언하는 것이다. 셋째, 한반도에서의 유일한 합법정부는 대한민국뿐이고 휴전선 이북지역은 조선민주주의인민공화국이 불법적으로 점령한 미수복지역이라고 보는 것이다. 이러한 영토조항의 일반적 해석론에 의해 대한민국만이 한반도의 유일한 합법정부이며 북한은 법적으로 반국가단체의 성격을 가진다는 것은 법원 판례의 입장이기도 하다. 대법원은 "북한지역 역시 대한민국의 영토에 속하는 한반도의 일부를 이루는 것이어서 대한민국의 주권이 미칠 뿐이고, 대한민국의 주권과 부딪치는 어떠한 국가단체나 주권을 법리상 인정할 수 없다"고 판시하여 북한지역이 대한민국의 영토임을 확인하고 북한의 반국가단체성을 분명히 밝힌 바 있다(대판 1996. 11. 12. 96누1221).

제3조는 현실의 상황이나 그 변화에 관계없이 대한민국의 영토를 규범적으로 확정하고 있는 것이므로 북한지역도 우리의 영토로서 대한민국의 국가권력이 미치는 공간적 범위에 해당한다고 해석하여야 할 것이다. 그러나 북한지역에 대해서는 대한민국의 사실상의 지배권이 미치지 못하기 때문에 이 점에서 북한지역은 현실적으로 우리의 영토가 아니라 단지 '이념상의 영토'라고 보는 견해도 있다. 이와 같은 입장에서는 영토조항은 대한민국의 오늘의 현실을 규율하고 확정하는 조항이 아니라 미래를 향하여 존재하고 미래에 실현되는 통일과제조항이라고 해석하게 된다(한수웅, 헌법학, 법문사, 2016, 101면 이하). 이러한

통일과제조항으로 보는 해석론은 헌법 제4조의 평화통일조항과 관련하여 설득력이 있다고 할 것이다. 즉 대한민국의 헌법이 영토의 범위를 북한지역까지 포함하는 것으로 규정한 것은 통일에 대한 염원과 의지를 선언적으로 확인하면서 장래에 북한지역까지 대한민국의 국가권력이 미치도록 노력해야 할 통일의 목표와 과제를 부여한 것으로 해석할 수 있다.

그 밖에 헌법 제3조의 영토조항을 '헌법변천'으로 이해하는 일부 견해도 있다. 헌법의 변천은 헌법의 조문은 그대로 있으나 그 의미와 내용이 시대의 변천에 따라 실질적으로 변화하는 경우로서, 헌법조항의 새로운 해석과 적용을 통해 헌법규범을 변화하는 사회현상에 적응시키는 것을 말한다. 그러한 헌법변천의 입장에 의하면 우리 헌법은 영토조항에 따라 북한을 불법단체로 보았으나 남북공동성명, UN동시가입, 남북기본합의서 채택 등 일련의 시대상황의 변화로 북한을 불법단체로 보던 영토조항의 본래의 의미는 더 이상 유지될 수 없을 만큼 변화하였다는 것이다. 그러나 시대상황의 변화에 따라 북한의 실체를 인정하게 되었다고 해서 북한을 국가로 인정하고 대한민국의 영토가 남한에 국한하게 되었다는 것에 대한 국민적 합의가 이루어진 것이 아니므로 이를 헌법변천으로 보는 것은 타당하지 아니하다.

헌법 제3조의 영토조항 해석이 특히 문제가 되는 것은 현행 헌법 제4조에 평화통일조항이 신설됨으로써 양 조항이 서로 모순된다는 데에서 발생한다. 이 문제에 관하여는 다음의 제4조 해석에서 설명하도록 한다.

제4조
대한민국은 통일을 지향하며, 자유민주적 기본질서에 입각한 평화적 통일 정책을 수립하고 이를 추진한다.

평화통일조항

제4조의 평화통일조항은 1987년 헌법에서 새롭게 채택된 조항이다. 헌법상 한반도의 평화적 통일에 관한 의지의 표명은 현행 헌법 이전에 1972년 헌법의 전문에 "조국의 평화적 통일의 사명"을 천명하였으며, 그 후 현행 헌법 제4조에 "대한민국은 통일을 지향하며, 자유민주적 기본질서에 입각한 평화적 통일정책을 수립하고 이를 추진한다"라고 규정하여 평화통일의 원칙을 재천명하게 되었다. 이 평화통일원칙조항과 관련하여 현행 헌법은 제69조의 대통령 취임선서조항에 대통령의 성실한 직책수행의무로서 "조국의 평화적 통일에 노력할 의무"를 명문화하고 있으며, 제92조에는 평화통일정책의 수립에 관한 대통령의 자문기구로 민주평화통일자문회의를 둘 수 있다고 규정하고 있다.

평화통일조항은 국가목표조항인 동시에 헌법의 기본원리로서 평화통일원칙을 규정한 것이다. 국가목표조항이란 국가에 대해 특정 과제를 이행하도록 지속적으로 노력해야 할 법적 의무를 부과하는 조항을 말한다. 이러한 국가목표조항은 국가권력에 대한 구속력을 갖기 때문에 모든 국가기관은 통일을 위해 노력해야 한다. 그렇지만 국가목표조항은 기본권조항과 구별되므로 이 국가목표조항에서 국민이 국가에 대해 통일을 위한 구체적 내용의 국가행위를 청구할 권리를 갖는 것은 아니다. 또한 평화통일조항은 우리 민족의 지상과제로서 평화통일의 책무를 헌법상 의무화한 것으로 모든 국가기관뿐만 아니라 국민에 대해서도 구속력을 가진다고 할 것이다.

평화통일조항은 헌법의 기본원리로서 평화통일주의를 선언한 것이므로 이 조항은 헌법의 본질적 구성부분으로서 헌법과 법령해석의 기준이 되며, 헌법개정절차를 통해서도 개정할 수 없는 대상이 된다.

남북한의 통일은 평화주의와 자유민주적 기본질서에 입각해야 한다

이 평화통일조항의 구체적인 내용은 다음과 같이 세 가지로 나누어 볼 수 있다. 첫째, 남북한의 통일은 평화주의에 기초한 평화통일의 원칙을 바탕으로 한다. 따라서 무력에 의한 통일이나 합의에 의하지 않은 흡수통일을 배제한다는 의미를 가진다. 무력에 의한 통일은 헌법 제5조 제1항에서 규정하고 있는 국제평화주의원칙이나 "침략적 전쟁의 부인"과 조화될 수 없다. 그러나 북한이 남한을 상대로 전쟁을 개시하거나 무력으로 침략하는 경우 남한은 무력을 행사하지 않을 수 없으며, 그러한 쌍방의 무력행사 또는 전쟁의 상황에서 통일이 이루어지는 것은 평화통일원칙에 저촉되지 않는다고 할 것이다. 헌법재판소 판례는 평화통일의 원칙과 관련하여 "평화적 통일을 위하여서는 북한과 적대관계를 지속하면서 접촉·대화를 무조건 피하는 것으로 일관할 수는 없고, 자유민주적 기본질서에 입각하여 상호 접촉하고 대화하면서 협력과 교류의 길로 나아가는 것이 평화적 통일을 위한 초석이 되는 것이며, 순수한 동포애의 발휘로서 서로 도와주고 일정한 범위 내에서 경제적, 기술적 지원과 협조를 도모하여 단일민족으로서의 공감대를 형성하는 것이야말로 헌법 전문의 평화적 통일의 사명에 입각하여 민족의 단결을 공고히 하는 방편으로서 헌법정신에 합치되는 것이다"라고 판시하였다(헌재 1990. 4. 2. 89헌가113).

둘째, 남북한의 통일은 자유민주적 기본질서에 입각해야 한다. 따라서 자유민주주의의 이념적 기초인 국민주권의 이념을 존중하는 입장에서 통일의 내용과 방향이 국민적 합의를 바탕으로 해야 한다는 것이다. 그리고 자유민주적 기본질서에 입각한 통일은 북한이 지향하는 인민민주주의에 기초한 통일이 아니라 우리 헌법의 핵심적 가치질서로서 자유민주주의에 기초한 통일을 의미한다. 자유민주적 기본질서는 자유주의와 민주주의의 결합 개념으로 이해할 수 있으며, 구체적으로 헌법재판소가 개념정의한 바에 따르면 "모든 폭력적 지배와 자의적 지배, 즉 반국가단체의 일인독재 내지 일당독재를 배제하고 다수의 의사에 의한 국민의 자치, 자유·평등의 기본원칙에 바탕한 법치주의적 통치질서"를 의미한다(헌재 1990. 4. 2. 89헌가113). 따라서 통일이 실현되는 경우 채택되는 통일헌법도 자유민주주의를 그 핵심내용으로 해야 한다.

셋째, 통일정책의 수립과 추진도 자유민주적 기본질서에 입각해야 하므로 대통령의 통일정책추진에 관한 권한과 책무도 대통령의 배타적 독점권이 아니며 전체 국민의 의사를 수렴하여 민주적이고 공개적으로 수립하여야 한다. 따라서 대통령의 통일정책 추진에 있어서 국민적 합의를 요하는 중요한 사항은 헌법 제72조에 의한 국민투표를 거쳐 결정하는 것이 필요하다. 우리 헌법의 통일정책에 관한 국민투표제도는 통일정책의 중요성 때문에 그 정책의 민주적 정당성을 확보할 수 있는 길을 열어놓고 있는 것이므로 국민은 통일정책에 관한 한 자유로운 의견개진과 토론을 통해 최종적인 결정권을 행사할 수 있는 헌법적 수권을 받고 있다고 할 수 있다. 이 점에서 통일정책을 수립하는 데 있어서 정부가 독단적으로 추진하는 것은 곤란하며, 국민의 통일정책에 대한 적극적 참여가 보장되어야 하는 것이 중요하다.

헌법 제3조와 제4조는 상호 모순·충돌하는 조항인가?

제4조의 평화통일조항을 근거로 노태우 정부 당시인 1990년에 「남북

교류협력에 관한 법률」이 제정되고 1991년에는 '남북기본합의서'가 교환되었다. 여기서 제4조의 평화통일조항은 남북분단의 현실에서 북한을 사실상의 정부로 그 실체를 인정하는 것을 전제로 한 것으로, 이는 제3조의 영토조항의 규범적 의미와 그 내용이 양립될 수 없는 것이므로 양 조항은 상충관계에 있게 되는 문제가 발생하게 된다.

이와 같은 상호 충돌하는 양 조항의 헌법해석론에 관하여는 학설상 여러 견해가 나뉘고 있다. 제1설은 영토조항을 우선하는 입장에서 대한민국이 한반도의 유일한 합법정부이며 북한은 반국가단체이지만 대한민국의 국토수복을 위한 북한지역의 흡수통일은 헌법 제4조에 충돌되지 않는다는 것이다. 제2설은 평화통일조항을 우선하는 입장에서 영토조항과의 관계에서 평화통일조항은 일반법에 대한 특별법 또는 구법에 대한 신법의 지위에 있으며, 평화통일은 우리 헌법이 지향하는 이념이므로 평화통일조항이 영토조항보다 우월한 효력을 가진다는 것이다. 그러나 이 견해는 헌법규범 상호간에 특별법과 일반법, 구법과 신법의 관계에 따른 규범적 효력의 우열을 인정할 수 있는 헌법적 근거가 없으므로 설득력이 약하다. 제3설은 영토조항은 시대상황과 통일정책의 변화에 따라 북한을 더 이상 불법단체로 볼 수 없게 됨에 따라 영토조항의 본래의 의미가 실질적으로 변질되었다는 헌법변천론에 근거하여 평화통일조항이 우월한 효력을 가진다는 것이다. 제4설은 양 조항의 규범조화적 해석을 통하여 북한정권의 '2중적 지위'를 인정하는 것으로 학계의 다수설이며 헌법재판소 판례의 입장이기도 하다. 즉 영토조항을 근거로 북한을 반국가단체로 규정하면서도, 평화통일조항을 근거로 하여 북한을 대화와 협력의 동반자로 규정하는 것이다. 헌법재판소는 "현 단계에 있어서의 북한은 조국의 평화적 통일을 위한 대화와 협력의 동반자임과 동시에 대남적화노선을 고수하면서 우리 자유민주체제의 전복을 획책하고 있는 반국가단체라는 성격도 함께 갖고 있음이 엄연한 현실인 점에 비추어, 헌법 제4조가 천명하는 자유민주적 기본질서에 입각한 평화적 통일정책을 수립하고 이를 추진하는 한편 국가의 안전을 위태롭게 하는 반국가활동을 규제하기 위한 법적 장치로서, 전자를 위하여는 남북교류협력에관한법률 등의 시행으로써 이에 대처하고 후자를 위하여는 국가보안법의 시행으로써 이에 대처하고 있는 것이다"라고 판시함으로써 북한의 이중적 지위론에 입각한 양조항의 규범조화적 해석을 시도하였다(헌재 1993. 7. 29. 92헌바48). 대법원 판례도 이와 같은 입장에서 북한은 조국의 평화적 통일을 위한 대화와 협력의 동반자임과 동시에 적화통일노선을 고수하면서 우리의 자유민주주의 체제를 전복하고자 획책하는 반국가단체라는 성격도 아울러 가지고 있다고 판시하고 있다(대판 2004. 8. 30. 2004도321).

생각건대 영토조항과 평화통일조항의 충돌 문제에 관한 헌법해석에 있어서 개별적 헌법조항 상호간의 관계에서 효력상의 차등을 인정하기 어려우며, 영토조항을 헌법변천으로 보는 견해도 그 헌법조항의 의미의 변질에 대한 국민적 합의가 형성된 것이 아니어서 설득력이 없으므로 헌법재판소 판례의 입장인 양조항등가론 내지 북한의 이중적 지위론이 타당하다고 할 것이다. 따라서 영토조항은 우리 대한민국의 영토를 구한말의 국가영역을 기초로 한다는 역사성을 선언하고 있으며, 현실적인 장애로 인하여 대한민국의 실질적인 통치권이 반국가단체의 북한지역에 미치지 못하지만 그 장애요인이 소멸할 경우 당연히 대한민국의 통치권이 북한지역에도 효력을 갖게 되는 것이다. 그리고 평화통일조항에 근거하여 북한을 대화와 협력의 동반자로서 인정하여 자유민주적 기본질서에 입각하여 평화적 통일이 이루어지도록 노력하는 것이 국가적 목표이며 과제인 것이다.

제5조
① 대한민국은 국제평화의 유지에 노력하고 침략적 전쟁을 부인한다.
② 국군은 국가의 안전보장과 국토방위의 신성한 의무를 수행함을 사명으로 하며, 그 정치적 중립성은 준수된다.

국제평화주의의 천명

우리 헌법은 전문에서 "항구적으로 세계평화에 이바지함으로써"라고 규정하여 세계평화주의를 선언하고, 제5조 제1항에 이를 구체화하여 "대한민국은 국제평화의 유지에 노력하고 침략적 전쟁을 부인한다"라고 하여 국제평화 유지의 노력과 침략전쟁의 금지를 천명하고 있다. 또한 헌법은 통일정책에 있어서도 평화주의를 채택하고 있다. 전문에 "평화적 통일의 사명에 입각하여"라고 규정하고 있으며, 제4조에서 평화적 통일정책의 수립과 추진을 규정하여 통일에서 평화주의를 채택하고 있음은 전술한 바와 같다.

세계 각국의 헌법에 국제평화주의와 침략적 전쟁 부인조항을 두기 시작한 것은 제2차 세계대전 이후의 일이다. 세계대전의 참혹한 전쟁을 경험한 각국은 세계평화 구현의 정신을 천명하게 된 것이다. 특히 제2차대전의 패전국가들의 경우 평화주의를 헌법에 수용하여 구속력 있는 원칙으로 규정하고 있다. 독일 기본법은 제4조 제3항에 양심적 집총병역거부권을 규정하여 평화주의자를 강하게 보호하고 있으며, 제26조 제1항은 "국가간의 평화적 공동생활을 교란하게 할 우려가 있고 또한 그 의도로써 행해지는 행동, 특히 침략전쟁의 수행을 준비하는 행동은 위헌이다. 그러한 행동은 처벌되어야 한다"고 규정하고 있다. 일본은 헌법 제9조 제1항에 "일본 국민은 정의의 질서를 기조로 하는 국제평화를 성실히 희구하며, 국권의 발동인 전쟁과 무력에 의한 위협 또는 무력의 행사는 국제분쟁을 해결하는 수단으로서 영구히 이를 방기(放棄)한다"라고 하고, 제2항에는 "전항의 목적을 달성하기 위하여 육해공군 기타의 전력은 보유하지 않는다. 국가의 교전권은 인정하지 아니한다"라고 규정하여 국제평화주의를 적극적으로 표명하고 있다. 그러나 일본의 경우 헌법 제9조의 평화조항에 따라 일체의 전쟁과 무력행사를 포기하고 모든 전력을 갖지 않는다고 선언하고 있지만, 사실상 '자위대(自衛隊)'라는 이름으로 막강한 군사력을 보유하고 있으며 최근에는 정치권의 극우세력을 중심으로 헌법 제9조의 개정 필요성에 관한 목소리를 높이고 있다.

국군의 이라크 파병은 침략적 전쟁인가?

침략적 전쟁은 자위전쟁의 반대 개념으로 일국이 무력을 사용하여 타국의 주권이나 영토보전권, 정치적 독립을 침해하는 전쟁을 말한다. 자위전쟁은 적의 직접적인 공격을 격퇴하기 위한 전쟁을 말하며 UN헌장에 따라 개별적 자위전쟁과 집단적 자위전쟁으로 구별된다. UN헌장은 국제분쟁을 해결하기 위한 수단으로 침공, 폭격이나 외국영토의 봉쇄를 시간적으로 먼저 취하는 것을 침략적 전쟁으로 간주하고 있으며, 무력행사 외에도 무력에 의한 위협도 금지하고 있다. 집단적 자위전쟁과 관련하여 노무현 정부 당시 우리 국군의 '이라크파병'이 문제된 바 있다. 이라크 파병은 생화학무기의 존재를 전제로 한 집단적 자위전쟁이었으나 이라크 침공 이후 생화학무기의 존재 자체가 없다는 것이 확인되었다. 그러한 상황에서 이라크 파병을 반대한 입장에서는 대통령이 국군의 이라크 파병을 결정한 것이 헌법상 국제평화주의에 반하는 침략적 전쟁이며 그 파병결정으로 국민의 기본권이 침해된다고 주장하여 헌법소원심판을 청구하였다. 헌법재판소는 2004년 이 사건에서 국군의 파병결정과 같은 외교·국방에 관한 고도의 정치적 결단이 요구되는 사안에 대해서는 사법심사의 대상이 되지 않는다고 판단하고, 이라크전쟁이 침략전쟁인지 여부에 관한 판단은 대의기관인 대통령과 의회의 몫이고 헌법재판소가 판단하는 것은 바람직하지 않다고 사법소극주의의 입장을 취하였다(헌재 2004. 4. 29. 2003헌마814).

국군의 국토방위의 신성한 의무와 정치적 중립성 준수

제5조 제2항은 외부의 침략으로부터 국가안전보장과 국토방위를 위한 국군의 신성한 의무와 사명을 선언하면서, 특히 국군의 정치적 중립성 준수를 강조하고 있다. 즉 국군은 외부적으로 적의 침략으로부터 국가를 방위하는 것을 사명으로 해야 하며, 내부적으로는 정치적 중립의 준수를 통하여 쿠데타 등에 의한 정권장악 등 헌정질서의 교란과 파괴행위를 부정함으로써 국내평화질서의 확립을 목적으로 해야 한다는 것이 제5조 제2항의 기본취지라 할 수 있다.

국군의 정치적 중립성을 실현하기 위해서는 우선 군의 정치개입 및 정치활동은 원칙적으로 금지되며 이를 위반하는 경우에는 「군형법」에 의해 처벌된다. 그리고 문민통치의 원칙과 군에 대한 문민통제는 군의 정치적 중립성 보장을 위해 중요한 의미를 갖는다. 군의 역할이 오로지 국가안보와 국방이라는 군사적 목적에 한정되어야 하며 비군사적 민간부분에서의 군사화는 지양되어야 한다. 우리 헌법은 군인은 현역을 면한 후가 아니면 국무총리와 국무위원으로 임명될 수 없다고 규정하고 있으며(제86조 제3항, 제87조 제4항), 군사에 관한 중요한 사항은 국무회의의 심의를 거치도록 하고 있다(제89조 제6호). 선전포고, 국군의 해외파병, 외국군의 국내주둔에 대한 국회의 동의권은 군사에 대한 국민의 대표기관인 국회의 민주적 통제를 받게 하는 것이다(제60조 제2항).

또한 우리 헌법은 이른바 '병정통합주의' 내지 '군정·군령일원주의'를 채택하여 군의 행정과 조직·편성에 관한 '군정(軍政)'과 군의 작전·명령에 관한 '군령(軍令)'을 다 같이 일반 행정기관이 관장하게 하여 민간 정부에 의한 군의 통제가 가능하도록 하고 있다. 그리하여 대통령은 헌법상 국군통수권자(제74조 제1항)로서 군정·군령에 관한 최고권한을 행사하며, 국회의 동의를 얻어 선전포고와 강화의 권한을 행사한다(제73조).

제6조

① 헌법에 의하여 체결·공포된 조약과 일반적으로 승인된 국제법규는 국내법과 같은 효력을 가진다.

② 외국인은 국제법과 조약이 정하는 바에 의하여 그 지위가 보장된다.

조약과 국제법규의 효력은 국내법과 같다

헌법상 국제평화주의는 당연히 국제법질서 존중주의를 요청하게 된다. 우리 헌법은 제6조 제1항에 "헌법에 의하여 체결·공포된 조약과 일반적으로 승인된 국제법규는 국내법과 같은 효력을 가진다"라고 하여 국제법질서 존중주의를 선언하고 있으며, 제2항에서 "외국인은 국제법과 조약이 정하는 바에 의하여 그 지위가 보장된다"라고 하여 상호주의원칙에 입각한 외국인의 법적 지위를 보장하고 있다.

국제법과 국내법의 관계에 관하여는 양자가 별개의 법체계에 속한다고 보는 이원론과 동일한 법체계에 속한다는 일원론의 대립이 있으나, 오늘날 일원론이 지배적 견해이다. 헌법재판소도 같은 입장을 취하고 있다. 일원론에 의하면 조약의 국내적 효력의 발생은 체결된 조약 그 자체로 국내법질서에 수용되는 방식을 취하게 된다. 헌법재판소는 국제통화기금(IMF)협정 조항에 대하여 조약의 직접적용성을 인정하여 위헌법률심판의 대상이 된다고 판단한 바 있다(헌재 2001. 4. 26. 99헌가13). 그리고 헌법에 의하여 체결·공포된 조약과 일반적으로 승인된 국제법규가 국내법과 동일한 효력을 가진다는 의미는 국내의 최고규범인 헌법과 동일한 효력을 가지는 것이 아니라 '법률'과 동일한 효력을 갖는 것으로 이해하는 것이 통설이다. 조약의 효력의 근거를 부여한 것이 최고규범인 헌법이므로 그 조약이 헌법과 동일한 효력을 가질 수 없는 것이다. 다만 헌법에서 직접 조약의 효력을 정하여 법률보다 우월하도록 규정하는 것은 별개의 문제이다. 독일 기본법은 국제법의 일반원칙에 대해 국내 법률보다 우위의 효력을 인정하고 있으며, 프랑스 헌법도 조약이 의회의 법률에 우선한다고 규정하고 있다. 한편 동일한 형식적 효력을 갖는 조약이나 국제법규와 법률이 충돌하는 경우에는 국내법률 상호간에 충돌하는 경우처럼 신법(新法)이 우선하고 특별법이 우선한다고 볼 수 있다.

조약(treaty)이란 국제법률관계를 설정하기 위하여 국제법 주체 사이에 행해지는 문서에 의한 합의를 의미한다. 본래 조약은 국가 간의 문서에 의한 합의를 의미하였으나, 오늘날에는 국가 외의 국제기구도 국제법의 주체로 인정됨에 따라 국가와 국제기구 간의 또는 국제기구 상호간의 문서에 의한 합의도 조약에 포함된다. 여기서 조약에는 조약이라는 명칭 외에도 협약, 협정, 규약 등도 그 명칭을 불문하고 다 포함된다. 헌법재판소는 '한미주둔군지위협정', '한일어업협정' 등을 조약이라고 판단하였으며, '남북합의서'에 대해서는 조약의 성격을 부정하였다.

조약의 '체결'이란 조약을 국내적으로 최종 성립시키는 절차를 말하며, '비준'이란 조약을 체결하는 해당 국가기관(국왕 또는 대통령)이 조약의 성립을 확인하는 절차를 의미한다. 모든 조약의 체결에 비준절차를 거치는 것은 아니며 비준절차의 유무는 조약체결당사국에 의해 결정된다.

헌법재판소는 2019. 12. 27. '일본군 위안부문제 합의 발표 사건'에서 재판관 전원일치 의견으로, '대한민국 외교부장관과 일본국 외무대신이 2015. 12. 28. 공동발표한 일본군 위안부 피해자 문제 관련 합의'는 절차와 형식 및 실질에 있어서 구체적 권리·의무의 창설이 인정되지 않고, 이를 통해 일본군 위안부 피해자들의 권리가 처분되었다거나 대한민국 정부의 외교적 보호권한이 소멸하였다고 볼 수 없으므로 헌법소원심판청구의 대상이 되지 않는다고 하여 심판청구를 각하하였다. 즉 이 사건 합의는 구두 형식의 합의이고, 표제로 대한민국은 '기자회견', 일본은 '기자발표'라는 용어를 사용하여 일반적 조약의 표제와는 다른 명칭을 붙였으며, 이 사건 합의는 국무회의 심의나 국회의 동의 등 헌법상의 조약체결절차를 거치지 않은 것으로 헌법상 조약으로 볼 수 없다고 판단하였다(헌재 2019. 12. 27. 2016헌마253).

국회의 동의를 요하는 조약과 동의를 요하지 않는 조약

조약에 관련된 헌법조항을 보면 제73조는 조약의 체결·비준권을 대통령의 권한으로 규정하고 있다. 그리고 조약의 체결·비준에 국회의 동의를 필요로 하는 경우를 헌법 제60조 제1항에 따로 규정하고 있다. 따라서 헌법에 의해 체결·공포되는 조약에는 국회의 동의를 필요로 하는 것과 국회의 동의가 필요 없는 조약으로 구분되고 있다. 국회의 동의를 받아야 하는 조약으로는 ① 상호 원조 또는 안전보장에 관한 조약, ② 중요한 국제조직에 관한 조약, ③ 우호통상항해조약, ④ 주권의 제약에 관한 조약, ⑤ 강화조약, ⑥ 국가나 국민에게 중대한 재정적 부담을 지우는 조약, ⑦ 입법사항에 관한 조약 등이다. 위와 같은 국회의 동의를 얻어 체결·비준된 조약은 법률과 동일한 효력을 갖는다. 다만 국회의 동의 없이 체결되는 조약은 행정협정(executive agreement)의 성격을 갖는 것으로 그 효력은 법률의 하위규범인 명령과 같은 효력을 가진다고 보는 것이 일반적이다.

그리고 "일반적으로 승인된 국제법규"란 국제사회의 보편적 규범으로서 세계 대부분의 국가가 승인하고 있는 법규를 말하며, 여기에는 우리나라가 체결당사국이 아닌 조약으로서 일반적으로 국제사회에서 규범성이 승인된 일반조약뿐만 아니라 국제관습법도 포함된다. 일반적으로 승인된 국제조약으로는 UN헌장, 포로에 관한 제네바협정, 집단학살금지협정, 부전조약 등이 있으며 국제관습법에 해당하는 것으로는 포로의 살해 금지와 그 인도적 처우에 관한 전시국제법상의 기본원칙, 외교관의 예우에 관한 국제법상의 원칙, 국내문제불간섭의 원칙, 민족자결의 원칙, 조약준수의 원칙 등이 있다.

외국인의 법적 지위 보장

헌법 제6조 제2항은 외국인의 법적 지위를 보장하고 있다. 외국인은 국제법과 조약이 정하는 바에 의하여 그 지위가 보장된다는 내용은 먼저, 조약에 의해 외국인의 지위가 보장되므로 이는 조약 체결 당사국 사이의 상호주의 원칙의 채택을 의미한다. 이러한 상호주의 원칙에 따라 조약 체결 당사국이 아닌 외국인을 포함한 모든 외국인을 동일하게 대우해 주어야 한다는 논리는 성립하지 않는다. 그리고 외국인은 국제법이 정한 바에 따라 그 지위가 보장된다는 것은 국제법이 요구하는 정도로 외국인의 법적 지위를 보장한다는 의미이다. 이에 관하여는 「국제연합의 인종차별금지에 관한 규약」(1966)과 「이주노동자와 그 가족의 권리보호에 관한 국제협약」(1990) 등이 적용될 수 있다. 그러나 외국인과 내국인 사이에는 평등원칙의 적용이 아직 일반적인 국제법 원칙으로 확립된 것은 아니므로 외국인의 법적 지위 보장은 조약에 의해 실질적으로 정해지게 된다.

헌법상 기본권보장에 있어서 자연권으로서 '인간의 권리'에 관하여는 외국인에게도 기본권의 주체성을 인정할 수 있다. 따라서 인간의 존엄과 가치, 행복추구권, 생명권과 신체의 자유 등은 당연히 외국인에게도 보장되어야 한다. 직업선택의 자유, 재산권 등은 국내법에 의하여 제한적으로 외국인에게 보장될 수 있다. 그러나 헌법상 '국민의 권리'로 보장되는 것으로서 선거권과 사회적 기본권 등은 국민이 아닌 외국인에게는 인정되지 않는다. 다만 우리의 「공직선거법」은 외국인에 대해 일정한 거주조건하에서 지방자치단체의 선거권을 인정하고 있으며, 「주민투표법」에 의해 조례로써 일정한 외국인에 대해 주민투표권을 부여함으로써 외국인의 법적 지위 보장이 확대되고 있다. 그 밖에 외국인의 보호에 관한 국내법으로 2007년 제정된 「재한외국인 처우 기본법」에 의해 재한외국인이 우리 사회에 적응하고 조기 통합될 수 있도록 지원하고 있으며, 결혼이민자인 외국인을 위한 「다문화가족지원법」이 제정·시행되고 있다.

> 헌법 제7조
> ① 공무원은 국민전체에 대한 봉사자이며, 국민에 대하여 책임을 진다.
> ② 공무원의 신분과 정치적 중립성은 법률이 정하는 바에 의하여 보장된다.

제7조

국민주권원리와 공무원제도

제7조는 공무원제도의 보장에 관한 조항이다. 공무원이란 국민에 의

해 직접 또는 간접으로 선출되어 국가 또는 공공단체의 공공적 업무를 담당하고 있는 자를 말한다. 헌법 제7조의 공무원조항은 먼저 헌법 제1조의 국민주권원리와의 관계에서 이해할 필요가 있다. 제1조에 "대한민국의 주권은 국민에게 있고, 모든 권력은 국민으로부터 나온다"고 규정하고 있는데, 여기서 주권자인 국민으로부터 나온 모든 권력을 위임받아 행사하는 사람들이 제7조의 공무원인 것이다. 그러므로 공무원은 주권자인 국민 전체에 대한 봉사자여야 함은 당연한 논리이다. 즉 헌법 제7조 제1항은 국민주권의 이념에 입각하여 공무원의 직무와 권한은 국민으로부터 위임받은 국가권력이라는 것을 표현하는 것이며, 동시에 국민에게 책임을 지는 공직제도를 형성하여야 한다는 것을 의미한다.

헌법상 공무원제도 보장의 연혁을 보면 제헌헌법은 제27조에 "공무원은 주권을 가진 국민의 수임자이며 언제든지 국민에 대하여 책임을 진다. 국민은 불법행위를 한 공무원의 파면을 청원할 권리를 가진다"고 규정하여 공무원이 주권자인 국민의 수임자임을 분명히 하고 공무원의 국민에 대한 책임을 강조하면서 국민의 공무원에 대한 파면청구권을 규정하였다. 1960년 헌법에서는 공무원조항에 공무원의 정치적 중립성과 신분보장을 추가하였다. 그 후 1962년 제3공화국 헌법에서 위의 표현이 삭제되고, 제6조에 "공무원은 국민 전체에 대한 봉사자이며 국민에 대한 책임을 진다. 공무원의 신분과 정치적 중립성은 법률이 정하는 바에 의하여 보장된다"고 규정한 것이 현행 헌법에 이르기까지 그대로 유지되고 있다.

우리 헌법의 공무원제도는 제1장 총강 부분에 정당제도와 함께 규정되어 있는 것이 특징이다. 공무원제도를 비롯하여 헌법에 명문화된 정당제도 및 선거제도, 지방자치제도 등은 헌법상 '제도적 보장'에 관한 규정이라고 한다. 제도적 보장이란 국가존립의 기반이 되는 기존의 전통적 제도를 헌법의 수준에서 보장함으로써 당해 제도의 본질을 유지하려는 것을 말한다. 헌법에 의하여 일정한 제도가 보장되면 입법부는 그 제도를 설정하고 유지할 의무를 지게 될 뿐만 아니라 그 제도를 법률로써 폐지하거나 그 본질을 훼손할 수 없는 구속을 받게 된다. 헌법은 제도적 보장 중에서 국민주권원리와 밀접한 관련이 있는 공무원제도의 중요성을 인정하여 총강 속에 이를 규정하고 있다.

국민 전체에 대한 봉사자로서의 공무원

헌법 제7조 제1항은 공무원의 국민 전체에 대한 봉사자의 지위를 규정하고 있다. 여기서 국민 전체라 함은 대한민국의 국적을 가진 전체 국민을 말한다. 공무원은 그 임용주체가 나라의 주인인 국민이고 그 직무가 공공성을 갖기 때문에 특정인이나 특정의 당파·계급·종교·지역 등 부분이익만을 대표하여서는 아니되고, 국민 전체의 이익을 위하여 봉사해야 한다. 국민 전체에 대한 봉사자의 지위에서 공무원은 적극적으로 공익실현의무와 성실의무, 청렴의무 등을 지게 된다. 국민 전체에 대한 봉사자로서 공무원의 공익실현의무는 직업공무원뿐만 아니라 정치적 공무원에게도 적용된다. 따라서 대통령과 국회의원 등은 소속정당의 이익이나 특정 계층과 집단의 이익을 위해서만 직무를 수행해서는 안 되며 국민 전체의 이익을 위해 공정하게 권한을 행사해야 한다. 이와 관련하여 우리 헌법은 제46조 제1항에 "국회의원은 청렴의 의무가 있다"고 하고, 제2항에 "국회의원은 국가이익을 우선하여 양심에 따라 직무를 행한다"고 규정하고 있는 것도 의원의 국민 전체에 대한 봉사자의 지위를 전제로 한 것이다.

공무원은 "국민에 대하여 책임을 진다"는 의미는 무엇인가? 공무원과 그 임용의 주체인 국민의 관계는 단순한 노무적·사무적 관계를 말하는 것이 아니라, 충성과 성실 등을 내용으로 하는 공복적(公僕的) 봉사관계를 의미한다. 따라서 공무원의 국민에 대한 책임은 국민 전체에 대한 봉사자로서 그 직무를 성실히 수행해야 할 책임을 말한다. 하지만, 현행법상 국민의 공무원파면권이 인정되지 아니하므로 그 책임은 기본적으로 윤리적·정치적 책임을 뜻한다고 할 수 있다. 그렇다고 해서 공무원의 법적 책임이 없는 것은 아니다. 공무원의 직무상 위법행위 등의 경우에는 헌법과 법률에 의한 법적 책임을 지게 된다. 공무원의 법적 책임으로는 헌법 제65조에 정한 대통령·국무총리·국무위원 등 고위직 공무원에 대한 탄핵심판이 있으며, 헌법 제29조의 공무원의 직무상 불법행위에 대한 국민의 손해배상청구를 통한 법적 책임추궁이 있다. 그 밖에 징계와 형사처벌 등으로도 책임을 추궁할 수 있다.

공무원의 신분과 정치적 중립성이 보장되는 직업공무원제도

헌법은 제7조 제2항에 "공무원의 신분과 정치적 중립성은 법률이 정하는 바에 의하여 보장된다"라고 하여 직업공무원제도를 보장하고 있다. 직업공무원제도는 국가 또는 지방자치단체의 공무에 종사하는 직업적 공무원들로 하여금 집권세력에 의한 논공행상의 제물이 되는 것을 지양하고, 정권교체에 따르는 국정운영의 중단과 혼란을 예방하여 일관성 있는 공무수행을 유지하게 함으로써 안정적이고 능률적인 정책집행을 보장하는 공직제도를 말한다.

신분의 보장을 받고 정치적 중립성이 요구되는 직업공무원은 국가 또는 공공단체와 근로계약을 맺고 공무를 담당하는 것을 직업으로 하는 협의의 공무원으로서 '경력직 공무원'을 말하므로 국회의원이나 장관과 같은 정치적 공무원은 여기에 포함되지 않는다. 공무원의 종류는 「국가공무원법」에 의해 경력직공무원과 특수경력직공무원으로 구분되는데, 경력직공무원에는 실적과 자격에 의하여 임용되고 그 신분이 보장되며 정년시까지 공직에 근무할 것이 예정되어 있는 공무원으로서 일반직공무원과 특정직공무원(법관, 검사, 경찰공무원, 군인 등)이 있다. 특수경력직공무원에는 경력직공무원 외의 공무원으로서 선거에 의해 취임하거나 임명에 있어 국회의 동의를 요하는 정무직공무원이 있으며 그 밖에 별정직공무원이 포함된다(동법 제2조).

경력직 공무원에게 요구되는 공무원의 정치적 중립성은 공무원이 집권당의 영향으로부터 독립을 유지하고 나아가 정당에 대한 불간섭과 정당에의 불가담을 의미한다. 즉 국민 전체의 복리실현이라는 국가의 공적 업무를 수행하는 공무원은 업무수행에 있어서 정치적 편향성을 띠어서는 안 된다는 것이 정치적 중립성의 요청이다. 공무원의 정치적 중립성이 요구되는 이유로는, 공무원은 국민 전체에 대한 봉사자이므로 중립적 위치에서 공익을 추구하고, 행정에 대한 정치의 개입을 방지하여 행정의 전문성과 민주성을 제고하며, 정권교체에도 불구하고 정책의 계속성과 안정성을 유지하기 위한 것이다. 또한 엽관제로 인한 부패와 비능률의 폐해를 예방하기 위한 것 등도 그 이유로 들 수 있다. 공무원의 정치적 중립성 보장을 위한 방안으로는 공무원을 외부의 정치적 간섭으로부터 보호하기 위하여 공무원의 충원과 인사에 정치적 영향력이 미치지 못하게 하여야 하며, 공무원의 신분보장을 법적으로 제도화하고, 정치적 중립성 유지에 필요한 한도 내에서 공무원의 정치적 자유를 제한하는 것 등이 요구된다.

대통령의 선거중립의무

「국가공무원법」은 직업공무원의 정당 또는 정치단체의 결성·가입을 금지하고, 선거에서 특정 정당이나 특정인을 지지·반대하는 행위가 금지되는 등 정치운동의 금지를 규정하고 있다(동법 제65조). 「공직선거법」에도 공무원의 선거중립의무를 규정하고 있다(제9조 제1항). 대통령의 경우 선거의 중립의무를 지는 공무원에 포함되는지가 문제된 바 있다. 헌법재판소는 노무현 대통령 탄핵심판 사건에서 선거에 있어서의 정치적 중립성은 행정부와 사법부의 모든 공직자에게 해당하는 공무원의 기본적 의무라고 하고(국회의원과 지방의회의원은 제외됨), 더욱이 대통령은 행정부의 수반으로서 공정한 선거가 실시될 수 있도록 총괄·감독해야 할 의무가 있으므로 당연히 선거에서의 중립의무를 지는 공직자에 해당한다고 판단하였다(헌재 2004. 5. 14. 2004헌나1). 이처럼 헌법재판소는 공직선거법상 선거중립의무의 대상이 되는 공무원에 정치적 중립성이 요구되는 협의의 직업공무원은 물론 정치적 공무원도 포함된다고 하고, 특히 대통령에 대해서는 행정부의 수반으로서 공정한 선거가 실시될 수 있도록 감독할 의무가 있으므로 공직선거법 제9조의 공무원에 당연히 포함된다고 판시하였다.

공무원의 신분보장은 공무원이 정권교체에 영향을 받지 아니할 뿐만 아니라, 같은 정권하에서도 정당한 이유 없이 해임당하지 않는 것을 말한다. 공무원의 신분이 보장되지 아니하고 공직이 집권당의 전리품이 되어 엽관제나 정실인사에 의해 좌우된다면 공무원의 국민 전체에 대한 봉사자로서의 지위를 기대하기 어려우며, 공무원이 연명과 입신을 위해 집권당의 사병으로 전락할 우려가 있게 된다. 이러한 직업공무원제도 보장의 헌법정신에 따라 「국가공무원법」은 "공무원은 형의 선고·징계처분 또는 이 법에 정하는 사유에 의하지 아니하고는 그 의사에 반하여 휴직·강임 또는 면직을 당하지 아니한다"(다만 1급공무원이나 고위공무원단에 속하는 공무원은 예외)고 규정하고 있다. 공무원의 신분보장은 인사행정에 있어서 정치적 또는 정실적 요소를 배제하고 자격이나 능력을 기준으로 하여 공무원을 임용하거나 승진·전보하는 실적주의의 원칙을 채택하게 된다.

제8조

① 정당의 설립은 자유이며, 복수정당제는 보장된다.

② 정당은 그 조직·목적과 활동이 민주적이어야 하며, 국민의 정치적 의사형성에 참여하는데 필요한 조직을 가져야 한다.

③ 정당은 법률이 정하는 바에 의하여 국가의 보호를 받으며, 국가는 법률이 정하는 바에 의하여 정당운영에 필요한 자금을 보조할 수 있다.

④ 정당의 목적이나 활동이 민주적 기본질서에 위배될 때에는 정부는 헌법재판소에 그 해산을 제소할 수 있고, 정당은 헌법재판소의 심판에 의하여 해산된다.

정당제도의 보장

제8조는 정당제도의 보장에 관한 조항이다. 우리 헌법은 제1장 총강 부분에 정당조항을 두어 정당제 민주주의를 지향하고 있음을 볼 수 있다. 현대 민주주의에 있어서 정당은 필수불가결의 요소로서 국민의 다양하고 분산된 정치적 의사를 집약하고 여론화함으로써 국민과 국가기관 사이에 중개적 기능을 수행한다. 정당은 정치권력의 획득을 위한 선거조직으로서의 기능과 함께 사실상의 통치조직으로서 기능함으로써 민주주의와 정당제도는 상호관계 속에서 공존하며 정당 없이 민주주의는 존재할 수 없을 정도로 정당제도의 중요성이 강조되고 있다. 이러한 정당정치의 현실에서 우리 헌법은 고도의 정당제 민주주의를 지향하는 입장에서 헌법의 핵심적 원리를 담고 있는 총강 부분에 정당조항을 규정하고 있다.

각국의 헌법을 보면 미국이나 일본 등은 정당조항이 없으며, 독일·프랑스·이탈리아 등은 헌법에 정당조항을 두고 있다. 우리 헌법의 정당조항은 독일 기본법의 정당조항(제21조)의 영향을 받아 채택된 것이다. 한국헌법사에 있어 최초로 헌법에 정당을 규정한 것은 1960년 헌법(제2공화국헌법)이다. 당시는 언론·출판·집회·결사의 자유조항(제13조) 속에 정당의 보호와 정당해산에 관한 내용을 신설한 것이었다. 1962년 헌법(제3공화국헌법)에서부터 현행 헌법과 같은 정당의 일반조항을 두게 되었다.

국민과 국가기관 사이의 중개적 권력체로서의 정당

정당의 성립기원은 공통의 목적이나 특정의 계급이익을 위하여 조직된 사회적 집단에서 찾을 수 있으며, 그것은 사회 내의 임의적 사적 결사에 불과한 것이었다. 그러나 18세기 이후 대의제 민주주의의 전개 과정에서 정당은 의회에서 집단적 세력을 확보하기 위해 정치적 결사로서의 자위를 갖게 되었다. 그리하여 의회민주주의의 전개와 선거권이 확대되는 과정에서 정당은 선거에 참여함으로써 국민의 정치적 의사를 적극적으로 형성하고 각계각층의 이익을 대변하며, 정부를 비판하고 정책적 대안을 제시할 뿐만 아니라, 일반 국민이 정치권력과 국가작용에 영향력을 행사할 수 있는 매개체의 역할을 수행하는 등 현대의 대의제 민주주의에서 매우 중요한 공적 기능을 수행하게 되었다. 헌법은 정치현실에서 수행하는 이러한 정당의 기능을 직접적으로 헌법에 명문화함으로써 정당의 활동을 헌법적 수준에서 보장하게 되고, 이와 같은 정당의 헌법제도화는 국민의 자발적·사적 결사에 지나지 않는 정당을 국민과 국가기관을 매개하는 '중개적 권력체'로서의 헌법상의 지위를 갖도록 한 것을 의미한다.

이처럼 오늘날 민주정치에 있어서 정당의 발달은 고전적 의회민주주의가 '정당국가적 민주주의'(parteienstaatliche Demokratie)로 변질되는 것을 의미한다. 이러한 정당국가적 민주주의에로의 구조변질을 강조한 라이프홀츠(G. Leibholtz)는 정당제 민주주의는 '직접민주제의 대용물'이라고 하고, 의회와 정부에 있어서 다수당의 의사는 곧 국민의 일반의사로 간주된다고 하였다.

정당설립의 자유와 복수정당제 보장

제8조 제1항은 정당설립의 자유와 복수정당제 보장을 규정하고 있다. 현대적 대중민주주의에 있어서는 정당의 존재가 필수적으로 전제되어야 하므로 헌법은 정당설립의 자유를 보장하게 된 것이다. 정당은 민주정치의 불가결의 요소인 국민의 자유롭고 공개된 정치적 의사형성을 가능하게 하는 것이므로 "국가로부터 자유로운 지위"에 서 있지 않으면 안 된다. 따라서 정당설립의 자유는 정당의 설립에 있어서 국가로부터의 자유를 의미하며 여기에서 정당조직의 국가화와 관제화가 금지된다. 그러므로 정당의 설립에는 사전에 국가권력에 의해 제한을 받을 수 없으며, 정당설립의 허가제는 위헌이다.

또한 제8조 제1항의 정당설립의 자유는 설립될 정당의 조직형태를 선택할 정당조직 선택의 자유와 그와 같이 선택된 조직을 결성할 정당조직의 자유 및 정당활동의 자유를 포함하는 '정당의 자유'를 규정하고 있는 것이다. 헌법재판소도 헌법 제8조 제1항은 정당설립의 자유, 정당조직의 자유, 정당활동의 자유 등을 포괄하는 정당의 자유를 보장하고 있으며, 이러한 정당의 자유는 국민이 개인적으로 갖는 기본권일 뿐만 아니라, 단체로서의 정당이 가지는 기본권이기도 하다고 판시하고 있다(헌재 2004. 12. 16. 2004헌마456).

정당의 등록제는 정당설립의 자유에 반하지 않는가?

그러나 다른 한편 정당의 설립에 있어서 군소정당의 난립으로 건전한 의회정치를 저해할 수 있는 요인을 방지하기 위하여 그 설립에 일정한 요건을 요구하고, 또한 질서유지를 위한 최소한의 필요에 의해 '정당의 등록제'를 채택하는 것은 정당설립의 자유와 양립될 수 없는 것은 아니라고 할 것이다. 즉, 헌법상 정당은 자유롭게 설립되지만 동시에 정당은 "국민의 정치적 의사형성에 참여하는 데 필요한 조직을 가져야 한다"고 규정(제8조 제2항)하고 있으며, 여기의 국민의 정치적 의사형성에 필요한 조직이 무엇인가를 구체화하는 것은 「정당법」에 의하여 그 최소한의 조직기준을 규정하게 되고, 자유롭게 설립되는 정당이 그 조직기준을 충족하고 있는지를 확인하는 절차가 등록이라 할 수 있으므로 이러한 '확인적 성격'의 등록은 정당설립의 자유를 침해하는 것이라 할 수 없다.

정당설립의 자유 제한과 관련하여 정당의 등록취소제도가 문제될 수 있다. 현행 「정당법」은 정당등록제도와 함께 등록취소제도를 규정하고 있다. 즉 정당이 「정당법」 제44조 제1항의 제1호에서 제3호의 등록취소사유에 해당하게 되면 당해 선거관리위원회는 그 정당의 등록을 취소하는데, 그 등록취소사유는 다음의 세 가지로 규정하고 있다. 첫째, 정당법 제17조(법정시·도당수) 및 제18조(시·도당의 법정당원수)의 요건을 구비하지 못하게 된 때, 다만 요건의 흠결이 공직선거의 선거일 전 3월 이내에 생긴 때에는 선거일 후 3월까지, 그 외의 경우에는 요건 흠결시부터 3월까지 그 취소를 유예한다. 둘째, 최근 4년간 임기만료에 의한 국회의원선거 또는 임기만료에 의한 지방자치단체의 장선거나 시·도의회의원선거에 참여하지 아니한 때, 셋째, 임기만료에 의한 국회의원선거에 참여하여 의석을 얻지 못하고 유효투표총수의 100분의 2 이상을 득표하지 못한 때이다.

2014년 1월 헌법재판소는 위 「정당법」의 등록취소사유 중에서 국회의원선거에 참여하여 의석을 얻지 못하고 유효투표총수의 100분의 2 이상을 득표하지 못한 정당의 경우 그 등록을 취소하도록 한 규정에 대한 위헌법률심판에서 이 규정은 과잉금지의 원칙에 위배되어 정당설립의 자유를 침해하는 것으로 위헌이라고 판단하였다. 이 사건에서 헌법재판소는 헌법 제8조 제1항의 정당설립의 자유와 헌법 제8조 제4항의 입법취지를 고려하여 볼 때, 단지 일정 수준의 정치적 지지를 얻지 못한 군소정당이라는 이유만으로 정당을 국민의 정치적 의사결정 과정에서 배제하기 위한 입법은 헌법상 허용될 수 없다고 하였다(헌재 2014. 1. 28. 2012헌가19).

정당활동의 자유와 관련하여 정당에 대한 정치자금 제한이 문제될 수 있다. 구 「정치자금법」상 정당에 대한 후원회 금지규정에 대하여 헌법재판소는 정당 후원회의 금지는 정당제 민주주의 하에서 정당에 대한 재정적 후원이 전면적으로 금지됨으로써 정당이 스스로 재정을 충당하고자 하는 정당활동의 자유와 국민의 정치적 표현의 자유를 침해하는 것이라고 하였다(헌재 2015. 12. 23. 2013헌바168).

복수정당제 보장은 자유민주주의의 본질적 구성요소

복수정당제의 보장은 정당설립의 자유 보장의 당연한 논리적 귀결이다. 정당설립의 자유는 필연적으로 다원적 정당제를 보장하는 것을 의미한다. 따라서 법률로써 강제하든 사실상으로 강제하든 일당제는 헌법에 위반하게 된다. 복수정당제의 보장은 공산주의국가에서의 공산당 일당독재를 헌법상 보장하는 것과는 대조적인 것으로서 이는 자유민주적 기본질서의 본질적 구성요소를 의미한다. 복수정당제는 양당제만을 뜻하는 것이 아니라 다원적 정당제를 의미하는 것이므로 법률로써 양당제만을 존립하게 하는 것은 허용될 수 없다.

복수정당제의 헌법적 보장은 일당독재를 부정하는 것뿐만 아니라 상이한 사회적 조건과 정치적 견해를 가진 여러 정당의 존재를 인정함으로써 다원적 정당국가의 성립을 가능하게 하려는 것을 의미하므로 여당과 야당, 대정당과 소정당을 막론하고 모든 정당에 평등한 보호와 기회균등이 보장되어야 한다. 이는 헌법이 정당제 민주정치에 있어서 야당(opposition party)의 존재를 필수조건으로 해야 하고 야당을 보호해야 한다는 의미를 내포하고 있다. 말하자면 조직화된 반대의사의 존재는 민주주의의 본질적 특징이며 이러한 반대의사의 효과적인 조직은 야당 없이는 불가능한 것이므로 야당의 존재와 정치적 이견(異見)의 존중은 복수정당제 보장의 전제가 되는 것으로서 중요한 의미를 가진다고 할 수 있다.

정당은 그 목적·조직과 활동이 민주적이어야 한다

제8조 제2항은 "정당은 그 목적·조직과 활동이 민주적이어야 하며 국민의 정치적 의사형성에 참여하는 데 필요한 조직을 가져야 한다"라고 규정하여 정당의 목적·조직·활동의 민주화 내지 당내민주주의에 관한 헌법적 의무를 비롯하여 정당의 헌법적 기능으로서 국민의 정치적 의사형성에의 참여 및 이러한 정당의 기능을 수행하기 위한 정당의 조직확보에 관한 의무 등을 명시하고 있다. 먼저 "정당은 그 목적·조직과 활동이 민주적이어야 하며"라고 하여 정당의 헌법적 의무로서 정당의 목적과 활동이 민주적이어야 할 뿐만 아니라, 그 내부조직도 민주적이어야 한다는 것을 규정하고 있다. 이것은 곧 정당의 내부질서가 민주적 원칙에 적합하지 않으면 안 된다는 것을 의미한다. 즉, 정당 내부의 의사형성이 민주적 기본원칙에 합치하여야 한다는 '당내민주주의'의 헌법적 요청을 규정한 것이다.

정당의 민주적인 내부질서를 유지하기 위해서는 정당의 내부에 있어서 자유로운 정치적 의사형성이 보장되어야 하며, 정당 구성원의 의사형성에의 참가가 최대한 보장되어야 한다. 따라서 정당의 민주적 내부질서가 의미하는 구체적인 조직형태는 일반적으로 당기구의 구성, 당의 운영, 당의(黨議)의 결정, 공직선거후보자의 추천 등이 민주주의적 원칙에 따라 행해져야 하는 것을 말한다. 그렇게 하기 위해서는 정당내에서의 당론이 '상향적'으로 결정될 수 있는 방법이 제도적으로 보장되어야 하는 것이 무엇보다도 중요하다. 이 헌법규정에 근거하여 「정당법」은 제29조 제1항에 "정당은 민주적인 내부질서를 유지하기 위하여 당원의 총의를 반영할 수 있는 대의기관 및 집행기관과 소속 국회의원이 있는 경우에는 의원총회를 가져야 한다"라고 규정하고 있으며, 제28조에는 정당의 강령 및 당헌 등의 공개를 규정하고 있다.

정당의 조직기준

제8조 제2항 후단의 "국민의 정치적 의사형성에 참여하는 데 필요한 조직을 가져야 한다"라는 규정은 정당의 헌법상의 기능으로서 '국민의 정치적 의사형성에의 참여'를 명문화한 것이다. 정당은 국민의 이익을 위하여 책임 있는 정치적 주장이나 정책을 추진하고 공직선거의 후보자를 추천 또는 지지함으로써 국민의 정치적 의사형성에 참여하는 것을 본질적 기능으로 하고 있다. 헌법은 이러한 정당의 공적 기능을 직접적으로 헌법에 명문화함으로써 정당의 활동을 헌법적 수준에서 보장함과 동시에 정당에 대해 국민의 정치적 의사형성에 참여하는 데 필요한 조직을 갖출 것을 요구하고 있다. 따라서 정당은 기본적으로 전국적인 조직을 갖추는 것이 요구되며, 특정지역에 편중된 조직이어서는 전국민적 의사를 형성하기 어렵게 된다. 그리하여 현행 「정당법」은 정당을 중앙당과 시·도당으로 구성하도록 하며, 시·도당은 5 이상 가져

야 하고, 각 시·도당은 1천명 이상의 당원을 가져야 한다고 규정하고 있다(동법 제3조, 제25조, 제27조).

정당의 조직기준과 관련하여 과거 오랜 기간 존재했던 국회의원지역구 단위의 '지구당' 조직은 2004년 3월에 폐지되었다. 그러나 당시 지구당의 운영상 폐해가 크다는 이유로 지구당조직을 전면적으로 폐지한 법적 강제는 정당설립의 자유, 정당의 조직형태를 선택할 자유를 침해하는 문제가 있었다고 본다. 국회의원선거구 단위의 지구당조직의 설치 여부는 정당의 자율에 맡기는 것이 정당설립의 자유의 헌법정신에 부합된다고 보며, 지구당조직을 비롯한 다양한 조직형태를 허용하는 것이 일반당원과 유권자의 의사를 상향적으로 형성할 수 있는 효과적인 방법이 될 수 있다(계희열, 헌법학(상), 박영사, 2005, 271면). 이에 대해 헌법재판소는 지구당의 설치를 금지한 정당법조항에 대해 고비용 저효율의 정당구조를 개선하기 위한 입법목적의 정당성을 인정하고 지구당의 폐지가 비례의 원칙에 위반하지 않는다고 판단하였다(헌재 2004. 12. 16. 2004헌마456).

정당에 대한 국가적 보호와 국고보조

제8조 제3항 전단은 "정당은 법률이 정하는 바에 의하여 국가적 보호를 받으며"라고 규정하여 정당의 국가적 보호를 명문화하고 있다. 정당제 민주주의에 바탕을 둔 우리 헌법은 정당설립의 자유와 복수정당제를 보장하고 정당의 목적·조직과 활동이 민주적인 한 법률이 정하는 바에 의하여 국가의 보호를 받으며, 정당운영에 필요한 자금도 보조받을 수 있도록 하는 등 정당을 일반결사에 비하여 특별히 두텁게 보호하고 있다. 그리고 정당이 국민의 정치적 의사형성에 참여하는 가장 중요한 형태는 공직선거에 참여하여 후보자를 추천·지지하는 것이

며, 여기에 정당 본래의 존재의의가 있다. 그러므로 선거과정에서 정당을 일반결사보다 특별히 보호하고 특권을 부여하거나 정당후보자를 무소속후보자보다 보호하는 것은 헌법 제8조 제3항의 취지에 합치되는 것으로 정당화된다.

제8조 제3항 후단에 의하여 정당은 법률이 정하는 바에 의하여 정당운영에 필요한 자금을 보조받을 수 있다. 정당 운영자금의 국고보조는 1980년 헌법에서 최초로 채택한 것으로 이는 정당에 대한 정치자금의 적정한 제공을 보장하여 정당의 자금조달 과정과 결부된 정치적 부패를 방지하며, 나아가 정당의 보호·육성을 도모하는 데에 그 의의가 있다. 이 헌법규정에 근거하여 「정치자금법」은 보조금의 계상, 지급방법, 보조금의 용도제한 등에 관하여 규정하고 있다. 정당에 대한 국고보조제도를 채택하고 있는 나라들 중에서 직접 헌법상에 국고보조를 명문으로 규정한 경우는 드물다. 독일 기본법 제21조의 정당조항에도 정당의 국고보조에 관한 명문의 규정을 두고 있지 않으며, 다만 연방법률에 의하여 정당의 재정에 대한 일정한 범위 내의 국고지원은 허용되고 있다.

「정치자금법」에 의해 보조금은 지급 당시 동일정당의 소속의원으로 교섭단체를 구성한 정당에 대하여 그 100분의 50을 정당별로 균등하게 배분·지급한다. 보조금의 지급 당시 위의 배분 지급대상이 아닌 정당으로서 5석 이상의 의석을 가진 정당에 대하여는 100분의 5씩을, 의석이 없거나 5석 미만을 얻은 정당 중 일정 요건을 갖춘 정당에 대하여는 100분의 2씩을 배분·지급한다. 그 잔여분 중 100분의 50을 지급 당시 국회의석을 가진 정당에 그 의석수의 비율에 따라 배분·지급하며, 그 잔여분은 최근에 실시된 국회의원총선거 득표수비율에 따라 배분·지급한다(동법 제27조). 또한 공직후보자 여성추천보조금제도를 도입하여 지역구 국회의원선거와 지역구 시·도의회의원선거에 여성후보자를 100분의 30 이상 추천한 정당이 있는 경우에는 일정한 기준에 따라 각 정당에 보조금을 배분·지급한다. 공직선거에 장애인후보를 추천한 정당에 대해서도 법률이 정한 기준에 따라 각 정당에 보조금을 지급한다(동법 제26조, 제26조의2).

정당 국고보조제도의 문제점

정당의 국고보조제도는 정당에 대한 정치자금의 적정한 제공을 보장하여 정당의 자금조달 과정과 결부된 정치적 부패를 방지는 데 그 의의가 있는 것이지만, 다른 한편 정당의 국고보조제도는 정당의 국가로부터의 자유를 침해하게 되는 문제성을 내포하고 있다. 각국의 경우를 보더라도 우리처럼 정당의 운영자금에 대한 직접적 국고보조를 광범위하게 인정하는 나라는 거의 없다.

우리나라의 정당에 대한 국고보조제도는 헌법에 직접적인 근거조항을 두고 있으므로 위헌성의 문제는 제기되지 않으나, 현실적으로 각 정당에 배분·지급되는 국고보조금의 증대는 정당의 보호·육성을 벗어나 정당의 국가로부터의 자유를 침해하고 정당의 국가에 대한 종속을 초래하게 될 우려가 있다. 그러므로 각 정당에 지급되는 국고보조금의 총액은 독일의 경우처럼 각 정당이 스스로 조달할 수 있는 운영자금을 초과해서는 안 될 것이며 부분적인 정당재정의 보조에 그쳐야 할 것이다. 또한 각 정당에 대한 국고보조금의 배분방법이 정당의 의석수와 득표율을 기준으로 하게 되면 기성정당과 대정당에 유리하고 신생정당과 군소정당에 절대 불리하게 되어 정당간의 기회균등을 침해하게 되는 문제가 있다. 국고보조제도가 정당자금의 적정한 제공을 보장하여 건전한 정당제도의 보호·육성에 의의를 두고 있다면 각 정당의 의석수와 득표율만을 배분기준으로 할 것이 아니라, 정당조직의 전국적 분산의 정도, 정당소속의원과 일반 당원의 전국적 분포, 당비수입 등도 주요 기준으로 삼는 것을 검토할 필요가 있다고 생각한다.

방어적 민주주의와 정당해산제도

제8조 제4항은 정당의 강제해산에 관한 규정이다. 이 조항은 정당활동의 헌법적 한계에 관한 규정이며, 동시에 그것은 반국가적·반민주적 정당활동을 방지하기 위한 헌법의 예방적 수호에 관한 규정을 의미한다. 즉, 위헌정당의 금지는 정당의 목적이나 활동이 민주적 기본질서에 위배될 경우에 그 존립과 활동에 관한 특권을 박탈하여 민주주의의 적으로부터 민주주의를 수호한다는 이른바 '방어적 민주주의'에로의 결단을 의미하는 것이다.

정당해산조항은 국가를 부정하거나 민주적 기본질서에 반하는 정당의 존립을 부정하는 것이면서, 다른 한편 정당의 헌법적 보호를 규정한 것이라는 점에서도 그 의의가 크다. 즉, 정당의 해산을 헌법재판소의 심판절차에 의한 결정으로써만 가능하게 하며, 그것도 민주적 기본질서에 위배될 경우에 한하여 해산할 수 있도록 한 것은 행정부의 일방적·자의적 처분에 의한 정당해산을 금지하며, 특히 야당이 집권당에 의하여 부당하게 그 활동을 제한받거나 해산되지 않도록 정당존립의 특권을 보장하는 의미를 가진다. 과거 이승만정부시대에는 헌법상 정당조항이 없는 상황에서 1958년 좌파정당인 '진보당'이 공보처장의 행정처분에 의해 강제 해산된 바 있다.

헌법 제8조 제4항에 의해 해산되는 정당은 "그 목적이나 활동이 민주적 기본질서에 위배될 때"에 한한다. 첫째, 해산의 대상이 되는 정당은 원칙적으로 정당으로서의 등록을 마친 기성정당을 말한다. 따라서 정당방계조직이나 대체정당 등은 여기의 정당에 해당되지 않는다. 둘째, 정당의 '목적'이나 '활동'이 민주적 기본질서에 위배될 때에 그 정당은 해산된다. 정당의 목적이란, 어떤 정당이 추구하는 정치적 방향이나 지향점 혹은 현실 속에서 구현하고자 하는 정치적 계획 등을 통칭한다.

이는 주로 정당의 공식적인 강령이나 당헌의 내용을 통해 드러나겠지만, 그 밖에 정당대표나 주요 당직자 및 정당관계자(국회의원 등)의 공식적 발언, 정당의 기관지나 선전자료와 같은 간행물, 정당의 의사결정 과정에서 일정한 영향력을 가지거나 정당의 이념으로부터 영향을 받은 당원들의 행위 등도 정당의 목적을 파악하는 데에 도움이 될 수 있다. 정당의 활동이란, 정당 기관의 행위나 주요 정당관계자, 당원 등의 행위로서 그 정당에게 귀속시킬 수 있는 활동 일반을 의미한다.

정당의 목적이나 활동이 '민주적 기본질서'에 위배될 때에 그 정당은 해산되는데, 여기서 민주적 기본질서가 무엇인지가 문제된다. 국내의 학설은 민주적 기본질서를 '자유민주적 기본질서'로 보는 것이 통설이다. 그리고 헌법 제8조 제4항의 민주적 기본질서에 '위배될 때'의 해석은 정당해산제도의 남용을 막기 위하여 엄격한 기준에 따라 이루어져야 한다. 따라서 정당이 자유민주적 기본질서에 계속 대항해서 투쟁하는 경향을 보이거나 그 투쟁이 계획적으로 추진되는 것을 인식할 수 있는 경우라고 해서 바로 정당해산을 선언하기는 어렵다고 보며, 정당의 해산은 자유민주적 기본질서를 위협하는 '구체적 위험'이 있어야 하는 것이다.

통합진보당해산심판 사건

헌법재판소는 2014년 12월 19일 헌정사상 최초의 정당해산심판청구사건에서 방어적 민주주의의 이론에 입각하여 피청구인 '통합진보당'에 대해 위헌정당해산결정과 함께 그 정당소속 국회의원 5인에 대해서도 의원직상실을 명하는 결정을 선고하였다. 이 사건에서 헌법재판소는 헌법 제8조 제4항이 의미하는 민주적 기본질서란 "개인의 자율적 이성을 신뢰하고 모든 정치적 견해들이 각각 상대적 진리성과 합리성을 지닌다고 전제하는 다원적 세계관에 입각한 것으로서, 모든 폭력적·자의적 지배를 배제하고, 다수를 존중하면서도 소수를 배려하는 민주적 의사결정과 자유·평등을 기본원리로 하여 구성되고 운영되는 정치적 질서를 말하며, 구체적으로는 국민주권의 원리, 기본적 인권의 존중, 권력분립제도, 복수정당제도 등이 현행 헌법상 주요한 요소라고 볼 수 있다"라고 판시하였다. 그리고 민주적 기본질서의 '위배'란 "민주적 기본질서에 대한 단순한 위반이나 저촉을 의미하는 것이 아니라, 민주 사회의 불가결한 요소인 정당의 존립을 제약해야 할 만큼 그 정당의 목적이나 활동이 우리 사회의 민주적 기본질서에 대하여 실질적인 해악을 끼칠 수 있는 구체적 위험성을 초래하는 경우를 가리킨다"고 하였다. 그리하여 통진당의 목적이나 활동이 민주적 기본질서에 대해 실질적 해악을 끼칠 수 있는 구체적 위험성이 있다고 판단한 것이다. 그리고 통진당의 해산에 의한 사회적 불이익보다 해산을 통해 얻을 수 있는 사회적 이익이 크기 때문에 비례의 원칙에도 합치된다고 판시하였다 (헌재 2014. 12. 19. 2013헌다1).

정당해산결정으로 의원자격이 상실되는가?

헌법재판소는 통진당해산청구 사건에서 정당해산결정과 함께 소속의원의 의원직상실을 선고하면서, 정당해산결정으로 해산되는 정당 소속 국회의원의 의원직 상실은 정당해산심판 제도의 본질로부터 인정되는 기본적 효력으로 봄이 상당하므로, 이에 관하여 명문의 규정이 있는지 여부는 고려의 대상이 되지 아니하고, 그 국회의원이 지역구에서 당선되었는지, 비례대표로 당선되었는지에 따라 아무런 차이가 없이, 정당해산결정으로 인하여 신분유지의 헌법적인 정당성을 잃으므로 그 의원직은 상실되어야 한다고 판단하였다.

독일의 경우에도 1950년대 두 차례에 걸쳐 정당해산심판을 통해 나치후계 정당과 공산당을 해산하면서 소속의원의 자격상실을 명한 바 있다. 당시 의원직 상실 결정에 대해서는 실정법적 근거가 없이 이루어진 것으로 논란이 일게 되자 그 후 연방선거법 개정으로 정당해산의 효과로서 소속의원의 자격상실을 명문화하였다. 현대의 정당제 민주주의에 있어서 특정 정당이 위헌정당으로 해산되는 경우 정당활동의 실질적 주체인 의원의 자격상실을 규정하는 입법은 타당하며 헌법정신에 위배된다고 할 수 없다.

그러나 정당해산결정의 효과로서 당해 정당소속 의원의 의원직상실에 관한 명문규정이 없는 경우 정당해산결정과 함께 소속의원의 의원직상실을 명하는 것은 쉽게 결론을 내릴 수 있는 문제가 아니라고 본다. 이 문제에 대한 학설의 대립은 기본적으로 방어적 민주주의에 기초한 헌법수호의 실효성 확보라는 법익과 국회의원의 국민대표성 및 권력분립원리라는 법익의 충돌을 의미하지만, 그 해결방안은 대립하는 양 법익 사이의 선택의 문제가 아니라 어떻게 양 법익을 조화롭게 실현할 것인가에서 찾아야 할 것이다. 의원직상실 여부에 관한 명문규정이 없음에도 불구하고 헌법재판소가 정당해산결정과 함께 의원직상실을 명하는 결정을 내릴 수 있다는 것이 학계의 다수설이지만, 다음과 같은 반론이 제기될 수 있다. 헌법재판소는 헌법상의 권한으로 정당해산심판을 관장하지만 국민의 대표자의 지위를 갖는 국회의원의 자격을 박탈할 수 있는 권한은 권력분립의 원칙상 인정되기 어렵다고 할 수 있다. 헌법상 의원의 자격심사와 제명에 대해서는 국회의 자율권으로 보장되고 있으며, 이에 대해서는 법원에 제소할 수 없도록 헌법이 규정(제64조 제4항)하고 있는 것도 권력분립원리를 전제로 한 것이기 때문에 헌법재판소가 정당해산결정에 부수하여 의원직상실을 명하는 결정을 내리는 것은 국민대표원리와 권력분립원리에 위배될 수 있다. 그렇다면 정당해산결정을 하더라도 소속 의원의 자격상실 여부는 별도로 국회의 자격심사와 징계절차를 통해 자율적으로 해결하는 것이

옳지 않은가 생각된다. 결국 이 문제는 정당해산의 효과로서 의원직 상실에 관한 규정을 두지 않은 입법의 미비에서 비롯된 것이므로 입법자는 조속히 이에 관한 명문규정을 마련해야 할 것이다.

> 제9조
> 국가는 전통문화의 계승·발전과 민족문화의 창달에 노력하여야 한다.

문화국가의 원리

제9조는 전통문화의 계승·발전과 민족문화의 창달에 관한 국가의 의무를 선언하고 있다. 이 조항은 일반적인 문화영역을 대상으로 하지 않고 전통문화와 민족문화에 관해서만 언급하고 있지만, 이는 전통문화와 민족문화를 특별히 강조한 것이며 국가의 문화 보호·육성의 대상에는 원칙적으로 모든 문화가 포함되는 것으로 해석되고 있다. 이러한 문화의 보호·육성에 관한 국가적 과제를 밝힌 헌법 제9조는 국가목표조항인 동시에 헌법의 기본원리의 하나로서 문화국가의 원리를 규정한 것이다.

문화국가의 개념은 주로 독일에서 발전된 것으로 일반적인 정의에 의하면, 국가로부터 문화활동의 자유가 보장되고 문화에 대한 국가적 보호·육성·진흥·전수 등이 이루어지는 국가를 문화국가라고 한다. 그 밖에 문화국가를 좁은 개념으로 이해하여 국가가 인간의 정신적·창조적 활동영역인 교육, 학문, 예술, 종교 등의 영역에 있어서 책임과 의무를 다하는 국가로 이해하기도 한다.

우리 헌법에 문화국가원리를 처음 채택한 것은 1980년 헌법(제5공화국헌법)이다. 1980년 헌법은 제9조에 "국가는 전통문화의 계승·발전과 민족문화의 창달에 노력하여야 한다"라고 하여 국가의 문화진흥의무를 명문화하였으며, 이 조항은 현행 헌법에 그대로 답습되어 있다. 문화국가원리와 관련하여 대통령의 취임선서조항에도 "민족문화의 창달에 노력한다"(제69조)고 정하고 있다. 그 밖에 문화와 관련하여 학문, 교육, 예술, 가족제도, 종교 등의 영역에서 기본권과 제도를 보장하고 있어 헌법은 문화를 규범 안으로 포섭하고 있다.

문화(culture, Kultur)의 개념정의에 관하여는 다양한 견해가 있다. 대체로 문화란 "인간집단의 전형적인 생활양식과 행동양식, 가치관의 총체"라고 정의하는 것이 일반적이다. 또는 문화란 사회구성원들의 생활양식이 기초하고 있는 관념체계이며 사회구성원들을 구체적인 행동에 이르게 만드는 기준, 표준, 규칙으로 정의하기도 한다. 그 밖에 문화란 지식·신앙·예술·도덕·법률·관습 등 인간이 사회의 구성원으로서 획득한 능력 또는 습관의 총체로 보는 견해도 있다. 그러나 이러한 포괄적인 개념을 가지고는 문화의 보호·육성·진흥이라는 특수한 국가의 과제를 그 밖의 공공의 과제들과 구별하기 어렵게 되므로, 법적인 개념으로서의 문화란 국가와 특별한 관계를 가지고 있는 인간의 정신적·창조적 활동영역으로 정의할 수 있다. 이러한 문화의 개념으로서의 전통적 영역은 교육, 학문, 예술, 종교 등이 포함된다.

헌법 제9조의 문화국가원리에 따라 전통문화의 계승·발전을 위한 법률로 「문화재보호법」, 「전통사찰보호법」, 「고도보존에 관한 특별법」, 「박물관 및 미술관 진흥법」 등이 제정·시행되고 있다.

헌법재판소는 문화국가원리에 관하여 "헌법은 문화국가를 실현하기 위하여 보장되어야 할 정신적 기본권으로 양심과 사상의 자유, 종교의 자유, 언론·출판의 자유, 학문과 예술의 자유 등을 규정하고 있는바, 개별성·고유성·다양성으로 표현되는 문화는 사회의 자율영역을 바탕으로 한다고 할 것이고, 이들 기본권은 견해와 사상의 다양성을 그 본질로 하는 문화국가원리의 불가결의 조건"이라고 판시하고 있다(헌재 2000. 4. 27. 98헌가16등).

헌법재판소는 2004년, 「학교보건법」상 학교정화구역 내에서의 극장 시설 및 영업을 일반적으로 금지하는 조항(제6조 제1항 제2호 등)에 대한 위헌제청 사건에서 이 조항은 극장운영자의 직업수행의 자유를 과도하게 침해하며, 영화상영관이 담당하는 문화국가 형성의 기능의 중요성을 간과하여 표현의 자유와 예술의 자유를 침해할 뿐만 아니라 대학생과 아동·청소년의 자유로운 문화 향유에 관한 권리 등 행복추구권을 침해하는 위헌적인 규정이라고 판단하면서, 문화국가원리와 국가의 문화정책에 관하여 다음과 같이 판시한 바 있다(헌재 2004. 5. 27. 2003헌가1등).

"문화국가원리는 국가의 문화국가실현에 관한 과제 또는 책임을 통하여 실현되는바, 국가의 문화정책과 밀접 불가분의 관계를 맺고 있다. 과거 국가절대주의사상의 국가관이 지배하던 시대에는 국가의 적극적인 문화간섭정책이 당연한 것으로 여겨졌으나, 오늘날에 와서는 국가가 어떤 문화현상에 대하여도 이를 선호하거나 우대하는 경향을 보이지 않는 불편부당의 원칙이 가장 바람직한 정책으로 평가받고 있다. 오늘날 문화국가에서의 문화정책은 그 초점이 문화 그 자체에 있는 것이 아니라 문화가 생겨날 수 있는 문화풍토를 조성하는 데 두어야 한다. 문화국가원리의 이러한 특성은 문화의 개방성 내지 다원성의 표지와 연결되는데, 국가의 문화육성의 대상에는 원칙적으로 모든 사람에게 문화창조의 기회를 부여한다는 의미에서 모든 문화가 포함된다. 따라서 엘리트문화뿐만 아니라 서민문화, 대중문화도 그 가치를 인정하고 정책적인 배려의 대상으로 하여야 한다."

제 2 장

국민의 권리와 의무

제10조
모든 국민은 인간으로서의 존엄과 가치를 가지며, 행복을 추구할 권리를 가진다. 국가는 개인이 가지는 불가침의 기본적 인권을 확인하고 이를 보호할 의무를 진다.

헌법의 최고이념이며 가치로서 인간의 존엄성 존중

헌법 제10조는 우리 헌법이 추구하는 최고의 이념이며 가치인 인간의 존엄성 존중을 천명하고 국가의 존립이유로서 국민의 불가침의 기본적 인권을 보호할 의무를 밝히고 있다. 제10조 제1문은 기본권의 주체인 국민은 인간으로서의 존엄과 가치를 가지는 존재라는 것을 분명히 하고 있다. 각국 헌법에 인간의 존엄성 존중이 명문화된 것은 제2차 세계대전 후의 일이다. 세계대전을 경험하면서 인류는 인간의 존엄성이 파괴되는 비인간적 만행에 대해 반성하게 되었고, UN헌장을 비롯한 세계인권선언, 유럽인권협약, 고문방지협약 등 여러 국제협정과 각국의 헌법은 인간의 존엄과 가치의 존중을 규정하였다. 특히 전후의 독일 기본법은 "인간의 존엄성은 불가침이다(Die Würde des Menschen ist unantastbar). 이를 존중하고 보호하는 것이 모든 국가권력의 의무이다"(제1조 제1항)라고 하여 인간의 존엄성 존중과 보호를 헌법규범으로 명확히 규정하였다. 우리나라도 1962년 헌법 이래 '인간의 존엄과 가치' 조항을 헌법에 담게 되었다.

'인간으로서의 존엄과 가치'의 의미에 있어서 먼저 '인간'의 의미는 무엇인가? 여기서 인간이란 사회공동체의 구성원인 자연인으로서, '개인 대 사회'라는 관계에서 인간 고유의 가치를 훼손당하지 아니하면서 사회관계성 속에서 타인과 더불어 살아가는 자유로운 인간을 의미한다. 인간의 '존엄과 가치'란 인간의 본질로 간주되는 '존귀한 인격주체성'을 의미한다. 그것은 인간이 이성적인 인격의 주체로서 가지는 인간의 고유한 가치를 말한다. 헌법 제10조는 인간의 '존엄'과 '가치'를 구분하여 표현하고 있으나 인간의 존엄이 곧 인간의 가치의 존엄성을 의미하는 것이므로 두 개념을 구분하여 해석할 필요는 없다고 할 것이다. 인간의 존엄과 가치는 초국가적 개념으로서 자연법사상에 그 뿌리를 두고 있는 것으로 헌법에 명문화됨으로써 헌법의 최고가치로 자리를 잡게 된 것이다. "모든 국민은 인간으로서의 존엄과 가치를 가진다"는 의미는 한마디로 말해서 인간은 존엄한 인격의 주체로서 그 자체 목적으로 존재하며, 어떠한 경우에도 다른 인간이나 집단의 목적을 위한 수단으로 존재하지 아니하고, 인간은 자신의 문제를 스스로 결정하는 자율적인 존재라는 것이다. 따라서 인간의 존엄과 가치는 국가공동체 안에서 최대한 존중되고 실현되어야 하는 최고가치를 의미하게 된다.

이렇게 볼 때 헌법 제10조의 인간의 존엄과 가치보장의 규범적 의미를 요약하면 다음과 같다. 첫째, 헌법질서 내에서 인간의 존엄과 가치는 인간 이외의 어떠한 다른 존재의 가치보다 우선한다는 '인간 우선의 원리'를 천명한 것이다(권영성, 헌법학원론, 법문사, 2010, 377면). 둘째, 인간의 존엄과 가치는 개인과 국가 간의 관계에서 개인은 어떤 경우에도 국가나 공동체를 위하여 존재하는 수단일 수 없다는 것이다. 여기에서 인간의 존엄과 가치는 전체주의 체제를 부정한다(김철수, 헌법학개론, 박영사, 2007, 481면). 셋째, 인간의 존엄과 가치는 국가와 국민이 공동으로 최우선적으로 실천해야 할 목표를 제시한 것을 의미한다. 나아가 인간의 존엄과 가치는 모든 법령의 효력이 문제될 경우 그에 관한 궁극적 해석기준이 된다.

헌법재판소는 인간의 존엄과 가치는 "국가가 형벌권을 행사함에 있어 사람을 국가행위의 단순한 객체로 취급하거나 비인간적이고 잔혹한 형벌을 부과하는 것을 금지하고 행형에 있어 인간생존의 기본조건이 박탈된 시설에 사람을 수용하는 것을 금지한다"고 판시하고 있다. 특히 수형자의 경우 형벌의 집행을 위하여 교정시설에서 강제적인 공동생활을 하게 되는바, 구금의 목적 달성을 위하여 필요최소한의 범위 내에서는 수형자의 기본권에 대한 제한이 불가피하더라도, 국가는 어떠한 경우에도 수형자의 인간의 존엄과 가치를 훼손할 수 없다고 하여 인간의 존엄과 가치에서 비롯하는 국가형벌권 행사의 한계를 분명히 밝히고 있다(헌재 2016. 12. 29. 2013헌마142).

제10조에서 규정하고 있는 '인간의 존엄과 가치'는 기본권보장의 대전제가 되는 이념적 기초를 의미하고 기본권보장을 지배하는 최고의 헌법원리를 의미한다. 인간의 존엄과 가치는 헌법이념의 핵심으로, 국가는 헌법에 규정된 개별적 기본권을 비롯하여 헌법에 열거되지 아니한 자유와 권리까지도 이를 보장하여야 하는 근거가 된다. 헌법 제37조 제1항에 "국민의 자유와 권리는 헌법에 열거되지 아니한 이유로 경시되지 아니한다"라고 규정한 것도 개개의 국민이 가지는 인간으로서의 존엄과 가치를 보장하기 위한 것이다.

행복추구권이란 무엇인가?

우리 헌법은 제10조에 "모든 국민은 인간으로서의 존엄과 가치를 가지며, 행복을 추구할 권리를 가진다"라고 하여 인간의 존엄과 가치 조항에 행복추구권을 함께 규정하고 있다. 여기서 '인간의 존엄과 가치'와 '행복추구권'의 관계를 어떻게 정립할 것인가가 문제된다. 행복추구권 규정은 1980년 헌법에서 처음으로 도입된 것인데, 기본권보장의 이념이며 최고원리조항에 행복추구권을 같이 규정함으로써 이 행복추구권이 인간의 존엄과 함께 기본권보장의 이념을 의미하는가, 아니면 헌법 제11조 이하의 개별적 기본권의 성격을 갖는 기본권인가에 관한 논의이다.

첫째, 행복추구권은 인간의 존엄과 가치를 실현하는 수단으로서의 기본권이며, 그것은 포괄적 기본권의 성격을 갖는다. 행복이라는 관념은 다의적으로 이해되고 행복의 감정은 주관적인 것이므로 인생관이나 가치관에 따라 상이하게 정의될 수 있는 것이므로 행복을 추구할 권리란 그 보호영역을 특정할 수 없는 포괄적 개념이다. 따라서 행복추구권은 포괄적 기본권으로 이해하게 된다.

둘째, 이러한 포괄적 기본권으로서의 행복추구권은 실정헌법에 의해 비로소 인정되는 것이 아니라 그것은 자연법상의 권리로서 인간존재에 고유한 인간의 생래적 권리를 의미하는 자연권성을 본질로 한다. 행복추구권 보장의 연혁을 보더라도 이미 1776년 미국독립선언과 버지니아인권선언에 생명, 자유와 함께 행복추구(pursuit of happiness)의 권리를 자연권으로 규정한 것을 볼 수 있다. 따라서 행복추구권은 자유권적 기본권으로서 국민이 행복을 추구하기 위한 활동을 국가권력의 간섭 없이 자유롭게 할 수 있다는 것을 의미한다.

셋째, 행복추구권의 이러한 소극적 자유권의 성격과 함께 오늘날의 사회국가에 있어서 적극적인 급부청구권의 성격도 갖는지의 문제가 있다. 행복추구권을 개인이 인격적으로 생존하는 데 필요한 모든 기본권을 포괄하는 개념으로 이해한다면 자유권뿐만 아니라 적극적인 청구권과 사회적 기본권을 포함하는 것으로 볼 수 있으나, 행복추구권을 고전적 자유권의 영역에 국한해서 보는 입장에서는 행복을 추구하는 데 필요한 급부를 국가에 대해 적극적으로 청구하는 사회적 기본권을 포함하지 않게 된다. 헌법재판소 판례는 행복추구권을 국가에 대한 급부청구권을 포함하지 않는 '포괄적 자유권'으로 보고 있다(헌재 1995. 7. 21. 93헌가14). 행복추구권이 헌법에 등장한 역사적 배경에서 볼 때 포괄적 자유권으로 보는 것이 타당하다.

인간의 존엄과 가치·행복추구권에서 도출되는 기본권

우리 헌법은 제10조의 인간의 존엄과 가치·행복추구권 조항에 이어 제11조 이하에 개별적 기본권을 열거하고 있으며, 제37조 제1항에 헌법에 열거되지 아니한 자유와 권리 보장을 규정하고 있다. 인간의 존엄과 가치 및 행복추구권으로부터 도출되는 개별적 기본권으로서 헌법에 열거되지 아니한 것으로는 일반적 인격권, 자기결정권, 일반적 행동자유권 등이 인정되고 있다. 헌법재판소 판례에 의하면 인간의 존엄과 가치에서 일반적 인격권이 도출된다고 하고, 인간의 존엄과 가치 및 행복추구권에서 자기결정권이 도출되는 것으로 보고 있다. 그리고 행복추구권에서 일반적 행동자유권과 개성의 자유로운 발현권이 도출된다고도 한다. 우리 헌법은 생명권에 관한 명문조항을 두고 있지 않으나 인간의 생명은 인간의 존엄과 가치의 전제가 되는 것이므로 인간의 존엄과 가치 조항에서 생명권 보장의 헌법적 근거를 인정할 수 있다.

일반적 인격권

인격권 또는 일반적 인격권이란 인간의 본질과 고유한 가치로서의 인격의 보호에 관한 기본권을 말한다. 개인은 자신의 인격을 국가의 간섭 없이 자유롭게 형성·유지하고 발현할 권리를 가진다. 일반적 인격권의 구체적 보호영역으로는 개인의 명예, 초상, 성명 및 사생활의 비밀 유지와 자유로운 형성 등이 포함된다. 헌법재판소는 일반적 인격권과 명예권이 헌법 제10조의 인간의 존엄과 가치에서 도출되는 개별적 기본권으로 인정하고 있다(헌재 2005. 10. 27. 2002헌마425). 인격권보장과 관련하여 독일 기본법은 제2조 제1항에 "누구든지 타인의 권리를 침해하지 않고 헌법질서나 도덕률에 반하지 않는 한 자신의 인격을 발현할 권리를 가진다"라고 규정하여 일반적 인격권을 명문화하고 있다.

인격권이 공권력의 행사나 법률규정 등에 의해 침해되는 것은 어떠한 경우인가? 이에 관한 헌법재판소의 판례를 소개한다. 차폐시설이 불충분한 유치장 내의 화장실 사용의 강제는 '인간으로서의 기본적 품위를 유지할 수 없도록 하는 것으로서 수용자의 인격권을 침해하는 것이라고 판시한 바 있다(헌재 2001. 7. 19. 2000헌마546). 민법상 출생한 자녀에게 부의 성과 본을 따르도록 한 부성주의는 위헌으로 볼 수 없으나, 부의 성을 사용할 것을 강제하는 것이 부당한 경우에까지 예외를 두지 않은 것은 인격권침해가 된다(헌재 2005. 12. 22. 2003헌가5등). 일반적 인격권에는 각 개인이 그 삶을 사적으로 형성할 수 있는 자율영역에 대한 보장이 포함되어 있음을 감안할 때, 장래의 가족의 구성원이 될 태아의 성별정보에 대한 접근을 국가로부터 방해받지 않을 부모의 권리는 일반적 인격권에 의해 보호되며, 「의료법」이 태아의 성별에 대한 고지를 금지하는 것은 부모의 태아성별정보에 대한 접근을 방해받지 않을 권리를 침해하는 것이 된다(헌재 2008. 7. 31. 2004헌마1010등). 한편 헌법재판소는 「일제 강점하 반민족행위 진상규명에 관한 특별법」에 근거한 친일반민족행위의 공개에 대해 조사대상자의 사회적 평가가 침해되어 헌법 제10조에서 유래하는 일반적 인격권이 제한된다고 할 수 있으나 친일반민족행위의 진상을 규명하여 정의로운 사회가 실현될 수 있도록 공동체의 윤리를 확립하고자 하는 공익의 중대성이 막대하므로 그러한 반민족행위의 공개규정이 헌법에 위반되지 아니한다고 판단하였다(헌재 2010. 10. 28. 2007헌가23).

자기결정권

자기결정권이란 개인이 자유의지에 의하여 자유롭게 자기의 운명을 결정할 수 있는 권리를 말한다. 자기결정권은 헌법이나 국가가 존재하든 하지 않든, 실정법에서 정하든 그렇지 않든 이에 무관하게 인간의 본질상 당연히 인정되는 자연권이므로 실정헌법에서 이를 명문으로 규정하고 있지 않다. 그러나 헌법의 해석으로 자기결정권을 인정하는 경우 그 헌법상 근거규정을 확정할 필요가 있는데, 헌법 제10조의 인간의 존엄과 가치, 행복추구권과 제37조 제1항이 그 근거가 된다. 자기결정권을 인정하고 있는 헌법재판소의 판례를 보면 자기의 생명·신체에 대한 결정권, 생활스타일에 대한 자기결정권, 가족의 형성·유지에 관한 자기결정권, 성행위 여부 및 그 상대방을 결정할 수 있는 성적 자기결정권, 소비자의 자기결정권 등이 있다.

헌법재판소는 "죽음에 임박한 상태에서의 인간의 존엄과 가치를 지키기 위하여 연명치료의 거부 또는 중단을 결정할 수 있다"고 하여 연명치료 중단에 관한 자기결정권을 헌법상의 기본권인 자기결정권의 한 내용으로 인정하고 있다(헌재 2009. 11. 26. 2009헌마385). 이 헌법재판소 결정에 앞서 대법원도 존엄사를 인정한 것을 볼 수 있다. "환자가 회복 불가능한 사망의 단계에 이르렀을 경우에 대비하여 미리 의료인에게 자신의 연명치료 거부 내지 중단에 관한 의사를 밝힌 경우(사전의료지시)에는 비록 진료중단시점에서 자기결정권을 행사한 것은 아니지만 사전의료지시를 한 후 환자의 의사가 바뀌었다고 볼 만한 특별한 사정이 없는 한 사전의료지시에 의하여 자기결정권을 행사한 것으로 인정할 수 있다"고 판단하였다(대판 2009. 5. 21. 2009다17417). 위의 헌법재판소 결정 이후 국회는 임종과정에 있는 환자의 연명의료와 연명의료 중단 등의 결정과 그 이행에 필요한 사항을 규정하기 위하여 「호스피스·완화치료 및 임종과정에 있는 환자의 연명의료결정에 관한 법률」을 제정하였다. 이 법률에 의해 임종과정에 있는 환자의 자기결정을 존중하여 연명의료중단결정 등을 제도화하게 되었다.

「형법」상 간통죄 처벌조항에 대해서는 과잉금지원칙에 위배하여 국민의 성적 자기결정권 및 사생활의 비밀과 자유를 침해하는 것이라고 판단하였다. 헌법재판소는 간통죄 처벌조항에 대해 1990년 합헌결정

이래 "선량한 성도덕과 일부일처주의·혼인제도의 유지 및 가족생활의 보장을 위하여서나 부부간의 성적 성실의무의 수호를 위하여, 그리고 간통으로 인하여 야기되는 사회적 해악의 사전예방을 위하여, 간통행위를 규제하고 처벌하는 것은 성적 자기결정권의 본질적 내용을 침해하는 것이 아니다"라고 수 차례에 걸쳐 일관되게 판단해 왔다. 그러나 2015년 결정에서는 간통죄의 보호법익인 혼인과 가정의 유지는 당사자의 자유로운 의지와 애정에 맡겨야지, 형벌을 통하여 타율적으로 강제될 수 없는 것이라고 하고 간통죄처벌조항은 과잉금지원칙에 위배하여 국민의 성적 자기결정권 및 사생활의 비밀과 자유를 침해하는 것으로서 헌법에 위반된다고 판시하였다(헌재 2015. 2. 26. 2009헌바17등). 그 밖에 소주도매업자로 하여금 그 영업장소 소재지에서 생산되는 자도소주를 의무적으로 총구입액의 100분의 50 이상을 구입하도록 하는 「주세법」상 자도소주구입명령제도는 소주판매업자의 직업의 자유는 물론 소비자의 행복추구권에서 파생된 자기결정권을 지나치게 침해하는 위헌적인 규정이라고 판단하였다(헌재 1996. 12. 26. 96헌가18).

일반적 행동자유권

일반적 행동자유권은 행복추구권에서 파생하는 기본권으로서 적극적으로 자유롭게 행동하는 것은 물론 소극적으로 행동을 하지 않을 자유도 포함된다. 일반적 행동자유권은 개인이 행위를 할 것인가의 여부에 대하여 자유롭게 결단하는 것을 전제로 하여 이성적이고 책임감 있는 사람이라면 자기에 관한 사항은 스스로 처리할 수 있을 것이라는 생각에서 인정되는 것이다. 일반적 행동자유권은 개별적 기본권에서 보장되는 행동의 자유를 제외한 일체의 행동의 자유가 포함된다. 일반적 행동자유권은 가치 있는 행동만 보호법익으로 하는 것이 아니고 개인의 생활양식과 취미에 관한 사항도 포함되며, '위험한 스포츠를 즐길 권리' 등도 포함된다. 헌법재판소는 계약의 자유와 계약자유의 원칙이 헌법 제10조에 근거하는 일반적 행동자유권으로부터 파생하는 것이라고 보고 있다(헌재 1991. 6. 3. 89헌마204). 차량운행 중 좌석안전띠를 착용하게 하도록 법률로 정하는 것은 일반적 행동자유권을 침해하는 것은 아니라고 하였다(헌재 2003. 10. 30. 2002헌마518). 「체육시설의 설치·이용에 관한 법률」 시행규칙에 의해 미성년자의 당구장 출입을 금지하는 것은 행복추구권의 한 내용인 일반적 행동자유권의 침해가 된다고 판단하였다(헌재 1993. 5. 13. 92헌마80).

그리고 헌법재판소는 자기결정권 내지 일반적 행동자유권의 전제로서 '자기책임의 원리'를 헌법상의 원리라고 보고 있다. 자기책임의 원리는 자기결정권의 한계논리로서 책임부담의 근거로 기능하는 동시에 자기가 결정하지 않은 것이나 결정할 수 없는 것에 대하여는 책임을 지지 않고 책임부담의 범위도 스스로 결정한 결과 내지 그와 상관관계가 있는 부분에 국한됨을 의미하는 책임의 한정원리로 기능한다. 이러한 자기책임의 원리는 인간의 자유와 유책성, 그리고 인간의 존엄성을 진지하게 반영한 원리로서 그것이 비단 민사법이나 형사법에 국한된 원리라기보다는 근대법의 기본이념으로서 법치주의에 당연히 내재하는 원리로 볼 것이고, 헌법 제13조 제3항(연좌제 금지)은 그 한 표현에 해당하는 것으로서 자기책임의 원리에 반하는 제재는 그 자체로서 헌법위반을 구성한다고 판단하고 있다(헌재 2004. 6. 24. 2002헌가27).

국가의 기본권 보호의무

헌법 제10조 제2문은 "국가는 개인이 가지는 불가침의 기본적 인권을 확인하고 이를 보장할 의무를 진다"라고 규정하여 국가의 기본권 확인과 보장의무를 규정하고 있다. 국가의 기본권 확인이란 개인이 가지는 불가침의 기본적 인권의 존재를 인정하고 존중하는 것을 말하며, 기본권 보장의무란 국가가 국민의 기본권을 보호하고 실현하여야 할 의무를 말한다. 즉 국가는 국민에 대하여 기본권을 침해하거나 제한하는 주체로 존재하는 것이 아니라 국민의 기본권을 적극적으로 보호하고 실현하는 주체로 존재해야 한다는 것을 의미한다. '불가침의 기본적 인권'이란 초국가적 천부인권으로서 자유권적 기본권을 중심으로 하는 개념이다. 자유권 외의 사회적 기본권과 청구권적 기본권, 참정권은 국가에 의한 구체적 형성을 전제로 하는 기본권이므로 자유권적 기본권과 마찬가지의 불가침은 아니지만, 인간의 존엄과 가치의 존중과 자유권적 기본권의 실현에 직접 관련되는 기본권이므로 이 점에서 불가침의 성격을 갖는다고 할 수 있다.

국가의 기본권 보호의무는 국가의 창설목적과 국가의 본질적 기능에서 도출된다. 국가는 공동체의 유지와 안전 및 공동체 내에 살고 있는 구성원의 행복추구를 실현하는 것을 목적으로 하는 수단으로 존재하는 것이므로 여기서 국민의 기본권을 보호하는 의무가 당연히 나온다. 따라서 국가권력의 행사는 국민의 기본권을 침해하여서는 안 된다는 소극적 기본권 보호의무를 지게 된다. 뿐만 아니라 국가의 기본권 보호의무는 사적 영역에서 사인(私人)에 의해 기본권이 침해되는 경우에도 적극적 보호의무가 발생한다. 사인에 의한 기본권침해의 경우 침해받은 국민이 사인에 대해 직접 기본권을 주장할 수 없기 때문에 국가는 미리 기본권침해를 방지하거나 사후적으로 구제해야 하는 의무를 지게 된다. 본래 독일에서 전개되어 온 국가의 기본권보호의무 이론은 사적 영역에서 사인의 기본권침해 문제에 국가가 개입하고 해결하는 것을 정당화하기 위한 이론을 의미한다.

국가의 기본권보호의무의 정도

국가의 기본권 보호의무에 있어서는 '어느 정도'로 보호할 의무를 지는 것인지가 문제된다. 이에 관하여는 '최대한' 보호할 의무를 지는 것으로 해석되고 있다. 과거 1962년 헌법(제3공화국헌법)에서는 "국가는 국민의 기본적 인권을 최대한 보장할 의무를 진다"(제8조)는 명시적 규정이 있었으며, 현행 헌법에 이에 관한 명시적 규정이 없다고 하더라도 기본권 보호의무는 최대한 보호의무로 해석되어야 할 것이다. 헌법재판소 판례도 기본권보장은 '최대한 보장의 원칙'이 적용된다고 판시한 바 있다(헌재 1997. 4. 24. 95헌바48). 다만, 여기서 최대한 보장은 기본권의 성격에 따라 그 의미에 차이가 있음을 이해할 필요가 있다. 자유권과 같은 방어적·소극적 인권은 불가침의 자연권으로서 최대한 보장되어야 하며, 그 자유권을 제한하는 경우에도 필요한 경우에 한하여 최소한에 그쳐야 한다는 '과잉제한금지의 원칙'이 적용된다. 자유권적 기본권의 보호를 위해 국가는 사인의 범죄행위에 의해 개인의 생명·신체와 재산 등이 침해되지 않도록 적극적인 범죄방지의무와 사후처벌의무를 지게 되며 이러한 국가의 적극적인 행위에 의해 자유권의 보장이 실현되는 것이다. 반면에 사회적 기본권이나 청구권적 기본권, 참정권과 같은 기본권은 국가의 적극적인 급부와 작위를 내용으로 하는 것으로 그 기본권의 내용과 한계가 법률에 의해 구체적으로 형성되며 그 입법의 형성에는 입법자의 넓은 재량이 인정되는 것이므로 이들 기본권에 대한 국가의 보호의무는 자유권과 동일한 정도로 요구되기 어렵다.

과소보호금지의 원칙

한편 헌법재판소는 국가가 국민의 기본권 보호의무를 제대로 이행했는지가 문제되는 경우에 기본권 침해 여부에 대한 사법심사의 기준으로 '과소보호금지의 원칙'을 제시하고 있다. 즉 국가의 기본권 보호의무의 이행에 있어서 기본권보호에 관한 입법을 행하지 않거나 불완전한 입법에 의하여 기본권 침해의 여부가 문제되는 경우에는 과소보호금지의 원칙에 따라 국가가 국민의 법익 보호를 위하여 "적어도 적절하고 효율적인 최소한의 보호조치"를 취했는가를 심사기준으로 하게 된다고 판시하였다. 따라서 입법부작위나 불완전한 입법에 의한 기본권의 침해는 입법자의 보호의무에 대한 명백한 위반이 있는 경우에만 인정될 수 있다. 다시 말하면 국가가 국민의 법익을 보호하기 위하여 전혀 아무런 보호조치를 취하지 않았든지, 아니면 취한 조치가 법익을 보호하기에 명백하게 전적으로 부적합하거나 불충분한 경우에 한하여 헌법재판소는 국가의 보호의무 위반을 확인할 수 있다는 것이다.

과소보호금지원칙을 처음 적용한 판례를 보면, 「교통사고처리특례법」상 자동차보험에 가입한 교통사고운전자에 대해 일정한 사고유형 이외에는 공소를 제기할 수 없도록 한 규정에 대한 헌법소원 사건에서 헌법재판소는 과소보호금지원칙을 심사기준으로 적용하여 합헌이라고 판단하였다. 국가의 신체와 생명에 대한 보호의무는 "국가가 취한 제반의 보호조치와 교통과실범에 대한 형사처벌조항을 고려한다면, 단지 일정 과실범에 대하여 형벌권을 행사할 수 없는 법망의 틈새가 존재한다고 하여, 그것이 곧 국가보호의무의 위반을 의미하지는 않는다"고 판시한 것이다(헌재 1997. 1. 16. 90헌마110).

그 후의 국가의 기본권보호의무에 관한 판례로는 2011년 '일본군 위안부 사건'이 주목을 받게 되었다. 이 사건에서 일본국에 대하여 가지는 일본군 위안부로서의 배상청구권 문제에 대하여 적극적인 해결 노력을 하지 않고 있는 국가의 부작위가 청구인들의 인간존엄권을 침해한다고 하여 그 위헌을 확인하였다. 즉 피청구인인 국가가 일본군 위안부의 배상청구권이 소멸되었는지 여부에 관한 한·일 양국 간의 해석상 분쟁을 '한·일 양국간의 청구권 협정'에 정한 절차에 따라 해결하지 아니하고 있는 부작위는 위헌이라는 것이다. 이 사건은 청구인의 인간의 존엄성 회복을 위한 분쟁해결절차로 나아가지 않는 정부의 부작위가 청구인의 기본권을 중대하게 침해한 것이라고 판시한 것이다(헌재 2011. 8. 30. 2006헌마788).

제11조

① 모든 국민은 법 앞에 평등하다. 누구든지 성별·종교 또는 사회적 신분에 의하여 정치적·경제적·사회적·문화적 생활의 모든 영역에 있어서 차별을 받지 아니한다.

② 사회적 특수계급의 제도는 인정되지 아니하며, 어떠한 형태로도 이를 창설할 수 없다.

③ 훈장 등의 영전은 이를 받는 자에게만 효력이 있고, 어떠한 특권도 이에 따르지 아니한다.

근대 시민혁명과 평등사상의 전개

제11조는 평등의 원칙과 평등권 등을 규정하고 있다. 국가에 의한 평등의 보장은 역사적으로 근대 시민혁명의 산물로서 자유의 보장과 함께 채택된 것이다. 1776년의 미국 독립선언은 "모든 사람은 평등하게 태어났으며, 조물주로부터 양도할 수 없는 일정한 권리를 부여받은 것은 진리이다"라고 선언하였으며, 프랑스 인권선언 제1조는 "인간은 권리에 있어서 자유롭고 평등하게 태어나 생존한다. 사회적 차별은 공동의 이익을 근거로 해서만 가능하다"라고 천명하였다. 그 후 19세기 각국의 입헌주의 헌법은 대부분 평등의 원칙을 규정하게 되었다.

근대 시민혁명 이후 평등의 이념이 국가권력과 개인의 관계를 규율하는 근본원리로 확립된 것은 기독교적 교리와 근대 자연법사상의 공적이라 할 수 있다. 특히 17, 18세기의 합리주의적 자연법론에 기초한 인간의 생래적 자유와 평등의 이념은 근대 입헌주의 헌법의 성립에 커다란 영향을 미쳤다. 그리하여 근대국가에 있어서 평등의 원칙은 국가기관의 구성이나 통치과정에 모든 국민이 평등하게 참여해야 한다는 것을 요구하게 되었고, 국가는 모든 국민에 대하여 신분이나 종교 등을 이유로 차별하지 아니하고 평등하게 법을 적용해야 하는 의무를 지게 되었다. 따라서 국민은 국가로부터 불평등한 처우를 받지 아니하고 평등한 보호를 요구할 수 있는 권리로서 평등권을 행사할 수 있게 되었다.

이러한 평등은 19세기까지 기회의 평등과 출발에서의 평등을 의미하는 형식적 평등으로 일관하였다. 그러나 이러한 형식적 평등은 결과적으로 사회·경제적 영역에 있어서 자본주의의 발달과정에서 드러난 사회적 모순과 경제적 약자의 출현으로 인하여 근본적 반성을 촉구하게 되었고, 나아가 모든 국민에게 인간다운 생활을 가능하게 하는 '결과의 평등' 내지 '실질적 평등'을 요청하게 되었다. 그리하여 1919년 바이마르헌법 이후 서구에서의 사회국가원리의 채택과 사회적 기본권의 등장은 종전의 형식적 평등의 문제점을 극복하기 위한 것이었음을 의미한다.

우리 헌법은 인간의 존엄과 가치 실현을 위한 기본권보장의 이념으로서 자유와 함께 평등을 강조하고 있다. 헌법 전문에는 "정치·경제·사회·문화의 모든 영역에 있어서 각인의 기회를 균등히 하고"라고 규정하여 평등원칙의 핵심내용인 기회균등의 원칙을 명문화하고 있으며, "국민생활의 균등한 향상을 기하고"라고 하여 사회국가원리의 이념으로서 실질적 평등에 관하여 규정하고 있다.

법 앞에 평등의 의미

헌법 제11조 제1항에 "모든 국민은 법 앞에 평등하다. 누구든지 성별·종교 또는 사회적 신분에 의하여 정치적·경제적·사회적·문화적 생활의 모든 영역에 있어서 차별을 받지 아니한다"라고 규정하여 평등의 원칙을 명문화하고 있다. 이는 모든 국민은 법 앞에서 공평하게 대우를 받아야 하며 모든 생활영역에서 차별을 받지 아니한다는 헌법상의 원칙을 밝힌 것이다. '법 앞에 평등'의 의미를 구체적으로 설명하면 다음과 같다.

첫째, '법 앞에 평등'이라는 경우의 '법'이란 국회에서 제정되는 형식적 의미의 법률뿐만 아니라 국가의 법체계를 구성하는 모든 법규범을 말한다. 따라서 헌법, 법률, 명령, 규칙 등 모든 성문법규범과 함께 불문법규범도 포함되며, 국내법뿐만 아니라 국제법도 포함된다고 할 것이다.

둘째, '법 앞에' 평등이란 법의 적용과 집행이 모든 국민에게 평등하여야 한다는 법 적용의 평등뿐만 아니라 그 법의 내용에 있어서의 평등을 요구한다. 법의 내용이 불평등한 경우에 그 법의 적용이나 집행이 평등하다고 해서 진정한 평등의 보호는 이루어지지 않기 때문이다. 따라서 법 앞의 평등은 법의 적용에서의 평등뿐만 아니라 입법에 있어서도 법내용의 평등까지를 요구하는 것이므로 평등의 원칙은 입법자를 구속하게 된다. 즉 법 앞의 평등은 사리에 맞는 합리적인 근거 없이 법을 차별하여 적용하여서는 아니됨은 물론 그러한 차별적 내용의 입법을 하여서도 아니된다는 것을 의미한다.

셋째, 법 앞에 '평등'의 개념은 산술적 개념의 절대적 평등이 아니라 상대적 평등을 의미한다. 인간은 기본적으로 다양하게 타고난 개성과 능력과 조건들 속에서 자기의 개성과 능력대로 삶을 영위해 가며 그 속에서 행복을 추구한다. 따라서 국가는 절대적 평등을 기준으로 국민의 삶을 획일적으로 재단할 수 없다. 이 점에서 법 앞의 평등은 합리적 근거가 있는 차별을 허용하는 상대적 평등을 내용으로 한다. 평등은 인간의 다양한 차이에 관계없이 누구나 인간으로서의 존엄과 가치를 가지고 행복을 추구하는 것을 보장하지만, 그렇다고 해서 각기 선천적 또는 후천적으로 가지고 있는 다양한 각자의 몫을 부정할 수 없는 것이다. 그러므로 평등은 법의 제정과 법의 집행에 있어서 "같은 것은 같게, 다른 것은 다르게" 취급하는 상대적 평등을 의미하게 된다. 이는 모든 인간을 평등하게 대우하되 정당한 이유와 합리적인 근거가 있는 차별이나 불평등은 허용된다는 것을 말한다. 헌법재판소 판례도 평등의 원칙은 "일체의 차별적 대우를 부정하는 절대적 평등을 의미하는 것이 아니라 입법과 법의 적용에 있어서 합리적인 근거가 없는 차별을 하여서는 아니된다는 상대적 평등을 뜻하는 것이므로 합리적인 근거가 있는 차별 또는 불평등은 평등의 원칙에 반하는 것이 아니다"라고 판시하고 있다(헌재 1999. 5. 27. 98헌바26).

넷째, 평등은 또한 오늘날의 사회국가 내지 복지국가원리에 있어서는 형식적 평등에서 나아가 '실질적 평등'을 요구하는 개념으로 이해되고 있다. 따라서 국가는 국민의 자유와 권리의 보장에 있어서 국민이 실질적으로 동등한 기회를 가질 수 있는 조건을 만들 수 있도록 적극적으로 활동해야만 한다. 국가는 모든 개인이 자유를 향유하는 데 필요한 최소한의 조건을 평등하게 만들어야 하는 과제를 요구받게 된다. 이 점에서 사회국가원리에 의해 보장되는 사회적 기본권은 개인의 법적 자유를 행사할 수 있는 사실상의 조건을 형성하고 자유행사에 있어서 실질적인 기회균등을 확보함으로써 자유를 실현하게 한다(그 예로는 직업의 자유 행사의 실질적인 기회균등의 조건을 확보하기 위해서는 사회적 기본권인 근로의 권리가 보장되어야 하는 것 등을 들 수 있다).

이처럼 사회적 기본권 보장은 사회적 약자의 실질적 평등을 위한 것이며, 다른 한편, 실질적 평등의 실현을 위해서는 국가의 '적극적 평등실현조치'가 요구되기도 한다. 예컨대 고용에 있어서 여성과 장애인에게 평등한 기회를 부여하기 위하여 가산점을 부여하는 것은 실질적 기회의 평등을 위한 조치로 정당화될 수 있다. 적극적 평등실현조치(affirmative action)란 공동체 내에 있어 과거의 차별로 인한 불평등한 결과를 시정하기 위한 잠정적 조치를 말한다. 국가의 일반적인 평등실현조치는 개인에게 자유를 향유하기 위해 필요한 조건을 보장하는 데 일차적 목적이 있으며, 그러한 조건 하에서 실제로 평등한 결과가 실현되는가는 개인의 능력에 좌우되는 문제이다. 이에 반하여 적극적 평등실현조치는 어느 정도 '결과의 평등' 실현을 목표로 하는 점에서 일반적 평등실현조치와 구별된다. 「국가인권위원회법」은 제2조 제3호에 평등권침해의 차별행위를 정의하면서 "다만 현존하는 차별을 없애기 위하여 특정한 사람이나 집단을 잠정적으로 우대하는 행위와 이를 내용으로 하는 법령의 제정·개정 및 정책의 수립·집행은 평등권침해의 차별행위로 보지 아니한다"라고 하여 적극적 평등실현조치의 근거조항을 두고 있다.

기본권으로서의 평등권 보장

평등의 원칙에 관한 헌법 제11조 제1항은 동시에 개인의 권리(주관적 공권)로서 헌법상의 평등권을 보장하는 것으로 해석되고 있다. 평등권이란 국가로부터 부당하게 차별대우를 받지 아니할 것과 국가에 대하여 평등한 처우를 요구할 수 있는 개인의 국가에 대한 권리이다. 따라서 평등권을 침해당한 경우에는 구체적인 기본권의 침해에 해당되어 법원이나 헌법재판소의 재판을 통하여 이를 다툴 수 있다. 예를 들면 제대군인을 지원하기 위해 공무원시험에 제대군인인 응시자에 대해 3% 내지 5%의 가산점을 부여하는 법률 조항에 대해 군복무를 하지 못하는 여성과 신체장애자를 지나치게 차별하여 평등권을 침해한다고 주장하여 헌법소원을 청구할 수 있으며, 헌법재판소는 이에 대해 평등권침해를 인정하여 위헌결정을 하게 되면 당해 법률 조항은 효력을 상실하게 된다.

평등권은 인간이 자연적 상태에서부터 누려온 생래적·천부적 권리를 의미한다. 그렇지만 이러한 자연권으로서의 성격을 갖는 평등권이라고 하더라도 그것은 자유권적 기본권의 일부라 하기보다는 모든 기본권을 균등하게 실현하기 위한 기능 내지 방법으로서의 성격을 가진다는 점에서 그 의미가 크다고 할 수 있다. 즉 기본권 전반에 공통으로 적용되어야 하는 기능적·수단적 권리를 의미한다.

성별·종교·사회적 신분에 의한 차별 금지

제11조 제1항 제2문은 "누구든지 성별·종교 또는 사회적 신분에 의하여 정치적·경제적·사회적·문화적 생활의 모든 영역에 있어서 차별을 받지 아니한다"라고 규정하고 있다. 여기서 차별금지사유로서 성별, 종교, 사회적 신분이 '열거적 규정'인지 또는 '예시적 규정'인지에 관한 학설의 대립이 있으나, 예시적 규정으로 보는 것이 타당하다. 왜냐하면 평등보호는 위의 차별금지사유 이외에도 언어, 인종, 출신지역, 신체적 장애, 정치적 신념, 세계관, 건강 등의 사유에 의해 불합리하게 차별되어서는 안 되며 이러한 경우에도 평등보호가 인정되어야 하기 때문이다. 그러나 이 차별금지사유를 열거적 규정으로 해석하는 경우에도 여기에 명시되지 아니한 차별금지사유는 헌법 제11조 제1항 제1문의 일반적 평등원칙조항에 따라 판단할 수 있으므로 차별금지사유는 위의 열거된 사유 이외에도 광범위하게 인정될 수 있는 바 이 규정의 성격에 관한 논의의 실익은 거의 없다고 할 수 있다.

성별에 의한 차별금지는 남녀평등을 의미한다. 여기에서 남녀평등권이 기본권으로 도출된다. 성별에 의한 차별대우는 공법영역이나 사법영역 모두 허용되지 아니한다. 그러나 성에 관한 가치적 판단의 결과가 아니라 남녀의 생물학적·사실적 차이에 의거한 차별대우는 허용된다. 남녀평등을 구현하기 위하여 헌법은 혼인과 가족생활에서 양성의 평등을 특별히 보장하고 있고(제36조 제1항), 이를 실현하기 위한 법률로는 「여성발전기본법」과 「남녀고용평등과 일·가정양립지원에 관한 법률」 등이 있다. 「여성발전기본법」은 여성에 대한 '적극적 평등실현조치'의 근거가 되는 대표적 법률로서 이 법률에 따라 국가와 지방자치단체는 여성의 참여가 현저히 부진한 분야에 대하여 합리적인 범위 안에서 그 참여를 촉진하기 위하여 관계법령이 정하는 바에 따라 잠정적인 우대조치를 취할 수 있다(동법 제6조).

종교에 의한 차별 금지는 종교평등을 의미한다. 헌법은 국교를 금지하고 있기 때문에(제20조 제2항) 특정한 종교를 국교로 할 수 없을 뿐만 아니라 국가는 다양한 종교 가운데 특정 종교를 우대하거나 차별할 수 없다. 다만 특정 종교를 신봉하는 자만 교육시킬 목적으로 사립학교를 설립하고 운영하는 것과 특정 종교를 신봉하는 사람들만 고용하는 사기업을 설립·운영하는 것은 사적 자치의 영역으로 헌법상 보장된다.

사회적 신분은 그 의미가 애매모호하지만 인종, 가문, 귀화인이나 전과자의 자손 등과 같은 출생에 의하여 형성되는 사회적 지위를 의미하는 선천적 신분과 귀화인, 전과자, 근로자, 농민, 기업인, 종교인, 탤런트 등 일정한 사회적 평가를 수반하는 후천적 신분도 포함하는 것으로 볼 수 있다.

제11조 제1항 제2문 후단에서는 "누구든지 정치적·경제적·사회적·문화적 생활의 모든 영역에 있어서 차별을 받지 아니한다"라고 하여 차별금지가 인간의 생활의 모든 영역에서 인정됨을 규정하고 있다. 정치적 생활영역에서 국민은 평등한 처우를 받아야 하므로 투표와 선거,

공직취임 등에서 평등이 보장되어야 한다. 다만 정치적 영역에서의 선거제도가 모든 유권자의 정치적 의사가 가치적으로 평등하다는 이념에 기초하여 '1인 1표'의 평등선거원칙을 채택하는 것은 상대적 평등이 아니라 절대적 평등의 적용을 의미한다. 경제적 생활영역에서의 불합리한 차별은 금지되므로 고용에 있어서는 동일자격·동일취업의 원칙이, 임금에 있어서는 동일노동·동일임금의 원칙이 준수되어야 한다. 특히 헌법은 근로관계에 있어서 여성의 차별을 금지하고 있으므로(제32조 제4항) 고용·취업·임금·근로조건 등에서 여성을 부당하게 차별하여서는 아니된다. 사회적·문화적 생활영역에 있어서도 평등이 보장되어야 하며, 특히 교육에 있어서의 기회균등이 보장(제31조 제1항)되어야 한다.

위와 같이 국가의 평등보호에 있어서 기본적으로 평등을 상대적 평등과 실질적 평등으로 이해한다고 하더라도 실제로 평등권의 제한이 문제되는 경우 그것이 합리적인 이유가 있는 정당한 차별인지 아니면 불합리한 차별인지의 판단기준이 무엇인지가 중요하다. 평등권을 제한하는 입법에 있어서 광범위한 입법형성의 자유가 인정된다 하더라도 입법자를 구속하는 일정한 기준이 요구된다. 그것이 자의금지의 원칙과 비례의 원칙이다.

평등의 심사기준으로서 자의금지원칙과 비례의 원칙

평등의 원칙에 위반되는지의 여부에 관한 심사기준으로 자의금지의 원칙과 비례의 원칙이 적용된다. 자의금지(恣意禁止)의 원칙이란 본질적으로 서로 같은 것을 자의적으로 다르게 취급하거나 본질적으로 서로 다른 것을 자의적으로 동일하게 취급하는 것을 금지한다고 하는 법리이다. 즉 입법과 법의 집행에 있어서 그 대상이 되는 복수의 집단이 본질적으로 동일하다고 판단되는 경우에는 이 복수의 대상을 동일하게 대우해야 하며 이를 어겨서 객관적인 근거 없이 다르게 취급하는 것은 자의금지원칙에 위배된다. 평등의 판단기준으로서 자의금지원칙은 차별을 정당화하는 합리적 이유의 유무를 심사하는 것이기 때문에 이를 '합리성의 원칙'이라고도 한다. 그러나 실제로 자의적이고 불합리한 차별과 그렇지 않은 합리적 차별의 구별은 결코 쉽지 않은 가치판단의 문제이므로 자의금지의 원칙은 입법자에게 광범위한 입법형성의 자유를 부여하게 된다.

한편, 평등의 판단기준으로 자의금지의 원칙만으로는 입법자의 자의를 효과적으로 통제하기 어렵다는 문제가 제기됨에 따라 엄격한 심사기준으로서 비례의 원칙을 함께 판단의 기준으로 적용하게 된다. 비례의 원칙은 단순히 차별을 정당화하는 합리적인 이유의 존부문제가 아니라, 차별을 정당화하는 이유와 차별 간의 상관관계에 대한 심사를 말한다. 즉 "차별의 입법목적의 비중과 차별의 정도에 적정한 균형관계"가 이루어져 있는가를 심사하는 것이다. 우리 헌법재판소에 의하면 엄격한 심사기준으로 비례의 원칙이 적용되는 경우를 다음의 두 가지로 들고 있다. 첫째는 헌법 스스로 평등권을 구체화하여 차별금지를 직접 규정한 경우이며, 둘째는 차별적 취급으로 인하여 관련 기본권에 중대한 제한을 초래하게 되는 경우이다. 헌법에서 직접 평등권을 구체화하거나 차별금지를 규정한 경우로는 제32조 제4항의 여성의 근로영역에서의 차별금지와 제36조 제1항의 혼인과 가족생활에서의 성별에 의한 차별금지 등이 있다. 그리고 차별적 취급으로 관련 기본권에 중대한 제한을 초래하게 되는 경우에는 입법형성의 자유는 축소되어 보다 엄격한 심사기준이 적용될 수밖에 없는 것이다.

제대군인에 대한 가산점제도의 위헌성

헌법재판소는 1999년 12월 23일 「제대군인지원에 관한 법률」 제8조 제1항 등에 따라 제대군인이 공무원채용시험 등에 응시한 때 과목별 득점에 과목별 만점의 5% 또는 3%를 가산하는 가산점제도는 여성과 신체장애자의 평등권을 침해하여 위헌이라고 결정하였다. 이 사건에서 가산점제도는 "헌법 제32조 제4항이 특별히 남녀평등을 요구하고 있는 근로 내지 고용의 영역에서 남성과 여성을 달리 취급하는 제도이고, 또한 헌법 제25조에 의하여 보장된 공무담임권이라는 기본권행사에 중대한 제약을 초래하는 것이기 때문에" 엄격한 심사척도가 적용된다고 하였다. 그리하여 가산점제도의 차별취급은 정책수단으로서의 적합성과 합리성을 상실하고 비례성을 상실한 것이라고 판단하였다. 즉 제대군인에 대하여 여러 가지 사회정책적 지원을 강구하는 것이 필요하다고 하더라도 그것이 사회공동체의 다른 집단에게 동등하게 보장되어야 할 균등한 기회 자체를 박탈하는 것이어서는 아니되는데, 가산점제도는 아무런 재정적 뒷받침 없이 제대군인을 지원하려 한 나머지 결과적으로 여성과 장애인 등 이른바 사회적 약자들의 희생을 초래하고 있으며, 우리 법체계 내에 확고히 정립된 질서인 여성과 장애인에 대한 차별금지와 보호에도 저촉되므로 정책수단으로서 적합성과 합리성을 상실한 것이며, 차별취급을 통해 달성하려는 입법목적의 비중에 비해 차별로 인한 불평등의 효과가 극심하므로 가산점제도는 차별취급의 비례성을 상실하는 것으로 청구인들의 평등권을 침해한다고 결정하였다(헌재 1999. 12. 23. 98헌마363).

사회적 특수계급제도의 금지와 영전일대의 원칙

제11조 제2항은 "사회적 특수계급의 제도는 인정되지 아니하며, 어떠한 형태로도 이를 창설할 수 없다"라고 하여 사회적 특수계급제도를 금지하고 있다. 특수계급이란 귀족제도나 노예제도 또는 조선시대의 반상제도(班常制度)와 같은 봉건적 유제(遺制)를 말한다. 그러나 영전에

따르는 연금 등의 보훈제도나 전직대통령에 대한 예우는 사회적 특수계급제도에 해당하지 아니한다.

제11조 제3항은 "훈장 등의 영전은 이를 받은 자에게만 효력이 있고 어떠한 특권도 이에 따르지 아니한다"라고 하여 영전일대(榮典一代)의 원칙을 규정하고 있다. 그러나 영전의 세습제를 부인하는 것은 영전으로 말미암아 그 자손의 특진, 조세감면 등의 특권을 부인하는 것이지 연금지급이나 유족에 대한 보훈까지 금지하는 것은 아니다. 헌법재판소도 독립유공자나 그 유족에게 국가보은적 견지에서 서훈의 등급에 따라 부가연금을 차등지급하는 것은 영전일대의 원칙의 헌법조항에 위배되지 않는다고 판단하고 있다(헌재 1997. 6. 26. 94헌마52).

제12조

① 모든 국민은 신체의 자유를 가진다. 누구든지 법률에 의하지 아니하고는 체포·구속·압수·수색 또는 심문을 받지 아니하며, 법률과 적법한 절차에 의하지 아니하고는 처벌·보안처분 또는 강제노역을 받지 아니한다.

② 모든 국민은 고문을 받지 아니하며, 형사상 자기에게 불리한 진술을 강요당하지 아니한다.

③ 체포·구속·압수 또는 수색을 할 때에는 적법한 절차에 따라 검사의 신청에 의하여 법관이 발부한 영장을 제시하여야 한다. 다만, 현행범인인 경우와 장기 3년 이상의 형에 해당하는 죄를 범하고 도피 또는 증거인멸의 염려가 있을 때에는 사후에 영장을 청구할 수 있다.

④ 누구든지 체포 또는 구속을 당한 때에는 즉시 변호인의 조력을 받을 권리를 가진다. 다만, 형사피고인이 스스로 변호인을 구할 수 없을 때에는 법률이 정하는 바에 의하여 국가가 변호인을 붙인다.

⑤ 누구든지 체포 또는 구속의 이유와 변호인의 조력을 받을 권리가 있음을 고지 받지 아니하고는 체포 또는 구속을 당하지 아니한다. 체포 또는 구속을 당한 자의 가족 등 법률이 정하는 자에게는 그 이유와 일시·장소가 지체없이 통지되어야 한다.

⑥ 누구든지 체포 또는 구속을 당한 때에는 적부의 심사를 법원에 청구할 권리를 가진다.

⑦ 피고인의 자백이 고문·폭행·협박·구속의 부당한 장기화 또는 기망 기타의 방법에 의하여 자의로 진술된 것이 아니라고 인정될 때 또는 정식재판에 있어서 자백이 그에게 불리한 유일한 증거일 때에는 이를 유죄의 증거로 삼거나 이를 이유로 처벌할 수 없다.

인간의 천부적 자연권으로서 신체의 자유

헌법 제12조는 신체의 자유 보장에 관한 조항이다. 신체의 자유란 인간의 생명을 전제로 하여 행해지는 신체활동의 자유를 말한다. 신체활동의 자유란 신체를 가지고 있는 해당 주체가 자기의 의지에 따라 임의적으로 자유롭게 행동하고 움직일 수 있는 자유를 말한다. 신체의 자유는 인간이 인간으로서 당연히 누리는 천부적·초국가적 자연권을 의미하며, 인간의 존엄과 가치를 실현하기 위한 핵심적인 기본권이다. 우리 헌법이 신체의 자유에 관하여 비교적 많은 내용을 상세하고 구체적으로 규정하고 있는 것도 바로 그 이유 때문이다. 제12조 제1항의 신체의 자유 보장에는 신체활동의 자유와 함께 신체를 훼손당하지 않을 권리(신체불가침권)가 포함되는 것으로 해석되고 있다. 따라서 신체의 자유는 법률과 적법절차에 의하지 아니하고는 신체의 안전성과 신체활동의 자율성을 침해당하지 아니하는 자유를 의미한다.

그러나 신체의 자유도 상대적 기본권으로서 헌법 제37조 제2항에 의해 국가의 안전보장이나 질서유지 또는 공공복리를 위하여 필요한 범위 내에서 법률로써 제한할 수 있으며 제한하는 경우에도 과잉금지의 원칙에 위배되어서는 안 된다. 그렇지만 현실적으로 개인의 신체의 자유는 국가공동체의 생활 속에서 공권력의 행사에 의해 광범위하게 제한을 받게 되는 기본권이기도 하다. 즉 수사단계와 형의 집행과정에서 공권력에 의하여 신체의 자유는 가장 위협을 받기 때문에 헌법은 이를 보장하기 위하여 수사절차에 엄격한 제약을 가하여 영장주의, 체포·구속이유 등 고지제도, 체포·구속적부심사제 등을 채택하고 있다.

신체의 자유 제한의 위헌 여부에 관한 헌법재판소 판례를 보면, 「형의 집행 및 수용자의 처우에 관한 법률」에 의한 금치처분으로 금치기간 중 공동행사 참가, 신문·도서·잡지 외 자비구매물품 사용을 제한하도록 한 것은 헌법에 위반되지 않으나, 금치기간 중 실외운동을 제한하도록 한 것은 과잉금지원칙에 위반하여 수형자의 신체의 자유를 침해하는 것으로 위헌이라고 판단하였다(헌재 2016. 5. 26. 2014헌마45). 신체의 자유 제한은 형의 집행과정뿐만 아니라 정신질환자의 장기 보호입원과 관련해서도 문제되는데, 「정신보건법」에 의해 보호의무자 2인의 동의와 정신건강의학과 전문의 1인의 진단으로 정신질환자에 대해 6개월의 장기로 보호입원이 가능하도록 한 것은 과잉금지원칙에 위반하여 신체의 자유를 침해한다고 판단하였다(헌재 2016. 9. 29. 2014헌가9).

헌법 제12조 제1항 제2문은 누구든지 법률에 의하지 아니하고는 체포·구속·압수·수색 또는 심문을 받지 아니한다고 규정하고 있다. 신체의 자유를 보장하기 위해 기본적으로 요청되는 것은 불법으로 체포 또는 구속을 당하지 아니하는 것이다. 체포란 수사기관이 피의자의 신체에 실력을 가하여 활동의 자유를 제한하는 것을 말한다. 구속이란 피의자 또는 피고인의 신체의 자유를 박탈하여 구치소나 교도소 등 일정한 장소에 감금하여 장소적 이전 가능성을 금지하는 것을 말한다. 현행 법상 피의자를 체포하는 경우에는 48시간 이내에 구속영장을 청구하지 아니한 경우에는 즉시 석방하여야 하며, 검사가 피의자를 구속한 때에는 원칙적으로 10일 이내에 공소를 제기하지 아니하면 즉시 석방하여야 한다(형사소송법 제200조의2, 제203조). 피고인의 구속기간은 2개월로 하며, 특히 구속을 계속할 필요가 있는 경우에는 심급마다 2개월 단위로 2차에 한하여 결정으로 갱신할 수 있다(동법 제92조). 압수란 법원이 직권으로 또는 검찰이나 사법경찰관이 법원의 허가를 얻어 증거물 또는 몰수할 것으로 판단되는 물건의 점유를 취득하는 행위를 말하며, 수색은 물건이나 사람을 발견하기 위하여 사람의 신체나 물건 기타의 장소에 대해 행해지는 검색을 말한다. 심문은 답변의 강요를 말하며 법률에 의하지 않은 불법심문은 금지된다. 체포·구속·압수·수색에는 헌법 제12조 제3항에 의해 영장주의가 적용된다.

죄형법정주의

제12조 제1항 제2문 후단에 "누구든지 … 법률과 적법절차에 의하지 아니하고는 처벌, 보안처분 또는 강제노역을 받지 아니한다"라고 규정하여 죄형법정주의와 적법절차 등을 규정하고 있다. 죄형법정주의란 범죄와 형벌이 법률로써 정해져야 한다는 원칙을 말한다. 죄형법정주의는 "법률이 없으면 범죄 없고, 법률이 없으면 형벌도 없다"라고 표현된다. 이 원칙은 범죄행위와 그에 대한 처벌을 국민이 예측 가능한 형식으로 미리 규정하도록 하여 개인의 법적 안정성을 보호하고, 국가형벌권의 자의적 행사로부터 개인의 자유와 권리를 보장하기 위한 법치국가적 형법의 기본원리를 의미한다. 죄형법정주의에 관한 명시적 규정은 역사적으로 1789년의 프랑스 인권선언(제8조)에서부터 찾아볼 수

있다. 죄형법정주의는 자유주의, 권력분립, 법치주의 및 국민주권의 원리에 입각한 것으로서 무엇이 범죄이며 그에 대한 형벌이 어떠한 것인가는 반드시 국민의 대표로 구성된 입법부가 제정한 법률로써 정하여야 한다는 원칙이다.

여기서 '처벌'이란 형사상의 처벌만을 의미하는 것이 아니라 본인에게 불이익 또는 고통이 되는 일체의 제재를 말하므로 행정상·민법상 의무해태에 대해 과하는 과태료 등도 포함된다. '보안처분'은 형벌만으로는 재범에 대한 위험성을 제거하기에 충분하지 못한 경우에 사회방위와 범죄행위자의 사회복귀의 목적을 달성하기 위하여 고안된 특별예방적 처분을 말한다. 헌법재판소는 보안처분의 의의에 관하여 "보안처분은 재범의 위험성이 있는 자를 치료·보호·개선·격리하여 피감호자의 '재범의 위험성'을 방지하거나 예방하고, 이로써 공공의 안전과 이익을 보호하고자 하는 특별예방적 목적처분이다. 즉 보안처분은 죄를 범한 자 중 '재범의 위험성'이 있는 사람에 한하여 그의 위험성에 대하여 부과하는 제재조치이다"라고 판시하고 있다(헌재 1989. 7. 14. 88헌가5등). 현행법상 보안처분에는 「소년법」상의 보호처분, 「형법」상의 보호관찰처분 등이 있다. 「형법」은 형의 선고유예와 집행유예의 경우에 재범 방지를 위하여 지도 및 원호가 필요한 때에는 보호관찰을 받을 것을 명할 수 있다고 규정하고 있다(동법 제59조의2, 제62조의2). '강제노역'은 공권력이 본인의 의사에 반하여 노동력의 제공을 강요하는 것을 말한다. 판결을 통한 징역형이나 환형처분으로서의 노역장유치는 법률에 근거하여 정당하게 부과되는 것으로 불법적인 강제노역이 아니다.

적법절차의 원칙

우리 헌법은 제12조 제1항과 제3항에서 신체의 자유를 보장하기 위한 형사절차상의 원칙으로 적법절차를 규정하고 있다. 제12조 제1항 제2문은 누구든지 "적법절차에 의하지 아니하고는 처벌·보안처분 또는 강제노역을 받지 아니한다"라고 규정하고 있으며, 동조 제3항은 "체포·구속·압수 또는 수색을 할 때에는 적법한 절차에 따라 검사의 신청에 의하여 법관이 발부한 영장을 제시하여야 한다"라고 하여 적법절차의 원칙을 명문화하고 있다. 이러한 적법절차에 관한 헌법규정은 1987년 헌법에서 처음 도입된 것으로서, 이는 영미법계의 인권보장의 기본원칙인 'due process of law'에 해당하는 개념으로 볼 수 있다. 따라서 영미법적 요소로서 적법절차 원칙의 도입은 우리 헌법체계에서는 이질적인 것으로 볼 수 있기 때문에 그 헌법해석을 둘러싸고 여러 가지 견해가 제시된 바 있으나, 현재의 학설과 판례의 태도는 적법절차의 원칙을 신체의 자유 제한에 관한 절차적 적법성과 정당성을 보장하기 위한 원칙일 뿐만 아니라, 그 적용대상을 확대하여 일체의 정신적·재산적 자유와 권리 등에도 적용되는 것으로 보고, 그 적용범위도 형사절차뿐만 아니라 행정절차와 입법절차 등 국가작용 전반에 적용되는 것으로 해석하고 있다.

다시 말하면 적법절차의 원칙에 있어서 적법절차란 첫째, 신체의 자유를 제한하는 체포·구속 등의 공권력의 행사는 법률에 규정된 절차에 따라야 할 뿐만 아니라 그 법정절차는 '적정한 절차'여야 하는 것으로 해석하는 것이 통설이므로 절차의 적법성뿐만 아니라 절차의 적정성 내지 정당성까지 요구하는 것으로 해석된다. 즉 적법절차의 원칙은 절차가 형식적 법률로 정해지고 그 법률에 합치하여야 할 뿐만 아니라(절차의 적법성), 그 절차에 관한 법률의 내용에 있어서도 합리성과 정당성을 갖춘 적절한 것이어야 한다(절차의 정당성). 둘째, 적법절차란 인신의 구속이나 처벌 등 형사절차만이 아니라 국가작용으로서의 모든 입법작용과 행정작용에도 광범위하게 적용되는 독자적인 헌법원리의 하나로 이해되고 있다. 이러한 내용의 적법절차 원칙은 특히 형사소송절차와 관련시켜 적용함에 있어서는 형벌권의 실행절차인 형사소송의 전반을 규율하는 기본원리로서 중요한 의미를 가지는 것이다.

구체적인 사건에서 적법절차의 원칙에 위반되는지의 여부에 관한 헌법재판소의 판례를 보면, 「소송촉진등에 관한 특례법」 제23조에 자기에게 아무런 책임 없는 사유로 출석하지 못한 피고인에 대하여 별다른 증거조사도 없이 곧바로 유죄판결을 선고할 수 있도록 한 것은 적법절차의 원칙에 위반된다고 판단하고 있다(헌재 1998. 7. 16. 97헌바22). 무죄 등의 판결이 선고되었음에도 검사로부터 사형, 무기 또는 10년 이상의 징역이나 금고형에 해당한다는 진술이 있는 사건의 경우 구속영장의 효력을 잃지 않는다고 규정한 법률조항도 적법절차의 원칙에 반한다(헌재 1992. 12. 24. 92헌가8). 검사가 법원의 증인으로 채택된 수감자를 그 증언에 이르기까지 거의 매일 검사실로 하루 종일 소환하여 피고인측 변호인이 접근하는 것을 차단하고, 검찰에서의 진술을 번복하는 증언을 하지 않도록 회유, 압박하는 것은 적법절차에 위배된다(헌재 2001. 8. 30. 99헌마496). 그 밖에 형사사건으로 공소제기된 변호사에 대하여 법무부장관이 일방적인 명령에 의하여 변호사업무를 정지시키는 것은 당해 변호사에게 자기에게 유리한 사실을 진술하거나 필요한 증거를 제출할 수 있는 청문의 기회가 보장되지 아니하여 적법절차를 존중하지 아니한 것이 된다(헌재 1990. 11. 19. 90헌가48).

고문금지와 불리진술거부권

제12조 제2항은 고문금지를 명문화하고 불리진술거부권을 규정하고 있다. 고문이란 자백을 강제하기 위하여 가해지는 폭력을 말한다. 고문은 어떠한 경우에도 허용되지 않으므로 절대적으로 금지되는 것이다.

고문의 방지를 위해서는 고문금지의 선언만으로 불충분하므로, “불법의 과실도 불법”이라는 독수·독과(毒樹·毒果)의 원칙에 따라 고문에 의한 자백뿐만 아니라 고문에 의한 자백으로 수집된 증거에 대해서도 증거의 가치를 부정 또는 제한하는 제도가 확립되어야 한다. 헌법 제12조 제7항에 임의성 없는 자백의 증거능력을 제한하는 규정을 두고 있는 것도 바로 그러한 이유 때문이다. 또한 공무원에 의한 고문을 근절하기 위해서는 고문을 한 공무원을 형법상의 직권남용죄로 엄중히 처벌해야 한다(형법 제125조; 특정범죄가중처벌 등에 관한 법률 제4조의2).

진술거부권은 피의자 또는 피고인이 수사절차나 공판절차에서 수사기관 또는 법원의 심문에 대하여 진술을 거부할 수 있는 권리(묵비권)를 말한다. 진술거부권은 헌법이 보장하는 개인의 기본권이므로 그 권리행사를 이유로 형벌 기타의 제재를 과할 수 없다. 진술거부권을 침해하여 강요로 얻은 자백은 임의성이 없으므로 증거능력을 인정할 수 없다.

진술거부권의 사전고지는 진술거부권의 전제가 된다. 수사기관이 이것을 미리 고지하지 아니한 상태에서의 피의자의 진술은 헌법위반으로 무효가 되며, 그것을 유죄의 증거로 삼을 수 없다. 또한 공판절차에서도 재판장은 피고인에게 심문에 대한 진술을 거부할 수 있다는 취지를 고지해야 한다. 대법원 판례도 “수사기관이 피의자를 심문하면서 피의자에게 진술거부권을 고지하지 아니한 경우에는 그 자백의 임의성이 인정되는 경우에도 위법수집증거배제의 법칙에 의하여 그 자백의 증거능력을 부정하여야 한다”고 판시하고 있다(대판 1992. 6. 23. 92도682).

영장주의

제12조 제3항은 영장주의에 관한 조항이다. 영장주의란 수사기관이 형사절차와 관련하여 체포·구속·압수·수색 등의 강제처분을 함에 있

어서 중립적 지위에 있는 법관이 발부한 영장에 의하도록 하는 제도를 말한다. 즉 영장주의는 신체의 자유를 침해하는 강제처분을 하는 경우에는 중립적인 법관이 구체적 판단을 거쳐 발부한 영장에 의하여야만 한다는 것을 의미한다.

영장주의는 강제처분에 적용되는데 여기서 강제처분은 신체에 물리적 강제력을 행사하는 '직접강제'의 경우만을 의미한다. 따라서 상대방에게 심리적·간접적으로 강제하는 경우에는 영장주의가 적용되지 않는다. 예컨대 「도로교통법」상 음주측정 불응에 대한 형사처벌에 대하여 음주측정이 당사자의 자발적인 협조가 필수적인 것이므로 음주측정 불응자에 대한 처벌조항은 영장주의에 위배되지 아니한다.

영장주의는 구체적으로 다음의 원칙들을 내용으로 한다. 첫째, 영장은 법관이 발부하여야 한다. 여기서 법관은 사법권의 독립에 따라 그 신분보장과 독립성이 보장되는 법관을 의미한다. 헌법은 제12조 제3항에 "검사의 신청에 의하여 법관이 발부한 영장"이라고 하여 영장발부요건으로 검사의 신청을 규정하고 있다. 이 규정은 1962년 헌법 이래 채택되어 온 것으로 검사 아닌 다른 수사기관의 영장신청에서 오는 인권유린의 폐해를 방지한다는 데에 그 취지를 둔 것이다. 그리고 검사의 신청이라는 요건은 수사단계에서의 영장발부에 한정되며, 공판단계에서의 영장발부에는 적용되지 않는다. 법원이 재판 중인 피고인에 대하여 구속영장을 발부하는 경우에는 검사의 신청이 있어야 하는 것은 아니다. 둘째, 영장은 사전에 발부되어야 한다(사전영장의 원칙). 다만 현행범인인 경우와 장기 3년 이상의 형에 해당하는 죄를 범하고 도피 또는 증거인멸의 염려가 있을 때에는 헌법 제12조 제3항 단서에 따라 사후에 영장을 청구할 수 있다. 셋째, 영장은 '적법한 절차'에 따라서 발부되어야 한다. 영장발부에 있어서 적법한 절차의 핵심적 내용은 특히 구속영장발부에 있어서 영장실질심사의 보장에 있다. 즉 법관에 의한 구속영장심사가 서류심사에 의한 형식적 심사가 아니라 법관이 면전에서 직접 심문할 수 있는 절차가 보장되어야 한다(형사소송법 제201조의2). 넷째, 영장의 내용은 특정되어야 하며 일반영장은 금지된다. 영장에는 공소사실, 피의자·피고인의 성명, 주거, 인치구금 장소 등이 기재되어야 한다. 다섯째, 영장주의는 구속의 개시시점에 한하지 않고 구속의 계속 여부도 법관의 판단에 의하여 결정되어야 한다는 것을 포함한다.

영장주의의 예외로서 현행범인체포와 긴급체포의 경우에는 사전영장 없이 범인을 체포할 수 있다. 긴급체포는 피의자가 장기 3년 이상의 징역이나 금고에 해당하는 죄를 범하였다고 의심할 만한 상당한 이유가 있고, 일정한 주거가 없거나 증거인멸의 염려 또는 도망할 우려가 있는 경우로서 긴급을 요하여 지방법원판사의 체포영장을 발부받을 수 없는 때에는 그 사유를 알리고 영장 없이 피의자를 체포하는 것을 말한다(형사소송법 제200조의3). 긴급체포한 경우 피의자를 구속하고자 할 때에는 체포한 때부터 48시간 이내에 검사는 관할지방법원 판사에게 구속영장을 청구해야 한다. 긴급체포는 영장주의를 배제하는 것이 아니라 영장주의를 완화하여 사후영장을 허용하는 것을 의미한다. 따라서 헌법이 정하는 경우에만 사후영장이 가능하고 그 이외에는 사후영장이 허용되지 않는다.

검사의 수사권을 폐지하는 입법은 가능한가?

헌법 제12조 제3항의 영장주의에 관한 조항은 수사기관의 체포·구속·압수·수색 등의 강제처분에 있어서는 '검사의 신청'에 의하여 법관이 발부한 영장을 제시하도록 규정함으로써 검사를 영장신청의 주체로 특정하고 있다. 여기서 검사의 영장신청권은 우리의 형사사법체계에 있어서 검사가 수사의 주체임을 전제로 하는 것이다. 이에 따라 「형사소송법」에는 "검사는 범죄의 혐의가 있다고 사료하는 때에는 범인, 범죄사실과 증거를 수사한다"(제196조 제1항)고 규정하고 있으며, 「검찰청법」에도 검사의 직무와 권한으로 "범죄수사, 공소의 제기 및 그 유지에 필요한 사항"(제4조 제1항)을 명문화하고 있다.

2017년 5월 출범한 문재인 정부는 거대 여당인 더불어민주당과 함께 검찰 수사권의 남용 방지 등을 위한 검찰개혁을 단행하여 검찰과 경찰간의 수사권 조정과 고위공직자범죄수사를 검찰로부터 독립시키는 개혁입법이 2020년 1월 시행되었다. 검·경수사권 조정에 있어서 「검찰청법」과 「형사소송법」의 개정으로 검찰의 직접수사권은 대통령령으로 정하는 6대 중요범죄(부패범죄, 경제범죄, 공직자범죄, 선거범죄, 방위사업범죄, 대형참사)로 범위를 제한하고 나머지 일반범죄는 사법경찰관이 수사권을 갖게 되었으며 검찰의 수사지휘권도 원칙적으로 폐지되었다. 여기에 그치지 아니하고 2022년 5월 3일 문 대통령은 여당의 일방적인 강행 처리로 통과된 최종적 검찰개혁입법안에 서명함으로써 우리의 형사사법체계에 급격한 변화를 초래하게 되었다. 이번의 「검찰청법」과 「형사소송법」 개정은 속칭 '검수완박'법으로 불려지는 것으로, 검찰의 수사권과 기소권을 완전 분리하여 수사권을 사법경찰과 새로 신설되는 중대범죄수사청에 이관하는 것을 내용으로 하고 있다. 이미 수사권의 범위가 제한된 검찰의 6대 범죄수사 중 공직자, 선거, 방위사업의 범죄와 대형참사에 대한 수사권을 박탈하여 사법경찰로 이관하고, 나머지 부패범죄와 경제범죄 수사권도 1년 6개월 후에는 새로 신설되는 중대범죄수사청에 이관하는 것 등을 포함하고 있다. 기존의 검찰 수사권을 사실상 완전 박탈하고 검찰은 기소권만을 행사하도록 하는 것이 검찰의 선진화를 위한 검찰개혁의 목표라는 것이다. 이 입법에 대해서는 즉각 권한쟁의심판이 청구되어 위헌논쟁에 휩싸이게 되었다.

검찰수사권박탈 입법을 추진한 입장에서는 헌법상 영장주의조항에 검사의 영장신청권을 규정하고 있을 뿐 검사의 수사권에 관한 명문규정이 없다는 것을 이유로 기존의 검사 수사권을 폐지하고 이를 다른 수사기관에 이관하더라도 위헌이 아니라는 것이다. 이에 반대하는 입장에서는 검찰 수사권의 박탈은 검찰의 수사권을 전제로 영장신청권을 규정한 헌법 제 12조 제3항에 위배된다는 것이다. 위헌론이 학계와 법조계의 다수적 견해라 할 수 있다.

우리 헌법에 검찰총장의 임명을 국무회의의 심의사항으로 하고(제89조 제16호), 영장청구권의 주체를 검사로 특정하고 있는 뜻은 국가의 범죄수사와 기소를 담당하는 준사법기관으로서의 검찰 업무의 중요성을 감안한 것이며, 수사과정에서 국민의 인권이 침해될 가능성을 배제하기 위해 법률전문가인 검사에게 영장신청권을 부여한다는 의미이다. 여기서 영장의 신청권은 수사권과 불가분의 관계에 있는 것이므로 검사의 수사권 없는 영장신청권은 결코 헌법이 예정하거나 허용하는 범위 내에 속한다고 보기 어렵다. 또한 수사권과 기소권을 완전히 분리하여 검찰의 수사기능을 배제하게 되면 검찰의 공소유지는 사실상 불가능하게 될 우려가 크다. 외국의 입법례를 보더라도 독일, 프랑스, 일본 등은 검찰의 기소권과 함께 수사권을 인정하고 있으며, 미국의 경우에도 연방검찰의 수사권은 보장되며 다만 경찰에 대한 구속력 있는 수사지휘권이 인정되지 않을 뿐이다.

검찰개혁은 검찰의 정치적 중립성과 독립성을 확보하고 수사권의 남용으로부터 인권을 보호하는 것을 목표로 해야 하며, 여기에 공정하고 효율적인 수사를 통해 실체적 진실을 밝히는 것도 중요하다. 검찰권력의 비대화를 막기 위한 수사권과 기소권의 분리 및 검찰과 경찰 간의 수사권의 조정과 협력이 필요하다고 하더라도 사실상 검찰 수사권의 박탈은 우리 형사사법체계의 근본원리에 반하게 되며 헌법 제12조 제3항의 영장주의의 기본취지에 위배된다고 할 것이다.

변호인의 조력을 받을 권리

제12조 제4항은 변호인의 조력을 받을 권리를 보장하고 있다. 변호인의 조력을 받을 권리란 무죄추정을 받은 형사피의자나 피고인에 대하여 수사기관 등과 대등한 지위를 보장하여 신체구속의 상황에서 발생하는 갖가지 폐해를 제거하고 구속이 악용되지 않도록 하기 위하여 인정된 권리를 말한다. 변호인의 조력을 받을 권리를 실질적으로 보장하기 위해서는 변호인접견교통권(변호인면접·교섭권)이 보장되어야 한다. 변호인접견교통권은 신체의 구속을 당한 피의자나 피고인의 인권보장과 방어를 준비하기 위한 필요불가결한 권리로서 수사기관의 처분이나 법원의 결정으로도 이를 제한할 수 없다. 변호인과의 자유로운 접견은 신체를 구속당한 사람에게 보장된 변호인의 조력을 받을 권리의 가장 중요한 내용이어서 국가안전보장·질서유지·공공복리 등 어떠한 명분으로도 제한될 수 없는 성질의 것이다. 그리고 구속된 사람을 계호함에 있어서도 피구금자 또는 피수감자와 그의 변호인 사이의 대담은 법 집행 공무원의 가시거리 내에서 행하여질 수는 있으나 가청거리 내에서 행해져서는 아니되므로 관계공무원은 구속된 자와 변호인의 대담내용을 들을 수 있거나 녹음이 가능한 거리에 있어서는 아니되며, 계호나 그 밖의 구실 아래 대화장면의 사진을 찍는 등 불안한 분위기를 조성하여 자유로운 접견에 지장을 주어서도 아니된다(헌재 1992. 1. 28. 91헌마111).

헌법재판소는 구치소 내의 변호인접견실에서 CCTV를 설치하여 미결수용자와 변호인 간의 접견을 관찰한 행위와 교도관이 미결수용자와 변호인 간에 주고받은 서류를 확인하고 소송관계서류처리부에 그 제목을 기재하여 등재한 행위가 미결수용자의 변호인의 조력을 받을 권리와 개인정보자기결정권을 침해하지 않으므로 헌법에 위반되지 않는다고 판단하였다(헌재 2016. 4. 28. 2015헌마243). 변호인과 상담하고 조언을 구할 권리는 변호인의 조력을 받을 권리의 핵심적 내용을 의미하므로 불구속피의자의 신문시 피의자가 변호인과 상담하고 조언을 구하기 위하여 변호인 참여를 요청하는 것을 아무런 사유도 밝히지 아니한 채 거부할 경우 이는 변호인의 조력을 받을 권리를 침해하는 것이 된다.

국선변호인제도

헌법 제12조 제4항 단서에는 "형사피고인이 스스로 변호인을 구할 수 없을 때에는 법률이 정하는 바에 의하여 국가가 변호인을 붙인다"고 하여 국선변호인제도를 규정하고 있다. 국선변호인이란 피고인의 이익을 위하여 법원이 직권으로 선정하는 변호인을 말하며, 법원이 직권으로 변호인을 선정해야 할 경우에 관하여는 「형사소송법」에 규정하고 있다. 헌법 제12조 제4항 단서에 의한 국선변호인은 형사피고인에게만 인정되는 것으로 해석하는 것이 상당하며, 그 헌법규정이 피의자에 대하여 일반적으로 국선변호인의 조력을 받을 권리가 있음을 천명한 것이라고 볼 수 없다는 것이 헌법재판소의 입장이다(헌재 2008. 7. 1. 2008헌마428). 그러나 「형사소송법」은 형사피고인뿐만 아니라 형사피의자에 대해서도 구속전 피의자심문절차와 체포·구속적부심사절차에서 국선변호를 인정하고 있다(동법 제201조의2 제8항, 제9항 및 제214조의2). 여기서 피의자의 국선변호인의 조력을 받을 권리는 헌법상의 기본권이 아니라 법률상의 권리를 의미한다.

체포·구속이유 등 고지제도

제12조 제5항은 체포·구속이유 등의 고지제도를 명문화하고 있다. 이 고지제도는 이른바 미국 헌법상의 '미란다 원칙'(Miranda rule)에 해당하는 것으로, 피의자·피고인과 그 가족에게 체포 또는 구속의 이유,

일시, 장소, 변호인의 조력을 받을 권리가 있음을 고지함으로써 피의자·피고인 등의 인권을 보호하는 데 그 의의가 있다. 체포·구속이유 등 고지제도는 일종의 형사사법제도라는 객관적 제도로서의 성격과 아울러 피의자와 그 가족 등이 수사기관으로부터 체포·구속의 이유 등에 관하여 통보받을 권리(알 권리)라고 하는 주관적 공권의 성격을 동시에 가진다고 할 수 있다.

체포·구속이유 등의 고지제도는 두 가지를 내용으로 하는데, 하나는 형사피의자에 대하여 체포 또는 구속의 이유와 변호인의뢰권을 고지하는 것이고, 또 하나는 형사피의자의 가족과 변호인 등에 대하여 체포 또는 구속의 이유와 일시, 장소를 통지하는 것이다. 고지의 시기에 관하여는 명문규정이 없으나, 기본권보장의 이념에 비추어 체포 또는 구속 당시로 보아야 한다. 통지의 시기에 관하여는 「형사소송법」은 '지체없이'라고 규정하고 있다(동법 제87조 제2항). 수사기관이 고지 및 통지의무를 이행하지 아니할 경우에는 직권남용에 의한 불법행위로 간주되어 형사처벌을 면하지 못한다.

체포·구속적부심사제도

제12조 제6항은 체포·구속적부심사제도에 관한 규정이다. 이 제도는 체포 또는 구속된 피의자나 그 변호인, 가족 등이 관할법원에 체포 또는 구속의 적부 여부에 관하여 심사를 청구할 경우 법관이 즉시 피의자와 변호인이 출석한 공개법정에서 체포 또는 구속의 이유를 밝히도록 하고, 체포 또는 구속의 이유가 부당하거나 적법하지 않을 때에는 법관이 직권으로 피의자를 석방하는 것을 말한다. 전술한 영장제도가 수사권의 남용으로 인한 불법체포나 구속으로부터 신체의 자유를 보호하기 위한 사전예방적 제도라면, 체포·구속적부심사제는 사후구제

적 제도를 의미한다.

체포와 구속의 적부심사를 청구할 수 있는 자는 체포영장이나 구속영장에 의하여 체포 또는 구속된 피의자, 그 변호인, 법정대리인, 배우자, 직계친족, 형제자매나 가족, 동거인 또는 고용주이다(형사소송법 제214조의2 제1항). 따라서 형사피고인은 청구권자가 될 수 없다. 다만 심사청구 후 피의자가 전격 기소된 경우 그러한 형사피고인에게는 심사청구권이 인정된다(동법 제214조의2 제4항 후단).

체포영장이나 구속영장을 발부한 법관은 체포·구속적부심사의 심문조사결정에 관여하지 못한다. 체포·구속적부심사를 청구받은 법원은 지체없이 체포 또는 구속된 피의자를 심문하고 수사관계서류와 증거물을 조사하여 청구가 이유 없다고 인정한 때에는 결정으로써 기각하고, 이유가 있다고 인정한 때에는 결정으로써 체포 또는 구속된 피의자의 석방을 명해야 한다. 체포 또는 구속적부심사결정으로 석방된 피의자는 도망하거나 범죄의 증거를 인멸하는 경우를 제외하고는 동일한 범죄사실로 재차 체포하거나 구속하지 못한다(동법 제214조의3).

체포나 구속적부심사의 심사는 영장발부의 요식과 절차에 관한 형식적 사항뿐만 아니라 체포나 구속사유의 타당성과 적법성에 관한 실질적 사항까지도 심사대상으로 한다. 법원의 체포·구속적부심사결정에 대해서는 검사나 피의자 모두 항고할 수 없다(동법 제214조의2 제8항).

자백의 증거능력 제한 등

제12조 제7항은 임의성 없는 자백의 증거능력 제한을 규정하고 있다. 피고인의 자백이 고문·폭행·협박·구속의 부당한 장기화 또는 기망 기타의 방법에 의하여 자의(自意)로 진술된 것이 아니라고 인정될 때에는 이를 유죄의 증거로 삼을 수 없다고 규정하여 임의성 없는 자

백의 증거능력을 제한하고 있다. 또한 정식재판에 있어서 피고인의 자백이 그에게 불리한 유일한 증거일 때에는 이를 이유로 처벌할 수 없다고 하여 자백의 임의성이 인정되더라도 그 자백이 유일한 증거인 경우에는 이를 유죄의 증거로 삼거나 이를 이유로 처벌할 수 없다. 이를 자백의 증명력 제한이라고 한다. 다만, 자백의 증명력 제한은 정식재판에만 적용되고 즉결심판 등 약식재판의 경우에는 적용되지 않는다(「즉결심판에 관한 절차법」 제10조).

제13조
① 모든 국민은 행위시의 법률에 의하여 범죄를 구성하지 아니하는 행위로 소추되지 아니하며, 동일한 범죄에 대하여 거듭 처벌받지 아니한다.
② 모든 국민은 소급입법에 의하여 참정권의 제한을 받거나 재산권을 박탈당하지 아니한다.
③ 모든 국민은 자기의 행위가 아닌 친족의 행위로 인하여 불이익한 처우를 받지 아니한다.

형벌불소급의 원칙과 이중처벌금지의 원칙

제13조(제1항, 제3항)는 제12조와 함께 신체의 자유 보장에 관한 조항이다. 제13조 제1항 전단은 형벌불소급의 원칙 또는 형벌법규 불소급의 원칙을 규정하고 있다. 이 원칙은 범죄의 성립과 처벌을 행위시의 법률에 의하게 함으로써 사후입법에 의한 처벌을 금지하고 있다. 이 헌법조항에 근거하여 「형법」은 제1조 제1항에 "범죄의 성립과 처벌은 행위시의 법률에 의한다"라고 규정하여 형벌법규 불소급의 원칙을 밝히고 있다.

제13조 제1항 후단은 "동일한 범죄에 대하여 거듭 처벌받지 아니한

다"라고 하여 이중처벌금지의 원칙을 선언하고 있다. 이중처벌금지의 원칙은 형사소송법상 일사부재리(一事不再理)의 원칙으로 나타나는데, 이는 판결이 확정되어 판결의 실체적 확정력(기판력)이 발생하면 그 후 동일한 사건에 대해서는 거듭 심판하는 것이 허용되지 않는다는 원칙을 말한다. 따라서 무죄의 확정판결이 난 행위와 이미 확정판결로 처벌을 받은 행위에 대해서는 다시 형사책임을 물을 수 없다. 헌법상 이중처벌금지의 원칙은 확정된 재판의 권위를 위한 것이라기보다는 신체의 자유 보장을 위한 원칙이라는 데에 그 의의가 있다. 이중처벌금지 원칙의 연혁은 이미 1791년에 채택된 미국 헌법 수정조항 제5조의 동일한 범죄에 대한 '이중위험(double jeopardy) 금지'의 원칙에서 찾아볼 수 있다.

그리고 제13조 제1항 후단의 "거듭 처벌받지 아니한다"는 규정에서 '처벌'이란 범죄에 대한 국가의 형벌권 실행으로서의 과벌을 의미하는 것이며, 국가에 의한 일체의 제재나 불이익처분을 모두 포함하는 것은 아니다. 헌법재판소는 형벌과 함께 이행강제금이나 과징금을 부과하는 것을 이중처벌에 해당하지 않는다고 판단하고 있다.

참정권과 재산권에 관한 소급입법금지의 원칙

제13조 제2항은 신체의 자유 보장과 직접 관련이 있는 조항은 아니지만, 제13조 제1항에서 형벌에 관한 소급입법금지를 규정한 것에 이어서 소급입법금지의 범위를 확대하여 제2항에서는 다시 참정권의 제한과 재산권의 박탈에 있어서 소급입법금지를 천명하고 있다. 소급입법에 의한 참정권과 재산권의 박탈 금지를 최초로 헌법에 명문화 한 것은 1962년 헌법이다. 이러한 소급입법금지규정의 채택은 과거 우리의 헌정사의 경험에서 비롯된 것이다. 건국헌법은 부칙조항에 일제 강

점기의 '악질적인 반민족행위' 처벌을 위한 특별소급입법 제정의 근거를 부여하였고, 이에 따라 반민족행위자의 처벌과 공민권제한 등이 행해졌다. 4·19혁명과 5·16군사쿠데타 이후에도 부정축재처리법이라는 소급입법으로 재산권을 박탈하는 사례들이 있었다. 이러한 일들이 반복되지 않도록 하기 위한 것이 헌법 제13조 제2항의 기본취지라 할 수 있다.

법치주의원리의 내용적 요소로서 소급입법금지의 원칙은 진정소급입법의 원칙적 금지를 의미한다. 소급입법에는 '진정(眞正)소급입법'과 '부진정(不眞正)소급입법'의 구분이 있는데, 진정소급입법이란 현재를 기준으로 이미 종료된 과거의 사실 또는 법률관계에 대해 소급적으로 적용하여 불이익의 법적 효과를 가져오는 입법을 말한다. 이러한 진정소급입법은 당사자의 구법에 대한 신뢰를 침해하는 정도가 지나치게 크기 때문에 원칙적으로 허용되지 아니한다. 반면에 부진정소급입법은 구법 하에서 이미 발생하여 진행 중인 과거의 사실관계나 법률관계에 대해 새로운 법률의 시행일로부터 장래를 향하여 법적 효과를 불이익하게 변경하는 입법을 말한다. 부진정소급입법은 신법 시행 후의 사실관계나 법률관계뿐만 아니라 과거부터 진행되어온 사실관계와 법률관계에도 적용되는 점에서 소급입법의 성격을 갖지만, 그 효력이 장래에 향하여 발생한다는 점에서 진정소급입법과 구별된다. 부진정소급입법은 일정한 생활영역을 규율하는 새로운 법률규정에 의해 종래의 법적 상태가 새로운 법적 상태로 이행하는 과정에서 불가피하게 발생하는 문제에 관한 것이다. 오늘날 입법과정에서 구법에 대한 신뢰보호의 문제는 대부분 부진정소급입법의 문제를 의미하며, 부진정소급입법은 당사자의 신뢰보호보다도 공익상의 사유와 입법자의 입법형성권을 존중하여 원칙적으로 허용되고 예외적으로 금지된다.

친일재산의 국가귀속의 합헌성

제13조 제2항의 재산권에 대한 진정소급입법의 금지와 관련하여 헌법재판소는 2011년 「친일반민족행위자 재산의 국가귀속에 관한 특별법」의 조항에 대하여 헌법 제13조 제2항에도 불구하고 친일반민족행위자 재산의 국가귀속에 관한 소급입법은 허용되어야 한다고 판단하였다. 즉 이 특별법은 진정소급입법에 해당하지만 소급입법을 예상할 수 있었던 예외적인 사안이고 진정소급입법을 통해 침해되는 법적 신뢰는 심각하다고 볼 수 없는 데 반하여, 이를 통해 달성되는 공익적 중대성은 압도적이라고 할 수 있으므로 이러한 진정소급입법은 위헌이라고 할 수 없다고 판단한 것이다(헌재 2011. 3. 31. 2008헌바141등).

이 헌법재판소의 합헌결정에 대해서는 법정의견을 같이 하지만 그 논거를 달리하는 별개의견이 제시되었는데, 이를 주목할 필요가 있다. 헌법 제13조 제2항의 규정을 보면 소급입법에 의한 재산권 박탈에 대해서 어떠한 예외를 인정하지 않는 절대적 금지명령의 형식을 취하고 있다. 즉 헌법상의 재산권으로 인정되면 예외 없이 헌법상 보장을 받아야 한다고 해석되는 것이 제13조 제2항의 의미라고 할 수 있다. 그러나 이 사건에서 헌법재판소의 판단은 헌법해석의 범위를 벗어나 새로운 헌법적 내용을 창설하는 것으로 볼 수 있는 측면이 있다. 이러한 관점에서 이 사건의 법정의견에 대한 재판관 1인의 별개의견은 설득력이 있다. 별개의견에 의하면 "헌법 제13조 제2항이 천명하고 있는 소급입법에 의한 재산권 박탈금지는 어떠한 예외적 상황도 없이 일률적이고 일의적으로 관철되어야 할 가치임을 의미하는 것이며, 헌법재판소가 이 조항을 해석하면서 특별한 사유가 있는 경우에는 소급입법에 의한 재산권 박탈도 허용될 수 있다고 해석한다면 이는 헌법제정자들이 금지해 둔 내용을 번복하여 새로운 헌법적 내용을 형성해 내는 것"에 다름 아니라고 보고 있다. 소급입법에 의한 재산권 박탈 금지는 어떠한 예외적 상황에서도 관철되어야 하는 가치라는 것이 헌법제정자들의 의지이므로 이 점에서 법정의견에 동조할 수 없다는 것이다. 별개의견은 "반민족행위의 대가로 취득한 친일재산은 우리 헌법 전문의 의미와 헌법 제정사에 비추어 헌법상 재산권으로 보호되지 않는다. 일본제국주의와의 투쟁 및 그 극복의 결과로 탄생한 대한민국 헌법에 규정된 재산권조항으로써 보호될 수 없다"고 하여 친일재산에 대해서는 재산권제한에 관한 헌법상의 원칙을 적용하여 위헌 여부를 판단할 필요가 없다는 것이다. 이 사건 법률의 친일재산의 국가귀속조항은 그 본질적 성격상 대한민국의 국가기초와 법통에 밀접히 관련되는 것이며, 이 사건 법률조항에 대한 위헌성의 심사는 친일재산의 선별과 그 국가귀속의 절차가 합리적이며 공정한가 등을 기준으로 검토하는 것으로 족하다고 판단하고 있다(2008헌바141등 사건에서의 재판관 김종대의 별개의견). 이 별개의견의 논리가 타당하다고 본다.

소급입법금지의 원칙과 관련하여 한 가지 더 언급하자면 이른바 '시혜적 소급입법'의 문제가 있다. 즉 소급입법이라 하더라도 신법에 의하여 법의 적용을 받는 당사자에게 유리한 내용의 소급입법은 허용되는가에 관한 문제이다. 형법 제1조 제2항에 "범죄 후 법률의 변경에 의하여 그 행위가 범죄를 구성하지 아니하거나 형이 구법보다 경한 때에는 신법에 의한다"라고 하여 시혜적 소급입법은 형벌불소급의 원칙에 위반되지 않는 것으로 규정하고 있다. 헌법재판소는 시혜적 소급입법을 입법재량의 문제라고 보고 있다. 즉 "신법이 피적용자에게 유리한 경우에는 시혜적인 소급입법이 가능하지만 이를 입법자의 의무라고는 할 수 없고, 이와 같은 시혜적 조치를 할 것인가 하는 문제는 국민의 권리를 제한하거나 새로운 의무를 부과하는 경우와는 달리 입법자에게 보다 광범위한 입법형성의 자유가 인정된다"고 하였다(헌재 1995. 12. 28. 95헌마196).

연좌제의 금지

제13조 제3항은 연좌제(連坐制) 금지를 규정하고 있다. 이 조항은 1980년 헌법에서 명문화된 것이다. 자신의 행위가 아닌 친족의 행위를 이유로 형사처벌 등 불리한 처우를 받는다는 것은 근대형법의 기본원리인 자기책임의 원칙 내지 책임주의원칙에 위배되는 것이다. 이 연좌제 금지의 규정은 친족의 행위와 본인 간에 실질적으로 의미 있는 아무런 관련성을 인정할 수 없음에도 불구하고 오로지 친족이라는 사유 자체만으로 불이익한 처우를 가하는 경우에만 적용된다. 형벌에 관한 책임주의원칙은 "책임 없는 자에게 형벌을 부과할 수 없다"는 것으로 이는 헌법상 법치국가의 원리에 내재하는 원리인 동시에 헌법 제10조의 취지로부터 도출되는 원리이고, 법인의 경우도 자연인과 마찬가지로 책임주의원칙이 적용된다.

연좌제 금지에 관한 헌법재판소 판례가 있다. 「반국가행위처벌에 관한 특별조치법」(1977. 12. 31. 제정) 규정에 의해 친족의 재산까지도 반국가행위자의 재산이라고 검사가 적시하기만 하면 증거조사 없이 몰수형을 선고하는 것은 연좌형이 될 소지가 크므로 위헌이라고 하였다(헌재 1996. 1. 25. 95헌가5). 반면에 「공직선거법」상 선거관계자 및 후보자의 친족 등이 저지른 일정한 중대선거범죄를 이유로 후보자의 당선을 무효로 하는 것은 전적으로 후보자의 당선을 위하여, 또한 후보자와의 의사연락 하에 이루어진 행위로서 총체적으로는 후보자 자신의 행위와 다를 바 없다고 보아 헌법에서 금지하는 연좌제에 해당하지 아니한다고 판시하였다(헌재 2005. 12. 22. 2005헌마19). 그리고 책임주의원칙에 관한 판례에 의하면, 법인의 종업원인 차량의 운전자가 적재량 재측정을 요구받았음에도 이에 응하지 아니한 경우 법인도 처벌하도록 규정한 구 도로법상 양벌규정은 헌법상 법치국가의 원리 및 죄형법정주의로부터 도출되는 책임주의원칙에 반하여 헌법에 위반된다(헌재 2016. 3. 31. 2016헌가4).

> 제14조
> 모든 국민은 거주·이전의 자유를 가진다.

거주·이전의 자유

거주·이전의 자유란 국가권력의 간섭을 받지 않고 자신이 원하는 곳에 주소 또는 거소를 정하거나, 그 곳으로부터 자유로이 이전하거나 또는 자신의 의사에 반하여 거주지와 체류지를 변경하지 아니할 자유를 말한다. 거주·이전의 자유는 인간존재의 본질적 자유를 의미하며, 개인의 활동영역을 확대시켜 줌으로써 인격형성과 인간적 성장을 돕는다는 점에서 인간의 존엄과 가치를 유지하기 위한 자유이다. 거주·이전의 자유는 신체적 거동과 관계되는 점에서 신체활동의 자유와 관련이 있는데, 거주·이전의 자유는 일상생활의 근거지(주소·거소 등)와의 장소적 관련성이 강한 것이지만 신체활동의 자유는 그러한 장소적 관련성이 약하다는 점에서 구별된다.

대한민국 국민은 대한민국의 영역 안에서 거주지와 체류지를 자유롭게 설정하고 변경할 수 있는 자유를 가진다. 대한민국의 영토는 헌법상 한반도와 그 부속도서로 하고 있으나, 현실적으로 군사분계선 이남에만 국가의 주권이 미칠 뿐이므로 국내에서의 거주·이전의 자유는 북한지역에로의 이전까지를 내용으로 할 수 없다. 북한 주민은 우리 헌법상 대한민국 국민이므로 거주·이전의 자유를 가지며 대한민국의 공권력이 미치는 지역으로 거주장소를 옮길 자유가 있다. 북한 주민이 대한민국에 거주하게 된 경우 거주·이전의 자유를 갖기 때문에 본인의 의사에 반하여 국외로 추방당하는 것은 헌법에 위반된다(대판 1996. 11. 12. 96누1221).

거주·이전의 자유는 국외로 출국할 수 있는 자유 및 이를 전제로 한 해외여행의 자유, 국외이주의 자유, 귀국의 자유 등이 포함된다. 출국의 자유와 관련하여 병역의무자의 출국을 제한하는 것은 국가목적을 위한 정당한 사유가 있는 것으로 거주·이전의 자유를 부당하게 침해하는 것이라 할 수 없다. 해외여행을 하기 위해서는 「여권법」과 「출입국관리법」에 의한 일정한 제한을 받게 되며, 국외이주에 관하여 「해외이주법」은 이주자 보호를 위해 국외이주를 신고사항으로 하고 있다.

거주·이전의 자유가 국적이탈 또는 국적변경의 자유까지 포함하는가가 문제되는데, 다수설은 국적이탈의 자유를 포함하는 것으로 이해한다. 거주·이전의 자유에 국적이탈의 자유가 포함된다면 한국민은 자유로이 한국의 국적을 이탈할 자유가 보장된다. 이에 대해 소수설은 누구나 특정 공동체에 태어난 것은 자신의 자유의지에 의한 것이 아니므로 자신이 살 공동체를 선택할 권리는 본질상 인간의 존엄과 가치 및 행복추구권을 정하고 있는 헌법 제10조에서 도출되는 것이며, 거주·이전의 자유에서 도출되는 것은 아니라고 한다(정종섭, 헌법학원론, 법문사, 2014, 652면).

거주·이전의 자유가 제한되는 경우로는 「감염병예방법」상 국민보건을 위하여 감염병환자를 격리하는 조치 등이 대표적이다(동법 제47조). 거주·이전의 자유 제한에 관한 판례에 의하면 전문약사가 부족한 지역에 한해서 한약업사의 영업을 허용함으로써 한약업사의 영업지를 제한하는 「약사법」 조항(제37조 제2항)은 전문약사가 부족한 지역에서의 국민건강의 유지·향상을 위하여 마련된 것으로 거주·이전의 자유를 침해하는 것은 아니다(헌제 1991. 9. 16. 89헌마231). 지방자치단체장 선거의 입후보의 요건으로 당해 지방자치단체의 관할구역 안에 90일 이상 주민등록이 되어 있어야 한다는 구 「공직선거법」 조항(제16조 제3항)은 거주·이전의 자유를 침해하는 것이 아니다(헌재 1996. 6. 26. 96헌마200). 이 '90일 이상'의 거주조건은 2015년 개정법률에 의해 '60일 이상'으로 변경되었다.

> 제15조
> 모든 국민은 직업선택의 자유를 가진다.

직업선택의 자유는 시장경제질서의 필수적 요소이다

직업선택의 자유는 자신이 원하는 직업을 자유로이 선택하고, 선택한 직업을 자유롭게 수행하는 등 직업에 관한 종합적이고 포괄적인 자유를 말한다. 따라서 헌법상 직업선택의 자유는 '직업의 자유'를 의미하며, 영업의 자유 내지 기업의 자유 등도 직업선택의 자유에 포함된다. 직업선택의 자유는 경제적 생활영역에서 개인의 인격실현의 수단이 되며, 경제적 이익의 취득을 목표로 하는 활동을 보호한다. 직업선택의 자유는 근대적 자본주의 성립의 기초를 형성한 기본권으로서 시장경제질서의 필수적 요소가 된다.

직업선택의 자유에 있어서 직업이란 생활의 기본적 수요를 충족시키기 위해서 행하는 계속적인 소득활동을 의미한다. 직업의 개념에 관한 학설은 직업의 3요소로 생활수단성, 계속성, 공공무해성을 드는 것이 일반적 견해이다. 공공무해성(公共無害性)은 법공동체의 가치관념에 따라 일반적으로 공공에 해롭지 않은 것으로 간주되는 활동을 말한다. 그러나 헌법재판소 판례는 직업이란 "생활의 기본적 수요를 충족시키기 위한 계속적인 소득활동을 의미하며 그러한 내용의 활동인 한 그 종류나 성질을 불문한다"고 하여 공공무해성을 직업의 개념요소로 포함시키지 않는 듯하다(헌재 1992. 5. 13. 92헌마80). 생각건대 직업의 보호영역은 가능한 넓게 이해되어야 하며, 공공에 유해한 직업으로서 직업의 보호대상에서 배제되는가의 문제는 직업의 자유 제한의 정당성 단계에서 충분히 판단될 수도 있다. 한편 직업의 자유는 공동체의 경제생활에 있어 공공의 이익과 밀접한 관련성을 가지기 때문에 국민의 건강과 안전 등을 위한 광범위한 법적 제한을 받게 되며, 특히 성매매업이나 마약밀매 등과 같이 아무리 생활수단적 소득활동이라 하더라도 공공의 이익에 대한 유해성이 큰 직업까지 헌법상 보호를 받는 직업에 포함시키기는 어렵다고 할 것이다. 다만 헌법이 보호하는 직업은 고정적인 것이 아니라 개방적인 개념으로 이해할 필요가 있으며 사회변화에 따라 출현하는 새로운 직업이 직업의 자유에 의하여 신축성 있게 포함될 수 있다고 본다.

직업결정의 자유와 직업행사의 자유의 구분

직업의 자유에는 자신이 원하는 직업 내지 직종을 자유롭게 선택할 수 있는 직업결정의 자유(협의의 직업선택의 자유)와 자기가 선택한 직업을 자기가 원하는 방식으로 자유롭게 행사할 수 있는 직업행사의 자유가 포함된다. 직업결정의 자유에는 전직의 자유, 겸직의 자유, 직업교육장 선택의 자유 등이 포함된다. 직업교육장(직업에 도움이 되는 교육이나 훈련장소) 선택의 자유는 자신이 원하는 직업 내지 직종에 종사하는 데 필요한 전문지식을 습득하기 위한 직업교육장을 임의로 선택할 수 있는 자유를 말한다. 직업교육장을 선택하는 것은 직업교육 후의 직업선택과 불가분의 관계에 있기 때문에 직업교육장 선택의 자유도 직업결정의 자유에 포함되는 것이다.

직업수행 내지 직업행사의 자유는 선택한 직업을 영위하면서 사회적·경제적 생활관계를 형성해 나가는 자유를 말한다. 여기에는 영업의 자유, 경쟁의 자유, 직장선택의 자유가 포함된다. 영업의 자유를 근거로 누구나 자유롭게 경쟁에 참여할 수 있으며, 경쟁의 자유는 다른 기업과의 경쟁에서 국가의 간섭이나 방해를 받지 않고 기업활동을 할 수 있는 자유를 말한다. 직업의 자유는 독립적 형태의 직업활동뿐만 아니라 고용된 형태의 종속적인 직업활동도 포함되는 것이므로 직업선택의 자유는 직장선택의 자유를 포함한다.

직업선택의 자유는 국민의 경제생활 영역에 있어서 광범위하게 제한을 받는 기본권으로 그 제한에는 여러 가지 유형이 있다. 국가의 독점사업(우편사업 등)이나 특허제(전기사업, 도시가스사업 등)를 비롯하여 허가제 또는 등록제(음식업, 학원 등), 자격제(의사, 변호사, 약사 등), 겸직금지(의약분업 등) 등으로 직업의 자유는 제한을 받게 된다. 그 밖에 영업시간과 영업장소·방법 등에 관한 제한이 있다.

직업의 자유 제한에 관한 단계이론

직업의 자유의 제한에 관한 합헌성 판단의 기준으로 헌법재판소는 기본적으로 독일의 '단계이론'(Stufentheorie)에 입각한 법리를 채택하면서 아울러 헌법 제37조 제2항에 의거한 비례의 원칙을 적용하고 있다. 단계이론은 직업의 자유를 직업수행의 자유와 직업결정의 자유로 구분하여, 각 단계별로 직업의 자유 제한의 정도와 한계에 차이를 두어야 한다는 이론이다. 직업의 자유의 제1단계 제한은 직업결정의 자유보다 그 침해가 경미한 직업수행의 자유를 제한하는 것이라고 한다. 예컨대 영업허가의 거부 대신에 영업시간의 제한이나 영업방법의 제한이 이에 해당한다.

직업의 자유의 제2단계 제한은 일정한 주관적 사유, 즉 교육과정이수나 시험합격 등을 이유로 직업결정의 자유를 제한하는 방법이다. 이것은 직업의 성질상 일정한 기술성·전문성 등이 필요한 경우에 허용되는 제한을 말한다. 예컨대 병원 또는 약국을 개설하거나 변호사 업무를 수행하고자 하는 자에게 일정한 자격을 요구하는 것이 이에 해당한다.

직업의 자유의 제3단계 제한은 객관적 사유를 이유로 직업결정의 자유를 제한하는 방법이다. 이 제한은 직업선택의 자유에 대한 결정적인 제한이 되기 때문에, 신중을 기하여 공공의 이익에 대한 명백하고 중대한 위험을 방지하기 위하여 불가피한 경우에만 허용된다. 예컨대 화약류의 제조·판매·운송업 등이 공공에 대한 위험 방지를 위해 제한되는 경우 등이 이에 해당한다.

단계이론은 1958년 6월 독일헌법재판소의 이른바 '약국판결'(BVerfGE 7, 377.)을 통해 확립된 이론이다. 이 판결에서는 약물 과다 복용, 불량 의약품 공급을 방지하고 약국 분포의 적정을 기하기 위하여 거리제한을 약국개설허가의 요건으로 하는 것이 직업선택의 자유를 침해하는 것인가의 여부가 문제되었다. 약국 분포의 적정을 위해 거리제한을 두고 있는 취지는 거리제한을 두지 않을 경우 약국의 수가 증가하고, 약국간의 경쟁 격화로 일부 약국 등의 경영불안정이 발생하면 불량의약품을 공급하거나 의약품 남용을 조장할 위험이 존재하므로 국민건강이 침해된다는 것이었다. 그러나 독일연방헌법재판소는 약국점포의 증가에 의해 주민의 건강이 위험하게 되는 사정은 존재하지 않는다고 판시하였다. 즉 일반적으로 점포신설이 자유롭게 되더라도 약국의 수가 무한하게 증가하지는 않으며, 약국의 수가 증가한다고 해서 법적 의무를 충족할 수 없을 정도로 경영력이 저하되거나 주민의 건강을 해치는 의약품 공급을 야기한다든지 하는 것들은 증명할 수 없다고 하여 위헌결정을 내렸다. 이 판결은 단계이론을 적용하여 제3단계의 제한에 해당하는 객관적 사유에 의한 직업결정의 자유 제한은 중요한 공익에 대한 '명백하고 중대한 위험'을 방지할 필요가 있는 경우에 인정될 수 있으나, 이 사건에서는 그러한 명백하고 중대한 위험을 입증할 수 없다고 판단한 것이다.

우리 헌법재판소의 직업의 자유 제한에 관한 단계이론의 적용을 보면, 제1단계 제한으로 직업행사의 자유는 직업결정의 자유에 비하여 상대적으로 그 침해의 정도가 작다고 할 것이어서, 이에 대하여는 공공복리 등 공익상의 이유로 비교적 넓은 법률상의 규제가 가능하다고 한다. 그렇지만 직업행사의 자유를 제한할 때에도 비례의 원칙에 위배되어서는 안 된다고 판시하고 있다(헌재 1993. 5. 13. 92헌마80; 헌재 2003. 10. 30. 2000헌마563). 즉 헌법재판소는 단계이론을 수용하면서 제1단계의 직업수행의 자유 제한의 경우(예컨대 당구장 경영자에게 18세 미만자 출입금지 표시를 하게 한 규정 등)에도 비례의 원칙을 적용하여 위헌결정을 내린 사례들이 있음을 주목할 필요가 있다.

직업의 자유 침해로 위헌이 되는 경우는?

직업의 자유 제한에 대하여 헌법재판소가 위헌결정을 내린 것은 어떠한 경우인가? 국민의 일상적인 경제생활 속에서 직업의 자유 제한의 위헌 여부가 문제되는 경우는 상당히 많으나, 그 중에서 위헌결정에 관한 주요 판례들을 정리하면 다음과 같다.

형사사건으로 기소된 교원에 대한 필요적 직위해제처분은 과잉금지원칙에 위배하여 직업의 자유를 침해한다(헌재 1994. 7. 29. 93헌가3등). 「학교보건법」상 대학이나 유치원 주변의 학교환경위생정화구역 안에서의 당구장 설치 금지 조항과 대학의 학교정화구역 안에서의 극장시설을 금지하는 것은 직업의 자유를 침해한다(헌재 1997. 3. 27. 94헌마196등; 헌재 2004. 5. 27. 2003헌가1). 그 밖에 성범죄로 형 또는 치료감호를 선고받아 확정된 자에 대하여 형 또는 치료감호의 집행이 종료·면제·유예된 때부터 10년 동안 아동·청소년 관련 기관 등을 개설하거나 위 기관 등에 취업할 수 없도록 한 「아동·청소년의 성보호에 관한 법률」 조항과 아동학대관련범죄로 형이 확정된 때부터 형의 집행이 종료되거나 집행을 받지 아니하기로 확정된 후 10년 동안 체육시설, 초중등교육법 제2조 각호의 학교를 운영하거나 이에 취업 또는 사실상 노무를 제공할 수 없도록 한 「아동복지법」 조항 등도 직업의 자유를 침해하여 위헌이라고 판단하고 있다(헌재 2016. 4. 28. 2015헌마98; 헌재 2018. 6. 28. 2017헌마130).

그러나 헌법재판소는 다음과 같은 직업의 자유 제한에 대하여는 과잉금지원칙에 위배되지 않아 직업의 자유를 침해하지 않는다고 합헌결정을 내리고 있다. 노래연습장에 대한 18세 미만자의 출입금지(헌재 1995. 2. 29. 94헌마13), 유료 직업소개소 허가제(헌재 1996. 10. 31. 93헌바13), 학교정화구역 안에서의 노래연습장 금지(헌재 1999. 7. 22. 98헌마480등), 「방문판매 등에 관한 법률」 조항에 의한 다단계판매행위(피라미드판매)의 금지(헌재 1997. 11. 27. 96헌바12), 백화점의 셔틀버스 운행 금지(헌재 2001. 6. 28. 2001헌마132), 담배자판기 설치 금지의 조례(헌재 1995. 4. 20. 92헌마64), 군법무관 임용시험에 합격한 군법무관들에게 10년간 근무하여야 변호사자격을 유지하게 하는 것(헌재 2007. 5. 31. 2006헌마767), 사립대학 교원이 국회의원으로 당선된 경우 임기개시일 전까지 그 직을 사직하도록 규정한 것(헌재 2015. 4. 30. 2014헌마621) 등은 직업의 자유를 침해하지 않는 것이라고 판단하고 있다.

제16조
모든 국민은 주거의 자유를 침해받지 아니한다. 주거에 대한 압수나 수색을 할 때에는 검사의 신청에 의하여 법관이 발부한 영장을 제시하여야 한다.

사적 생활공간의 보호를 위한 주거의 자유

주거의 자유는 자신의 생활공간인 주거(住居)를 공권력이나 제3자로부터 침해당하지 아니할 권리를 말한다. 이는 개인의 자유로운 인격의 발현을 위하여 기초적 생활공간을 보장해 주는 권리이다. 주거는 국가뿐 아니라 사인에 의해서도 침해될 수 있으므로 국가는 개인의 주거를 사인의 침해로부터 보호해야 할 의무를 진다.

주거의 자유의 보호법익이 사생활이 전개되는 생활공간을 외부의 간섭이나 관찰로부터 차단하고 보호함으로써 인간의 존엄성 실현과 인격의 자유로운 발현을 보장하는 데 있다. 주거의 개념은 매우 광의로 해석되고 있다. 주된 주거공간뿐만 아니라 그에 따른 부속적 공간으로 창고, 차고 등과 정원, 안마당 등도 포함된다. 나아가 사무공간이나 영업공간도 주거에 포함된다. 개인의 직업적 활동도 인격발현의 요소로서 공간적으로 보호를 받을 필요가 있기 때문에 일반인이 출입할 수 있는 식당이나 상점 등도 주거에 포함된다. 그리고 주거의 자유의 주체는 일정한 주거에 거주함으로써 그 장소로부터 사생활상의 편익을 얻는 자이면 소유주가 아니라도 누구나 주거의 자유의 주체가 된다. 직업적 사무공간도 주거에 포함되므로 법인이나 단체도 주거의 자유의 주체가 될 수 있다. 주택에서의 주거의 자유의 주체는 그 소유주가 아니라 현실적으로 거주하고 있는 입주자이다.

주거의 자유와 관련된 판례를 보면, 공공에게 출입이 개방되어 있는 장소도 관리자의 명시적인 출입금지의사에 반하여 무리하게 입장하면 주거침입죄를 구성한다. 대법원 판례에 의하면 일반적으로 대학교의 강의실은 그 대학당국에 의하여 관리되면서 그 관리업무나 강의에 관련되는 사람에 한하여 출입이 허용되는 건조물이지 널리 일반인에게 개방되어 누구나 자유롭게 출입할 수 있는 곳은 아니라고 판단하여 주거침입죄를 인정한 바 있으며, 일반인의 출입이 허용된 음식점이라 하더라도 영업주의 명시적 또는 추정적 의사에 반하여 들어간 것이라면 주거침입죄가 성립한다고 판단하였다(대판 1992. 9. 25. 92도1520; 대판 1997. 3. 28. 95도267). 주거 내에 도청기를 설치하여 대화를 도청하거나 녹음하는 것도 주거의 자유의 침해가 된다.

주거에 대한 압수나 수색에는 정당한 이유가 있고 검사의 신청에 따라 법관이 발부한 영장을 필요로 한다. 정당한 이유란 범죄에 대한 혐의의 존재와 그것을 수사하기 위한 증거물의 발견이나 보전의 필요성이 객관적으로 인정되는 경우를 말한다. 헌법 제16조의 영장주의에는 '적법한 절차'가 명기되어 있지 않으나, 주거의 압수·수색에도 적법절차에 따라야 한다. 현행범인을 체포하거나 피의자를 긴급체포할 때에는 합리적인 범위 안에서 영장 없이 주거에 대한 압수나 수색을 하는 것이 허용된다고 보는 것이 통설이다.

주거의 자유는 헌법 제37조 제2항에 따라 국가안전보장·질서유지·공공복리를 위하여 필요한 경우에 한하여 법률로써 제한할 수 있다. 예컨대 「감염병예방법」상 감염병 예방을 위한 경우(제39조)라든지, 「재난 및 안전관리기본법」상 재난이 발생하였거나 발생할 우려가 있는 경우(제27조), 「형사소송법」상 현장검증의 경우(제119조) 등에는 주거의 자유가 제한될 수 있다.

제17조
모든 국민은 사생활의 비밀과 자유를 침해받지 아니한다.

사생활의 비밀과 자유

제17조는 사생활의 비밀과 자유 보장에 관한 조항이다. 사생활에 관한 권리, 즉 사생활의 비밀과 자유를 침해받지 아니할 권리는 인간 행복의 최소한의 조건으로서 인간의 존엄성 내지 행복추구권과 불가분의 관계에 있다. 사생활의 비밀과 자유를 침해받지 아니할 권리는 헌법상의 명문규정의 유무에 관계없이 인격의 자유로운 발현과 인간의 존엄성을 유지하게 하는 기본권으로 간주되고 있다. 이 권리는 그 본질에 있어서 개인이 '홀로 있게 할 권리'이며, 공중의 주시와 호기심으로부터 도피하려는 인간의 본성을 전제로 한 개념이라는 점에서 반사회적(anti-social) 성격의 개념이라 할 수 있다.

홀로 있게 할 권리

연혁적으로 볼 때 사생활의 비밀과 자유의 불가침에 관하여는 1890년대부터 미국의 헌법이론과 판례에 의해 프라이버시의 권리로서 인정되기 시작하였다. 최초로 프라이버시권이 거론된 것은 대중신문의 개인적 영역에 대한 취재와 선정적 보도 태도로 인한 개인의 사생활 침해의 폐해 때문이었다. 1891년의 연방대법원 판례에 의해 프라이버시권은 '혼자 있게 할 권리'(right to be let alone)로서 헌법에 의해 보장되는 기본권이라고 하였으며, "강제적인 폭로행위는 구타행위보다 한층 더 인간의 존엄성을 침해하는 행위"라고 하였다.

우리나라는 종전에는 학설과 판례를 통해 이 권리를 인정하여 오다가 1980년 헌법(제16조)에 최초로 사생활의 비밀과 자유의 불가침이 명문화되었다. 사생활의 비밀과 자유에는 전통적으로 사생활의 내용을 함부로 공개당하지 아니할 권리와 사생활의 평온함과 자유로운 형성을 침해받지 아니할 권리를 내용으로 하고 있으며, 오늘날의 정보화사회에 있어서는 자신에 관한 정보를 스스로 관리·통제할 수 있는 권리까지를 포함하는 복합적 성질의 기본권으로 이해되고 있다.

현행 헌법은 국민의 사생활영역을 보호하기 위한 기본권으로 제17조의 사생활의 비밀과 자유뿐만 아니라 제16조의 주거의 자유와 제18조의 통신의 자유를 보장하고 있는데, 사생활의 비밀과 자유 및 통신의 자유는 사생활영역의 '내용적 보호'에 관한 것이라면 주거의 자유는 사생활영역의 '공간적 보호'에 관한 기본권이라 할 수 있다.

제17조의 사생활의 비밀을 침해받지 않을 권리란 개인의 사적 영역에 관한 사항을 자신의 의사에 반하여 공개당하지 않을 권리를 말한다. 구체적으로는 사생활과 관련된 개인의 내밀한 사적 영역에 대한 비밀유지와 외부에 대한 공개거부를 내용으로 한다. 성명이나 초상 등 개인의 사생활을 형성하는 인격적 징표를 자신의 의사에 반하여 공개하거나 상업적으로 이용하는 것도 사생활의 비밀을 침해하는 것에 해당한다. 성명권이나 초상권 등은 인격권의 구체적 내용으로서 헌법 제10조의 인간의 존엄과 가치에서 도출되는 기본권이지만 헌법 제17조의 사생활의 비밀의 불가침에 의해서도 보호되는 것이라 할 수 있다.

사생활의 자유의 불가침이란 사생활의 자유로운 형성과 유지를 방해받지 아니할 권리를 말한다. 다시 말하면 사생활의 자유는 사생활의 자율성과 평온함을 침해받지 않을 권리를 의미하는 것으로 구체적으로는 개인이 자기가 원하는 바에 따라 자유로이 사생활을 형성하고 영위할 권리 또는 생활양식을 자율적으로 결정할 권리, 사생활을 감시·도청·도촬당하지 않을 권리 등을 내용으로 한다.

사생활의 비밀·자유와 개인정보자기결정권

제17조의 사생활의 비밀과 자유의 보장은 오늘날의 정보화시대에 있어서 개인정보자기결정권(자기정보 관리통제권) 보장을 포함하는 것으로 해석하는 것이 통설이며 판례의 입장이다. 개인정보자기결정권이란 자신에 관한 정보를 보호받기 위하여 자신에 관한 정보를 자율적으로 결정하고 관리할 수 있는 권리를 말한다. 개인정보자기결정권은 자신에 관한 정보가 언제 누구에게 어느 범위까지 알려지고 또 이용되도록 할 것인지를 그 정보주체가 스스로 결정할 수 있는 권리이다. 즉 정보주체가 개인정보의 공개와 이용에 관하여 스스로 결정할 권리를 말한다. 개인정보자기결정권은 헌법 제17조의 사생활의 비밀과 자유의 일환으로 보장되고 궁극적으로는 헌법 제10조의 인간의 존엄과 가치 및 행복추구권에 근거한 인격의 자유로운 발현을 그 보호법익으로 하는 것이다.

개인정보자기결정권의 내용으로는 자기정보에 관한 열람, 정정, 처리금지 등의 청구권이 있다. 자기정보열람청구권은 공공기관 등의 정보보유기관에 대하여 자신에 관한 정보에 자유롭게 접근하여 그 열람을 청구할 수 있는 권리를 말하며, 자기정보정정청구권은 정보내용이 부정확하거나 불완전한 경우 자신에 관한 정보의 정정·삭제 등을 요구할 수 있는 권리를 말한다. 자기정보처리금지청구권은 정보수집이 자신의 기본권을 과도하게 침해할 경우 또는 정보의 이용목적이 불분명하거나 자의적인 정보수집인 경우 자신에 관한 정보의 수집·분석·처리 등을 배제할 수 있는 권리를 의미한다.

현행 「개인정보 보호법」에 의하면 이 법의 규율을 받는 개인정보처리자는 공공기관뿐만 아니라 법인, 단체 및 개인을 포함하고 있으며(동법 제2조 제5호), 개인정보 보호원칙으로 "개인정보처리자는 개인정보의 처리목적을 명확하게 하여야 하고 그 목적에 필요한 범위에서 최소한의 개인정보만을 적법하고 정당하게 수집하여야 한다"는 것 등을 규정하고 있다(동법 제3조). 정보주체의 권리 보장으로 개인정보의 열람, 개인정보의 정정·삭제, 개인정보의 처리정지 및 개인정보처리자의 법위반행위에 대한 손해배상책임을 규정하고 있으며, 개인정보에 관한 분쟁을 조정하기 위하여 개인정보 분쟁조정위원회를 두고 있다(동법 제40조~제50조).

헌법재판소의 개인정보자기결정권에 관한 판례를 보면, 「주민등록법」상 주민등록번호 변경에 관한 규정을 두지 않은 것은 주민등록번호 불법유출 등을 원인으로 자신의 주민등록번호를 변경하고자 하는 자의 개인정보자기결정권을 침해하여 헌법에 합치되지 아니한다(헌재 2015. 12. 23. 2013헌바68). 또한 통신매체이용음란죄로 유죄판결이 확정된 자는 일률적으로 신상정보 등록대상자가 된다고 규정한 「성폭력범죄의 처벌 등에 관한 특례법」 조항은 개인정보자기결정권을 침해하여 헌법에 위반된다(헌재 2016. 3. 31. 2015헌마688). 그러나 지문날인제도의 위헌 여부에 대해서는, 개인의 고유성·동일성을 나타내는 지문은 그 정보주체를 타인으로부터 식별 가능하게 하는 개인정보이므로 시장·군수 또는 구청장이 개인의 지문정보를 수집하고, 경찰청장이 이를 보관·전산화하여 범죄수사 목적에 이용하는 것은 모두 개인정보자기결정권을 제한하는 것이라 할 수 있으나, 지문날인제도로 인하여 정보주체가 현실적으로 입게 되는 불이익에 비하여 경찰청장이 보관·전산화하고 있는 지문정보를 범죄수사활동, 대형 사건사고나 변사자가 발생한 경우의 신원확인, 타인의 인적 사항 도용 방지 등 각종 신원확인의 목적을 위하여 이용함으로써 달성할 수 있게 되는 공익이 더 크다고 할 것이므로 지문날인제도는 과잉금지원칙에 위배되지 아니한다(헌재 2016. 3. 31. 2015헌마688).

법령의 근거 없이 개인의 정치적 견해에 관한 정보를 수집하는 행위는 위헌이다

최근의 판례로 헌법재판소는 2020. 12. 23. 특정 문화예술인 지원사업 배제행위 등 위헌확인 사건에서 대통령의 지시로 대통령 비서실장 등이 야당 소속 후보를 지지하였거나 정부에 비판적 활동을 한 문화예술인이나 단체를 정부의 문화예술 지원사업에서 배제할 목적으로 개인의 정치적 견해에 관한 정보를 수집·보유·이용하는 행위는 법률유보원칙을 위반하여 개인정보자기결정권을 침해한다고 판시하였다. 이 사건 정보수집 등 행위의 대상인 정치적 견해에 관한 정보는 공개된 정보라 하더라도 개인의 인격주체성을 특정짓는 것으로, 개인정보자기결정권의 보호범위에 속하며, 국가가 개인의 정치적 견해에 관한 정보를 수집·보유·이용하는 행위는 개인정보자기결정권에 대한 중대한 제한이 되므로 이를 위해서는 법령상의 명확한 근거가 필요함에도 그러한 법령상의 근거가 존재하지 않으므로 이 사건 정보수집행위 등은 법률유보의 원칙을 위반하여 개인정보자기결정권을 침해한다고 판단한 것이다(헌재 2020. 12. 23. 2017헌마416).

사생활의 비밀과 자유가 제한되는 경우

사생활의 비밀과 자유도 절대적인 권리가 아니므로 일정한 한계가 있으며, 헌법 제37조 제2항에 의거하여 국가안전보장·질서유지 또는 공공복리를 위하여 필요한 경우에는 법률로써 제한할 수 있다. 그 예로서 「청소년의 성보호에 관한 법률」은 청소년을 보호하고자 하는 취지에서 청소년을 대상으로 한 성범죄자의 성명, 연령, 생년월일, 직업, 주소 등과 범죄사실을 공개하도록 하고 있다. 이러한 성범죄자의 신상공개는 공익목적을 위한 것으로 그 공개에 의한 사생활의 비밀과 자유의 제한은 정당화될 수 있다. 청소년 성매수자의 일반적 인격권과 사생활의 비밀의 자유가 제한되는 정도가 청소년 성보호라는 공익적 요청에 비해 크다고 할 수 없기 때문이다(헌재 2003. 6. 26. 2002헌가14). 또한 「특정범죄자에 대한 위치추적 전자장치 부착 등에 관한 법률」은 성폭력범죄를 2회 이상 범하여 그 습벽이 인정된 때에 해당하고 성폭력범죄를 다시 범할 위험성이 인정되는 자에 대해 검사의 청구와 법원의 판결로 3년 이상 20년 이하의 기간 동안 전자장치 부착을 명할 수 있도록 규정하고 있다. 이 조항은 피부착자의 사생활의 비밀과 자유, 개인정보자기결정권, 인격권을 제한하게 되지만 헌법재판소는 목적의 정당성과 방법의 적절성, 침해의 최소성, 법익의 균형성에 비추어 과잉금지원칙에 위배되지 않는다고 판시하였다(헌재 2012. 12. 27. 2011헌바89). 헌법재판소는 어린이집에 CCTV를 원칙적으로 설치하도록 정한 것은 과잉금지원칙에 위반하여 어린이집 보육교사의 사생활의 비밀과 자유를 침해하지 않는다고 판단하고 있다(헌재 2017. 12. 28. 2015헌마994).

사생활의 비밀·자유와 언론의 자유와의 충돌 문제

사생활의 비밀과 자유의 보장과 제한에 있어서는 언론의 자유와의 충돌을 어떻게 해결할 것인가가 문제된다.

사생활의 비밀·자유는 언론기관의 보도나 기사 등에 의해 침해되는 경우가 있으므로 사생활의 비밀·자유와 표현의 자유라는 대립하는 두 법익이 충돌하는 경우의 조화적 해결방법이 문제된다. 이에 관하여는 미국의 판례이론으로 '공공의 이익' 이론과 '공적인물' 이론 등이 있으며, 독일의 판례와 학설에 의해 확립된 '인격영역' 이론이 있다. 공공의 이익(public interest) 이론은 국민의 알 권리의 대상이 되는 사항은 국민에게 알리는 것이 공공의 이익이 된다는 이론이다. 즉 프라이버시의 권리는 공공의 이익이 되는 사항의 공개를 방해할 수 없다는 이론이다. 따라서 보도적 가치나 교육적·계몽적 가치가 있는 사실을 국민에게 알리는 것은 개인의 사생활의 비밀과 자유에 우선하기 때문에 그 공개는 침해행위가 될 수 없다는 것이다. 그러나 여기서 보도적 가치와 교육적 가치 등은 그 공공의 이익의 비중이 동일하지 아니하며 프라이버시 권리와의 충돌에 있어서도 차별적으로 비교형량될 수 있다.

공적 인물(public figure) 이론은 사생활의 비밀과 자유가 침해되었다고 주장하는 자의 사회적 지위에 따라 사생활의 비밀과 자유의 한계가 결정되어야 한다는 것을 말한다. 즉 공적 인물은 그 사생활이 공개되더라도 일반인에 비하여 수인해야 할 경우가 많다는 이론이다. 공적 인물이란 그 재능·명성·생활양식 때문에 또는 일반인이 그 행위·인격에 관하여 관심을 가지는 직업 때문에 공적 인사가 된 사람을 말한다. 이 공적 인물 이론에 대해서는 비판론도 제기되는데, 프라이버시의 권리에 우월한 공적 가치의 인정은 공적 인물이냐 사적 인물이냐에 있는 것이 아니라, 그것이 공익적 사항인가 아닌가의 문제이며 공인이라 할지라도 공적 생활 밖에서는 프라이버시의 권리를 갖는다는 것이다. 공적 인물 이론에 관한 미국의 판례를 소개하면, 1940년 'New Yorker'라는 잡지가 한 때 세상을 놀라게 했던 잊혀진 천재의 과거를 들추어 정신적 고통을 가한 사건에서 법원은 원고가 과거에 있어서의 공적 인물이라는 이유로 잡지사에 대한 손해배상청구를 기각하였다. 이 판결은 공적 인물 이론에 입각하여 언론사의 표현의 자유에 편을 들고 있으나 당시 20년 전의 유명인에 대하여 공적 인물의 이론을 그대로 적용하여 프라이버시의 침해를 인정하지 않은 것은 원고에게 가혹한 판결이라는 비판이 있었다.

독일의 인격영역이론은 개인의 생활영역을 가장 내밀하고 폐쇄적인 영역에서 가장 공개적인 영역에 이르기까지 단계적으로 분류하여 내밀영역, 비밀영역, 사적 영역, 사회적 영역, 공개적 영역으로 나누고 사생활의 비밀이 어떠한 영역에 속하는 사항인가에 따라 공개가 인정될 수 있는지의 여부가 결정된다는 이론이다. 내밀영역(Intimsphäre)은 인간의 자유의 최종적이고 불가침적인 영역으로 개인의 종교적·세계관적 확신이나 감정뿐만 아니라 개인의 간절한 원망, 두려움 등 극단적인 내심의 비밀과 성적 영역이 포함된다. 내밀영역에 대한 보호는 절대적인 것으로 공적인 인물을 포함하여 모든 인간에게 적용되며 이 영역에 대한 무단 공개와 폭로는 위법이 된다. 비밀영역(Geheimsphäre)은 사회통념상 이성적인 평가를 할 경우 공공에게 노출되어서는 안 될 인간의 생활영역을 의미하며, 언론은 본인의 동의 없이 이 영역에 관한 사항을 임의로 보도할 수 없다.

> 제18조
> 모든 국민은 통신의 비밀을 침해받지 아니한다.

통신의 자유

제18조는 통신의 자유 보장에 관한 조항이다. 통신의 자유란 자유로운 통신의 보장과 통신의 비밀의 불가침을 내용으로 한다. 통신비밀의 불가침은 개인이 그 의사나 정보를 우편물이나 전기통신 등의 수단에 의하여 전달 또는 교환하는 경우에 그 내용 등이 본인의 의사에 반하여 공개되지 아니할 자유를 말한다. 통신의 자유의 보호법익은 인격권을 내실로 하는 사생활의 비밀에 있으며 여기에다 통신을 통한 표현행위의 자유를 포함한다. 즉 통신의 비밀의 보장은 사생활의 비밀을 통신의 측면에서 보장하는 것이며, 아울러 통신을 통한 표현행위의 대내적 대화과정을 보호하는 것으로, 이는 양심의 자유와 사상의 자유와도 관련이 있다.

통신의 비밀의 불가침은 공간적으로 서로 떨어져 있는 사람들 사이의 우편·전화·전신·팩스·전자우편·인터넷 등 체신기관과 컴퓨터기기에 의하여 다루어지는 의사전달 내용의 열람 금지, 청취·녹음 금지, 누설 금지, 공개 금지 등을 내용으로 한다. 봉합된 우편물의 경우 그것을 개봉하거나 다른 방법으로 그 내용을 인지하는 것이 금지되고, 봉합하지 않은 엽서, 전보에 관해서는 그 문면의 내용뿐만 아니라 발신인과 수신인의 성명, 거소 등을 제3자에게 누설하는 것이 금지된다. 통신의 비밀에 의하여 보호되는 대상은 통신의 내용에 국한되지 않고, 수신인과 발신인의 성명·주소, 수신지와 발신지, 수신과 발신의 연월일, 통신의 수량·횟수 등 통신에 관한 정보 일체가 포함된다.

통신의 자유 제한과 관련하여 헌법재판소는 육군 신병훈련소에서 교육훈련을 받는 동안 전화사용을 통제하는 것에 대하여 신병들을 군인으로 육성하고 교육훈련과 병영생활에 조속히 적응시키기 위하여 신병교육기간에 한하여 신병의 외부 통화를 통제하는 것은 과잉금지의 원칙에 위배되지 않는다고 판시하였다(헌재 2010. 10. 28. 2007헌마890).

통신비밀보호법에 의한 통신의 자유의 보장과 제한

「통신비밀보호법」 제3조 제1항에 의하면, "누구든지 이 법과 형사소송법 또는 군사법원법의 규정에 의하지 아니하고는 우편물의 검열·전기통신의 감청 또는 통신사실확인자료의 제공을 하거나 공개되지 아니한 타인간의 대화를 녹음 또는 청취하지 못한다"고 규정하고 있다. 동조 제2항은 "우편물의 검열 또는 전기통신의 감청은 범죄수사 또는 국가안전보장을 위하여 보충적인 수단으로 이용되어야 하며, 국민의 통신비밀에 대한 침해가 최소한에 그치도록 노력하여야 한다"고 규정하고 있다. 또한 동법 제4조에 의해 불법검열에 의해 취득한 우편물이나 그 내용 및 불법감청에 의해 지득 또는 채록된 전기통신의 내용은 재판 또는 징계절차에서 증거로 사용할 수 없다. 「통신비밀보호법」의 벌칙조항에 의하면, 제3조의 규정에 위반하여 우편물의 검열 또는 전기통신의 감청을 하거나 공개되지 아니한 타인간의 대화를 녹음 또는 청취하는 자는 1년 이상 10년 이하의 징역과 5년 이하의 자격정지에 처하게 된다(동법 제16조 제1항).

당사자의 동의 없이 전기통신의 내용을 감청하는 것은 사생활의 비밀과 자유는 물론이고 통신의 불가침성을 침해하는 행위로 위헌이지만, 예외적으로 감청 등 통신제한조치가 허용될 수 있다. 「통신비밀보호법」은 범죄수사의 경우와 국가안보를 위한 경우 감청 등을 허용하고 있다. 즉 전기통신 등이 범죄목적에 이용되는 것이 확실한 경우나 다른 방법으로 범죄의 저지나 범인의 체포 또는 증거의 수집이 어려운 경우에 감청의 종류·목적·대상·범위·기간 등을 기재한 서면으로써 검사가 법원에 청구하고 이에 관하여 법원으로부터 허가서를 발부받은 경우에는 합법적인 감청이 허용된다(제5조, 제6조). 또한 국가안전보장에 상당한 위협이 예상되는 경우에 한하여 내국인과 외국인에 대하여 감청 등 통신제한조치를 할 수 있다(동법 제7조).

헌법재판소 판례에 의하면 미결수용자와 변호인이 아닌 자 사이의 서신검열은 그 필요성이 인정되므로 합헌이라고 하였으나, 미결수용자와 변호인의 서신에 대한 검열행위는 미결수용자의 통신의 비밀을 침해받지 않을 권리와 변호인의 조력을 받을 권리를 침해하는 것이라고 하였다. 다만 미결수용자와 변호인 사이의 서신으로서 그 비밀을 보장받기 위해서는, 첫째, 교도소측에서 상대방이 변호인이라는 사실을 확인할 수 있어야 하고, 둘째, 서신을 통하여 마약 등 소지금지품의 반입을 도모한다든가 그 내용에 도주·증거인멸·수용시설의 규율과 질서의 파괴·기타 형벌법령에 저촉되는 내용이 기재되어 있다고 의심할 만한 합리적인 이유가 있는 경우가 아니어야 한다고 판시하였다(헌재 1995.

7. 21. 92헌마144). 그리고 수용자가 밖으로 내보내는 모든 서신을 봉합하지 않은 상태로 교정시설에 제출하도록 규정하고 있는 「형의 집행 및 수용자의 처우에 관한 법률 시행령」 조항은 과잉금지의 원칙에 위배되어 수용자의 통신비밀의 자유를 침해한다고 하였다(헌재 2012. 2. 23. 2009헌마333).

수사를 위한 통신사실 확인자료 요청은 위헌인가?

「통신비밀보호법」상 통신의 자유 제한과 관련하여 수사기관이 수사를 위하여 필요한 경우 통신사실확인자료의 열람이나 제출을 요청하는 것이 위헌이 아닌가의 문제가 있다. 헌법재판소는 2018년 6월 '기지국수사 사건'에서 「통신비밀보호법」 제13조 제1항의 "검사 또는 사법경찰관은 수사를 위하여 필요한 경우 전기통신사업법에 의한 전기통신사업자에게 통신사실 확인자료의 열람이나 제출을 요청할 수 있다"고 규정한 부분은 청구인의 통신의 자유, 개인정보자기결정권을 침해하는 것으로 헌법에 합치하지 아니한다고 결정하였다. 이 사건에서 헌법재판소는 가입자의 전기통신일시, 전기통신개시·종료시간, 착발신 통신번호 등 상대방의 가입자번호 등에 관한 통신사실 확인자료를 법원의 허가를 거쳐 요청하는 조항은 입법목적의 정당성과 수단의 적정성이 인정된다고 하였으나, '수사의 필요성'만을 그 요건으로 하고 있어 제대로 된 통제가 이루어지기 어려운 현실인 점, 기지국수사의 허용과 관련해서는 유괴·납치·성폭력범죄 등 강력범죄나 국가안보를 위협하는 각종 범죄와 같이 피의자나 피해자의 통신사실 확인자료가 반드시 필요한 범죄로 그 대상을 한정하는 방법 등을 검토함으로써 수사에 지장을 초래하지 않으면서도 불특정 다수의 기본권을 덜 침해하는 수단이 존재하는 점을 고려할 때 이 요청조항은 침해의 최소성과 법익의 균형성이 인정되지 않는다고 판단하였다(헌재 2012. 2. 23. 2009헌마333).

또한 헌법재판소는 '위치정보추적자료 사건'에서 수사를 위하여 필요한 경우 「통신비밀보호법」 제2조 제11호 바목 등의 위치정보 추적자료를 요청할 수 있다는 규정에 대해서도 범죄의 의혹만으로도 특정 시간대, 특정 기지국에서 발신된 불특정 다수의 통신사실 확인자료를 제공받는 수사방식을 허용하여 정보주체의 기본권을 과도하게 제한하는 것으로서 개인정보자기결정권과 통신의 자유를 침해하는 것이라고 헌법불합치결정을 선고하였다(헌재 2018. 6. 28. 2012헌마191).

제19조
모든 국민은 양심의 자유를 가진다.

양심의 자유는 최상급의 정신적 자유권이다

양심의 자유는 정신적 자유권 중에서 가장 기본적이며 최상급의 자유권을 의미한다. 양심의 자유는 자연법상의 권리로서 그것이 인간의 내심의 영역에 머무는 한 절대적 자유권으로 보장된다. 양심의 자유는 인간의 존엄성 유지와 개인의 자유로운 인격발현을 최고의 가치로 삼는 우리 헌법상의 기본권체계 내에서 개인적 인격의 정체성과 동질성을 유지하는 데 중요한 기능을 한다. 헌법재판소 판례에 의하면 "양심의 자유는 인간의 존엄성과 불가분의 관계에 있고, 가치상대주의와 세계관적 중립성을 토대로 공동체 내에서 다양한 의사가 자유롭게 형성되고 나누어지는 것을 가능하게 하므로 민주주의를 구현하기 위한 전제가 되며, 이것이 없이는 학문·예술의 자유, 정치활동의 자유 등이 실질적으로 보장되기 어렵다"고 보고 있다(헌재 2004. 8. 26. 2002헌가1).

헌법 제19조의 양심은 '인간의 양심'을 의미하므로 국회의원 또는 법관의 '직업적 양심'과 구별된다. 헌법 제46조 제2항은 "국회의원은 국가이익을 우선하여 양심에 따라 직무를 행한다"고 규정하고, 제103조에는 "법관은 헌법과 법률에 의하여 그 양심에 따라 독립하여 심판한다"고 하여 주관적인 인간의 양심과 구별되는 국회의원과 법관의 객관적인 직무상 양심을 강조하고 있다.

우리나라 헌법상 양심의 자유 보장을 보면 건국헌법에서는 "모든 국민은 신앙과 양심의 자유를 가진다"(제12조)라고 하여 신앙과 양심을 통합하여 규정하였으나 1962년 헌법에서부터 양심의 자유와 종교의 자유를 구분하여 보장하였으며, 현행 헌법은 양심의 자유를 제19조에, 종교의 자유를 제20조에서 보장하고 있다. 이러한 규범구조의 의미는 세속의 세계관적·윤리적 신념에 관하여는 양심의 자유에서 보장하고, 창조주나 초월자에 관한 신앙은 종교의 자유에서 보장하는 것이라고 할 수 있다.

양심이란 무엇인가?

양심의 자유에 있어서 양심(良心)이란 무엇인가? 양심의 개념을 일의적으로 정의하기는 어렵지만 대체로 인간의 내심에 있어서의 도덕적 의무의 자각이나 도덕적·윤리적 판단을 의미하며 여기에다 개인의 세계관·인생관과 같은 일반적 신조(信條)를 포함하는 개념으로 이해할 수 있다. 헌법재판소도 양심의 개념을 인간의 인격형성에 관계되는 내심에 있어서의 가치적·윤리적 판단으로 이해하여, "헌법이 보호하려는 양심은 어떤 일이 옳고 그름을 판단함에 있어서 그렇게 행동하지 아니하고는 자신의 인격적인 존재가치가 허물어지고 말 것이라는 강력하고 진지한 마음의 소리"라고 판시하고 있다(헌재 1997. 3. 27. 96헌가11).

양심의 자유에 의해 보장되는 양심은 민주적 다수의 사고나 가치관과 일치하는 것이 아니라, 개인적 현상으로서 지극히 '주관적'인 것이다.

양심상의 결정이 이성적이고 합리적인 것인가 또는 법질서나 사회규범·도덕률과 일치하는가 하는 관점은 양심의 존재를 판단하는 기준이 될 수 없다. 양심의 자유에서 현실적으로 문제가 되는 것은 사회적 다수의 양심이 아니라, 국가의 법질서나 사회의 도덕률에서 벗어나려는 소수의 양심이다. 따라서 양심상의 결정이 어떠한 종교관·세계관 또는 그 외의 가치체계에 기초하고 있는가와 관계없이, 모든 내용의 양심상의 결정이 양심의 자유에 의하여 보장된다.

양심과 구별되는 개념으로 신앙과 사상의 개념을 정리할 필요가 있다. 양심이 윤리적 확신 내지 가치판단을 의미한다면, 신앙은 형이상학적 사유체계로서 종교적 확신이라는 점에서 양심과 신앙은 구별된다. 그리고 사상은 논리적 차원의 사고라는 점에서 양심보다 넓은 개념이라 할 수 있다. 그러나 양심과 사상은 내심에 있어서의 자유로운 정신작용을 보장하는 것을 목적으로 하고 사상도 어떠한 가치관을 기초로 하는 체계적인 사고 또는 신념을 의미한다는 점에서 사상은 양심과 불가분의 관계에 있다. 현행 헌법은 사상의 자유를 따로 규정하고 있지 않지만, 헌법 제19조의 양심의 자유를 도덕적·윤리적 판단뿐만 아니라 일련의 가치관 또는 신조까지 포함하는 것으로 해석할 때 이는 '사상의 자유'의 헌법적 근거조항으로 이해하게 된다.

양심형성의 자유와 양심실현의 자유의 구분

양심의 자유에는 양심형성의 자유와 양심실현의 자유가 포함되는데, 양심형성 또는 양심결정의 자유란 외부로부터의 어떠한 간섭이나 압력을 받지 않고 자신의 도덕적 판단에 따라 양심을 형성하고 양심상의 결정을 내리는 자유를 말한다. 양심상의 결정은 내심의 작용으로서 어떠한 경우에도 제한할 수 없는 절대적 자유이다. 양심결정의 자유를 실질적으로 보장하기 위해서는 양심결정과정에 국가권력이나 타인이 관여하거나 일정한 양심결정을 하도록 강제하여서는 안 된다.

양심실현의 자유에는 소극적 양심실현의 자유와 적극적 양심실현의 자유로 구분하여 생각해 볼 수 있다. 소극적 양심실현의 자유는 인간의 내면세계에서 결정되거나 형성된 양심을 언어 등으로 외부에 표명하도록 강제받지 아니하는 자유(침묵의 자유)와 양심에 반하는 행위의 강제 금지를 내용으로 한다. 적극적 양심실현의 자유는 적극적 양심표명의 자유와 작위에 의한 양심실현의 자유를 포함한다.

소극적 양심표명의 자유로서 침묵의 자유는 헌법 제12조 제2항의 불리진술거부권과 구별된다. 불리진술거부권은 사법절차에 있어 인신의 자유를 보장하기 위한 것으로 양심의 자유의 보장과는 관련이 없다. 침묵의 자유는 적극적인 의사표명이나 행동에 의한 양심실현의 자유가 아니므로 헌법질서에 위배되거나 타인의 권리를 침해할 가능성이 희박한 것이어서 최대한 보호되어야 하며, 그 제한도 극히 예외적인 경우에만 허용되어야 할 것이다. 이와 관련하여 '증언거부'가 문제될 수 있는데, 증언거부는 사실의 존부에 관한 것이므로 양심의 자유 문제와는 거리가 먼 것이지만, 증언거부가 개인의 양심을 이유로 하는 경우에는 양심의 자유 보장의 관점에서 판단하여야 할 것이다.

양심실현의 자유, 즉 소극적 또는 적극적 양심표명의 자유와 작위 또는 부작위에 의한 양심실현의 자유는 법률로써 제한될 수 있는 상대적 자유를 의미한다. 그리고 적극적 양심표명의 자유는 표현의 자유와 중첩되며, 작위 또는 부작위에 의한 양심실현의 자유는 일반적 행동의 자유와 중첩된다. 여기서 적극적 양심표명의 자유는 표현의 자유와의 관계가 문제되는데, 양자는 특별법과 일반법의 관계에 있다고 보아야 할 것이다. 왜냐하면 일반적 의사표현의 내용 중에서 개인의 양심에 기초한 윤리적 판단이나 신조에 관한 표현은 그 밖의 의사표현보다 강한 보호를 받아야 하는 것이 양심의 자유 보장의 헌법적 의의에 부합되기 때문이다. 마찬가지로 작위 또는 부작위의 양심실현의 자유도 일반적 행동의 자유에 비해 보다 강한 보호를 받게 된다고 할 수 있다.

상대적 자유로서 양심실현의 자유의 보장과 그 제한과 관련하여 양심적 병역거부자 처벌 문제를 비롯하여 사죄광고, 준법서약 및 충성선서 등의 문제가 있다.

양심적 병역거부자 처벌은 위헌인가?

양심의 자유 중에서 양심에 반하는 행동을 강요당하지 않을 자유와 관련하여 양심적 병역거부와 대체복무제의 문제가 우리 사회에서 뜨거운 논쟁점이 되어 왔다. 양심적 병역거부의 인정 여부는 종교적·윤리적 확신에 따라 집총이나 전투에 종사하는 것을 반대하는 자에게 병역을 강제하는 것이 종교와 양심의 자유를 침해하는 것이 아닌가의 문제이다. 미국이나 독일 등은 헌법과 법률에 의하여 양심적 집총거부자에 대해 병역을 면제해 주는 제도가 있으나, 우리나라는 헌법상 양심적 병역거부를 인정하는 규정이 없으며, 헌법상 국방의 의무와 「병역법」상 입영기피자의 처벌규정에 의해 형사처벌을 면할 수 없게 된다. 헌법재판소는 2004년과 2011년 두 차례에 걸쳐 양심적 병역거부자를 처벌하는 「병역법」 조항에 대하여, 그것은 양심의 자유를 침해하는 것이 아니라고 하여 합헌결정을 선고해 왔다(헌재 2004. 8. 26. 2002헌가1; 헌재 2011. 8. 30. 2008헌가22).

그러나 헌법재판소는 2018년 6월 28일 양심적 병역거부 사건에서 병역의 종류에 양심적 병역거부자에 대한 대체복무제를 규정하지 아니한 「병역법」 제5조 제1항은 과잉금지의 원칙에 위반하여 양심의 자유를 침해한다고 판시하고, 2019. 12. 31.을 시한으로 입법자가 개정할 때까지 계속 적용된다는 헌법불합치결정을 선고하였다(헌재 2018. 6. 28. 2011헌바379). 이 사건의 결정요지는 다음과 같다.

"양심적 병역거부자들은 병역의무를 단순히 거부하는 것이 아니라 자신의 양심을 지키면서도 국민으로서의 국방의 의무를 다할 수 있도록 집총 등 군사훈련을 수반하는 병역의무를 대신하는 제도를 마련해 달라고 국가에 호소하고 있다. 따라서 이들의 병역거부를 군복무의 고역을 피하기 위한 핑계라거나 국가공동체에 대한 기본의무는 이행하지 않으면서 국가의 보호만을 바라는 무임승차라고 볼 수는 없다. 즉, 양심적 병역거부자들은 단순히 군복무의 위험과 어려움 때문에 병역의무 이행을 회피하고자 하는 다른 병역기피자들과는 구별된다고 보아야 한다. 양심적 병역거부자들은 현재의 대법원 판례에 따를 때 이 사건 법률조항에 의해 형사처벌을 받게 되고 이후에도 공무원이 될 기회를 가질 수 없게 되는 등 여러 부가적 불이익마저 받게 된다. 그럼에도 불구하고 국가는 양심적 병역거부자들의 절박한 상황과 대안의 가능성을 외면하고 양심을 지키려는 국민에 대해 그 양심의 포기 아니면 교도소에의 수용이라는 양자택일을 강요하여 왔을 뿐이다. 국가에게 병역의무의 면제라는 특혜와 형사처벌이라는 두 개의 선택지밖에 없다면 모르되, 국방의 의무와 양심의 자유를 조화시킬 수 있는 제3의 길이 있다면 국가는 그 길을 진지하게 모색하여야 할 것이다."

사죄광고·준법서약 등의 문제

양심적 병역거부 문제 외에도 사죄광고와 준법서약 등이 소극적 양심실현의 자유와 관련하여 문제될 수 있다. 언론에 의해 타인의 명예를 훼손한 경우 손해배상과 함께 사죄광고를 명하는 판결의 위헌 여부가 문제되는데, 양심상 승복할 수 없다고 하는 경우에 사죄광고를 명하는 판결을 강제집행하는 것은 양심의 자유를 침해하는 것이라고 보는 견해가 통설이다. 헌법재판소도 사죄광고의 강제는 양심표명의 강제인 동시에 인간의 존엄과 가치 및 그를 바탕으로 하는 인격권을 침해하는 것이므로, 「민법」 제764조의 '명예회복에 적당한 처분'에 사죄광고를 포함시키는 것은 위헌이라고 판단하였다(헌재 1991. 4. 1. 89헌마160).

준법서약의 경우 「국가보안법」 등 위반의 수형자에게 가석방의 조건으로 헌법과 국법질서를 준수하겠다는 서약을 요구하는 것은 국민이 일반적으로 부담하는 단순한 헌법적 의무의 확인·서약에 불과한 것이며 새로운 법적 의무를 부과하는 것이 아니므로 수형자의 양심의 자유를 침해하는 것이 아니라고 할 수 있다. 헌법재판소도 준법서약은 국민이 부담하는 일반적 의무를 장래에 향하여 확인하는 것에 불과하므로 양심의 영역을 건드리는 것이 아니라고 판시하였다. 그러나 이 사건에서 재판관 2인의 반대의견은 준법서약제도는 양심의 자유를 침해하는 것이라고 하여 위헌의견을 제시하였다(헌재 2002. 4. 25. 98헌마425등).

그 밖에 소극적 양심실현의 자유 제한과 관련하여 충성선서가 문제될 수 있다. 충성선서(loyalty oath)는 공직자의 임용요건으로서 헌법이나 국가에 대한 충성을 선서하게 하는 것을 말한다. 충성선서에 관한 미국 연방대법원 판례를 보면 주(州)정부의 공직취임에 있어서 연방헌법과 주헌법에 대한 충성선서는 위헌이 아니라고 판단한 바 있다. 그러나 충성선서의 내용이 특정의 정치적 신념에 관계되는 경우, 예컨대 공산당원이 아니라는 선서가 문제된다. 연방대법원은 1967년 '케이시언대 뉴욕주립대학 이사회 사건'에서 주립대학 교원의 채용에 공산당원이 아니라는 서약을 요구하는 것은 사상과 학문의 자유를 침해하는 것이라고 판단하였으며, 이 충성선서의 근거가 된 뉴욕주 교육법 및 공무원법의 조항에 대해 공산당의 불법적 목표를 수행하려는 구체적 의도가 없이 단순히 공산당 당적을 유지하려는 것까지 공개적으로 금지하려는 것은 위헌이라고 판결하였다(Keyshian v. Board of Regents of the State University of New York(1967)).

적극적 양심표명의 자유 제한

개인의 도덕적·종교적 판단이나 신조 등 양심상의 결정을 외부에 표명하는 행위는 적극적 양심표명의 자유로서 헌법 제19조에 의해 보장되는 양심의 자유에 포함되는 것이다. 다만 적극적 양심표명과 양심실현의 자유는 양심형성의 자유와 같이 인간의 내면세계에의 개입을 허용하지 않는 절대적 기본권이 아니라, 그것은 상대적 자유로서 헌법상 표현의 자유와 연계된다. 즉 양심이 외부로 표현되는 순간 양심의 자유와 표현의 자유가 상호 중첩될 수밖에 없으며, 그 시점에 양심의 자유는 바로 절대적 기본권으로서의 성격을 상실하게 된다. 따라서 적극적 양심표명의 자유는 상대적 기본권으로서 헌법질서의 유지나 타인의 권리를 위하여 일정한 제한을 받게 된다.

그렇지만 양심의 자유의 실질적 보장을 위해서는 소극적 양심실현의 자유뿐만 아니라 적극적 양심실현의 자유 보장도 요구되는 것이기 때문에 여기서 적극적 양심표명과 실현의 자유는 일반적 표현의 자유의 영역과 중첩된다고 하더라도 양자는 특별법과 일반법의 관계에 있으므로 일반적 표현의 자유보다는 강한 보장을 받도록 하는 것이 필요하다. 그러한 맥락에서 볼 때 개인의 양심적 판단에 기초하여 행해진 양심실현행위가 범죄행위를 구성하게 되는 경우 그러한 행위는 양심의 자유로 허용될 수 없는 것으로 그 범죄행위는 위법성과 책임성이 조각되지 않는 것이지만, 양심적 판단에 따라 확신을 가지고 범죄행위를 행한 확신범의 경우에는 형사처벌이 불가피하다고 하더라도 그 양심범의 특성상 국가는 최대한의 관용을 베풀어야 하는 것이 요구될 수 있다.

제20조

① 모든 국민은 종교의 자유를 가진다.

② 국교는 인정되지 아니하며, 종교와 정치는 분리된다.

종교의 자유

제20조는 종교의 자유와 국교부인·정교분리의 원칙을 규정하고 있다. 제20조 제1항의 종교의 자유란 자신이 선호하는 종교를 자신이 원하는 방법으로 신봉하는 자유를 말한다. 종교의 자유는 개인의 내심의 작용인 신앙의 자유를 핵심으로 하면서, 종교적 행사, 종교적 집회·결사, 선교활동 등의 자유도 포함되며, 나아가 무신앙의 자유와 같은 소극적 자유까지도 그 내용으로 한다. 종교는 신(神)이나 절대자 등 초월적 존재를 믿고 귀의함으로써 마음의 평안과 행복을 얻고자 하는 정신문화의 한 체계라고 정의할 수 있다. 즉 종교란 인간의 형이상학적 신앙을 내용으로 하며, 신앙을 내용으로 하는 종교가 되기 위해서는 신과 피안(彼岸)에 대한 내적 확신을 필요로 한다. 그러므로 아무리 내적 확신에서 나온 것이라 하더라도 신과 피안에 대한 관련성이 없다면 그것은 하나의 사상에 불과하고 종교라 할 수 없다(권영성, 앞의 책, 490면). 그러나 이러한 종교의 개념에 관한 내용적 접근은 신앙의 내용의 여부에 관한 국가의 개입을 허용하는 것이 되고 기성 종교의 관점에서 종교의 개념을 너무 좁게 한정하게 된다는 문제가 제기될 수 있다. 이 점에서 신흥종교라 하더라도 신을 믿는 것과 같은 정도의 진지한 믿음이 있다면 이를 종교로 인정해야 한다는 견해도 있다(양건, 헌법강의, 법문사, 2009, 414면).

종교의 자유 보장의 연혁을 보면 중세 서구에서의 신성로마황제와 교황 간의 성직임명권을 둘러싼 분쟁이 종결되는 과정을 계기로 하여 국가와 교회의 분리가 이루어지기 시작하였으며, 16세기 이후 종교개혁 과정의 투쟁을 통해 종교의 자유가 비로소 보장될 수 있었다. 1776년 미국의 버지니아인권선언에 신앙과 양심의 자유를 규정하였으며, 1791년 미국연방헌법의 권리장전 제1조에 신앙의 자유를 언론·출판의 자유, 집회의 자유 등과 함께 명문화하였다. 전후의 독일 기본법은 "신앙과 양심의 자유 그리고 종교적·세계관적 신념고백의 자유는 불가침이다"(제4조 제1항)라고 규정하고 있다.

종교의 자유는 모든 국민뿐만 아니라 외국인도 그 향유의 주체가 된다. 종교의 자유 가운데 신앙의 자유와 같은 내심의 자유는 성질상 자연인에게만 인정되지만, 종교적 집회나 종교적 행위의 자유는 종교단체나 법인에도 일정한 범위 안에서 인정된다. 미성년자의 경우 언제부터 부모로부터 독립하여 종교의 자유를 행사할 수 있는가에 관하여 헌법에 직접 규정을 두고 있는 경우는 쉽게 찾아볼 수 없으나, 스위스 헌법은 만 16세 이상의 청소년에게 신앙선택의 자유를 보장하고 있으며, 독일의 경우는 법률로 만 14세 이상의 청소년에게 신앙선택의 자유를 보장하고 있다.

절대적 자유로서 신앙의 자유

종교의 자유는 신앙의 자유와 종교적 행위의 자유를 내용으로 한다. 신앙의 자유는 종교를 선택할 자유, 종교를 변경할 자유, 무신앙의 자유를 포함한다. 신앙의 자유는 인간의 내심의 영역에 속하는 종교적 신념을 보호하는 것이기 때문에 절대적으로 보호되는 기본권이다. 신앙의 자유 보장은 종교적 확신이나 신앙의 변경·포기에 있어 어떠한 형태의 국가적 영향력 행사도 허용될 수 없음을 의미한다.

신앙을 외부에 자유로이 표현하는 종교활동에는 신앙고백의 자유, 종교적 행사의 자유, 종교적 집회·결사의 자유, 종교교육 및 선교의 자유 등이 인정된다. 신앙고백의 자유는 외부에 대하여 종교적 신념을 공개적으로 표명하는 것과 자신의 종교를 선전하는 것을 보호한다. 이 점에서 신앙고백의 자유는 표현의 자유에 대한 특별규정의 성격을 가진다. 종교적 집회·결사의 자유도 일반적 집회·결사의 자유에 대한 특별관계로서 더 강한 보호를 받는다. 그리하여 종교집회는 「집회 및 시위에 관한 법률」에 의한 신고의무 등 규제조항에 의한 적용을 받지 아니한다(동법 제15조).

종교교육의 자유는 종교학교를 설립할 자유와 그러한 학교에서 종교교육을 시킬 자유를 포함한다. 그러나 국공립학교에서 특정 종교교육을 실시하는 것은 정교분리의 원칙에 따라 금지된다. 대법원 판례에 의하면 기독교재단이 설립한 사립대학이 학칙으로 대학예배의 6학기 참석을 졸업요건으로 정한 것은 복음전도나 종교인 양성에 직접적인 목표가 있는 것이 아니고 신앙을 가지지 않을 자유를 침해하지 않는 범위 내에서 학생들에게 종교교육을 함으로써 진리·사랑에 기초한 보편적 교양인을 양성하는 데 목표를 두고 있다고 할 것이므로 헌법상 종교의 자유에 반하는 위헌무효의 학칙이라고 할 수 없다고 판단한 것이 있다(대판 1998. 11. 10. 96다37268).

선교의 자유는 자신의 종교적 확신을 다른 사람에게 선전하고 전파하는 자유를 말한다. 선교의 자유에는 다른 종교를 비판하거나 다른 종교의 신자에 대하여 개종을 권고하는 자유도 포함된다. 종교적 선전과 타 종교에 대한 비판 등은 동시에 표현의 자유의 보호대상이 되는 것이나, 그 경우 종교의 자유에 관한 헌법 제20조 제1항은 표현의 자유에 관한 헌법 제21조 제1항에 대하여 특별규정의 성격을 갖는다 할 것이므로 종교적 목적을 위한 언론·출판의 경우에는 그 밖의 일반적인 언론·출판에 비하여 고도의 보장을 받게 된다.

종교의 자유 중에서 신앙의 자유를 제외한 종교적 행위의 자유는 외부로 나타나는 행위이기 때문에 법률유보에 의해 제한될 수 있는 상대적 자유권이다. 그러나 종교의 자유의 실질적 보장을 위해서는 종교적 행위의 자유를 법률로써 제한하는 경우에도 과잉금지의 원칙을 엄격히 준수해야 하며 본질적 내용을 침해할 수 없다. 종교의 자유 제한에 관한 헌법재판소 판례에 의하면, 구치소의 미결수용자에 대하여 공간의 협소함과 관리 인력의 부족을 이유로 월 1회 종교집회만 실시하여 종교집회의 참석을 제한하는 것은 과잉금지원칙에 위반하여 수용자의 종교의 자유를 침해하는 것이라고 판단하고 있다(헌재 2014. 6. 26. 2012헌마782). 1970년대 대법원 판례에 의하면 '여호와의 증인' 교파의 신도가 교리에 따라 학교 교련시간에 국기경례를 우상숭배라 하여 거부한 행위로 제적처분을 받은 것에 대해 "종교의 자유 역시 학교의 학칙과 교내질서를 해치지 않는 범위 내에서 보장되는 것"이라고 하여 소극적 입장을 취하였다(대판 1976. 4. 27. 75누249).

국교부인과 정교분리의 원칙

제20조 제2항은 국교부인의 원칙과 정교분리의 원칙을 선언하고 있다. 국교부인(國敎否認)의 원칙은 국가가 특정 종교를 국교로 지정하는 것을 금지한다는 국가의 비종교성원칙을 의미한다. 정교분리(政敎分離)의 원칙은 국가와 종교의 결별은 물론이고 국가나 정치에 대한 종교의 중립과 국가에 의한 모든 종교의 동등한 처우를 요구하는 국가의 종교적 중립성원칙을 말한다. 국교부인 및 정교분리의 원칙과 종교의 자유와의 관계에 대하여, 이 원칙은 종교의 자유에 당연히 포함되는 것으로 보는 견해가 있으나, 국교부인과 정교분리의 원칙은 종교의 자유에서

파생된 원칙으로 이는 개인의 주관적 공권인 종교의 자유를 보장하기 위한 제도적 보장으로서의 성격을 가진다고 볼 수 있다.

국교부인과 정교분리원칙의 내용으로는 첫째, 종교가 정치에 간섭하거나 종교단체가 정치활동을 하는 것이 금지된다. 둘째, 국가에 의한 종교교육과 종교활동이 금지된다. 「교육기본법」(제6조 제2항)에는 국가나 지방자치단체가 설립한 학교(국공립학교)에서 특정의 종교를 위한 종교교육을 실시하지 못하도록 하고 있다. 셋째, 국가에 의한 특정 종교의 우대 또는 차별이 금지된다. 국가가 특정 종교를 특별히 보호하거나 억압하기 위하여 재정적·경제적 특혜를 부여하거나 부당한 처우를 하는 것은 허용되지 않는다. 예컨대 수형자들의 교화를 위해 교도소 내에 그리스도교회만을 설립한다면 그것은 특정 종교를 위한 국유지 제공을 의미하기 때문에 위헌의 소지가 있다. 그러나 크리스마스와 석가탄신일의 공휴일 지정은 특별한 종교적 의미가 있는 것이 아니라 사회공동체의 하나의 문화적 습속으로 인식되고 있기 때문에 무방하다고 할 수 있다.

오늘날 종교적인 의식 또는 행사가 하나의 사회공동체의 문화적인 현상으로 자리잡고 있으므로 어떤 의식, 행사, 유형물 등이 비록 종교적인 의식, 행사 또는 상징에서 유래되었다고 하더라도 그것이 이미 우리 사회공동체 구성원들 사이에서 관습화된 문화요소로 인식되고 받아들여질 정도에 이르렀다면, 이는 정교분리원칙이 적용되는 종교의 영역이 아니라 헌법적 보호가치를 지닌 문화의 의미를 갖게 된다. 그러므로 이미 문화적 가치로 성숙한 종교적인 의식행사, 유형물에 대한 국가 등의 지원은 일정 범위 내에서 전통문화의 계승·발전이라는 문화국가원리에 부합하며 정교분리원칙에 위배되지 않는다고 할 것이다.

제21조

① 모든 국민은 언론·출판의 자유와 집회·결사의 자유를 갖는다.

② 언론·출판에 대한 허가나 검열과 집회·결사에 대한 허가는 인정되지 아니한다.

③ 통신·방송의 시설기준과 신문의 기능을 보장하기 위하여 필요한 사항은 법률로 정한다.

④ 언론·출판은 타인의 명예나 권리 또는 공중도덕이나 사회윤리를 침해하여서는 아니된다. 언론·출판이 타인의 명예나 권리를 침해한 때에는 피해자는 이에 대한 피해의 배상을 청구할 수 있다.

민주국가의 필수불가결의 기본권으로서 표현의 자유

제21조는 표현의 자유 보장에 관한 조항이다. 국민의 정신적 자유권으로서 표현의 자유는 오늘날 민주주의 국가에 있어서 필수불가결의 기본권으로 간주된다. 표현의 자유의 핵심인 언론·출판의 자유는 사상이나 의견의 자유로운 표명을 통하여 인간으로서의 존엄과 가치를 유지하고 자유로운 인격을 발현하는 수단이 되며, 아울러 합리적이고 건설적인 의사형성 및 진리발견의 수단으로 기능한다. 사회구성원이 자신의 사상과 의견을 자유롭게 표현할 수 있다는 것은 모든 민주사회의 기초를 의미하므로 사상의 자유로운 교환을 위한 열린 공간이 확보되지 않고서는 민주정치는 결코 기대할 수 없게 된다. 특히 오늘날 언론기관의 보도의 자유는 여론에 의한 민주적 의사형성과 권력통제기능을 수행하는 점에서 매우 중요한 의미를 갖는 기본권이다.

언론·출판의 자유

제21조 제1항의 언론·출판의 자유란 고전적 의미에 있어서는 개인의 의견이나 사상을 언어나 문자 등으로 불특정 다수인에게 표명하거나 전달하는 자유를 말한다. 그러나 오늘날 현대적 의미에 있어서 언론·출판의 자유는 고전적 의사표현의 자유뿐만 아니라 보도의 자유, 알 권리, 엑세스권 등을 포함하는 광의의 개념으로 이해한다. 언론·출판의 자유에서 언론이란 구두에 의한 의사표현을 말하고, 출판이란 문자 및 형상에 의한 표현을 말하는 것이지만, 일반적으로 언론·출판이란 의사 및 지식·경험 등을 표현하는 모든 수단, 즉 담화·연설·토론·연극·방송·음악·영화·가요 등과 문서·서적·사진·서화·소설 기타 형상에 의한 모든 것을 포함한다.

언론·출판의 자유의 핵심적 내용으로서 의사표현의 자유는 자신의 의사를 불특정 다수인에게 표현하고 전달할 자유를 말한다. 의사표현 및 전달의 형식에는 아무런 제한이 없으며 언어·문자·도형뿐만 아니라 음반·비디오물·현수막·인터넷 등을 통한 의사표현은 물론이고, 패러디·상징적 표현도 포함된다. 상징적 표현과 관련하여 정치적 항의의 수단으로 국기를 훼손하는 행위가 정당화되는가의 문제가 있다. 이에 관한 미국의 판례로는 '텍사스 대 존슨' 사건(Texas v. Johnson, 1989)이 유명하다. 1984년 텍사스주 댈러스에서 개최된 공화당 전당대회에서 레이건 대통령의 외교정책에 반대하는 시위참가자 존슨이 정부 반대 구호를 외치면서 성조기에 불을 붙여 태운 사건에서 존슨은 텍사스주 법률의 국기와 국가 상징물에 대한 모독행위 금지 위반으로 기소되어 하급심법원에서 유죄판결을 받았다. 그러나 결국 1989년 연방대법원은 정치적 항의의 수단으로 국기를 파괴한 행위를 처벌하는 법률조항은 위헌이라고 판단하였다. 비록 국기를 훼손하는 것이 불쾌하고 동의하기 어려운 표현이라 하더라도 그것이 정부의 정책에 대한 반대를 표현하는 의사표시의 방법이므로 표현의 자유로서 허용되어야 한다는 것이다. 당시 미국 사회에서 이 연방대법원 판결은 매우 충격적인 사건이었다. 연방의회는 이 판결을 비난했으며 연방법률로 성조기 보호법을 제정하였으나, 이 연방법률에 대해서도 연방대법원은 위헌판단을 하였다.

알 권리

표현의 자유를 보장하기 위해서는 그 전제로서 정보를 자유롭게 수집할 수 있어야 하므로 여기에 '알 권리'는 표현의 자유의 한 내용을 이루게 된다. 알 권리(right to know)란 모든 정보원(情報源)으로부터 일반적 정보를 수집하고 처리할 수 있는 권리를 말한다. 정보원이란 정보의 원천으로서 정보자료의 출처를 말하며, 일반적 정보란 신문·잡지·방송 등 불특정의 다수인에게 개방될 수 있는 자료로서, 양심이나 사상·의견·지식 등의 형성에 관련이 있는 일체의 자료를 말한다. 알 권리는 개인에게는 공공기관과 사회집단 등에 대하여 정보공개를 요구할 수 있는 권리를 의미하고, 언론기관에는 공공기관과 사회집단 등에 대하여 정보공개를 요구할 수 있는 권리뿐만 아니라 그에 관한 취재의 자유를 포함한다는 점에서 그 의미가 크다.

알 권리는 국가나 공공기관에 대하여 그 기관이 보유하고 있는 정보를 공개하도록 적극적으로 요구할 수 있는 권리, 즉 정보공개청구권으로서의 성격을 가진다. 헌법재판소는 확정된 형사소송기록의 복사신청에 대한 거부행위에 대하여 헌법소원심판이 청구된 사건에서 국가기관이 보유하고 있는 개인 관련 개별적 정보의 공개청구권에 대해 '구체적 권리성'을 인정하고 있다. 즉 알 권리의 실현을 위한 법률이 제정되어 있지 않더라도 그 실현이 불가능한 것은 아니며 이러한 알 권리에 의하여 사건 당사자의 형사확정소송기록에 대한 접근의 자유도 보장되는 것이므로 청구인에게 형사확정소송기록을 열람·복사할 수 있는 권리를 인정한 명문규정이 없다는 것을 이유로 하여 검사가 무조건 청구인의 복사신청을 거부한 것은 청구인의 알 권리를 침해한 것이라고 판단하고 있다(헌재 1991. 5. 13. 90헌마133).

알 권리의 내용으로는 일반적으로 접근할 수 있는 정보원으로부터 정보를 받아들이는 정보수령권과 이러한 정보원으로부터 능동적으로 정보를 수집할 수 있는 정보수집권, 그리고 적극적으로 비자발적 정보원에 대해 정보의 공개를 청구할 수 있는 정보공개청구권이 있다. 정보공개청구권을 구체화한 법률로 「공공기관의 정보공개에 관한 법률」이 있다.

알 권리도 헌법 제37조 제2항의 일반적 법률유보조항에 의하여 제한될 수 있으며, 제한의 경우에도 비례의 원칙이 적용되어야 하고 알 권리의 본질적 내용을 침해할 수 없음은 물론이다. 알 권리의 제한과 관련하여 문제가 되는 것으로는 국가기밀이 있으며, 사생활의 비밀과 자유와의 충돌 문제 등이 있다.

언론기관의 보도의 자유

오늘날 민주국가에 있어서 언론·출판의 자유에는 언론기관의 자유가 중요한 의미를 가진다. 현대의 민주정치를 구현하는 데 필요한 정보가 주로 언론기관에 의해 수집·전달되고 있는 현실에서 언론기관의 여론형성이라는 공적 기능은 높이 평가되고 있으므로 언론기관의 설립 및 그 활동의 자유가 보장되지 않으면 안 된다.

언론·출판의 자유에 의해 보장되는 언론기관의 보도의 자유는 언론기관의 취재가 전제되어야 하므로 취재의 자유 역시 언론·출판의 자유에 의해 보장된다. 그러나 취재의 자유에 취재활동의 자유뿐만 아니라 취재원비닉권(取材源秘匿權) 내지 취재원에 관한 진술거부권이 포함되는가의 문제가 있다. 취재원 진술거부권의 인정여부에 관하여 긍정설과 부정설이 대립하고 있으나 긍정설이 타당하다고 본다. 오늘날 민주국가에 있어서 언론·출판의 자유는 필수불가결한 요소로서 민주정치의 구현에 필요한 정보가 주로 언론기관에 의해 수집·전달되고 있으며, 취재원비닉권은 언론의 진실보도와 공정보도를 위해 불가결한 전제조건이라는 점 등에 비추어 볼 때 그것은 취재의 자유에 포함된다고 보는 것이 타당하다.

액세스권

언론·출판의 자유의 요소로서 액세스권(right of access to mass media)이란 일반 국민이 자신의 사상이나 의견을 발표하기 위하여 언론매체에 자유로이 접근하여 언론매체를 이용할 수 있는 권리, 즉 언론매체에의 접근·이용권을 말한다. 액세스권은 매스미디어에 다양한 사상과 의견을 반영함으로써 언론기관의 자의에 의한 여론왜곡 현상을 방지하여 공정하고 정확한 정보를 보도하도록 강제하는 기능을 수행한다. 액세스권의 헌법적 근거로는 헌법 제21조 제1항과 제4항을 비롯하여 제10조의 인간의 존엄과 가치에 기초한 인격권 보호 등을 들 수 있다.

액세스권의 내용으로는 위와 같은 일반적 언론매체 접근·이용권에 대하여 협의의 개념의 액세스권으로 언론매체에 의하여 명예훼손이나 비판·공격 등을 당한 국민이 당해 언론매체에 대하여 자기와 관련이 있는 보도에 대한 반론보도 내지 해명을 요구할 수 있는 권리, 즉 반론보도청구권이나 정정(訂正)보도청구권이 액세스권의 주요 내용이 된다. 「언론중재 및 피해구제 등에 관한 법률」은 정정보도청구권과 반론보도청구권 등을 규정하고 있다.

정정보도청구권은 사실적 주장에 관한 언론보도 등이 진실하지 아니함으로 인하여 피해를 입은 자가 언론사 등에 그 언론보도의 내용에 관한 정정보도를 청구할 수 있으며, 이 경우 언론사 등의 고의·과실이나 위법성을 필요로 하지 아니한다. 개인뿐만 아니라 국가나 지방자치단체 등도 정정보도를 청구할 수 있다(동법 제14조). 반론보도청구권은 언론보도 등으로 피해를 입은 자가 그 보도내용에 관한 반론보도를 청구할 수 있는데, 이 경우 보도내용의 진실 여부와 상관없이 청구할 수 있는 점에서 정정보도청구와 구별된다(동법 제16조). 「언론중재법」은 이와 함께 추후보도청구권을 규정하고 있다. 추후보도청구권은 언론 등에 의하여 범죄혐의가 있거나 형사상의 조치를 받았다고 보도 또는 공표된 자는 그에 대한 형사절차가 무죄판결 또는 이와 동등한 형태로 종결되었을 때에는 그 사실을 안 날로부터 '3개월 이내'에 언론사 등에 이 사실에 관한 추후보도의 게재를 청구할 수 있는 권리를 말한다(동법 제17조).

집회·결사의 자유

제21조 제1항은 집회·결사의 자유를 보장하고 있다. 집회의 자유에서 집회란 다수인이 특정한 장소에 모여 공동의 의사를 표현하는 행위를 말한다. '1인 시위'는 표현의 자유에 의해 보호되며, 집회의 자유에는 포함되지 않는다. 집회는 의사표현의 목적이 있으면 족하고 의사표현의 내용은 공익을 위한 의사에 한정할 필요는 없다. 일반적으로 집회는 일정한 장소를 전제로 하여 특정 목적을 가진 다수인이 일시적으로 회합하는 것을 말하는 것이고, 그 공동의 목적은 '내적인 유대 관계'로 족하다고 할 것이다. 집회의 목적을 지나치게 한정하게 되면 헌법상 보장된 집회의 자유를 무의미하게 만들 수 있기 때문이다. 집회의 자유를 통해 헌법이 보호하고자 하는 것은 평화적이고 비폭력적인 집단행동을 의미하므로 폭력적이고 폭동적인 집회는 보호대상에서 제외된다.

집회의 자유의 내용으로는 적극적으로 집회를 개최하고 진행할 자유, 집회에 참가할 자유 및 소극적으로 집회를 개최하지 아니할 자유,

집회에 참가하지 아니할 자유가 포함된다. 따라서 집회의 개최 및 참가 여부에 대한 국가의 개입이나 강제는 금지된다. 집회의 자유는 집회에 참가하지 못하게 하는 국가의 강제를 금지할 뿐 아니라, 예컨대 집회장소로의 여행을 방해하거나 집회장소로부터 귀가하는 것을 방해하거나, 국가가 개인의 집회참가행위를 감시하고 그에 관한 정보를 수집함으로써 집회에 참가하고자 하는 자로 하여금 불이익을 두려워하여 미리 집회 참가를 포기하도록 집회참가의사를 약화시키는 것 등 집회의 자유 행사에 영향을 미치는 모든 조치를 금지한다.

결사의 자유에 있어서 결사(結社)란 자연인 또는 법인의 다수가 자유의사에 따라 상당한 기간 동안 공동의 목적을 위하여 결성한 단체를 말한다. 즉 결사의 개념적 요소로는 다수인(최소 2인 이상이 다수설), 자발성, 계속성, 공동목적, 결합성, 조직의사에의 복종 등을 들 수 있다. 결사의 자유에는 일반적 결사의 자유와 특수적 결사의 자유로 구분된다. 헌법 제21조의 결사의 자유는 일반적 결사의 자유를 의미하기 때문에 정치적 목적의 결사인 정당이나 노동자들의 결사인 노동조합 등의 특수한 결사는 각각 헌법 제8조, 제33조 등 해당 기본권조항에 의하여 보호된다.

결사의 자유에는 적극적인 측면에서 단체결성의 자유, 단체존속의 자유, 단체활동의 자유, 결사 가입의 자유 등이 있으며, 소극적 측면에서 단체로부터의 탈퇴의 자유와 결사에 가입하지 아니할 자유가 있다. 결사에 가입하지 아니할 소극적 자유와 관련하여 사법상의 결사에는 가입을 강제할 수 없으나, 공법상의 결사(예컨대 의사회, 변호사회, 상공회의소 등)에는 가입의 강제가 인정될 수 있다.

언론·출판과 집회·결사에 대한 허가나 검열의 금지

헌법 제21조 제2항은 "언론·출판에 대한 허가나 검열과 집회·결사에 대한 허가는 인정되지 아니한다"라고 하여 표현의 자유에 대한 검열과 허가를 금지한다는 '사전제한금지의 원칙'을 규정하고 있다. 이러한 사전제한금지의 원칙을 규정하게 된 이유는 언론·출판의 자유가 민주국가의 존립과 발전의 기초로서 최대한 보장되어야 하며, 언론·출판의 표현행위에 대한 사전제한은 사상과 관념이 처음부터 일반대중에게 공개되는 것 자체가 금지되어 대중에 의한 평가와 선택의 기회를 갖지 못하게 되고, 특히 국가권력은 집권자에게 불리한 내용의 표현을 사전에 억제함으로써 관제의견(官製意見)이나 어용언론만 허용해 주는 결과를 초래할 수 있기 때문이다.

언론·출판의 자유 보장은 근대 시민혁명의 산물로서 보편적으로 채택된 것이지만 언론·출판에 대한 사전 검열금지의 사상은 이미 영국에서 청교도혁명 이전인 1644년에 존 밀턴(J. Milton)이 '아레오파지티카'(*Areopagitica*)라는 책에서 언론·출판의 자유를 옹호하면서 검열제도에 정면으로 반대한 것에서 비롯되었다. 그는 "진리란 들판에서 오류와 맞서 싸우고 다른 견해와 자유롭고 공개적인 토론을 가짐으로써 정립되는 것이다"라고 하여 자유로운 견해를 표명하는 것을 사전에 검열하여 막아서는 안 된다고 주장하였다. 이러한 사상의 자유시장론과 진리생존설에 근거한 검열제 금지의 사상은 그 후 19세기의 밀(J. Stuart Mill)의 자유론에 의해 계승·발전되었다.

절대적 검열금지의 원칙

언론·출판에 대한 허가제는 전면적 금지의 대상이 될 수 없는 자연적 자유를 일단 전면적으로 금지하는 것을 전제로 하여 특정의 경우에 한하여 국가기관이 선별적으로 금지를 해제하여 주는 것이라는 점에서 부당하며, 이는 언론의 자유를 본질적으로 침해하는 것이 된다. 헌법 제21조 제2항의 검열금지규정은 헌법에서 직접 기본권제한의 한계를 명시하고 있는 것이므로 헌법 제37조 제2항에 의해 국가안전보장, 질서유지, 공공복리를 위하여 국민의 자유와 권리를 필요한 경우에 한하여 제한할 수 있다고 하더라도 언론·출판의 자유에 대하여는 "검열을 수단으로 하는 제한만은 법률로써도 허용되지 않는다는 것을 밝힌 것"(헌재 1996. 10. 4. 93헌가13등)으로, 이는 절대적 검열금지의 원칙을 규정한 것이다. 검열제는 사상이나 의견이 발표되기 이전에 국가기관이 그 내용을 심사·선별하여 일정한 사상이나 의견의 표현을 사전에 억제하는 제도를 말한다. 즉 검열은 허가받지 아니한 것의 발표를 금지하는 제도라는 점에서 허가와 검열은 본질적으로 같은 것이다. 허가와 검열은 표현의 내용에 관한 사전제한으로서 금지되지만 옥외광고물 규제와 같이 표현내용이 아닌 표현의 방식, 즉 표현의 시간이나 장소 등을 규제하는 내용중립적 규제의 경우에는 허가에 해당하지 않는 것이다.

제21조 제2항은 언론·출판의 허가나 검열 금지와 함께 집회·결사에 대한 허가를 금지하고 있다. 집회·결사에 대한 사전 허가제는 집회·결사의 자유에 대한 본질적 침해를 의미하기 때문에 허용될 수 없다. 「집회 및 시위에 관한 법률」에 의하면 옥외집회 및 시위에 관하여 사전신고제를 규정하고 있는데, 이 사전신고제도는 헌법 제21조 제2항의 사전허가 금지에 위배되는지가 문제될 수 있다. 그러나 사전신고는 경찰관청 등 행정관청으로 하여금 집회의 순조로운 개최와 공공의 안전 보호를 위하여 필요한 준비를 할 수 있는 시간적 여유를 주기 위한 것으로서, 협력의무로서의 신고를 의미한다. 집시법은 일정한 신고절차만 밟으면 일반적·원칙적으로 옥외집회 및 시위를 할 수 있도록 보장하고 있으므로, 집회에 대한 사전신고제도는 헌법 제21조 제2항의 사전

허가 금지에 위배되지 않는다.

결사의 자유 보장에 있어서도 단체의 결성 자체를 전면적으로 금지하는 허가제는 허용되지 아니한다. 다만 등록제나 신고제는 행정상의 편의를 위한 것으로 허용될 수 있다.

헌법상 금지되는 검열의 4가지 요건

헌법상 언론·출판에 대한 사전 검열을 절대적으로 금지하고 있는데, 여기서 금지되는 사전 검열의 요건이 무엇인지가 매우 중요하다. 헌법재판소의 사전검열 금지에 관한 획기적인 판례로는 1996년 10월, 영화에 대한 한국공연윤리위원회의 사전심의에 관한 부분이 헌법에 위반된다고 결정한 사건을 들 수 있다. 헌법재판소는 영화도 의견과 정보전달의 요소를 담고 있기 때문에 언론·출판의 자유에 의하여 보호됨을 전제로 공연윤리위원회에 의한 영화 사전심의를 헌법이 금지하는 사전검열제에 해당한다고 판단하였다. 즉 영화에 대한 심의제의 내용은 심의기관인 공연윤리위원회가 영화의 상영에 앞서 그 내용을 심사하여 심의기준에 적합하지 아니한 영화에 대하여는 상영을 금지할 수 있고, 심의를 받지 아니하고 영화를 상영할 경우에는 형사처벌까지 가능하도록 한 것이 그 핵심이므로 이는 명백히 헌법 제21조 제1항이 금지한 사전검열제도를 채택한 것이라고 판단하였다.

이 사건에서 헌법재판소는 사전 검열의 요건에 관하여 "검열은 일반적으로 허가를 받기 위한 표현물의 제출의무, 행정권이 주체가 되는 사전심사절차, 허가를 받지 아니한 의사표현의 금지 및 심사절차를 관철할 수 있는 강제수단 등의 요건을 갖춘 경우에만 이에 해당하는 것이다"라고 판시하여 헌법이 금지하는 사전 검열의 네 가지의 요건을 제시하고 있다. 여기서 두번째 요건인 '행정권이 주체가 되는 사전심사절차'에 관하여 헌법재판소는 검열을 행정기관이 아닌 독립적인 위원회에서 행한다고 하더라도 행정권이 주체가 되어 검열절차를 형성하고 검열기관의 구성에 지속적인 영향을 미칠 수 있는 경우라면 실질적으로 검열기관은 행정기관이라고 보아야 한다고 판단하고 있다(헌재 1996. 10. 4. 93헌가13등).

이 위헌결정으로 공연윤리위원회가 없어지게 되고 영화인들은 이와 같은 결정을 크게 지지하였다. 영화인들의 창작의욕을 무참히 짓밟는다고 비판을 받아온 '가위질'도 법적 근거를 상실하게 되었다. 그리하여 국회는 1999년 「영화진흥법」을 개정하게 되었는데, 그 내용은 사전심의제도를 상영등급부여제도로 바꾸고 4종류의 등급에 해당하지 않는 일정한 경우에는 등급분류를 보류할 수 있는 제도를 채택하였다. 헌법재판소는 2001년 이러한 영화진흥법상 '영화등급분류보류제'를 두고 있는 영화등급심사제에 대해서도 사전검열에 해당한다고 보고 위헌결정을 하였다. 상영등급을 분류받지 아니한, 즉 등급분류보류판정을 받은 영화는 상영이 금지되고 등급분류보류의 횟수에는 제한이 없기 때문에 비록 형식적으로는 등급분류보류라 하더라도 실질적으로는 영상물등급위원회의 허가를 받지 않는 한 무한정 영화를 통한 의사표현이 금지될 수 있으므로 이는 결국 실질적으로 허가를 받지 아니한 의사표현의 금지에 해당한다고 판단한 것이다(헌재 2001. 8. 30. 2000헌가9).

영화급분류보류제의 위헌결정에 따라 「영화진흥법」은 2002년 1월 다시 개정되어 등급분류보류제는 폐지되고 등급분류에 '제한상영가' 등급을 신설하였다. 그러나 이 제한상영가 등급 규정에 대해, 헌법재판소는 영화진흥법상 '제한상영가' 등급의 영화를 "상영 및 광고·선전에 있어서 일정한 제한이 필요한 영화"라고 정의한 것은 명확성의 원칙에 위배된다고 하였고 제한상영가 등급분류의 기준을 영상물등급위원회의 규정에 위임한 것은 포괄적 위임금지원칙에 위배된다고 판시하였다(헌재 2008. 7. 31. 2007헌가4).

텔레비전 방송광고의 사전심의는 위헌이다

헌법재판소는 2008년 텔레비전 방송광고를 하고자 하는 자로 하여금 방송국에 청약을 하기 전에 먼저 방송위원회의 위탁을 받은 한국광고자율심의기구로부터 사전심의를 받도록 하는 것에 대하여 헌법상 금지되는 사전검열이라고 판단하였다. 한국광고자율심의기구는 민간이 주도가 되어 설립된 기구이기는 하나, 그 구성에 행정권이 개입하고 있고, 행정법상 공무수탁사인으로서 그 위탁받은 업무에 관하여 국가의 지휘·감독을 받고 있으며, 방송위원회는 텔레비전 방송광고의 심의기준이 되는 방송광고 심의규정을 제정, 개정할 권한을 가지고 있고, 자율심의기구의 운영비나 사무실 유지비, 인건비 등을 지급하고 있으므로 한국광고자율심의기구가 행하는 방송광고 사전심의는 행정기관에 의한 사전검열로서 헌법이 금지하는 사전검열에 해당한다고 판단한 것이다(헌재 2008. 6. 26. 2005헌마506). 또한 헌법재판소는 2015년 12월, 「의료법」상 의료법인·의료인 등이 의료광고를 하려는 경우 광고의 내용·방법 등에 관하여 보건복지부장관의 사전심의를 받도록 하고 이를 위반한 경우 처벌하는 조항은 헌법이 금지하는 사전검열에 해당하여 표현의 자유를 침해하는 것이라고 판시하였다(헌재 2015. 12. 23. 2015헌바75).

현행 「방송법」은 방송의 공정성과 공공성 유지 및 방송의 공적 책임을 준수하고 있는지의 여부에 대한 '사후'심의를 위하여 방송통신심의위원회를 두고 있으며 이 위원회의 심의규정에는 방송광고내용의 공정성·공익성에 관한 사항을 포함하고 있다(동법 제32조, 제33조 제1항 제14호). 또한 방송사업자는 아동과 청소년을 보호하기 위하여 방송프로그램의 폭력성 및 음란성 등의 유해 정도, 시청자의 연령 등을 감안하여 방송프로그램의 등급을 분류하고 이를 방송 중에 표시하여야 한다고 규정하고 있다(동법 제33조 제3항).

사전검열에 해당하지 않는 옥외광고물 사전허가제

언론·출판에 대한 사전제한금지와 관련하여 옥외광고물에 대한 사전허가가 문제될 수 있다. 헌법재판소는 「옥외광고물등관리법」에 의한 옥외광고물의 사전허가는 일정한 지역·장소 및 물건에 광고물 또는 게시시설을 표시하거나 설치하는 경우에 그 광고물 등의 종류·모양·크기·색깔, 표시 또는 설치의 방법 및 기간 등을 규제하고 있는 것이지, 광고물 등의 내용을 심사·선별하여 광고물을 사전에 통제하려는 제도가 아니므로 사전허가에 해당되지 아니한다고 하였다(헌재 1998. 2. 27. 96헌바2). 옥외광고물이 방임될 경우 각양각색의 광고물로 인하여 국민의 주거환경과 국토경관이 크게 침해당하게 될 것이고, 광고물 관리를 사후적인 지도·감독에 의존하게 되면 효과적인 광고물 관리가 어려우므로 사전허가제도를 도입할 필요성이 인정된다고 판단한 것이다.

건강기능식품 광고의 사전심의는 위헌인가?

헌법재판소는 2010년, 건강기능식품의 광고는 영리목적의 순수한 상업광고로서 사상이나 지식에 관한 정치적·시민적 표현행위 등과 별로 관련이 없다고 하고, 건강기능식품의 기능성 표시·광고와 같이 규제의 필요성이 큰 경우에 언론·출판의 자유를 최대한도로 보장할 의무를 지는 외에 헌법 제36조 제3항에 따라 국민의 보건에 관한 보호의무도 지는 입법자가 국민의 표현의 자유와 보건·건강권 모두를 최대한 보장하고, 기본권들 간의 균형을 기하는 차원에서 건강기능식품의 표시·광고에 관한 사전심의절차를 법률로 규정하였다 하여 이를 우리 헌법이 절대적으로 금지하는 사전검열에 해당한다고 보기는 어렵다고 판단한 바 있다(헌재 2010. 7. 29. 2006헌바75). 그러나 그 후 헌법재판소는 2018년 6월 28일 「건강기능식품법」상 기능성광고에 대한 사전심의조항의 위헌제청 사건에서 이 사전심의조항은 헌법이 금지하는 사전

검열에 해당하여 위헌이라고 결정함으로써 위의 2010년 결정을 변경하였다. 즉 헌법재판소는 상업광고도 표현의 자유의 보호대상이라는 점과 표현의 자유 보호대상이면 예외 없이 사전검열금지원칙이 적용된다는 점을 명시하였으며, 행정권이 현실적으로 개입하지 않더라도 개입 가능성이 있다면 사전심의의 자율성이 보장되지 않는다고 판시하였다(헌재 2018. 6. 28. 2016헌가8).

표현의 자유에 대한 사후 제한

사전제한이 금지되는 언론·출판의 자유도 헌법 제37조 제2항에 따라 국가안전보장·질서유지 또는 공공복리를 위하여 법률로써 사후 제한될 수 있으며, 그 제한의 경우에는 과잉금지의 원칙이 적용되어야 하고 권리의 본질적 내용을 침해할 수 없다. 언론·출판의 자유를 제한하는 법률로는 「방송법」과 「신문법」을 비롯하여 「형법」, 「옥외광고물등 관리법」, 「국가보안법」, 「계엄법」, 「군사기밀보호법」 등이 있다.

언론·출판의 자유와 같은 정신적 자유권은 경제적 기본권에 비해 우월적 가치를 가지는 것이므로 그 제한에 있어서는 경제적 기본권의 제한에 관한 합헌성 판단 기준보다 엄격한 기준이 적용되어야 한다. 이러한 '이중기준의 원칙'에 따라 언론·출판의 자유를 규제하는 입법의 합헌성 판단 기준으로 과잉금지원칙 이외에 명확성의 원칙, 명백하고 현존하는 위험의 원칙 등이 적용된다. 여기서 명백하고 현존하는 위험의 원칙이나 명확성의 원칙은 과잉금지의 원칙에 대한 가중적 요건이라고 할 수 있다.

명확성의 원칙은 언론·출판의 자유의 우월적 지위에 입각하여 언론·출판을 제한하는 입법의 규정은 명확해야 하며, 불확정 개념이나 막연한 용어를 사용하여 그 의미를 추정할 수밖에 없도록 하는 경우에는

'모호하기 때문에 무효'(void for vagueness)가 된다는 원칙을 말한다. 헌법재판소도 표현의 자유의 제한에 있어서 명확성의 원칙의 중요성을 강조하고 있다. 명확성의 원칙은 법치국가원리의 한 표현으로서 모든 기본권제한입법에 대해 요구되는 것이지만 표현의 자유를 규제하는 입법에 있어서 특별히 중요한 의미를 가진다.

'명백하고 현존하는 위험의 원칙'(rule of clear and present danger)은 언론의 자유의 한계에 관한 기준임과 동시에 언론규제입법에 대한 합헌성 판단 기준으로서 미국의 판례에 의해 확립된 이론이다. 이 원칙은 언론을 규제하기 위해서는 언론이 법률상 금지된 해악을 초래할 명백하고 현존하는 위험을 가지고 있음을 입증해야 한다는 이론을 말한다. 명백·현존위험의 원칙에서 '명백'이란 표현과 해악 발생 사이에 명확한 인과관계가 존재할 것을 의미하며, '현존'이란 해악의 발생이 시간적으로 접근하고 있는 경우를 말한다. 또한 '위험'이라 함은 공공의 이익에 대한 실질적 해악 발생의 개연성을 말한다. 여기서 '실질적'이란 의미는 단순히 사회적인 불안이나 불편을 가져오는 것이라든지 공중을 다소 곤혹에 빠지게 하는 것만으로는 부족하고 해악이 극도로 중대할 것을 의미한다. 우리의 헌법재판소도 반국가단체의 활동을 찬양, 고무하는 자에 대해 처벌하는 「국가보안법」 제7조 제1항, 제5항에 대해 "국가의 존립·안전을 위태롭게 하거나 자유민주적 기본질서에 실질적 해악을 미칠 명백한 위험성이 있는 행위에 대해서만 적용한다"고 판시하여 이 원칙을 적용하면서 한정합헌결정을 내린 바 있다(헌재 1990. 4. 2. 89헌가113).

제한 가능성이 높은 집회의 자유

집회의 자유는 기본적으로 다중의 위력을 통해 집단적 의사를 타인에게 듣기를 요구하는 행위라는 점에서 집회 참가자 이외의 국민에게 해악을 끼칠 가능성이 높고, 집단행동이 통제의 범위를 벗어나거나 무력충돌이 일어나는 등 사회의 안녕을 깨뜨릴 가능성이 높다. 따라서 집회의 자유는 자유권적 기본권이지만 제한 가능성이 높은 기본권이라 할 수 있다. 집회에 대한 허가제는 원칙적으로 금지되는 것이지만, 법률에 의하여 사전신고의무와 옥외집회 금지장소 등 집회의 자유에 대한 일정한 제한은 허용되고 있다.

「집회 및 시위에 관한 법률」(약칭: 집시법)은 적법한 집회 및 시위를 최대한 보장하고 위법한 시위로부터 국민을 보호함으로써 집회 및 시위의 권리보장과 공공의 안녕질서가 적절히 조화를 이루도록 하고 있다. 이 법률에 의해 누구든지 폭행, 협박 그 밖의 방법으로 평화적 집회 또는 시위를 방해하거나 질서를 문란하게 할 수 없다(동법 제3조 제1항). 집시법에 의해 집회 또는 시위가 금지되는 경우로는 헌법재판소의 결정에 의해 해산된 정당의 목적을 달성하기 위한 경우와 집단적인 폭행, 협박, 손괴, 방화 등으로 공공의 안녕질서에 직접적 위협을 가할 것이 명백한 경우로 한정하고 있다(동법 제5조).

옥외집회 또는 시위를 주최하고자 하는 경우 주최자는 관할 경찰서장에게 신고의무를 부담하며, 신고시 관할 경찰서장은 집회가 금지되는 목적의 집회인 경우, 대통령령이 정하는 주요 도시의 주요 도로에서의 집회 또는 시위여서 교통소통을 방해할 우려가 있는 경우(동법 제12조), 집회가 금지되는 장소에서의 집회인 경우(동법 제11조) 등의 경우에는 금지통고를 할 수 있다(동법 제8조 제1항). 집회의 주최자는 확성기 등으로 기준을 초과하는 소음을 발생시켜서는 안 된다(동법 제14조). 집시법은 옥외집회와 시위가 금지되는 장소로 국회, 각급 법원, 헌법재판소, 대통령 관저, 국회의장 공관, 대법원장 공관, 헌법재판소장 공관, 국무총리 공관 등의 경계지점으로부터 100미터 이내의 장소를 규정하였으나 헌법재판소는 2018년, 국무총리 공관 인근과 각급 법원 인근 옥외집회 금지 사건에서 누구든지 국무총리 공관, 각급 법원 등의 경계지점으로부터 100미터 이내의 장소에서 옥외집회 또는 시위를 할 경우 형사처벌한다고 규정한 집시법 조항에 대하여 집회의 자유를 침해한다고 하여 헌법불합치결정을 선고하였다. 그리하여 2020년 6월 집시법이 개정되어 국회의 활동을 방해할 우려가 없는 경우와 법관이나 재판관의 직무상 독립이나 구체적 사건의 재판에 영향을 미칠 우려가 없는 경우, 국무총리를 대상으로 하지 않는 경우, 대규모 집회 또는 시위로 확산될 우려가 없는 경우 등에는 집회와 시위는 허용될 수 있도록 하였다(동법 제11조 제1호, 제2호, 제4호).

야간옥외집회와 시위 금지의 위헌성

집시법에는 해가 뜨기 전이나 해가 진 후의 옥외집회와 시위는 금지되며, 다만 옥외집회의 경우 예외적으로 집회의 주최자가 질서유지인을 두고 미리 신고한 경우에는 허용할 수 있다고 규정하였으나(동법 제10조), 이 야간옥외집회의 원칙적 금지조항은 2009년 헌법재판소에 의하여 헌법불합치결정을 받게 되었다. 그리하여 이 사건 법률조항들에 대하여 입법자가 2010. 6. 30. 이전에 개선입법을 할 때까지 계속 적용하되, 만일 위 일자까지 개선입법이 이루어지지 않는 경우 위 법률조항들은 2010. 7. 1.부터 그 효력을 상실하도록 한다고 판시하였다(헌재 2009. 9. 24. 2008헌가25). 그러나 국회는 헌법재판소가 제시한 기한이 지난 후에도 입법개선을 하지 않음으로써 위 규정도 효력을 상실하게 되었고 결국 야간옥외집회는 주간옥외집회와 마찬가지로 규율되게 되었다.

한편, 집시법은 '옥외집회'와 '시위'를 구분하여 "옥외집회란 천장이 없거나 사방이 폐쇄되지 아니한 장소에서 여는 집회를 말한다"고 규정하고(동법 제2조 제1호), "시위란 다수인이 공동목적을 가지고 도로·광장·공원 등 공중이 자유로이 통행할 수 있는 장소를 행진하거나 위력 또는 기세를 보여 불특정한 여러 사람의 의견에 영향을 주거나 제압을 가하는 행위를 말한다"(동법 제2조 제2호)고 규정하고 있다. 그리고 야간 옥외집회를 예외적으로 허용하는 집시법 제10조 단서는 옥외집회만을 규정하고 있으므로 시위는 이 단서조항의 적용에서 제외되고 있다. 따라서 집시법 제10조 단서에 의해 해가 뜨기 전이나 해가 진 후의 시위는 예외 없이 절대적으로 금지되는 것으로 해석될 수밖에 없다. 헌법재판소는 2014년 이 법률조항과 이를 구성요건으로 하는 처벌조항에 대하여 "해가 진 후부터 같은 날 24시까지의 시위"에 적용하는 한 헌법에 위반된다고 한정위헌결정을 하였다. 시위가 금지되는 시간대를 이 법률조항과 같이 광범위하게 정하여 절대적으로 금지한 것은 목적 달성에 필요한 기본권의 제한을 최소화할 수 있는 방법을 강구하지 아니한 것으로서 침해최소성의 원칙에 반한다고 하였다. 또한 야간이라는 광범위한 시간 동안 절대적으로 시위를 하지 못하게 하는 것은 공공의 안녕질서 보호라는 공익에 비해 집회의 자유를 과도하게 제한하는 것으로 법익의 균형성 원칙도 위반하고 있다고 판단하였다(헌재 2014. 3. 27. 2010헌가2등). 이 결정에 따라 야간 시위의 전면적 금지는 더 이상 유지될 수 없게 되었다. 입법자는 헌법재판소의 2009년과 2014년의 결정 취지를 고려하여 집회의 자유와 공공의 안녕질서가 조화를 이룰 수 있는 집시법 개정을 서둘러야 할 것이다.

결사의 자유는 헌법 제37조 제2항에 따라 법률로써 제한할 수 있다. 그러나 현행법상 결사의 자유가 제한되는 경우로는 「국가보안법」상 반국가단체를 구성하거나 이에 가입하는 경우(제3조)와 「형법」상 범죄를 목적으로 하는 단체를 조직하거나 이에 가입한 경우(제114조) 등이 있다. 헌법재판소는 법인의 약국개설을 금지하는 「약사법」 조항은 약사들이 약국경영을 위한 법인을 설립하고 운영하는 것에 관한 결사의 자유를 침해하는 것이라고 판단하였다(헌재 2002. 9. 19. 2000헌바84).

통신·방송시설과 신문기능의 법정주의

제21조 제3항은 "통신·방송의 설립기준과 신문의 기능을 보장하기 위하여 필요한 사항은 법률로 정한다"라고 하여 통신·방송시설과 신문기능의 법정주의를 규정하고 있다. 현대의 민주정치를 구현하는 데 필요한 정보가 주로 신문·방송 등 언론매체에 의해 수집·전달되고 있는 현실에서 언론매체의 여론형성이라는 공적 기능은 높이 평가되고 있으므로 언론기관의 설립 및 그 활동의 자유가 보장되어야 한다. 특히 언론매체로서 중요한 역할을 담당하는 신문의 자유는 개인의 주관적 기본권으로 보호될 뿐만 아니라, '자유 신문'이라는 객관적 제도로 보장되고 있다. 헌법재판소도 객관적 제도로서 자유 신문의 중요성을 강조하여 "자유 신문은 신문의 시장경제적·사법적(私法的) 조직과 존립의 보장 및 그 논조와 경향, 정치적 색채 또는 세계관에 있어 국가권력의 간섭과 검열을 받지 않는 자유롭고 독립적인 신문의 보장"을 내용으로 하는 한편, "자유롭고 다양한 의사형성을 위한 상호 경쟁적인 다수 신문의 존재는 다원주의를 본질로 하는 민주주의사회에 필수불가결한 요소"가 된다고 판시하고 있다(헌재 2006. 6. 29. 2005헌마165).

제21조 제3항의 언론기관의 시설기준과 신문기능의 법정주의에 따라 입법자는 언론의 공적 기능을 확보하기 위하여 언론의 영역을 규율하거나 구체적으로 형성할 수 있다. 여기서 신문기능의 법정주의는 신문의 공적 기능의 보장을 위한 입법적 규율의 가능성을 예정하고 있음을 의미한다. 헌법재판소에 의하면 제21조 제3항의 '신문의 기능'이란 "민주적 의사형성에 있고, 그것은 언론의 다양성 보장을 전제로 하는 것"이므로 여기서 "신문의 기능을 보장하기 위하여"란 "신문의 다양성을 유지하기 위하여"라는 의미가 포함된 것으로 해석하고 있다. 따라서 신문의 다양성 보장을 위한 국가의 적절한 규율은 신문의 '경향보

호'와 모순되지 않는다고 보고 있다(헌재 2006. 6. 29. 2005헌마165). 그렇지만 신문의 다양성 보장을 위해 개개의 신문에 다양한 의견을 반영하도록 의무를 지우는 입법적 규율은 신문의 자유와 경향보호에 위배될 수 있으므로 신중하게 이루어져야 한다.

제21조 제3항에 따라 「신문 등의 진흥에 관한 법률」, 「방송법」, 「뉴스통신진흥에 관한 법률」 등을 통해 언론기관의 설립에 있어 정기간행물의 등록제, 방송의 허가제, 신문과 방송의 겸영 제한, 뉴스통신의 허가제 등의 제한규정을 두고 있다. 「뉴스통신진흥에 관한 법률」의 내용 중에는 연합뉴스사를 국가기간뉴스통신사로 지정하여 재정보조 등 여러 가지 구체적이고 실질적인 지원방안을 규정하고 있는데, 이에 대해서는 일반적인 뉴스통신사의 경우 뉴스통신시장에서의 경쟁이 제한되고 차별을 받게 된다고 하여 헌법소원이 청구된 사건이 있다. 헌법재판소는 2005년 '연합뉴스 국가기간뉴스통신사 지정 사건'에서 위 법률조항은 정보주권의 수호와 국민 간의 정보격차를 해소하고 국가이익보호와 국가의 홍보역량을 강화하기 위한 것이므로 정부의 뉴스통신시장에 대한 최소한의 개입과 뉴스통신사에 대한 적절한 지원이 반드시 요청된다고 할 것이며, 국가기간뉴스통신사를 지정하고 우대조치를 취하는 것은 합리적 근거가 인정되어 평등의 원칙에 위반되지 않는다고 판시하였다(헌재 2005. 6. 30. 2003헌마841).

언론기관의 공적 기능의 중요성은 언론기관의 설립의 자유를 제한하게 되지만, 헌법이나 법률에 의해 방송·통신이나 신문 등의 시설기준을 지나치게 과중하게 규정하게 되면 이는 언론·출판의 자유를 부당하게 제한하는 것이 된다. 그리고 방송의 영역은 출판의 영역과는 달리 주파수의 희소성이라는 기술적 특수상황과 소유와 경영에 거액의 자금이 소요되는 경제적 특수상황으로 인하여 허가제가 정당화되고 있다. 이러한 방송의 허가제 하에서는 자유언론제도에 의해 보장되는 견해의 다양성을 확보하는 데 제약을 받을 수 있으므로 방송 프로그램 편성에 있어서 보도의 공정성과 균형성의 지침 아래 견해의 다양성이 인위적으로 달성되도록 하고 있다. 그리하여 「방송법」은 "방송사업자는 방송프로그램을 편성함에 있어 공정성·공공성·다양성·균형성·사실성 등에 적합하도록 하여야 한다"고 규정하고 있다(동법 제69조 제1항).

언론기업의 독과점 규제 문제

언론기관 설립의 자유를 제한하는 것과 관련하여 언론기업의 독과점규제 문제가 있다. 자본주의사회에 있어서 매스미디어의 시설이 재벌기업에 의해 독점되고 상품화되는 경향이 있기 때문에 국민의 표현의 자유가 새로운 위협을 받게 되고 국민의 의사가 언론기관에 의해 왜곡되거나 정형화될 위험성이 증대되고 있다. 따라서 국가는 일반기업과 마찬가지로 언론기업의 독과점에 대해 규제의 필요성을 인정하게 된다. 현행 「신문 등의 진흥에 관한 법률(약칭 : 신문법)」은 대기업과 그 계열회사는 일반 일간신문을 경영하는 법인이 발행한 주식 또는 지분의 2분의 1을 초과하여 취득 또는 소유할 수 없도록 규정하고 있다(동법 제18조 제1항). 헌법재판소는 2006년, 신문사업자를 일반사업자에 비하여 더 쉽게 시장지배적 사업자로 추정되도록 하고 있는 구 「신문법」 조항에 대하여 신문사업자의 평등권과 신문의 자유를 침해하여 헌법에 위반된다고 하였다. 시장점유율이 높다는 이유만으로, 즉 독자의 선호도가 높아서 발행부수가 많다는 점을 이유로 신문사업자를 차별하는 것, 그것도 시장점유율 등을 고려하여 신문발전기금 지원의 범위와 정도에 있어 합리적 차등을 두는 것이 아니라 기금 지원의 대상에서 아예 배제하는 것은 합리적이 아니라고 판단한 것이다. 그리고 헌법재판소는 「신문법」에 의해 일간신문과 뉴스통신·방송사업의 겸영을 제한하는 것은 신문의 자유를 침해하는 것이 아니라고 하였으나, 신문의 다양성을 위하여 일간신문의 지배주주에 의한 신문의 복수소유를 일률적으로 금지하는 것은 신문의 자유를 침해하는 것이라고 판시하였다(헌재 2006. 6. 29. 2005헌마165등).

「방송법」에도 방송사업자의 소유 제한을 규정하여 누구든지 방송사업자 또는 방송채널사용사업자의 주식 또는 지분 총수의 100분의 40을 초과하여 소유할 수 없으며, 대기업이나 일간신문을 경영하는 법인 등은 종합편성 방송채널 사용사업자의 주식 또는 지분 총수의 100분의 30을 초과하여 소유할 수 없다고 규정하고 있다(동법 제8조 제2항, 제3항).

언론·출판의 자유의 한계 — 타인의 명예나 권리, 공중도덕이나 사회윤리 침해 금지

제21조 제4항은 "언론·출판은 타인의 명예나 권리 또는 공중도덕이나 사회윤리를 침해하여서는 아니된다"라고 규정하고 있다. 이 규정은 언론·출판의 자유에 내재하는 헌법적 한계인 동시에 언론·출판의 자유에 따른 책임과 의무를 강조한 것으로 해석되고 있다. 이 조항에 의해 언론·출판의 자유는 타인의 명예나 권리, 공중도덕이나 사회윤리라는 법익을 위하여 제한을 받을 수 있다. 여기서 헌법 제21조 제4항의 해석에 있어 기본권 제한의 일반적 법률유보조항인 제37조 제2항과의 관계를 어떻게 볼 것인지가 문제될 수 있다. 헌법 제37조 제2항에 의해 국민의 모든 자유와 권리는 국가안전보장·질서유지 또는 공공복리를 위하여 필요한 경우에 한하여 법률로써 제한할 수 있으므로 표현의 자유도 이 조항에 의해 사후적으로 제한될 수 있는 기본권에 해당한다.

한편, 제21조 제4항은 표현의 자유 제한을 정당화하는 특정한 법익을 명시적으로 규정함으로써 제37조 제2항의 일반적 법률유보를 표현의 자유의 제한과 관련하여 구체화하는 규정으로 이해할 수 있다. 따라서 표현의 자유는 제37조 제2항의 일반적 법률유보조항에 의한 사후제한을 당연히 받는 것이지만, 그것은 제21조 제4항의 타인의 명예나 권리, 공중도덕이나 사회윤리 등 특정한 법익과 충돌될 가능성이 크기 때문에 그러한 법익을 특별히 보호하기 위하여 표현의 자유의 사회적 책임성을 강조한 것이 제21조 제4항의 의미라고 해석하는 것이 타당하다. 이 점에서 제21조 제4항은 언론·출판의 자유의 내재적 한계를 규정하면서 기본권의 사회적 책임성을 강조한 것으로 이해할 수 있으며, 여기서의 내재적 한계(타인의 명예나 권리, 공중도덕이나 사회윤리의 침해 금지)를 국가권력에 의한 기본권 전반에 관한 제한의 일반적 근거로 볼 필요는 없는 것이다.

언론·출판의 자유의 한계를 벗어나 타인의 명예훼손이나 사생활의 비밀이 침해되거나 음란표현 등에 의한 공중도덕이나 사회윤리가 침해되는 경우는 다음과 같다. 언론·출판에 의해 개인의 명예를 훼손하는 경우 실정법에 의한 규제를 받게 된다. 사실 또는 허위의 사실을 적시하여 공연히 명예를 훼손하거나 비방할 목적으로 출판물 등에 의하여 명예를 훼손할 경우 「형법」에 의해 처벌을 받게 되며, 고의 또는 과실로 타인의 명예를 훼손할 경우 「민법」상 불법행위를 구성하여 손해배상책임을 지게 된다. 그러나 타인의 명예를 훼손한 언론·출판이라 하더라도 "진실한 사실로서 오로지 공공의 이익에 관한 것"인 때에는 처벌하지 아니한다(형법 제310조). 인터넷과 같은 정보통신망을 통하여 타인의 명예를 훼손하거나 모욕하는 행위는 「정보통신망 이용촉진 및 정보보호 등에 관한 법률」에 의하여 제한된다. 헌법 제17조는 사생활의 비밀과 자유를 보장하고 있으므로 언론이 사생활의 비밀과 자유를 침해하게 되면 명예훼손의 경우와 마찬가지로 민법상 불법행위로 손해배상책임을 물을 수 있다.

형법상 명예훼손죄는 표현의 자유를 침해하는가?

표현의 자유의 한계로서 「형법」상 공연히 사실을 적시하여 사람의 명예를 훼손한 자를 형사처벌하도록 규정한 것이 과잉금지원칙에 반하여 표현의 자유를 침해하는지 여부가 문제되고 있다. 최근 헌법재판소는 이에 관하여 처음으로 합헌결정을 선고하였다. 2021. 2. 25. 재판관 5 : 4의 의견으로, 공연히 사실을 적시하여 사람의 명예를 훼손한 경우 2년 이하의 징역·금고 또는 500만원 이하의 벌금에 처하도록 규정한 형법 제307조 제1항이 청구인들의 표현의 자유를 침해하지 아니하고 헌법에 위반되지 않는다는 결정을 선고하였다. 이에 대하여, 형법 제307조 제1항은 과잉금지원칙에 반하여 청구인들의 표현의 자유를 침해하므로 일부 위헌으로 결정해야 한다는 재판관 4인의 반대의견이 있었다. 이 사건에서 표현의 자유의 침해 여부에 관한 헌법재판소의 법정의견의 요지는 다음과 같다(헌재 2021. 2. 25. 2017헌마1113등).

"오늘날 사실 적시 매체가 매우 다양해짐에 따라 명예훼손적 표현의 전파속도와 파급효과는 광범위해지고 있으며, 일단 훼손되면 완전한 회복이 어렵다는 외적 명예의 특성상, 명예훼손적 표현행위를 제한해야 할 필요성은 더 커지게 되었다. 심판대상조항은 공연히 사실을 적시하여 타인의 명예를 훼손하는 행위를 금지함으로써 개인의 명예, 즉 인격권을 보호하기 위한 것이므로 입법목적의 정당성이 인정된다. 또한 이러한 금지의무를 위반한 경우 형사처벌하는 것은 그러한 명예훼손적 표현행위에 대해 상당한 억지효과를 가질 것이므로 수단의 적합성도 인정된다. … 명예는 사회에서 개인의 인격을 발현하기 위한 기본조건이므로 표현의 자유와 인격권의 우열은 쉽게 단정할 성질의 것이 아닌 점, 일단 훼손되면 완전한 회복이 사실상 불가능하다는 보호법익(외적 명예)의 특성과 사회적으로 명예가 중시되나 명예훼손으로 인한 피해는 더 커지고 있는 우리 사회의 특수성, 징벌적 손해배상(punitive damages)이 인정되는 입법례와 달리 우리나라의 민사적 구제방법만으로는 형벌과 같은 예방이나 위하효과를 확보하기 어려워, 입법목적을 동일하게 달성하면서도 덜 침익적인 수단이 있다고 보기 어려운 점, 형법 제310조는 "심판대상조항의 행위가 진실한 사실로서 오로지 공공의 이익에 관한 때에 처벌하지 아니한다"라고 규정하고 있고, 헌법재판소와 대법원은 이러한 형법 제310조의 적용범위를 넓게 해석함으로써 심판대상조항으로 인한 표현의 자유 제한을 최소화함과 동시에 사실 적시 명예훼손죄가 공적인물과 국가기관에 대한 비판을 억압하는 수단으로 남용되지 않도록 하고 있는 점, 만약 표현의 자유에 대한 위축효과를 고려하여 심판대상조항을 전부위헌으로 결정한다면 사람의 가치에 대한 사회적 평가인 외적 명예가 침해되는 것을 방치하게 되고, 그로 인해 어떠한 사실이 진실에 부합하더라도 개인이 숨기고 싶은 병력·성적 지향(性的 志向)·가정사 등 사생활의 비밀이 침해될 수 있는 점 등을 종합적으로 고려할 때, 심판대상조항은 침해의 최소성도 인정된다."

이 사건에서 재판관 4인의 반대의견(일부위헌의견)도 설득력이 있다. 즉, 진실한 사실은 공동체의 자유로운 의사형성과 진실발견의 전제가 되므로, '적시된 사실이 진실인 경우'에는 허위 사실을 바탕으로 형성된 개인의 명예보다 진실한 사실에 관한 표현의 자유 보장에 중점을 둘 필요성이 있다는 것이다. 그리하여 '적시된 사실이 사생활의 비밀에 관한 것이 아닌 경우'에 허위 사실을 바탕으로 형성된 개인의 명예보다 진실한 사실에 관한 표현의 자유 보장에 중점을 둘 필요성이 있으므로 "심판대상조항 중 '진실한 것으로서 사생활의 비밀에 해당하지 아니한' 사실 적시에 관한 부분은 헌법에 위반된다"고 선언해야 한다는 것이다. 이 일부위헌의견의 비중이 결코 적은 것이 아니므로 앞으로 명예훼손죄의 존폐 여부에 관한 논의는 한층 가열될 것으로 보인다.

음란표현은 언론·출판의 자유의 보호영역에 속하는가?

언론·출판에 의한 공중도덕이나 사회윤리의 침해에 관하여는 주로 음란한 표현의 허용 여부가 문제된다. 「형법」은 제243조 내지 제245조에서 음란한 문서, 도화, 필름 기타 물건을 반포, 판매 또는 임대하거나 공연히 전시 또는 상영한 자, 위 목적으로 음란한 물건을 제조, 소지, 수입 또는 수출한 자 또는 공연히 음란한 행위를 한 자를 처벌하고 있다. 음란의 개념에 관한 통설적 견해는 "성욕의 흥분 또는 만족을 목적으로 하는 행위로서 선량한 풍속에 반하고 사람으로 하여금 수치나 혐오를 느끼게 하는 것"으로 보고 있다. 음란한 표현은 사회의 건전한 성도덕을 크게 해칠 뿐만 아니라 사상의 경쟁 메커니즘에 의해서도 그 해악이 해소되기 어려우므로 언론·출판의 자유에 의하여 보호되기 어려운 것이라고 볼 수도 있다. 그러한 해석하에 헌법재판소는 음란표현은 헌법 제21조가 규정하는 언론·출판의 자유의 보호영역에 해당하지 아니한다고 판시한 바 있다(헌재 1998. 4. 30. 95헌가16).

그러나 그 후 판례를 변경하여 음란표현도 헌법 제21조가 규정하는 언론·출판의 자유의 보호영역에는 해당한다고 보고, 다만 헌법 제37조 제2항에 따라 국가안전보장·질서유지 또는 공공복리를 위하여 제한할 수 있는 것이라고 판시하였다. 음란표현을 표현의 자유의 보호영역에서 애당초 배제시키는 것은 언론·출판의 자유의 제한에 대한 헌법상의 기본원칙, 예컨대 명확성의 원칙, 검열금지의 원칙 등에 입각한 합헌성 심사를 못하게 될 뿐만 아니라 기본권제한에 대한 헌법상의 기본원칙, 예컨대 법률에 의한 제한, 본질적 내용의 침해금지원칙 등도 적용하기 어렵게 되는 결과, 모든 음란표현에 대하여 사전 검열을 받도록 하고 이를 받지 않은 경우 형사처벌을 하거나, 유통목적이 없는 음란물의 단순소지를 금지하거나, 법률에 의하지 아니하고 음란물 출판에 대한 불이익을 부과하는 행위 등에 대한 합헌성 심사도 하지 못하게 됨으로써, 결국 음란표현에 대한 최소한의 헌법상 보호마저도 부인하게 될 위험성이 농후하게 된다는 점을 간과할 수 없으므로 음란표현도 헌법 제21조의 언론·출판의 자유의 보호영역에는 해당하는 것이라고 견해를 변경한 것이다(헌재 2009. 5. 28. 2006헌바109). 그렇다고 해서 음란표현이 무한정 보호되는 것은 아니며 그것이 건전한 성적 풍속이나 성도덕을 침해하는 경우에는 형법규정에 의해 처벌될 수 있는 것이다.

헌법재판소는 '음란'의 개념과 구별되는 추상적 개념으로서 '저속'표현은 처음부터 헌법적 보호영역 안에 있다고 하면서, 청소년 보호를 위해 저속한 간행물의 출판을 전면 금지시키고 출판사의 등록을 취소시킬 수 있도록 하는 것은 지나치게 과도한 수단을 선택한 것으로 언론·출판의 자유와 성인의 알 권리를 침해하게 된다고 판시하였다. 여기에서 '음란'의 개념과는 달리 '저속'의 개념은 그 적용범위가 매우 광범위할 뿐만 아니라 법관의 보충적인 해석에 의한다 하더라도 그 의미내용을 확정하기 어려울 정도로 매우 추상적이며, 이 '저속'의 개념에는 출판사등록이 취소되는 성적 표현의 하한이 열려 있을 뿐만 아니라 폭력성이나 잔인성 및 천한 정도도 그 하한이 모두 열려 있기 때문에 출판을 하고자 하는 자는 어느 정도로 자신의 표현내용을 조절해야 되는지를 도저히 알 수 없도록 되어 있어 명확성의 원칙 등에 반한다고 판단하고 있다(헌재 1998. 4. 30. 95헌가1).

제22조

① 모든 국민은 학문과 예술의 자유를 가진다.

② 저작자·발명가·과학기술자와 예술가의 권리는 법률로써 보호한다.

학문의 자유

제22조는 학문과 예술의 자유, 저작권 등의 보호를 규정하고 있다. 제1항은 "모든 국민은 학문과 예술의 자유를 가진다"라고 하여 학문의 자유와 예술의 자유를 동일 조항에서 규정하고 있다. 학문과 예술의 자유는 사상의 자유를 전제로 하며 하나의 사상이 체계적으로 지식화되는 때에 학문과 예술이 성립하는 것이라고 볼 수 있다.

학문의 자유란 학문적 활동에 관하여 공권력의 간섭이나 방해를 받지 아니하는 자유를 말한다. 학문은 인간정신의 귀중한 성과이며 인류문화의 선구적 역할을 담당하고 새로운 지식의 개척을 의미하므로 모든 예속으로부터 해방되어 학문의 독자성이 보호되어야 한다. 따라서 학문의 자유는 주관적으로는 개인의 국가권력에 대한 소극적 방어권을 의미한다. 동시에 학문의 자유는 객관적으로 학문활동을 자율적 생활영역으로 보호하고 장려해야 한다는 것으로 헌법상 제도적 보장으로서의 성격을 가진다. 즉 학문활동의 중심으로서 대학이 진리를 탐구하는 기관인 점에서 '대학의 자치'를 제도적으로 보장하는 것이 학문의 자유의 중요한 내용이 된다.

학문의 자유는 대학의 교수나 연구기관의 연구원뿐만 아니라 모든 국민에게 보장되는 기본권이다. 학문을 할 의사와 능력이 있으면 내·외국인을 불문하여 권리의 주체가 되며, 특히 학문의 자유는 연혁적으로 대학의 자유를 의미하는 것이었기 때문에 대학이나 연구단체가 그 권리의 주체가 됨은 당연하다.

학문의 자유의 본질적 부분으로서 연구의 자유

학문의 자유의 내용으로서 연구의 자유는 학문의 자유의 본질적 부분으로서, 여기서 연구란 사색·독서·조사·실험 등에 의하여 진리를 탐구하는 행위를 말한다. 연구의 자유는 연구대상의 선택, 연구방법, 연구시기, 연구장소 등에 대하여 국가권력이나 그 밖의 사회적 세력이 간섭하거나 방해할 수 없음을 의미한다. 교육의 자유 또는 교수의 자유(강학의 자유)는 연구의 자유의 연장선상에서 당연히 보장된다. 교수의 자유는 대학이나 고등교육기관에 종사하는 교육자가 자유로이 교수하거나 강의하는 자유를 말한다. 교수의 자유는 강의내용이나 강의방법에 관하여 누구의 지시나 감독을 받지 아니하고 교수가 독자적으로 결정하며 강의실에서는 학문적 견해를 자유롭게 표명하는 것을 보장한다.

연구의 자유는 연구결과를 외부에 발표하는 자유를 포함한다. 연구결과의 발표는 대학의 강의실 이외의 집회에서 발표하거나 논문 또는 저서로써 발표하는 경우를 말한다. 연구결과의 발표는 그 사회적 전파성 때문에 최소한의 범위 내에서 국가적 제한을 받을 수 있다. 연구결과 발표의 자유는 언론·출판의 자유의 한 형태이지만 양자는 특별법과 일반법의 관계에 있다고 할 수 있다. 즉 학문연구활동의 결과로서의 언론·출판은 학문의 자유에 의해서 일반적인 언론·출판의 자유보다 강력하게 보호된다. 또한 학문의 자유는 연구결과 발표의 자유뿐만 아니라 학문을 공동으로 연구하거나 발표하기 위하여 학문적 집회·결사의 자유를 포함한다. 이 학문적 집회·결사의 자유도 일반적 집회·결사의 자유보다 고도로 보장된다. 「집회 및 시위에 관한 법률」 제13조에서 학문에 관한 집회에 대하여는 신고제 등의 제한을 두지 아니는 것은 바로 이러한 이유 때문이다.

대학의 자치

학문의 자유의 내용으로서 대학의 자유 또는 대학의 자치란 연구와 교육이라는 대학 본연의 임무를 수행하는 데 필요한 사항은 가능한 한 대학의 자율에 맡겨야 한다는 것을 의미한다. 대학이 국가권력이나 설립자 등을 비롯한 외부세력의 간섭 또는 압력을 받게 되면 학문활동이 외부의 가치판단에 영향을 받게 마련이기 때문에 그러한 외부세력의 간섭을 배제하고 대학에서 자유로운 학문활동을 실효적으로 보장하기 위해서는 대학의 자율성과 자치가 확보되어야 한다. 따라서 대학의 자치는 학문의 자유의 실효적 보장을 위한 수단으로서의 성격을 지닌다.

대학의 자치의 헌법적 근거로는 헌법 제22조 제1항의 학문의 자유와 헌법 제31조 제4항의 "교육의 자주성·전문성·정치적 중립성 및 대학의 자율성" 보장 규정에서 찾을 수 있다. 헌법재판소도 대학의 자치를 헌법 제22조 제1항과 제31조 제4항에 근거한 헌법상의 기본권으로 보고 있다. 대학의 자치의 주체는 기본적으로 대학으로 본다고 하더라도 교수나 교수회의 주체성이 부정된다고 볼 수는 없고, 가령 학문의 자유를 침해하는 대학의 장에 대한 관계에서는 교수나 교수회가 주체가 될 수 있고, 또한 국가에 의한 침해에 있어서는 대학 자체 외에도 대학 전 구성원이 자율성을 갖는 경우도 있을 수 있다(헌재 2006. 4. 27. 2005헌마1047등). 대학의 자치의 내용으로는 교수의 임용과 보직 등 인사에 관한 자주결정권을 비롯하여, 대학의 관리·운영과 학사에 관한 자주결정권, 교수의 신분보장 등이 있다.

대학의 자치와 관련하여 사립대학의 경우 법인이사회와 학교의 관계를 생각해 볼 필요가 있다. 학교를 설립한 법인은 학교와 통일체를 이루어 학문과 교육의 공동체로서 기능하면서 국가와의 관계에서 학문의 자유의 주체가 된다. 한편 법인에게 부여된 대학의 자치 내지 자율성은 그 자체가 목적이 아니라 외부의 침해로부터 학교의 연구와 교육기능을 보호하기 위한 수단을 의미한다. 법인은 대학의 재정과 시설, 인사 등에 관한 기본적인 사항을 결정하는 권한이 있으나, 법인의 의사결정에는 대학 구성원의 의견을 반영할 수 있어야 하며, 법인이 학교의 연구와 교육에 관한 의사결정과정을 일방적으로 지배하게 되면 대학의 자율성을 침해하게 된다.

학문의 자유도 법률에 의한 제한의 대상이 될 수 있지만, 그 자유의 모든 내용들이 동일한 수준에서 일률적으로 제한을 받게 되는 것은 아니며, 학문의 자유의 제한은 그 구체적·단계적 발현형태에 따라 각기 달리 해석할 수밖에 없다고 할 것이다. 즉 학문의 자유 중에서 연구의 자유는 외부와의 연계성이 비교적 희박하므로 사상과 양심의 자유에 준할 정도로 고도의 헌법적 보장을 받을 수 있다. 그러나 연구결과 발표의 자유라든가 교수의 자유 또는 학문을 위한 집회·결사의 자유 등은 그 사회적 전파성 때문에 헌법 제37조 제2항에 의한 최소한의 제한을 면할 수 없다. 학문의 자유는 개방성·다원성·자율성을 특징으로 하기 때문에 학문적 연구활동이 헌법질서를 부정하는 것을 내용으로 하고 있더라도 그것이 이론적 탐구의 단계에 머물러 있는 한 학문의 자유로서 보장된다. 그러나 정치적 선동이나 선전 또는 편협한 이데올로기적 주장은 학문의 자유로서 보장받을 수 없다. 다만 학문의 자유의 제한은 학문 내의 자체적 통제에 맡겨 두는 것이 바람직하며, 학문의 자유에 대한 외부적 제한에 있어서는 표현의 자유 제한에 관하여 확립된 '명백하고 현존하는 위험'의 원칙이 적용되어야 할 것이다.

학문의 자유에 관한 판례를 보면, 대법원은 순수한 학문연구의 목적으로 반국가단체를 이롭게 하는 내용의 문서·도서 기타 표현물을 제작·수입·복사·소지·운반·반포·판매하는 행위는 「국가보안법」 제7조 제5항에 위반되지 않는다고 하였다(대판 1983. 2. 8. 82도2894). 그러나 '미문화원 점거농성 사건'에서 학문의 자유는 진리의 탐구를 순수한 목적으로 하는 경우에 한하여 보호를 받는 것이므로, 반국가단체를 이롭게 할 목적으로 공산주의 혁명이론 및 전술에 관한 내용을 담은 서적을 소지하고 있었다면 그것은 학문의 자유에 대한 관계를 넘은 것이라고 판시하였다(대판 1986. 9. 9. 86도1187). 헌법재판소는 국립대학 총장의 선출에 교수들이 참여할 권리가 있고, 이 권리는 대학의 자치의 본질적인 내용에 포함된다고 할 것이므로, 결국 헌법상의 기본권으로 인정할 수 있다고 판시하고 있다(헌재 2006. 4. 27. 2005헌마1047).

예술의 자유

예술의 자유 보장에 있어서는 먼저 예술의 개념이 무엇인지에 관하여 일의적으로 명확하게 정의하는 것이 어려운 문제이다. 일반적으로 예술의 개념에 관하여 실질적인 개념과 형식적인 개념으로 정의되고 있는데, 실질적 개념에 의하면 예술이란 미(美)를 추구하는 자유로운 창작활동이라고 할 수 있다. 모든 예술활동은 예술가의 인상·경험 등을 일정한 형태나 소재를 매개로 하여 표현하는 창조적 정신활동을 말한다. 형식적 개념에 의하면 예술이란 음악, 회화, 판화, 조각, 공예, 디자인, 건축, 사진, 영화, 연극, 행위예술 등 일정한 장르의 형태를 띤 표현방법을 통하여 어떤 가치를 표현한 것으로서 다른 개별적 기본권의 영역에 해당하지 않는 행위를 의미한다.

아무튼 예술활동은 인간의 창조적 정신의 표현이며, 자유로운 예술활동의 보장은 헌법의 최고이념인 인간의 존엄성 보호를 위해 필수적인 것이라 할 수 있다. 그러나 예술의 자유의 보장에 있어서 그 보호범위를 명확하게 정하는 것이 쉽지 않다. 예술과 비예술(외설)의 경계를 획정하는 것은 가치론적인 문제이며 그 판단이 획일적이지 않기 때문이다. 그럼에도 불구하고 예술의 자유가 헌법적으로 보장되기 위해서는 그 보호범위가 정해져야 하며 예술의 개념이 확정되어야 한다. 결국 예술의 개념을 확정하는 권한은 국가에 부여될 수밖에 없고 궁극적으로는 사법기관의 과제이다. 따라서 법원과 헌법재판소는 '예술'과 '예술이 아닌 것'의 경계를 설정하는 과제를 피할 수 없게 된다.

예술의 자유에는 예술창작의 자유와 예술표현의 자유가 있으며 예술적 집회·결사의 자유가 포함된다. 예술창작의 자유는 예술의 자유의 핵심내용으로서, 예술창작에 이르는 전과정에 해당하는 창작의 준비와 소재 선택, 작품형태의 선택, 창작 진행 등이 자유로워야 한다는 것을 말한다. 예술표현의 자유는 전시, 공연, 연주, 보급 등을 통해 예술작품 또는 예술행위를 표현하는 자유를 말한다. 이와 관련하여 예술품의 보급에 종사하는 출판업자나 음반업자에게도 예술의 자유가 인정되는가의 문제가 있으나 헌법재판소는 이를 인정하고 있다(헌재 1993. 5. 13. 91헌바17). 예술적 집회·결사의 자유는 예술활동을 위하여 집회를 개최하고 결사를 조직할 수 있는 자유를 말한다. 예술적 집회·결사의 자유는 일반적 집회·결사의 자유보다 더 강한 보호를 받는다.

예술의 자유도 헌법 제37조 제2항에 따라 법률에 의한 제한을 받게 된다. 예술의 자유의 제한과 한계는 학문의 자유에 준하여 적용된다. 예술표현 중에서 영화, 연극 등에 대해서는 그 대중성·오락성·직접성 때문에 질서유지를 위하여 규제를 받을 수 있다. 예술의 자유의 제한과 관련하여 특히 문제가 되는 것은 예술의 자유와 음란성·명예훼손과의 관계이며, 헌법의 자유민주적 기본질서와의 관계에서도 문제가 될 수 있다.

저작자·발명가 등의 권리보호

제22조 제2항은 저작자·발명가·과학기술자와 예술가의 권리는 법률로써 보호한다고 규정하고 있다. 저작자 등의 권리보호는 곧 지적재산권의 보호에 관한 것이다. 지적재산권이란 저작권이나 특허권 등과 같은 문학·예술·과학·기술 등 인간의 정신적 창작활동의 결과 생산되는 무형의 산물에 대한 배타적 권리를 말한다. 저작권이란 인간의 사상 또는 감정을 표현한 창작물인 저작물에 관한 저작자의 권리로서 저작인격권과 저작재산권이 포함된다. 지적재산권 보호에 관한 법률로는 「저작권법」, 「과학기술기본법」, 「특허법」, 「의장법」, 「발명진흥법」, 「문

화예술진흥법」 등이 있다.

헌법재판소는 헌법 제22조 제2항에 관하여 “학문과 예술의 자유를 제도적으로 뒷받침해 주고 학문과 예술의 자유에 내포된 문화국가 실현의 실효성을 높이기 위하여 저작자 등의 권리보호를 국가의 과제로 규정하고 있다. 저작자 등의 권리를 보호하는 것은 학문과 예술을 발전·진흥시키고 문화국가를 실현시키기 위하여 불가결할 뿐 아니라, 이들 저작자 등의 산업재산권을 보호한다는 의미도 함께 가지고 있다. 이와 같은 헌법의 취지에 따라 특허법, 실용신안법, 의장법 등 산업재산권을 보호하기 위한 개별 법률들이 제정되어 발명가 등의 권리를 구체적으로 보호하고 있다”고 판시하고 있다(헌재 2002. 4. 25. 2001헌마200).

특허발명품 보호에 관한 헌법재판소 판례를 보면, “숙취해소용 천연차 및 그 제조방법”에 관하여 특허출원을 하고 특허권을 획득한 자들이 특허권자로서 생산된 물건이나 용기 등에 특허표시를 할 수 있음에도 불구하고, 식품의약품안전청의 고시인 식품등의표시기준에서 “음주전후, 숙취해소 등 음주를 조장하는 내용을 표시하여서는 아니된다”는 규정으로 말미암아 특허발명의 방법으로 생산한 천연차에 그 특허표시인 “숙취해소용 천연차”라는 표시를 하지 못하게 하는 것은 발명가의 특허권 등을 침해하는 것이라고 판시하였다(헌재 2000. 3. 30. 99헌마143).

제23조

① 모든 국민의 재산권은 보장된다. 그 내용과 한계는 법률로 정한다.

② 재산권의 행사는 공공복리에 적합하도록 하여야 한다.

③ 공공필요에 의한 재산권의 수용·사용 또는 제한 및 그에 대한 보상은 법률로써 하되, 정당한 보상을 지급하여야 한다.

재산권의 보장과 제한

제23조는 재산권 보장과 그 제한에 관한 조항이다. 재산권의 보장은 인간이 살아가는 데 있어서 경제적 생활수단을 확보할 수 있도록 자유로운 경제활동의 기초를 마련해 줌으로써 개인이 스스로 책임지는 경제활동을 형성할 수 있게 한다. 개인이 인격체로서 공동체 내에서 자유롭고 자주적으로 살아가기 위해서는 법에 의한 재산권의 보호가 필요하다. 여기에서 재산권은 개인의 자유 보장의 조건이 된다.

재산권 보장의 역사를 보면 근대 초기의 재산권은 개인의 불가침의 인권으로 인식되었다. 근대 자연권론과 사회계약론의 선구자인 로크는 개인의 자연권으로서 생명, 자유와 함께 재산권을 인정하였으며, 1789년 프랑스 인권선언은 "소유권은 신성불가침의 권리이다"라고 천명하였다(제17조). 1791년 미국 헌법 수정조항(제5조)도 "적법절차에 의하지 아니하고는 생명, 자유 또는 재산을 박탈할 수 없다"고 규정하였다. 이처럼 재산권을 절대시하는 입장은 근대 시민사회를 지탱하고 자본주의의 발달을 촉진하는 원동력이 되었다. 그러나 20세기에 들어와 자본주의의 폐해와 사회적 모순은 재산권의 절대성을 수정하지 않을 수 없게 되었다. 그리하여 자본주의 사회에서 재산권의 상대화를 최초로 선언한 1919년 바이마르헌법은 제153조에 "소유권은 의무를 수반한다. 소유권의 행사는 공공복리에 이바지하여야 한다"라고 규정하게 되었다. 이러한 재산권의 성격 변화는 재산권의 절대적 보장으로부터 상대적 보장으로의 변화를 의미한다. 우리 헌법도 건국헌법에 "재산권의 행사는 공공복리에 적합하도록 하여야 한다"(제15조)고 규정한 이래 재산권의 사회적 의무성을 명문화하여 왔다.

모든 국민의 재산권은 보장된다

제23조 제1항 제1문은 "모든 국민의 재산권은 보장된다"라고 하여

재산권 보장을 규정하고 있다. 헌법이 보장하는 재산권이란 사회통념에 의하여 형성된 모든 재산가치 있는 권리를 의미한다. 헌법재판소는 재산권을 "사적 유용성 및 그에 대한 원칙적 처분권을 포함하는 모든 재산가치 있는 구체적 권리"라고 정의하고 있다. 여기서 사적 유용성이란 재산적 법익이 재산권 보유자에게 귀속되어 그의 수중에서 사적 활동과 개인적 이익의 기초로서 효용을 발휘할 수 있다는 것을 의미하며, 처분권이란 재산권의 객체를 변경·양도·포기할 수 있는 권능을 말한다. 그리고 재산가치 있는 구체적 권리란 경제적 가치가 있는 모든 공법상 및 사법상의 권리를 말한다.

제23조 제1항의 재산권 보장 규정은 조세법률관계에 있어서도 국가가 과세권 행사라는 이름 아래 법률의 근거와 합리적 이유 없이 국민의 재산권을 함부로 침해할 수 없도록 하는 의미를 갖는다. 따라서 헌법 제59조의 조세법률주의를 무시한 국가의 자의적 과세권 행사는 헌법 제23조 제1항이 보장하는 국민의 재산권을 침해하는 것이 된다(헌재 1992. 12. 24. 90헌바21; 헌재 1994. 8. 31. 91헌가1). 또한 재산권 보장은 헌법 제13조 제2항의 "소급입법에 의한 재산권의 박탈 금지"를 통하여 강한 보장을 받게 된다.

헌법상 재산권 보장은 개인이 누리고 있는 재산상의 권리의 불가침을 의미하는 대국가적 방어권이라는 점에서 자유권의 보장을 의미한다. 다만 재산권은 그 내용과 한계가 법률로 정해지고, 헌법 제23조 제2항에 의해 그 행사에 있어 공공복리에 적합해야 한다는 고도의 사회적 의무성을 수반한다는 점에서 다른 자유권과 차이가 있을 뿐이다. 또한 재산권의 보장은 개인이 재산을 사유할 수 있다는 점에서 이는 '사유재산제의 보장'으로서의 성격을 동시에 가진다.

재산권의 보장은 곧 국민 개개인의 '자유실현의 물질적 바탕'을 의미하고, 따라서 자유와 재산권은 상호 보완관계이자 불가분의 관계에 있는 것이다. 재산권의 이러한 자유보장적 기능은 재산권을 어느 정도로 제한할 수 있는가 하는 사회적 의무성의 정도를 결정하는 중요한 기준이 된다(헌재 1998. 12. 24. 89헌마214등).

재산권의 내용과 한계는 법률로 정한다는 의미는?

제23조 제1항 제2문은 "재산권의 내용과 한계는 법률로 정한다"라고 하여 우리 헌법상 재산권에 관한 규정은 다른 기본권조항과는 달리 그 내용과 한계가 법률에 의해 구체적으로 형성되도록 하고 있다. 이러한 법률유보를 '기본권형성적 법률유보'라고 한다. 즉 재산권도 자유권의 일종이지만 다른 자유권과 달리 그 내용과 한계를 법률로 정하도록 하고 있는 것이 특징이다. 신체의 자유나 표현의 자유 등의 일반적 자유권은 법률로 그 내용이나 한계를 정할 필요가 없이 자유권 자체에 그 내용과 보호범위가 정해져 있으며 이를 제한하는 경우에 비로소 법률이 필요한 것이지만, 재산권은 그 내용과 한계를 법률로 정해야 비로소 보장된다는 점에서 다른 자유권과 커다란 차이가 있다. 따라서 헌법이 보장하는 재산권의 내용과 한계는 국회가 제정하는 형식적 법률에 의하여 정해지므로 헌법상 재산권 보장은 재산권형성적 법률유보에 의해 실현되고 구체화된다. 그러므로 헌법 제23조 제1항의 재산권이란 일정한 시점에서 법률이 재산권이라고 규정하는 모든 것을 포함하게 된다. 법률이 규정하는 재산권의 중심적 내용은 「민법」상의 소유권이 있지만, 헌법상 인정되는 재산권의 개념은 사적 유용성과 그에 대한 원칙적 처분권을 포함하는 모든 재산가치 있는 사법상 및 공법상의 권리를 포함하므로 민법상의 재산권보다 넓은 개념이 된다.

재산권의 '내용'을 법률로 정한다는 것은 기본권적 재산권 보장의 보호를 받는 새로운 재산권을 법률로 제정한다는 것이며, '한계'를 정한다는 것은 종전에 이미 존재하고 있는 재산권에 그 한계를 설정한다는 것이므로 이는 기존의 재산권내용을 변동시킨다는 의미에서 넓은 의미에서 내용규정이라고 할 수 있다. 이와 같이 헌법 제23조 제1항 제2문은 재산권 형성적 법률유보를 의미하지만, 동시에 이는 재산권 제한적 법률유보의 성격도 가진다. 재산권을 형성하고 한계를 정하는 법률은 동시에 재산권 제한의 의미를 가지기 때문이다.

재산권의 내용과 그 유형으로는 일반재산권과 지적재산권, 토지재산권 등으로 구분할 수 있다. 재산권의 내용은 고정적인 것이 아니라 가변적인 것이며, 오늘날 생활양식과 사회경제적 구조의 급속한 변화와 발전은 재산권의 범위가 점차 확대되는 경향을 보이고 있다. 일반재산권에는 「민법」상의 물건에 대한 소유권을 비롯하여 모든 종류의 물권과 채권이 있으며, 특별법상의 권리로서 광업권, 어업권 등도 포함된다. 공무원의 봉급청구권, 연금청구권, 국가유공자의 생활조정수당 등 공법상의 권리들도 헌법상 재산권에 포함된다. 그러나 단순한 경제적 기회나 기대되는 이익, 반사적 이익 등은 재산권에 포함되기 어렵다.

재산권의 공공복리 적합성

제23조 제2항은 "재산권의 행사는 공공복리에 적합하도록 하여야 한다"라고 하여 법률로써 내용과 한계가 이미 확정된 구체적 재산권의 행사도 공공복리에 적합한 것이어야 한다는 재산권 행사의 공공복리 적합성 내지 재산권의 사회적 제약성을 규정하고 있다. 여기서 제23조 제2항의 재산권의 사회적 제약성 조항은 제23조 제1항의 재산권의 내용과 한계를 확정하는 데 있어서 중요한 기준이 되는 것이다.

재산권의 행사는 공공복리에 적합하도록 하여야 한다는 것은 재산권의 주체가 그 행사에 있어 이를 남용하지 말고 공공복리에 적합하게 행사해야 하는 의무가 따른다는 것을 의미한다. 여기서 그 의무의 내용은 입법에 의해 구체화된다. 이러한 재산권의 사회적 제약성 내지 사회적 의무성이 강조되는 것은 재산권의 악용이나 남용 등 재산권의 무제약적 행사로 말미암아 초래되는 사회적 폐단을 최소화하고 사유재산제의 기본이념을 수호하려는 것이며, 사유재산제의 유지·존속을 위한 최소한의 자기희생 내지 양보를 의미하는 것이다.

토지재산권에 대한 가중된 사회적 구속성

이러한 재산권 행사의 사회적 의무성은 헌법 또는 법률에 의하여 일정한 행위를 제한하거나 금지하는 형태로 구체화될 것이지만, 그 정도는 재산의 종류, 성질, 형태, 조건 등에 따라 달라질 수 있다. 따라서 재산권 행사의 대상이 되는 객체가 지닌 사회적인 연관성과 사회적 기능이 크면 클수록 입법자에 의한 보다 더 광범위한 제한이 허용된다고 할 것이다. 즉, 특정 재산권의 이용이나 처분이 그 소유자 개인의 생활영역에 머무르지 아니하고 일반국민 다수의 일상생활에 큰 영향을 미치는 경우에는 입법자가 공동체의 이익을 위하여 개인의 재산권을 규제하는 권한을 더욱 폭넓게 가진다.

그러한 점에서 토지는 원칙적으로 생산이나 대체가 불가능하여 공급이 제한되어 있고, 우리나라의 가용토지 면적은 인구에 비하여 절대적으로 부족한 반면에, 모든 국민이 생산 및 생활의 기반으로서 토지의 합리적인 이용에 의존하고 있으므로, 그 사회적 기능에 있어서나 국민경제의 측면에서 다른 재산권과 같게 다룰 수 있는 성질의 것이 아니므로 공동체의 이익이 보다 더 강하게 관철될 것이 요구된다. '토지의 공개념(公概念)'이라는 것도 이러한 토지재산권에 대한 가중된 사회적 구속성을 의미하는 것이다. 토지재산권에 대한 가중적 규제의 헌법적 근거로는 사회국가의 원리와 사회적 시장경제질서, 재산권 보장의 상대성 등을 들 수 있다. 토지재산권에 대한 규제 중에서 특히 문제가 되는 것은 토지거래허가제인데 헌법재판소는 토지거래허가제가 사유재산제도의 부정이 아니라 그 제한의 한 형태이고 토지의 투기적 거래의 억제를 위하여 그 처분을 제한함은 부득이한 것이므로 재산권의 본질적인 침해가 아니며, 헌법상의 경제조항에도 위배되지 아니한다고 판단하였다(헌재 1989. 12. 22. 88헌가13).

입법자가 헌법 제23조 제1항 및 제2항에 의하여 재산권의 내용을 구체적으로 형성함에 있어서는, 헌법상의 재산권 보장의 원칙과 재산권의 제한을 요청하는 공익 등 재산권의 사회적 제약성을 비교형량하여, 양 법익이 조화와 균형을 이루도록 하여야 하며, 입법자가 형성의 자유의 한계를 넘었는가 하는 것은 비례의 원칙에 의하여 판단하게 된다(헌재 1998. 12. 24. 89헌마214등).

공공필요에 의한 재산권의 수용 등

제23조 제3항은 "공공필요에 의한 재산권의 수용·사용 또는 제한 및 그에 대한 보상은 법률로써 하되, 정당한 보상을 지급하여야 한다"고 하여 공용침해에 관하여 규정하고 있다. 공용침해란 공공필요에 의한 재산권의 수용·사용·제한, 즉 공용수용·공용사용·공용제한을 말한다. 여기서 '공공필요'란 불확정 개념이지만 일반적으로 공익사업을 시행하거나 공공복리를 달성하기 위하여 재산권의 제한이 불가피한 경우를 의미한다. 헌법재판소는 헌법 제23조 제3항에서 규정하고 있는 '공공필요'의 의미를 "국민의 재산권을 그 의사에 반하여 강제적으로라도 취득해야 할 공익적 필요성"으로 해석하면서 여기서의 '공공필요'는 헌법 제37조 제2항의 '공공복리'보다 좁게 이해하여야 한다는 입장을 취하고 있다(헌재 2014. 10. 30. 2014헌바129등).

공용수용(公用收用)은 국가 또는 공공단체가 공공필요에 의하여 재산권을 강제적으로 박탈하여 취득하는 것을 말한다. 공용수용에 있어 수용의 주체는 국가 또는 공공단체 외에 민간기업의 경우에도 공공필요의 요건을 갖추게 되면 포함될 수 있다. 헌법재판소는 민간기업을 수용의 주체로 규정하는 「산업입지 및 개발에 관한 법률」 조항이 헌법 제23조 제3항에 위반되지 않는다고 판시하였다(헌재 2009. 9. 24. 2007헌바114). 다만 민간기업이 사업시행자인 경우 그 사업시행으로 획득할 수 있는 공익이 현저히 해태되지 않도록 보장하는 제도적 규율도 갖추어져 있어야 한다. 그러나 고급골프장사업과 같이 공익성이 낮은 사업에 대해서까지 시행자인 민간개발자에게 수용권한을 부여하는 것은 헌법 제23조 제3항에 위배된다(헌재 2014. 10. 30. 2011헌바129).

공용사용이란 국가 또는 공공단체가 공공필요에 의하여 개인의 재산의 사용권을 강제적으로 취득하는 것을 말한다. 공용제한이란 국가 또는 공공단체가 공공필요에 의하여 개인의 재산권을 강제적으로 제한하는 것으로, 공용수용 및 공용사용 이외의 것을 말한다. 이러한 공용침해는 '보상'을 전제로 한 재산권 제한이라는 점에서 헌법 제23조 제2항의 재산권의 사회적 의무성에 따른 제한과 구별된다.

제23조 제3항의 공용침해에 의한 재산권 제한은 반드시 형식적 의미의 법률에 의해서만 가능하다. 법률의 위임으로 명령, 규칙 등에 의한 재산권 제한은 원칙적으로 허용될 수 없고, 부득이한 사유가 있는 경우에 한해서만 최소한도로 허용될 수 있다.

헌법 제23조 제2항과 제3항의 관계

재산권의 제한으로서 헌법 제23조 제2항의 재산권의 사회적 제약과 제23조 제3항의 공용침해의 구별기준이 문제된다. 이에 관하여 학설상 '경계이론'과 '분리이론'의 논의가 있다. 경계이론은 재산권의 사회적 제약이나 공용침해 모두 재산권에 대한 제한을 의미하지만 사회적 제약은 공용침해보다 재산권에 대한 침해가 적은 경우로서 “보상 없이 감수해야 하는 것”인 반면, 공용침해는 재산권의 사회적 제약의 범주를 넘어서는 것으로 “보상을 필요로 하는 재산권에 대한 침해”를 의미한다고 한다. 경계이론의 핵심은 보상을 요하는 수용과 보상을 요하지 않는 사회적 제약 간의 경계 설정의 문제, 즉 보상의무가 시작되는 경계선을 찾는 데 있으며, 바로 그 경계가 ‘특별희생’이고 특별희생에 해당하면 보상을 요하는 공용침해가 된다는 것이다. 따라서 경계이론에 의하면 제23조 제2항의 재산권의 공공복리 적합성에 의한 제한의 경우에는 보상을 요하지 않는다는 것이다.

분리이론 또는 단절이론은 재산권의 사회적 제약과 공용침해를 헌법적으로 서로 다른 독립된 제도로 보고, 그 구별의 기준은 재산권 제한의 효과가 아니라 입법의 형식과 목적에 따라 구분된다고 한다. 즉 재산권의 사회적 제약은 추상적이고 일반적인 형식으로 재산권자의 권리와 의무를 새롭게 정의하는 것을 의미하고, 이는 일반적으로 재산권제도를 형성하고 객관적인 재산권의 범위를 설정하는 것이다. 이에 반해 공용침해는 국가가 구체적인 공적 과제를 수행하기 위하여 이미 형성된 구체적인 재산적 권리를 전면적 또는 부분적으로 박탈하거나 제한하는 것을 말한다. 따라서 재산권의 사회적 제약과 공용침해는 그 위헌성 심사의 기준도 각기 달라서 전자의 경우 비례의 원칙, 평등원칙, 신뢰의 원칙 등을 기준으로 위헌 여부를 판단하지만, 후자의 경우 공공필요, 보상 등 헌법 제23조 제3항이 스스로 정하고 있는 조건하에서만 허용된다.

개발제한구역의 지정과 재산권의 사회적 제약의 한계

헌법재판소는 기본적으로 분리이론에 입각하여 재산권의 사회적 제약과 공용침해를 구분하면서, 헌법 제23조 제2항의 재산권의 사회적 제약에는 원칙적으로 보상이 필요 없으나 예외적으로 보상이 인정되는 경우가 있다는 입장을 취하고 있다. 즉 재산권의 사회적 제약이 비례의 원칙, 평등권, 신뢰의 원칙 등에 위배되어 예외적으로 수용의 효과를 가져 오는 경우에는 이를 제23조 제3항의 수용으로 보지 아니하고 '보상의무 있는 재산권의 사회적 제약'으로 파악하고 있다. 따라서 재산권 제한의 유형은 보상이 필요 없는 사회적 제약, 보상의무 있는 사회적 제약, 보상을 요하는 공용침해의 세 가지로 구분된다고 한다.

이에 관한 헌법재판소 판례를 보면, 1998년 개발제한구역 사건에서 사회적 제약의 한계를 넘는 재산권의 제한을 헌법 제23조 제3항의 의미에서의 공용침해로 보지 아니하고, 헌법 제23조 제1항 및 제2항에 근거하여 재산권의 사회적 제약에 대한 위헌성 여부를 판단하고 있다. 그리하여 개발제한구역 지정으로 인하여 토지를 종래의 목적으로도 사용할 수 없거나 또는 더 이상 법적으로 허용된 토지이용의 방법이 없기 때문에 실질적으로 토지의 사용·수익의 길이 없는 경우에는 토지소유자가 수인해야 하는 사회적 제약의 한계를 넘는 것으로 보아야 한다는 것이다. 따라서 「도시계획법」 제21조에 의한 재산권의 제한은 개발제한구역으로 지정된 토지를 원칙적으로 지정 당시의 지목과 토지현황에 의한 이용방법에 따라 사용할 수 있는 한, 재산권에 내재하는 사회적 제약을 비례의 원칙에 합치하게 합헌적으로 구체화한 것이라고 할 것이나, 종래의 지목과 토지현황에 의한 이용방법에 따른 토지의 사용도 할 수 없거나 실질적으로 사용·수익을 전혀 할 수 없는 예외적인 경우에도 "아무런 보상 없이 이를 감수하도록 하고 있는 한", 비례의 원칙에 위반되어 당해 토지소유자의 재산권을 과도하게 침해하는 것으로서 헌법에 위반된다고 판단하였다(헌재 1998. 12. 24. 89헌마214등).

공용침해에 대한 정당한 보상

헌법 제23조 제3항 후단은 공용침해에 대하여 "정당한 보상을 지급하여야 한다"고 하여 정당한 보상을 규정하고 있다. 공용침해는 보상을 그 개념요소로 하기 때문에 반드시 보상이 따라야 한다. '정당한 보상'은 연혁적으로 미국 수정 헌법 제5조의 "정당한 보상(just compensation) 없이 사유재산을 공용수용당하지 않을 권리"에서 유래한 것이라 할 수 있는데, 미국 판례는 그 의미를 재산가치의 완전한 보상, 즉 시가대로의 시가보상을 의미한다고 해석하여 왔다. 우리 헌법재판소 판례도 정당한 보상을 완전보상으로 해석하여, 헌법이 규정한 '정당한 보상'이란 손실보상의 원인이 되는 재산권의 침해가 기존 법질서 안에서 개인의 재산권에 대한 개별적인 침해인 경우에는 그 손실보상은 원칙적으로 피수용재산의 객관적인 재산가치를 완전하게 보상하는 것이어야 한다는 완전보상을 뜻하는 것으로서 보상금액뿐만 아니라 보상의 시기나 방법 등에 있어서도 어떠한 제한을 두어서는 아니 된다는 것을 의미한다고 하였다. 여기서 재산권의 객체가 갖는 객관적 가치란 그 물건의 성질에 정통한 사람들의 자유로운 거래에 의하여 도달할 수 있는 합리적인 매매가능가격, 즉 시가에 의하여 산정되는 것이 보통이라고 하였다(헌재 1990. 6. 25. 89헌마107).

토지의 공용수용 등에 의한 손실보상은 사전보상과 현금보상을 원칙으로 한다. 「공익사업을 위한 토지 등의 취득 및 보상에 관한 법률」에 의하면 사업시행자는 공익사업을 위한 공사에 착수하기 이전에 토지소유자와 관계인에게 보상액 전액을 지급하여야 하며(동법 제62조), 보상은 다른 법률에 특별한 규정이 있는 경우를 제외하고는 현금으로 지급하는 것을 원칙으로 하고 예외적으로 토지소유자가 원하는 경우에는 토지로 보상받을 수 있도록 규정하고 있다(동법 제63조).

제24조
모든 국민은 법률이 정하는 바에 의하여 선거권을 가진다.

국민주권과 대의제 민주주의의 실현수단으로서 선거권

국민의 선거권이란 국민주권을 구현하기 위한 대의제 민주주의의 필수적 요소를 의미하는 것으로서, 주권자인 국민이 국민의 대표자이며 국가정책결정권자인 국가기관을 선임할 수 있는 권리 내지 국가기관의 담당자인 공무원을 선출하는 권리를 말한다.

헌법 제24조는 선거권에 대해 "법률이 정하는 바에 의하여"라는 법률유보조항을 둠으로써 선거권의 구체적 내용은 법률사항으로 위임하고 있다. 그러나 여기서의 법률유보는 선거권을 보장하기 위한 '선거권 형성적' 법률유보의 성격을 갖는 것이므로 입법부는 선거법을 통해 국민의 선거권을 부당하게 제한해서는 안 된다. 즉 헌법 제24조는 국민의 기본권을 법률에 의하여 구체화하라는 뜻이며 선거권을 법률을 통해 구체적으로 실현하라는 의미이다. 이러한 법률유보는 선거권을 실현하고 보장하기 위한 것이지 제한하기 위한 것이 아니므로, 선거권의 내용과 절차를 법률로 규정하는 경우에도 국민주권을 선언하고 있는 헌법 제1조, 평등권에 관한 헌법 제11조, 국회의원선거와 대통령선거에 있어서 보통·평등·직접·비밀선거를 보장하는 헌법 제41조 및 67조의 취지에 부합하도록 하여야 한다. 그리고 민주주의국가에서 국민주권과 대의제 민주주의의 실현수단으로서 선거권이 갖는 이 같은 중요성으로 인해 한편으로 입법자는 선거권을 최대한 보장하는 방향으로 입법을 하여야 하며, 또 다른 한편에서 선거권을 제한하는 법률의 합헌성을 심사하는 경우에는 그 심사의 강도도 엄격하여야 하는 것이다(헌재 2007. 6. 28. 2004헌마644등).

선거권은 기본권인 동시에 국민의 의무인가?

선거권의 법적 성격에 관하여는 정치적 기본권으로서 개인의 주관적 공권으로 볼 것인가, 아니면 정치적 기본권과 공의무의 수행이라는 양면성을 갖는 것으로 볼 것인가의 논의가 있다. 선거권은 첫째, 정치적 기본권의 핵심으로서 개인의 주관적 공권임에 틀림없다. 다만 개인적 공권으로서의 선거권은 자유권적 기본권과 같은 초국가적 자연권의 성격을 가지는 것은 아니며, 국가를 전제로 국가의사결정방식인 대의제를 실현시키기 위해 헌법이 국민에게 부여한 실정권(實定權)을 의미한다. 둘째, 선거권의 공적 의무성에 관하여는 견해가 나뉘고 있으나, 선거권을 국민의 권리이며 동시에 의무라고 보는 이원설에는 동의하기 어렵다. 헌법상 대의제 민주주의 하에서 국민은 선거에 참여해야 하는 정치적·도의적 책임을 지게 되지만 그것이 법적 의무라고 할 수 없다. 선거와 선거권을 구분하여 볼 때, 주권자로서 선거에 참여하여야 할 정치적 책임과 정치적 기본권으로서 자유로운 선거권의 행사는 별개의 문제라고 할 수 있기 때문이다. 그리고 우리 헌법은 선거권 행사에 관한 의무규정을 두고 있지 아니하기 때문에 선거권은 권리로서의 성격만을 갖는 것으로 이해하는 것이 타당하다고 본다.

참정권은 기본적으로 국가를 전제로 한 것이기 때문에 선거권의 주체는 당연히 '국민'이다. 외국인은 원칙적으로 선거권의 주체가 될 수 없다. 다만 외국인의 경우에도 법률에 의하여 한정적인 범위에서 지방선거의 선거권을 인정할 수 있다. 2005년 개정된 「공직선거법」은 지방의회의원 및 지방자치단체장 선거에서 외국인에 대하여도 영주권 취득 후 3년이 지나면 선거권을 인정하고 있다.

선거권의 행사에는 국적·연령·주소에 의한 적극적 요건을 충족해야 하는 것이 요구된다. 「공직선거법」은 2005년 개정 때부터 선거연령을 19세 이상의 국민으로 규정해 왔으나, 2019년 12월 다시 법을 개정하여 '18세 이상'으로 낮추게 되었다. 지역구 국회의원선거권은 선거인명부작성기준일 현재 해당 국회의원지역선거구 안에 주민등록이 되어 있는 사람이어야 한다(공직선거법 제15조 제1항).

수형자와 집행유예자의 선거권 제한은 위헌인가?

또한 소극적 요건으로 「공직선거법」은 금치산자를 비롯하여 선거범 등으로 형이 확정된 후 일정기간을 경과하지 아니한 자 등의 결격사유 외에 수형자와 집행유예자에 대한 결격사유를 규정하여 왔다. 그러나 수형자와 집행유예자의 경우 선거권을 제한하는 것은 위헌성의 문제가 제기될 수 있는데, 주권의 행사와 형사책임의 감수는 차원을 달리하는 것이므로 선거사범의 경우를 제외하고는 수형자나 전과자에 대한 선거권 제한은 위헌의 소지가 있는 문제이다. 헌법재판소는 2004년과 2009년의 결정에서 금고 이상의 형을 선고받은 모든 수형자에게 선거권을 인정하지 않는 것이 선거의 공정성 및 형벌집행의 실효성 확보를 위한 것으로 합헌이라고 판단한 바 있다.

그러나 그 후 2014년 1월 헌법재판소는 집행유예자와 수형자에 대한 선거권을 제한하는 것이 위헌임을 확인함으로써 수형자의 선거권 제한에 대해 합헌을 선언한 종래의 헌법재판소 결정을 변경하였다. 집행유예자와 수형자의 선거권을 제한하는 것은 지나치게 광범위할 뿐만 아니라 범죄의 성격과 선거권 제한과의 직접적 연관성을 찾기 어려운 부분도 포함하고 있으며, 이로써 달성하고자 하는 '중대한 범죄자에 대한 제재나 일반 시민의 법치주의에 대한 존중의식 제고' 등의 공익보다 이로 인하여 침해되는 '집행유예자와 수형자 개인의 사익 또는 민주적 선거제도의 공익적 가치'가 더 크다고 판단한 것이다. 이 결정에 따라 앞으로 집행유예자는 선거권을 행사할 수 있게 되었다. 모든 수형자에 대한 선거권 제한도 위헌이지만 수형자에게 헌법합치적으로 선거권을 부여하는 것은 입법자의 형성재량에 있다는 점을 고려하여 2015년 말까지 종전 법의 잠정적용을 명하였다(헌재 2014. 1. 28. 2012헌마409등). 그리하여 「공직선거법」은 2015년 8월 개정되어 수형자의 선거권제한에 관하여 "1년 이상의 징역 또는 금고의 형을 선고받고 그 집행이 종료되지 아니하거나 그 집행을 받지 아니하기로 확정되지 아니한 사람"으로 규정하게 되었다(동법 제18조 제1항 제2호).

재외국민의 선거권 제한의 문제

해외거주자인 재외국민에게 투표권을 제한하는 것이 헌법에 위반되는지의 여부에 관한 문제가 제기되어 왔다. 헌법재판소는 처음에는 주민등록이 안 된 재외국민의 선거권을 제한하는 것이 정당하다고 하였고, 주민등록이 되어 있는 해외거주자의 부재자투표권을 부인한 것도 위헌이 아니라고 판단하였으나, 2007년에 판례를 변경하여 재외국민의 선거권을 전면적으로 부정하는 것은 헌법 제37조 제2항에 위반되어 재외국민의 선거권과 평등권을 침해하고, 헌법상 보통선거의 원칙에도 위반된다고 판단하였다. 헌법재판소는 단지 주민등록이 되어 있는지 여부에 따라 선거인명부에 오를 자격을 결정하여 그에 따라 선거권 행사 여부가 결정되도록 함으로써, 엄연히 대한민국의 국민임에도 불구하고 「주민등록법」상 주민등록을 할 수 없는 재외국민의 선거권 행사를 전면적으로 부정하는 것은 그에 대한 정당한 목적을 찾기 어렵다고 하여 헌법불합치결정을 하였다(헌재 2007. 6. 28. 2004헌마644등).

위 헌법재판소 결정 이후 「공직선거법」이 개정되어 재외국민의 국정선거권이 인정되었으며, 해외체류자의 부재자투표도 허용되었다. 그리하여 주민등록이 되어 있지 않고 국내거소 신고도 하지 않은 국민, 즉 재외선거인은 대통령선거와 임기만료에 의한 비례대표국회의원선거의 투표권을 갖는다. 재외선거인은 해당 외국의 공관에 설치된 재외투표소에서 투표할 수 있다(공직선거법 제218조의5 이하). 그리고 외국의 영주권을 가진 재외국민으로서 선거인명부 작성 기준일 현재 주민등록표에 3개월 이상 계속하여 올라 있고 해당 국회의원 지역선거구의 선거구역 또는 지방자치단체의 관할구역에 주민등록이 되어 있는 사람은 국회의원, 지방자치단체 의회의원과 장의 선거권을 갖는다(공직선거법 제15조 제1항 제2호, 제2항 제2호).

> 제25조
> 모든 국민은 법률이 정하는 바에 의하여 공무담임권을 가진다.

공무담임권

공무담임권이란 국가 및 공공단체의 구성원으로서 그 직무를 담당할 권리를 말한다. 이 권리는 선거직 공무담임권과 비선거직 공무담임권으로 구분되며, 선거직 공무담임권의 핵심은 선거직 피선거권에 있다. 따라서 공무담임권은 각종 선거에 입후보하여 당선될 수 있는 피선거권과 공직에 임명될 수 있는 공직취임권을 포괄하는 권리이다.

공무담임권은 참정권에 속하지만 그 참정권적 성격은 선거직이냐 비선거직이냐에 따라 차이가 있다. 오늘날에는 비선거직 공무담임권, 특히 경력직공무원 취임의 권리는 직업의 자유의 성격이 강하다고 할 수 있다. 이처럼 비선거직 공무담임권은 직업의 자유의 성격을 지니는

데, 여기서 공무담임권과 직업의 자유의 관계는 특별법과 일반법의 관계로 볼 수 있다. 공무담임권은 직업의 자유에 우선하여 적용되는 특별법적 규정을 의미한다. 헌법재판소는 "공직취임권은 국가 등에게 능력주의를 존중하는 공정한 공직자 선발을 요구할 수 있는 권리라는 점에서 직업선택의 자유보다 그 기본권적 효과가 현실적·구체적이므로, 공직을 직업으로 선택하는 경우에 있어서 직업선택의 자유는 공무담임권을 통해서 그 기본권보호를 받게 된다고 할 수 있으므로 공무담임권을 침해하는지 여부를 심사하는 이상 이와 별도로 직업선택의 자유 침해 여부를 심사할 필요는 없다"고 판시하고 있다(헌재 2006. 3. 30. 2005헌마598).

피선거권 연령의 제한

피선거권의 제한에 있어서 헌법은 대통령피선거권의 연령제한에 관하여 40세로 규정하고 있다(제67조 제4항). 국회의원, 지방의회의원, 지방자치단체장의 피선거권은 「공직선거법」상 25세로 규정해 왔으나, 2021년 12월 법개정으로 18세로 낮추게 되었다(동법 제16조 제2항, 제3항).

또한 「공직선거법」상 선거에서의 후보 난립을 방지하기 위한 기탁금제도는 피선거권을 제한하게 되는 문제가 있다. 현행 「공직선거법」 제56조에 의하면 대통령후보는 3억원(2012. 1. 25 개정), 국회의원후보 1,500만원, 시·도의회의원후보 300만원, 시·도지사후보 5,000만원, 기초자치단체장후보 1,000만원, 기초자치단체의원후보 200만원으로 기탁금을 규정하고 있다. 헌법재판소는 기탁금제도 자체에 대하여는 합헌성을 인정하고 있으나, 2008년 11월 대통령후보의 5억원 기탁금규정에 대한 헌법소원심판 사건에서 그것이 개인에게 과다한 부담을 초래하여 공무담임권 행사 기회를 비합리적으로 차별한다는 이유로 헌법불합치결정을 내렸다(헌재 2008. 11. 27. 2007헌마1024).

비선거직 공무담임권 제한과 관련하여 공직취임기회의 제한과 공직유지권의 제한이 문제된다. 공직취임기회의 제한으로 공무원시험의 연령제한이 있다. 헌법재판소는 공무원시험 연령제한을 기본적으로 입법재량의 문제로 보고, 9급 공무원시험에서 연령 상한을 28세로 정한 것은 합헌이라고 판시한 바 있다. 그러나 5급 공무원시험 응시연령 상한을 32세로 제한한 것에 대하여는 위헌이라고 판단하였다(헌재 2008. 5. 29. 2007헌마1105). 그리하여 2009년 2월 개정된 공무원임용시험령은 제16조 제1항에 응시연령의 상한을 폐지하고 일반직 채용시험의 경우 7급 이상은 20세 이상으로, 8급 이하는 18세(교정·보호직렬은 20세) 이상으로 규정하고, 기능직 채용시험은 18세 이상으로 규정하게 되었다.

헌법재판소는 순경 공개경쟁채용시험의 응시연령 상한을 경찰공무원임용령에 의해 30세 이하로 규정한 것과 소방사·지방소방사 공개경쟁채용시험 및 특별채용시험의 응시연령 상한을 소방공무원임용령에 의해 30세 이하로 규정한 것은 30세가 넘는 사람의 공무담임권을 침해하는 것이라고 하였다(헌재 2012. 5. 31. 2010헌마278).

공직유지권 제한에 관한 것으로 공무원이 금고 이상의 형의 선고유예를 받은 경우에는 공무원직에서 당연히 퇴직하게 하는 것에 대하여 헌법재판소는 판례를 변경하여 공무담임권을 침해하는 것이라고 판시하였다(헌재 2002. 8. 29. 2001헌마788등). 또한 형사사건으로 기소된 공무원에 대하여 필요적으로 직위해제처분을 하도록 규정하고 있는 것은 헌법 제37조 제2항의 비례의 원칙에 어긋나서 직업선택의 자유와 공무담임권을 침해하는 것이라고 판시하였다(헌재 1998. 5. 28. 96헌가12).

제26조
① 모든 국민은 법률이 정하는 바에 의하여 국가기관에 문서로 청원할 권리를 가진다.
② 국가는 청원에 대하여 심사할 의무를 진다.

청구권적 기본권의 보장

우리 헌법 제26조의 청원권을 비롯하여 제27조의 재판청구권, 제28조의 형사보상청구권, 제29조의 국가배상청구권 및 제30조의 범죄피해자구조청구권은 기본권의 종류로서 '청구권적 기본권' 보장에 관한 조항들이다. 청구권적 기본권이란 국민이 국가에 대하여 일정한 행위를 적극적으로 청구할 수 있는 권리로서, 그것은 자유권, 참정권, 사회권 등 실체적 기본권을 절차적으로 보장하기 위하여 국가에 대하여 적극적인 행위를 청구하는 기본권을 의미한다. 이 점에서 청구권적 기본권은 '절차적 기본권' 또는 '기본권보장을 위한 기본권'이라는 용어로 표현되기도 한다. '청구권적 기본권'이라는 용어는 청구권 이외에 국가의 적극적 행위를 청구하는 다른 기본권인 '사회권'과의 구별이 명확하지 않게 되므로 '절차적 기본권'이라는 용어가 더 적합한 표현이라고 볼 수도 있다.

청구권적 기본권의 법적 성격은 첫째, 자유권적 기본권과 함께 고전적 기본권의 하나이지만, 청구권적 기본권은 국가의 적극적 행위를 청구하는 '적극적 성격'의 기본권이라는 점에서 소극적으로 국가의 부작위를 요구하는 자유권과 구별된다. 둘째, 청구권적 기본권은 다른 권리나 이익이 침해되거나 침해당할 우려가 있을 때 그 권리나 이익을 확보하기 위한 '수단적 성격'의 기본권이다. 셋째, 청구권적 기본권은 국가의 존재를 전제로 하는 국가 내적 기본권의 성격을 가진다는 점에서 초국가적 기본권인 자유권과 구별된다. 넷째, 청구권적 기본권은 헌법규정에서 직접적 효력을 갖는 기본권이지만, 그 행사절차에 관한 구체적 입법이 있어야만 비로소 행사할 수 있는 권리이다. 이 점에서 청구권적 기본권은 '불완전한 의미의 구체적 권리'의 성격을 가진다고 할 수 있다(권영성, 앞의 책, 602면). 헌법재판소도 재판청구권과 관련하여 "법률에 의한 구체적 입법 없이는 신속한 재판을 위한 어떤 직접적이고 구체적인 청구권이 발생하지 아니한다"고 판시한 바 있다(헌재 1999. 9. 16. 98헌마75).

청원권

헌법 제26조 제1항은 "모든 국민은 법률이 정하는 바에 의하여 국가기관에 문서로 청원할 권리를 가진다"고 규정하여 청원권의 구체적 내용이 법률로써 형성되도록 하고 있다. 이 헌법규정에 따라 제정된 「청원법」은 청원의 대상과 절차, 청원수리기관의 심사의무 등을 구체적으로 규정하고 있다. 청원권(right to petition)이란 국민이 국가기관에 대하여 권리의 구제나 국가기관의 권한에 속하는 사항에 대하여 의견이나 희망을 진술하고 적정한 처리를 요구하는 권리를 말한다. 청원권 보장의 연혁은 이미 1689년 영국의 권리장전에 국민의 청원권 보장을 규정하였으며, 1791년에 채택된 미연방헌법 수정조항 제1조에 종교의 자유, 표현의 자유와 함께 청원권을 명문화한 것을 볼 수 있다.

청원권의 법적 성격

청원권의 법적 성격에 관하여는 견해가 나뉘고 있으나, 자유권적 성격과 청구권적 성격을 동시에 가진 복합적 성격의 기본권으로 보는 것이 다수설이다. 청원권은 소극적 측면에서 국가기관에 자유로이 진술할 수 있는 청원의 자유를 보장하는 것이면서, 적극적 측면에서 국가기관에 대하여 일정한 국가적 행위를 요구할 수 있는 청구권을 의미하는 것이므로 청원권은 자유권과 청구권의 성격을 아울러 가진 복합적 성격의 기본권으로 보는 것이 타당하다. 국민의 청원에 대하여 국가기관은 이를 수리하여 성실하게 처리하여야 하기 때문에 청원권은 국가기관에 대해 일정한 행위를 요구할 수 있는 청구권적 기본권의 하나이다. 헌법은 청원에 대한 심사의무만을 규정하고 있으나, 「청원법」은 더 나아가 심사결과에 대한 통지의무를 규정하고 있다(동법 제9조). 또한 청원권은 국민이 국가기관의 의사형성에 자유롭게 참여할 수 있는 권리로서의 기능을 갖는 점에서 참정권과 유사한 성격과 기능을 가진다고 볼 수 있다(이 점에 관하여는 정종섭, 헌법학원론, 2014, 박영사, 757면). 아울러 청원권은 절차와 요건이 까다로운 소송법상의 권리구제수단 대신에 편리한 방법으로 권리구제를 받을 수 있다는 점에서 권리구제수단으로서의 기능을 가진다고 할 수 있다.

「청원법」에 의하면 청원사항에 관하여 ① 피해의 구제, ② 공무원의 비위의 시정 또는 공무원에 대한 징계나 처벌의 요구, ③ 법률·명령·조례·규칙 등의 제정·개정 또는 폐지, ④ 공공의 제도 또는 시설의 운영, ⑤ 기타 공공기관의 권한에 속하는 사항으로 규정하고 있다(제4조). 그리고 청원법은 청원금지사항으로 감사·수사·재판 등 다른 법령에 의해 조사나 구제절차가 진행 중이거나 허위의 사실 또는 중상모략하는 사항, 개인의 사생활에 관한 사항 등을 규정하고 있다(동법 제11조).

청원을 제출할 수 있는 기관에 관하여 「청원법」은 국회·법원·중앙행정기관 등의 국가기관, 지방자치단체와 그 소속기관, 법령에 의하여 행정권한을 가지고 있거나 행정권한을 위임 또는 위탁받은 법인·단체 또는 그 기관이나 개인으로 규정하고 있다(동법 제3조). 청원은 반드시 청원인의 성명·주소 또는 거소를 기재하고 서명·날인한 문서로써 해야 한다. 청원서에는 청원의 이유와 취지를 명시하고, 필요한 경우에는 서류 기타 참고자료를 첨부할 수 있다(동법 제6조 제3항).

청원에 대한 국가의 심사의무

제26조 제2항에 따라 청원수리기관은 청원에 대하여 성실하게 심사할 의무가 있으며, 심사와 처리결과를 청원인에게 통지할 의무가 있다(청원법 제9조). 청원서를 접수한 국가기관은 「청원법」이 정하는 절차와 범위 내에서 청원사항을 성실·공정·신속히 심사하고 청원인에게 그 청원을 어떻게 처리하였거나 처리하려 하는지를 알 수 있을 정도로 결과통지함으로써 충분하고, 비록 그 처리내용이 청원인이 기대한 바에 미치지 않는다고 하더라도 헌법소원의 대상이 되는 공권력의 불행사가 있다고 볼 수 없다(헌재 2004. 5. 27. 2003헌마851). 청원인은 청원을 이유로 차별대우를 받거나 불이익을 강요당하지 아니한다(동법 제12조).

청원권도 헌법 제37조 제2항에 따라 제한될 수 있으나, 청원권의 본질적 내용을 침해하거나 과잉금지의 원칙에 위반할 수 없다. 청원권 제한과 관련하여 교도소 수용자의 청원이 문제될 수 있다. 모든 국민은 청원권을 가지고 있으므로 교도소 수용자라 하더라도 원칙적으로는 자유롭게 청원할 권리가 보장된다. 그러나 서신을 통한 수용자의 청원을 아무런 제한 없이 허용한다면 수용자가 이를 악용하여 검열 없이 외부에 서신을 발송하는 탈법수단으로 이용할 수 있게 되므로 이에 대한 검열은 수용목적 달성을 위한 불가피한 것으로서 청원권의 본질적 내용을 침해한다고 할 수 없다(헌재 2001. 11. 29. 99헌마713).

그리고 「국회법」상 국회에 대한 청원에 국회의원의 소개를 받도록 규정한 것(제123조 제1항)이 청원권 침해가 아닌가의 문제가 있다. 헌법재판소는 청원에 국회의원의 소개를 얻도록 한 것은 청원 심사의 효율성 확보를 위해 적절한 수단이며, 또한 청원은 일반의안과 같이 처리되므로 청원 제출단계에서 의원의 관여가 필요하고 청원의 소개 의원은 1인으로 족한 점을 감안할 때 국민의 청원권 침해라 볼 수 없다고 판단하였다(헌재 2006. 6. 29. 2005헌마604).

제27조

① 모든 국민은 헌법과 법률이 정하는 법관에 의하여 법률에 의한 재판을 받을 권리를 가진다.

② 군인 또는 군무원이 아닌 국민은 대한민국의 영역 안에서 중대한 군사상의 기밀·초병·초소·유독음식물공급·포로·군용물에 관한 죄 중 법률이 정한 경우와 비상계엄이 선포된 경우를 제외하고는 군사법원의 재판을 받지 아니한다.

③ 모든 국민은 신속한 재판을 받을 권리를 가진다. 형사피고인은 상당한 이유가 없는 한 지체없이 공개재판을 받을 권리를 가진다.

④ 형사피고인은 유죄의 판결이 확정될 때까지는 무죄로 추정된다.

⑤ 형사피해자는 법률이 정하는 바에 의하여 당해 사건의 재판절차에서 진술할 수 있다.

재판을 받을 권리

헌법 제27조는 재판을 받을 권리를 비롯하여 군사재판을 받지 아니할 권리, 무죄추정의 원칙, 범죄피해자의 재판절차진술권 등을 규정하고 있다. 동조 제1항의 재판을 받을 권리 내지 재판청구권이란 정치권력으로부터 독립된 법원에서 헌법과 법률에 의해 신분이 보장된 법관에 의해 객관적인 법률에 따라 재판을 받을 권리를 말한다. 재판청구권은 개인의 기본권 침해에 대한 사법적 사후구제절차로서 중요한 의미를 갖는 기본권이며, 법치주의를 실현하는 데 필수적인 기본권이라 할 수 있다.

재판청구권의 성격은 첫째, 국가에 대하여 재판이라는 사법절차를 제공하여 줄 것을 청구하는 청구권적 기본권이다. 여기서 재판청구권은 적극적으로 국가에 대하여 "헌법과 법률이 정한 법관"에 의한 재판이라는 국가적 행위를 청구할 수 있는 권리라는 측면과 소극적으로 "헌법과 법률이 정한 법관"이 아닌 자에 의한 재판이나 법률에 의하지 아니한 재판을 받지 아니할 권리라는 측면을 아울러 가지고 있다(헌재 1998. 5. 28. 96헌바4). 둘째, 재판청구권은 실체적 기본권이 침해된 경우 이를 절차적으로 보장하기 위한 절차적 기본권의 성격을 가진다. 셋째, 재판청구권은 재판제도가 존재함에 따라 인정되는 국가 내적 기본권이므로 자연권의 성질을 갖지 아니하는 실정권이다.

재판청구권은 다른 기본권이 침해된 경우에 그 구제를 위한 기본권이므로 기본권의 주체가 될 수 있는 자는 누구나 재판청구권의 주체가 된다. 따라서 국민뿐만 아니라 외국인도 주체가 될 수 있고, 법인이나 단체도 재판청구권을 행사할 수 있다.

재판청구권의 보호대상인 '재판'이란 권리가 침해되거나 법적 분쟁이 발생한 경우 중립적 권력기관인 법원이 사실을 확인하고 법률을 해석·적용하는 공권적 판단작용을 말한다. 즉 재판은 법적 쟁송을 심판하는 국가작용으로서 사실확정과 법의 해석·적용이라는 두 요소를 포함한다.

헌법과 법률이 정한 법관에 의한 재판을 받을 권리

제27조 제1항의 '헌법과 법률이 정한 법관'이란 헌법 제101조 제1항과 제3항이 정하는 법관을 말하며 헌법 제104조와 「법원조직법」 제41조에 규정된 절차에 따라 법관으로 임명되고, 헌법 제103조 및 제106조에 의하여 직무상 독립과 신분상 독립이 보장된 법관을 말한다. 법관의 자격에 관하여는 「법원조직법」이 규정하고 있다(제42조). 국민은 이와

같은 자격과 신분이 보장되지 아니한 자에 의한 재판을 거부할 권리를 가진다. 구체적인 문제로서 약식절차는 공판 전의 간이소송절차로서, 이에 불복할 경우에는 정식재판을 청구할 수 있으므로 재판청구권의 침해라고 볼 수 없다. 통고처분은 법원에 의하여 자유형 또는 재산형에 처하는 형벌제도에 갈음하여 행정관청이 법규위반자에게 금전적 제재를 통고하고 이를 이행한 경우에는 당해 위반행위에 대한 소추를 면하게 하는 것인데, 「도로교통법」상 범칙자에 대한 경찰서장의 통고처분 등은 법관이 아닌 행정공무원에 의한 처분이며, 처분을 받은 당사자의 임의의 승복을 발효요건으로 하고 불응시에는 정식고발절차가 진행되거나 법원에 의한 재판절차가 보장되어 있으므로 헌법 제27조 제1항에 위배되지 아니한다.

제27조 제1항과 관련하여 현행 헌법 하에서 미국형의 배심제나 유럽형의 참심제를 도입할 수 있는가의 문제가 있다. 배심제는 일반시민으로 구성된 배심원단이 직업법관과 독립하여 사실문제에 대한 평결을 내리고 법관은 그 사실판단에 대한 평결에 구속되어 재판하는 제도를 말한다. 참심제는 일반시민인 참심원이 직업법관과 함께 재판부의 일원으로 참여하여 직업법관과 동등한 권한을 가지고 사실문제와 법률문제를 모두 판단하는 제도를 말한다.

현행 헌법 하에서 배심제나 참심제 도입에 관한 학설을 보면, 배심제는 배심원이 사실문제에 대한 판단에만 관여하고 법률문제의 판단에 관여하지 않기 때문에 합헌이지만, 참심제는 참심원이 사실문제와 법률문제의 판단에 관여하므로 위헌이라는 견해가 다수설이다. 일부 견해는 배심제의 도입도 참심제와 마찬가지로 우리 헌법이 예정하고 있지 않은 것으로 위헌성의 문제가 있다고 한다(권영설, 헌법이론과 헌법담론, 법문사, 2006, 572면 이하).

우리나라는 2008년 「국민의 형사재판참여에 관한 법률」에 의해 배심제가 도입되었다. 이 제도는 미국형의 배심제와 유사하지만 차이점이 있으며, 배심제와 참심제의 요소를 혼합한 독특한 제도를 채택하고 있다. 즉 우리의 배심제는 배심원이 사실의 인정뿐만 아니라 법령의 적용, 형의 양정에 관해 법관에게 의견을 제시하는 권한을 가지고 있으나(동법 제12조), 법원은 배심원의 평결과 의견에 기속되지 않으므로(동법 제46조 제5항) 헌법 제27조 제1항의 법관에 의한 재판을 받을 권리를 침해하는 것은 아니라고 할 것이다.

한편, 헌법재판소는 헌법과 법률이 정한 법관에 의한 재판을 받을 권리는 직업법관에 의한 재판을 주된 내용으로 하는 것이므로 '국민참여재판을 받을 권리'가 헌법 제27조 제1항에서 규정한 재판을 받을 권리의 보호범위에 속한다고 볼 수 없다고 판시하였다(헌재 2015. 7. 30. 2014헌바447).

법률에 의한 재판을 받을 권리

제27조 제1항에 의해 모든 국민은 '법률에 의한 재판'을 받을 권리를 가지며, 법률에 의하지 아니한 재판을 거부할 권리를 가진다. 법률에 의한 재판이란 헌법에 위배되지 않는 합헌적인 법률로 정한 내용과 절차에 따라 행해지는 재판을 말한다. 즉 합헌적인 실체법과 절차법에 의해 행해지는 재판을 의미한다. 여기서 법률의 의미는 재판의 유형에 따라 동일하지 아니하다. 형사재판에는 죄형법정주의가 적용되므로 그 법률은 형식적 의미의 법률이어야 한다. 그러나 민사재판과 행정재판에 있어서는 형식적 의미의 법률 이외에 이 법률에 저촉되지 아니하는 범위 내에서 관습법이나 조리(條理)와 같은 불문법도 포함한다. 조리란 법의 일반원칙을 의미한다. 우리 「민법」 제1조는 "민사에 관하여 법률의 규정이 없으면 관습법에 의하고, 관습법이 없으면 조리에 의한다"라고 규정하여 민사재판에 있어서 성문법도 관습법도 없는 경우에는 조리가 재판의 준거가 된다는 것을 밝히고 있다.

재판을 받을 권리와 심급제

재판을 받을 권리에 심급제(審級制)와 관련하여 심급의 이익이 포함되는가의 문제가 있다. 헌법 제101조 제2항은 "법원은 최고법원인 대법원과 각급법원으로 조직된다"라고 하여 최고법원인 대법원과 각급법원이 존재함을 정하고 있다. 따라서 심급상 대법원은 최고법원이므로 최종심의 법원임이 분명하고, 그 이하 심급은 헌법이 명시적으로 규정하지 않고 법률에 의해 정해지도록 하고 있다. 즉 심급제도의 존재는 헌법사항이지만 2심제인가 3심제인가 하는 문제는 헌법사항이 아니라 입법정책적 문제이며 어느 경우에나 최종심의 관할은 대법원이 가진다고 할 수 있다. 「법원조직법」은 3심제를 원칙으로 하고 있으며 그에 대한 일정한 예외를 두고 있다.

여기서 상소할 수 있는 권리, 즉 제2심 항소심 재판을 받을 권리와 대법원의 상고심 재판을 받을 권리가 헌법상 기본권으로 보장되는가의 문제가 있다. 헌법은 제101조 제2항에 심급제를 규정하고 있으며, 제110조 제4항에서 비상계엄하의 군사재판의 경우 단심재판의 제한을 특별히 규정하고 있고, 재판의 본질상 오판의 가능성을 회피하는 것이 정의에 합치하는 것이므로 제1심 재판에 대해 불복할 수 있는 권리, 즉 제2심 재판을 받을 권리는 당연히 기본권으로 보장되는 것이다. 그러나 모든 사건에 대해 똑같이 세 차례의 법률적 측면에서의 심사의 기회의 제공이 곧 헌법상의 재판을 받을 권리의 보장이라고 할 수 있는가에 대해서 헌법재판소의 입장은 소극적이다.

상고심리불속행제도는 위헌인가

헌법재판소는 1992년 「소액사건심판법」 제3조의 상고제한규정에 대한 헌법소원 사건에서 모든 사건에 대해 획일적으로 상고할 수 있느냐의 여부는 입법정책의 문제라고 하고, 소액사건의 상고제한이 재판을 받을 권리를 침해하는 것이 아니라고 판시하였다(헌재 1992. 6. 26. 90헌바25). 그 후 1997년, 「상고심리절차에 관한 특례법」 제4조 제1항 등의 상고심리불속행제도에 대한 위헌소원 사건에서도 헌법재판소는 소극적 입장을 취하면서 다음과 같이 판시하고 있다. “헌법이 제101조 제2항 및 제3항에서 대법원을 최고법원으로 구성하였다고 하여 대법원이 곧바로 모든 사건을 상고심으로서 관할하여야 한다는 결론이 당연히 도출되는 것은 아니다. …‘헌법과 법률이 정하는 법관에 의하여 법률에 의한 재판을 받을 권리’가 사건의 경중을 가리지 아니하고 모든 사건에 대하여 대법원을 구성하는 법관에 의한 균등한 재판을 받을 권리를 의미한다거나 또는 상고심재판을 받을 권리를 의미하는 것이라고 할 수는 없다. 왜냐하면 상고제도의 목적을 법질서의 통일과 법발견 또는 법창조에 관한 공익의 추구에 둘 것인지, 아니면 구체적인 사건의 적정한 판단에 의한 당사자의 권리구제에 둘 것인지, 또는 양자를 다 같이 고려할 것인지는 역시 입법자의 형성의 자유에 속하는 사항이고, 그 중 어느 하나를 더 우위에 두었다고 하여 헌법에 위반되는 것은 아니기 때문이다”(헌재 1997. 10. 30. 97헌바37등).

그러나 이 사건에서 재판관 3인의 반대의견은 위 특례법 중 심리불속행 재판의 판결이유를 생략할 수 있도록 규정한 제5조 제1항 부분이 청구인의 재판청구권을 침해하는 것이라는 위헌의견을 제시하였다. 즉 심리불속행되는 상고사건의 범위에 대한 아무런 제한조차 없이 그 사건이 당사자에게 미치는 효과의 경중을 묻지 않고 일체의 이유기재가 없는 재판의 길을 열어놓고 있는 이 조항은 국민의 재판청구권을 침해하며, 특히 심리불속행판결에 대해서도 재심은 가능한 것이므로 적어도 상고인이 판단유탈 등 재심사유가 있는지의 유무만은 판단할 수 있을 정도의 최소한의 이유기재는 필요한 것이므로, 일체의 이유기재를 하지 아니하여 재심청구권을 행사할 수 없도록 하는 것은 명백한 재판청구권 침해에 해당한다고 보고 있다(2006헌마1447 사건에서의 재판관 김희옥, 재판관 김종대, 재판관 송두환의 반대의견). 우리나라의 상고심 사건이 폭증하는 현실에 있어 대법원의 업무부담의 완화와 사건처리의 효율성을 위해 상고심리불속행제도 자체를 위헌으로 보기 어려우나, 일체의 이유기재 없는 상고심리불속행은 재판청구권을 침해하는 것이라고 보는 견해가 타당하다.

3심재판을 받을 권리에 관하여 학계의 견해는 판례의 입장과 마찬가지로 부정적 견해가 다수설이다. 즉 우리 헌법은 이에 관한 명문규정이 없고 상고문제는 법률에 맡겨져 있기 때문에, 헌법 제27조의 재판을 받을 권리에는 모든 사건에 대하여 상고법원의 구성법관에 의한 상고심절차에 의한 재판을 받을 권리까지 포함된다고 볼 수 없다는 것이다. 이에 대해 일부 견해는 대법원의 상고심 재판을 받을 권리를 기본권으로 보아야 한다는 입장이 있다. 헌법 제101조 제2항이 최고법원을 대법원으로 하여 최종심의 재판을 관장하게 하므로 재판에서 최종적으로 대법원의 재판을 받을 권리, 즉 대법원의 재판을 구하는 권리는 기본권으로 보아야 한다는 것이다. 다만 대법원의 재판을 받을 권리도 헌법 제37조 제2항에 의해 제한하는 것은 가능하다는 것이다(정종섭, 앞의 책, 824면).

군사재판을 받지 아니할 권리

제27조 제2항은 군인 또는 군무원이 아닌 일반 국민은 원칙적으로 군사재판을 받지 아니할 권리를 가진다고 규정하고 있다. 그러나 예외적으로 대한민국의 영역 안에서 중대한 군사상의 기밀·초병·초소·유해음식물공급·포로·군용물에 관한 죄 중 법률이 정한 경우와 비상계엄이 선포된 경우에는 군사재판을 받게 할 수 있다. 헌법재판소는 군용물에 포함되지 않는 '전투용에 공하는 시설'을 손괴한 군인 또는 군

무원이 아닌 일반 국민이 군사법원에서 재판받도록 하는 구 「군사법원법」 조항은 헌법과 법률이 정한 법관에 의한 재판을 받을 권리를 침해한다고 판시하였다(헌재 2013. 11. 28. 2012헌가10).

신속한 공개재판을 받을 권리

제27조 제3항 제1문은 “모든 국민은 신속한 재판을 받을 권리를 가진다”라고 하여 신속한 재판을 보장하고 있다. 재판의 지연은 아무리 정당한 재판일지라도 당사자에게는 무용지물이 될 수 있다. 정당한 이유 없는 재판의 지연은 피고인 또는 당사자에게 정신적 고통과 불안을 강요하는 것이 된다.

헌법재판소는 신속한 재판을 받을 권리가 기본권임을 인정하면서도 법률에 의한 구체적 형성 없이는 신속한 재판을 위한 어떤 직접적이고 구체적인 청구권이 발생하지 아니한다고 판시한 바 있다(헌재 1999. 9. 16. 98헌마75). 그러나 「형사소송법」상의 피의자구속기간 30일 규정과 달리 「국가보안법」상 구속기간을 50일로 연장한 것에 대해서는 신속한 재판을 받을 권리를 침해한 것이라고 하였다(헌재 1992. 4. 4. 90헌마82).

헌법 제27조 제3항 제2문에 의해 형사피고인은 지체없이 공개재판을 받을 권리를 가진다. 공개재판이란 재판의 공정성 확보를 위해 재판의 심리와 판결을 이해관계가 없는 제3자도 방청하게 하는 제도를 말한다. 헌법은 공개재판청구권을 형사피고인의 권리로 규정하고 있지만, 헌법 제109조의 “재판의 심리와 판결은 공개한다”는 규정에 비추어 볼 때 이는 모든 국민에게 인정되는 권리라 할 수 있다. 다만 헌법 제109조 단서조항에 따라 국가의 안전보장 또는 안녕질서를 방해하거나 선량한 풍속을 해할 염려가 있을 때에는 법원의 결정으로 심리에 한하여 이를 공개하지 않을 수 있다.

재판청구권에 공정한 재판을 받을 권리가 포함되는가?

헌법은 공정한 재판에 관한 명문규정을 두고 있지 않지만 법치주의의 이념에 비추어 공정한 재판을 받을 권리는 헌법 제27조의 재판청구권에 당연히 포함되는 개념이라 할 수 있다. 헌법재판소도 공정한 재판을 받을 권리를 기본권으로 판시하고 있다(헌재 1996. 12. 26. 94헌바1). 공정한 재판을 받을 권리는 원칙적으로 당사자주의와 구두변론주의가 보장되어 당사자의 공격·방어권이 충분히 보장되는 재판을 받을 권리를 내용으로 한다. 헌법은 형사절차에 관한 일련의 규정들을 통해 공정한 재판을 받을 권리를 구체화하고 있는데, 무죄추정의 원칙(제27조 제4항), 진술거부권(제12조 제2항), 변호인의 조력을 받을 권리(제12조 제4항) 등이 이에 해당한다. 헌법재판소는 별건 형사사건의 피고인으로 출석하는 수형자에 대하여 사복착용에 관한 「형집행법」 제82조를 준용하지 않은 것은 피고인의 공정한 재판을 받을 권리를 침해하므로 헌법에 합치되지 않는다고 판시하였다. 다만 민사재판에 출석하는 수형자에게 사복착용에 관한 조항을 준용하지 않는 것은 공정한 재판을 받을 권리나 인격권을 침해하지 아니한다는 결정을 선고하였다(헌재 2015. 12. 23. 2013헌마712). 그러나 이 사건에서 재판관 3인의 반대의견은 민사재판의 당사자로 출석하는 수형자의 사복착용 불허는 수형자의 인격권과 행복추구권을 침해하여 위헌이라는 입장을 제시하였다.

무죄추정의 원칙

제27조 제4항은 "형사피고인은 유죄의 판결이 확정될 때까지 무죄로 추정된다"라고 하여 무죄추정의 원칙을 규정하고 있다. 무죄추정의 원칙이란 형사절차와 관련하여 공소가 제기된 형사피고인뿐만 아니라 아직 공소제기가 없는 피의자까지도 유죄의 판결이 확정될 때까지는

원칙적으로 죄가 없는 자에 준하여 다루어져야 한다는 원칙을 말한다.

무죄추정의 원칙은 인간의 존엄성 존중이라는 입헌주의 헌법의 기본이념에서 유래한 것으로, 불리한 처지에 놓여 인권을 유린당하기 쉬운 피의자나 피고인의 지위를 옹호하여 형사절차에서 그들의 불이익을 필요최소한에 그치게 하기 위한 것이다. 무죄추정의 원칙은 재판을 담당하는 법관의 기본자세와 판결의 기본방향을 규정하는 원칙이며, 동시에 수사기관의 자세에 대한 원칙을 의미한다. 무죄추정의 원칙의 명문화는 역사적으로 1789년 프랑스 인권선언(제9조)에서 그 기원을 볼 수 있다. 우리나라의 경우 무죄추정의 원칙은 1980년 헌법(제5공화국헌법)에서 최초로 도입되었다.

무죄추정의 원칙의 내용은 다음과 같다. 첫째, 무죄추정의 원칙은 형사피고인뿐만 아니라 형사피의자에게도 적용된다. 둘째, 무죄추정의 원칙에 따라 불구속수사와 불구속재판을 원칙으로 하고 예외적으로 도피할 우려가 있거나 증거를 인멸할 우려가 있는 때에 한하여 구속수사 또는 구속재판을 할 수 있다. 셋째, 범죄사실의 입증책임은 기소자측에 있으며 피고인 자신이 무죄임을 적극적으로 증명할 필요가 없다. 넷째, 범죄혐의에 관하여 입증이 없으면 “의심스러운 때는 피고인의 이익으로”라는 원칙에 따라 무죄를 선고해야 한다. 다섯째, 유죄의 예측 아래 무리한 진실추구를 하여서는 안 되며 피고인의 인권 옹호에 특별히 유의해야 한다.

무죄추정의 원칙에 관하여 헌법재판소는 “수사절차에서 공판절차에 이르기까지 형사절차의 전 과정을 지배하는 지도원리로서 인신의 구속 자체를 제한하는 원리로 작용한다”고 보고 있다(헌재 2009. 6. 25. 2007헌바25). 학계의 입장을 보면 무죄추정의 원칙에 대하여 형사절차상의 객관적인 법원칙을 넘어 개인의 기본권으로서 ‘무죄추정을 받을 권리’로 보는 견해도 제시되고 있다(양건, 앞의 책, 647면; 정종섭, 앞의 책, 519면).

헌법재판소가 무죄추정의 원칙에 위배된다고 판단한 사례를 보면 다음과 같다. 형사사건으로 기소된 변호사에 대하여 업무정지를 명할 수 있도록 하는 것(헌재 1990. 11. 19. 90헌가48), 형사사건으로 기소된 사립학교 교원에 대해 필요적으로 직위해제를 취하도록 하는 것(헌재 1994. 7. 29. 93헌가3등), 미결수용자에게 수사 또는 재판을 받을 때에도 재소자용 의류를 착용하게 하는 것(헌재 1999. 5. 27. 97헌마137), 공정거래법 위반 사실에 대하여 법원에서 유죄로 확정되기도 전에 공정거래위원회로 하여금 법위반사실의 공표를 명할 수 있도록 하는 것(헌재 2002. 1. 31. 2001헌바43), 판결선고 전 구금일수 전부를 본형에 산입하지 아니한 것(헌재 2009. 6. 25. 2007헌바25) 등은 무죄추정의 원칙에 위배된다고 판시하였다.

형사피해자의 재판절차진술권

제27조 제5항은 "형사피해자는 법률이 정하는 바에 의하여 당해 사건의 재판절차에서 진술할 수 있다"라고 하여 재판절차진술권을 규정하고 있다. 재판절차진술권은 범죄로 인한 피해자가 당해 사건의 재판절차에 증인으로 출석하여 자신이 입은 피해의 내용과 사건에 관하여 의견을 진술할 수 있는 권리를 말한다. 이 규정은 피해자의 증언을 청취함으로써 진실발견에 최선을 다하게 하고 피고인의 유·무죄와 양형의 판단에 참고하며, 피해자의 피해상황을 직접 확인함으로써 국가의 피해자 구조 여부를 판단하는 자료로 활용하기 위하여 1987년 헌법에 새롭게 채택된 것이다.

헌법 제27조 제5항에 따라 「형사소송법」은 제294조의2 제1항에 법원은 범죄로 인한 피해자 또는 법정대리인의 신청이 있는 경우에는 그 피해자 등을 증인으로 신문하도록 규정하고, 제2항에는 피해자 등을 신문하는 경우 피해의 정도 및 결과, 피고인의 처벌에 관한 의견, 당해 사건에 관한 의견을 진술할 기회를 주어야 한다고 규정하고 있다.

헌법재판소는 검사의 불기소처분에 대한 헌법소원심판에서 형사피해자가 고소한 사건에 대하여 검사가 이유 없이 불기소처분하는 것은 형사피해자의 재판절차진술권과 평등권을 침해하는 것이라고 판단해 왔다(헌재 1989. 12. 22. 89헌마145등; 헌재 2007. 2. 22. 2006헌마639).

> 제28조
> 형사피의자 또는 형사피고인으로 구금되었던 자가 법률이 정하는 불기소처분을 받거나 무죄판결을 받은 때에는 법률이 정하는 바에 의하여 국가에 정당한 보상을 청구할 수 있다.

형사보상청구권

제28조는 형사보상청구권에 관한 조항이다. 형사보상청구권이란 형사피의자 또는 형사피고인으로 구금되었던 자가 법률이 정한 불기소처분을 받거나 무죄판결을 받은 경우에 그 손실에 대한 보상을 국가에 대하여 청구할 수 있는 권리를 말한다. 형사보상청구권은 형사책임을 추궁당할 이유가 없는 사람을 국가가 그 형사처벌의 과오로 말미암아 범죄혐의자 또는 범죄자로 취급함으로써 손실을 발생시킨 경우에 사후에 그 손실을 보상하는 제도이다.

헌법상 형사보상청구권 보장은 1948년 건국헌법에서부터 규정된 것이나, '형사피의자'로 구금되었던 자가 불기소처분을 받은 경우에 형사보상청구권을 행사할 수 있도록 한 것은 1987년 헌법에서 비로소 채택된 것이다. 헌법 제28조에 근거하여 형사보상청구에 관한 법률로서 「형사보상법」이 제정·시행되어 왔는데, 이 법률은 2011년 5월 전면개정되어 「형사보상 및 명예회복에 관한 법률」로 새롭게 제정되었다.

형사보상청구권은 국가에 대하여 불법행위책임을 묻는 것이 아니라 국가의 행위 결과에 대하여 무과실책임을 묻는 것을 의미하므로 손실보상청구권의 성격을 갖는다. 따라서 형사보상청구권의 행사와 별도로 국가배상청구권을 행사할 수 있다. 형사보상청구권은 국가에 대하여 일정한 보상금 지급을 요구할 수 있는 권리이므로 청구권적 기본권에 해당한다. 또한 형사보상청구권은 헌법규정에 의하여 직접 효력을 발생하는 기본권이지만 헌법 제28조가 "법률이 정하는 바에 의하여" 형사보상을 청구할 수 있다고 규정하고 있으므로 형사보상청구의 구체적인 대상과 보상의 내용 및 절차는 법률이 정하는 바에 따르게 된다.

형사보상 청구의 요건과 절차

형사보상을 청구하기 위해서는 첫째, 형사피의자로서 구금되었던 자가 법률이 정하는 불기소처분을 받거나 형사피고인으로서 구금되었던 자가 무죄판결을 받아야 한다. 형사피의자란 범죄의 혐의를 받아 수사기관에 의하여 수사의 대상이 되어 있는 자로서 아직 공소의 제기가 없는 자를 말하며, 형사피고인이란 검사에 의하여 공소를 제기당한 자를 말한다. 구금이란 교도소나 유치장에서 신체의 자유를 제한하는 강제처분을 의미한다.

둘째, 형사피의자의 경우 법률이 정하는 불기소처분을 받은 경우에 한한다. 법률이 정하는 불기소처분이란 구금되었던 피의자가 기소유예처분이나 기소중지처분이 아닌 불기소처분을 받은 경우로서, 범인이 아니거나 구금한 당시부터 불기소처분의 사유가 존재하여 공소를 제기하지 아니하는 처분을 말한다.

셋째, 형사피고인의 경우 무죄판결을 받아야 한다. 형식적 의미의 무죄판결이 아니라도 면소(免訴) 또는 공소기각의 재판을 받은 자는 면소 또는 공소기각의 재판을 할 만한 사유가 없었더라면 무죄의 재판을 받을 만한 현저한 사유가 있었을 때에는 형사보상을 청구할 수 있다(동법 제26조). 면소의 판결은 사면 또는 공소시효의 완성 등의 경우에 내려지며, 공소기각의 판결은 공소제기절차가 법률의 규정에 위반하여 무효인 때나 친고죄의 경우에 고소의 취소가 있는 경우 등에 내려진다(형사소송법 제326조, 제327조).

넷째, 형사보상책임은 무과실의 결과책임이므로 관계기관의 고의나 과실을 요하지 아니한다. 이 점에서 헌법 제29조의 국가에 대한 손해배상책임과 구별된다.

형사보상청구는 무죄판결이 확정된 사실을 안 날로부터 3년, 무죄판결이 확정된 때로부터 5년 이내에 무죄재판을 한 법원에 대하여 하여야 한다(형사보상 및 명예회복에 관한 법률 제7조, 제8조). 보상청구를 할 때에는 보상청구서에 재판서의 등본과 그 재판의 확정증명서를 첨부하여 법원에 제출하여야 하며, 보상청구는 법원의 합의부에서 재판한다(동법 제9조, 제14조). 피고인 보상의 경우에 보상청구가 이유 있을 때의 법원의 보상결정에 대해서는 1주일 이내에 즉시항고를 할 수 있으며, 보상청구를 기각한 결정에 대해서는 즉시항고를 할 수 있다(동법 제20조). 형사피의자의 경우 보상을 청구하려는 자는 공소를 제기하지 아니하는 처분을 한 검사가 소속된 지방검찰청의 심의회에 보상을 청구하여야 한다. 피의자 보상의 청구는 공소를 제기하지 아니하는 처분의 고지 또는 통지를 받은 날부터 3년 이내에 하여야 한다(동법 제27조, 제28조).

형사보상청구의 요건이 충족되면 국가는 정당한 보상을 하여야 한다. 정당한 보상이란 물질적·정신적 손실에 대한 완전한 보상을 의미한다. 구금에 대한 보상을 할 때에는 그 구금일수에 따라 1일당 보상청구의 원인이 발생한 연도의 「최저임금법」에 따른 일급 최저임금액 이상 대통령령으로 정하는 금액 이하의 비율에 의한 보상금을 지급한다(동법 제5조 제1항).

무죄재판을 받아 확정된 사건의 피고인은 무죄재판이 확정된 무죄재판사건의 재판서를 법무부 인터넷 홈페이지에 게재하도록 해당 사건을 기소한 검사가 소속된 지방검찰청에 청구할 수 있으며, 이러한 청구가 있을 때에는 청구를 받은 날로부터 1개월 이내에 무죄재판서를 법무부 인터넷 홈페이지에 게재하여야 한다(동법 제30조, 제32조 제1항).

제29조

① 공무원의 직무상 불법행위로 손해를 받은 국민은 법률이 정하는 바에 의하여 국가 또는 공공단체에 정당한 배상을 청구할 수 있다. 이 경우 공무원 자신의 책임은 면제되지 아니한다.

② 군인·군무원·경찰공무원 기타 법률이 정하는 자가 전투·훈련 등 직무수행과 관련하여 받은 손해에 대하여는 법률이 정하는 보상 외에 국가 또는 공공단체에 공무원의 직무상 불법행위로 인한 배상을 청구할 수 없다.

공무원의 불법행위에 대한 국가배상청구권

제29조는 공무원의 불법행위에 대한 국가배상청구권에 관한 조항이다. 국가배상청구권이란 공무원의 직무상 불법행위로 손해를 입은 국민이 국가 또는 공공단체에 대하여 배상을 청구할 수 있는 권리를 말한다. 국가배상청구권은 청구권적 기본권의 하나로서, 공무원의 국민에 대한 책임을 담보하고 법치국가원리를 구현하기 위하여 인정된

국민의 권리이다. 우리나라는 1948년 건국헌법에서부터 국가배상청구권을 기본권으로 보장하였으며, 국가배상청구권을 구체화하는 법률로 「국가배상법」이 있다.

국가배상청구권은 헌법상 보장된 청구권적 기본권으로서 개인의 대국가적 공권을 의미한다. 국가배상에서의 배상관계는 비권력적 영역에 속하는 점에서 사권적(私權的) 성격을 가진 것으로 볼 수도 있으나, 헌법은 국가배상청구권을 기본권으로 보장하고 있으며, 「국가배상법」 제4조의 국가배상청구권은 원칙적으로 양도나 압류의 대상이 되지 않는다고 규정하고 있는 것도 이를 사권이 아니라 공권으로 보고 있기 때문이다. 그러나 초기의 대법원 판례는 국가배상청구권을 일반 민사상의 불법행위에 대한 손해배상을 청구하는 것과 같은 사권적 성격으로 이해하였다. 즉 공무원의 직무상 불법행위로 손해를 받은 국민이 국가 또는 공공단체에 배상을 청구하는 경우 "국가 또는 공공단체에 대하여 그의 불법행위를 이유로 손해배상을 구함은 국가배상법이 정한 바에 따른다 하여도 이 역시 민사상의 손해배상 책임을 특별법인 국가배상법이 정한데 불과하다"고 판시한 바 있다. 이러한 입장에서는 공무원의 민사상 손해배상책임이 면제되는 것이 아니므로 피해자는 국가배상청구권이나 민사상 청구권을 선택적으로 행사할 수 있다고 한다(대판 1972. 10. 10. 69다701). 그 후 대법원 판례는 공무원의 불법행위에 대한 손해배상청구권의 대상은 국가이며 개인은 국가에 배상청구권을 행사할 수 있을 뿐 공무원에 대해서는 민사상의 손해배상청구권을 행사할 수 없다고 하여 국가배상청구권을 공법상 청구권으로 이해하고 있다(대판 1994. 4. 12. 93다11807).

국가배상청구권의 주체는 대한민국의 모든 국민이다. 자연인뿐만 아니라 법인도 포함된다. 그러나 헌법 제29조 제2항에서 정하는 군인·

군무원·경찰공무원 등에게는 법정보상만을 인정하고 국가배상청구권을 인정하지 아니한다.

국가배상청구권의 성립요건

국가배상청구권이 성립하기 위해서는 공무원의, 직무상의, 불법행위로 인하여, 손해가 발생할 것을 그 요건으로 한다. 첫째, 국가배상청구에 있어서 공무원이란 국가공무원법과 지방공무원법상 공무원의 신분을 가진 자뿐만 아니라 공무를 위탁받아 실질적으로 공무를 수행하는 모든 자를 말한다(국가배상법 제2조).

둘째, 직무상 행위의 범위에 관하여는 공권력 행사로서 권력행위와 비권력적 관리행위를 포함하며, 직무상 행위는 직무의 집행 그 자체는 물론이고 객관적으로 직무집행으로서의 외형을 갖추고 있는 모든 행위를 포함한다. 직무의 내용에 관하여는 행정작용만이 아니라 사법작용도 포함된다고 할 수 있다. 대법원 판례에 의하면 헌법재판소 재판관이 청구기간 내에 제기된 헌법소원심판청구 사건에서 청구기간을 오인하여 각하결정을 한 경우 이에 대한 불복절차 내지 시정절차가 없는 때에는 국가배상책임을 인정할 수 있다고 하였다(대판 2003. 7. 11. 99다24218).

셋째, 불법행위란 고의나 과실로 법령에 위반한 행위를 말한다. 불법행위에 관하여 우리 「민법」은 제750조에 "고의 또는 과실로 인한 위법행위로 타인에게 손해를 가한 자는 그 손해를 배상할 책임이 있다"고 규정하고 있다. 이러한 사법관계에서 개인의 불법행위 책임뿐만 아니라 국가와 국민 간의 관계에서도 공무원에 의한 불법행위로 국민에게 손해를 가하게 되면 국가는 그 책임을 당연히 져야 하기 때문에 헌법은 국가의 배상책임을 명문화한 것이다. 불법행위의 유형으로는 작위, 부작위, 행위의 지체 등이 있다. 법령위반에 있어서 법령은 법률·명령·관습법을 불문한다. 불법행위의 입증책임은 원칙적으로 피해자에게 있다. 그러나 입증책임에 있어서 법령위반행위라는 위법성의 입증책임은 피해자인 원고에게 있지만, 공무원의 고의·과실이라는 책임성의 입증책임은 피고가 져야 한다는 의견이 강력하게 대두되고 있다. 피해자의 두터운 권리보호를 위해서는 책임성의 입증책임을 피고가 지도록 하는 것이 타당하다고 할 것이다. 국가배상청구권은 불법행위를 요건으로 한다는 점에서 불법행위를 요건으로 하지 않는 형사보상청구권과 구별되고, 과실을 전제로 하지 않는 영조물의 설치·관리의 하자로 인한 손해에 대한 국가배상책임과도 구별된다.

넷째, 타인에 대한 손해의 발생에 있어 타인이란 가해자인 공무원과 그 위법한 직무행위에 가담한 자 이외의 모든 사람을 말한다. 다만 헌법 제29조 제2항에 규정된 군인·군무원·경찰공무원 등은 여기의 타인에 해당하지 아니한다. 손해의 종류는 불문하므로 재산적 손해뿐만 아니라 정신적 손해도 이에 해당한다. 가해행위와 손해의 발생 사이에 상당인과관계가 있어야 한다.

공무원의 불법행위 외에도 「국가배상법」 제5조에 따라 도로, 하천 기타 공공의 영조물의 설치 또는 관리의 하자로 인한 피해에 대해서도 국가배상청구권을 행사할 수 있다. 여기서 영조물의 설치·관리상의 하자로 인한 책임은 무과실책임을 의미한다. 공공의 영조물(營造物)이란 국가 또는 지방자치단체에 의하여 특정 공공의 목적에 공여된 유체물 내지 물적 설비(학교, 병원, 도서관 등)를 말한다.

배상금을 지급받고자 하는 자는 배상심의회에 배상신청을 하여야 한다(동법 제12조 제1항). 「국가배상법」은 제9조에 배상심의회에 배상신청을 하지 않더라도 소송을 제기할 수 있도록 규정하여 신속한 권리구제의 절차를 보장하고 있다.

국가배상책임의 성격

헌법과 「국가배상법」에 의해 공무원의 불법행위에 대한 배상책임의 주체는 당연히 국가가 되는 것이지만 그 책임의 성격에 관하여는 견해가 다음과 같이 셋으로 나뉘고 있다. 제1설은 공무원의 직무상 불법행위로 인한 손해배상책임은 원칙적으로 공무원이 부담하는 것인데, 헌법과 「국가배상법」에 따라 국가가 피해자를 보호하기 위하여 공무원을 대신하여 사용자로서의 국가가 책임을 지는 것이라는 대위책임설이다. 제2설은 국가배상책임은 공무원에 대신하여 국가가 책임을 지는 것이 아니라 국가 자신의 자기책임이라는 것이다. 이 자기책임설에 따르면 국가의 행위는 공무원에 의해 행하므로 공무원의 행위에 의한 효과는 귀책사유를 불문하고 모두 국가에 귀속된다는 것으로 국내 학계의 지배적 견해이다. 제3설은 절충설로서 공무원의 고의 또는 중과실에 의한 불법행위는 국가의 행위로 볼 수 없으므로 이 경우의 국가의 책임은 대위책임이고, 공무원의 경과실로 인한 불법행위는 국가 자신의 행위로 보아야 하므로 자기책임이라는 것이다. 「국가배상법」은 제2조 제2항에 공무원의 고의나 중과실의 경우에 한하여 국가가 공무원에 대하여 구상권(求償權)을 행사하도록 규정함으로써 경과실의 경우에는 공무원에게 구상권을 행사할 수 없도록 한 것은 절충설에 근거하고 있다고 볼 수 있다. 1996년 대법원 판례에서도 절충설의 입장을 볼 수 있다(대판 1996. 2. 15. 95다38677).

배상의 범위에 관하여 헌법 제29조 제1항은 '정당한 배상'을 청구할 수 있다고 규정하고 있다. 여기서 정당한 배상이란 불법행위와 상당인과관계에 있는 모든 손해의 완전한 배상을 의미한다. 배상의 범위는 원칙적으로 가해행위와 상당인과관계에 있는 모든 손해이다. 생명·신체에 대한 손해와 물건의 멸실·훼손으로 인한 손해에 대해서는 배상기준을 「국가배상법」이 규정하고 있다(동법 제3조).

제29조 제1항 단서는 "공무원 자신의 책임은 면제되지 아니한다"라고 규정하고 있는데, 이 조항의 의미에 관하여 견해가 나뉘고 있으나 이 규정은 공무원의 불법행위에 대한 공무원 자신의 민·형사책임이나 징계책임이 면제되지 않는다는 일반적 원칙을 규정한 것뿐이고, 피해자에게 직접 손해배상책임을 지는 것을 규정한 것은 아니라고 보는 견해가 타당하다. 대법원의 판례도 이러한 입장을 취하고 있다(대판 1996. 2. 15. 95다38677).

그렇다면 헌법 제29조 제1항 단서의 공무원의 책임이란 결국 국가와 공무원 사이의 내부관계에서의 구상책임을 의미하는 것으로 이해할 수 있다.

군인 등에 대한 국가배상청구의 제한

헌법 제29조 제2항에 의하여 군인·군무원·경찰공무원 기타 법률이 정하는 자에 대해서는 전투·훈련 등 직무집행과 관련하여 받은 손해에 관하여 법률이 정한 보상 외에 국가 또는 공공단체에 공무원의 직무상 불법행위로 인한 손해배상청구를 금지하고 있다. 이 헌법조항에 따라 「국가배상법」은 제2조 제1항 단서에 "군인·군무원·경찰공무원 또는 향토예비군대원이 전투·훈련 등 직무집행과 관련하여 전사·순직하거나 공상을 입은 경우에 본인이나 그 유족이 다른 법령에 따라 재해보상금·유족연금·상이연금 등의 보상을 지급받을 수 있을 때에는 이 법 및 민법의 규정에 따른 손해배상을 청구할 수 없다"라고 규정하고 있다. 이러한 규정은 군인·경찰 등 특수지위에 있는 자에 대해서는 국가배상청구권이 발생하더라도 특별법에 의한 '보상'을 받을 수 있는 경우에는 그 국가배상청구를 인정하지 않는 것을 의미한다.

군인 등의 국가배상청구의 제한규정은 1960년대 월남전에서의 전사상자가 크게 증가함에 따라 이들에 대한 국가배상으로 인한 국가의 재정적 부담을 해소하기 위해 군인 등에게 국가배상을 금지하도록 하는 「국가배상법」의 개정에서 그 연혁을 찾을 수 있다. 당시 이러한 「국가배상법」 개정에 대해서는 위헌시비가 끊이지 않았으며 결국 1971년 대법원은 이 조항에 대해 위헌판결을 내리게 되었다(대판 1971. 6. 22. 70다1010). 그 후 1972년 12월 채택된 유신헌법은 위헌판결을 받은 법률조항과 같은 내용을 헌법상에 규정함으로써 군인 등의 국가배상 제한에 대한 위헌성 시비를 없애게 되었다.

군인 등의 국가배상청구권을 제한하는 「국가배상법」 제2조 제1항 단서가 위헌이라는 주장에 대해 헌법재판소는 일관되게 이를 인용하지 않고 합헌이라고 판단하고 있다. 이 단서조항은 헌법 제29조 제1항에 의하여 보장되는 국가배상청구권을 헌법 내재적으로 제한하는 헌법 제29조 제2항에 직접 근거하고, 실질적으로 그 내용을 같이하는 것이므로 헌법에 위반되지 아니한다는 것이다. 그리고 이 문제에 관한 일련의 헌법재판에서 청구인측은 헌법 제29조 제2항의 위헌성을 주장하였으나, 헌법재판소는 헌법조항의 위헌성을 심판대상으로 인정하지 않고 각하하였다(헌재 1995. 12. 28. 95헌바3; 헌재 1996. 6. 13. 94헌마118; 헌재 2001. 2. 22. 2000헌바38; 헌재 2005. 5. 26. 2005헌바28).

이러한 군인 등의 국가배상청구권제한 내지 이중배상금지규정에 대하여 학계에서는 헌법 개정 논의와 관련하여 폐지의 필요성이 강하게 제기되고 있다.

> 제30조
> 타인의 범죄행위로 인하여 생명·신체에 대한 피해를 받은 국민은 법률이 정하는 바에 의하여 국가로부터 구조를 받을 수 있다.

범죄피해자구조청구권

제30조는 범죄피해자구조청구권을 규정하고 있다. 범죄피해자구조청구권이란 본인에게 귀책사유가 없는 타인의 범죄행위로 인하여 생명을 잃거나 신체상 피해를 입은 국민이나 그 유족이 가해자로부터 충분한 피해배상을 받지 못한 경우에 국가에 대하여 일정한 보상을 청구할 수 있는 권리를 말한다. 헌법 제30조는 1987년 현행 헌법에서 처음 명문화된 것으로, 오늘날 범죄의 증가와 그 피해의 심각성이 증대됨에 따라 범죄피해자의 보호가 국가의 중요한 임무로 부각되기에 이르렀고, 여기에 새로운 기본권의 하나로 범죄피해자구조청구권을 인정하게 된 것이다.

이 헌법규정에 따라 1988년 7월 「범죄피해자구조법」을 제정하여 시행해 왔으나, 이 법률은 2010년 5월 제정된 「범죄피해자보호법」에 의해 통합되었다. 그 밖에 성폭력범죄의 피해자 보호를 위한 법률로 「성폭력범죄의 피해자보호 등에 관한 법률」이 있다.

범죄피해자구조청구권은 헌법 제30조에 의해 직접 효력을 발생하는 구체적·현실적 권리를 의미한다. 다만 범죄피해자 구조는 그 본질상 국가가 범죄의 예방과 진압을 태만히 한 데에 대한 국가배상책임으로서의 성격을 가지며, 아울러 사회국가의 이념을 구현하기 위한 사회정책의 일환으로서 범죄피해자의 인간다운 생활을 보장하기 위한 제도로서의 성격을 가진다고 할 수 있다. 이 점에서 범죄피해자구조청구권은 국가배상청구권의 성격과 사회권의 성격을 아울러 가지고 있다고 보는 것이 타당하다.

범죄피해자구조청구권을 행사할 수 있는 적극적 요건으로는 첫째, 타인의 범죄행위로 인한 피해의 발생이다. 「범죄피해자보호법」에 의하면 구조대상 범죄피해는 대한민국의 영역 안에서 또는 대한민국의 영역 밖에 있는 대한민국의 선박이나 항공기 안에서 행하여진 사람의 생명이나 신체를 해하는 행위로서 폭행·상해·살인 등 폭력을 수단으로 하는 모든 행위를 말하며, 형법 제20조와 제21조 제1항의 정당행위와 정당방위, 과실에 의한 행위는 제외된다(동법 제3조 제1항 제4호). 둘째, 피해는 생명·신체에 대한 것으로 사망하거나 장해 또는 중상해를 당한 경우에 국한된다. 재산침해의 경우에는 범죄피해자의 주체로 인정되지 아니한다(동법 제3조 제1항 제5호, 제6호). 셋째, 구조대상 범죄피해자가 피해의 전부 또는 일부를 배상 받지 못한 경우이다(동법 제16조).

그러나 다음과 같은 소극적 요건(부적격요건)의 경우에는 구조금의 전부 또는 일부를 지급하지 않을 수 있다. 첫째, 범죄행위 당시 구조피해자와 가해자가 친족관계에 있는 경우, 둘째, 피해자에게 해당 범죄행위를 교사 또는 방조하는 등의 귀책사유가 있는 경우, 셋째, 피해자가 폭행·협박 또는 모욕 등 해당 범죄행위를 유발하는 행위 등을 한 때에는 구조금의 전부 또는 일부를 지급하지 아니한다(동법 제19조).

범죄피해자구조 여부를 결정하는 기관으로 각 지방검찰청에 범죄피해자구조심의회(지구심의회)를 두고 있으며 법무부에 범죄피해구조본부심의회를 둔다. 지구심의회와 본부심의회는 법무부장관의 지휘·감독을 받는다(동법 제24조). 구조금을 지급받고자 하는 자는 당해 범죄피해의 발생을 안 날로부터 3년 이내 또는 당해 범죄피해가 발생한 날로부터 10년 이내에 주소지, 거주지 또는 범죄발생지를 관할하는 범죄피해자구조심의회에 신청하여야 한다(동법 제25조 제2항).

제31조

① 모든 국민은 능력에 따라 균등하게 교육을 받을 권리를 가진다.

② 모든 국민은 그 보호하는 자녀에게 적어도 초등교육과 법률이 정하는

> 교육을 받게 할 의무를 진다.
> ③ 의무교육은 무상으로 한다.
> ④ 교육의 자주성·전문성·정치적 중립성 및 대학의 자율성은 법률이 정하는 바에 의하여 보장된다.
> ⑤ 국가는 평생교육을 진흥하여야 한다.
> ⑥ 학교교육 및 평생교육을 포함한 교육제도와 그 운영, 교육재정 및 교원의 지위에 관한 기본적인 사항은 법률로 정한다.

사회적 기본권의 보장

헌법 제31조에서 제36조까지의 조항들은 사회적 기본권의 보장에 관한 것이다. 사회적 기본권이란 20세기 이후의 복지국가 내지 사회국가의 이념에 따라 사회적·경제적 약자를 보호하고 실질적 평등을 실현하기 위하여 보장되는 기본권으로서 모든 국민이 인간다운 생활을 확보하기 위하여 일정한 국가적 급부와 배려를 국가에 대해 요구할 수 있는 권리를 말한다. 사회적 기본권은 국가권력의 적극적 관여를 요구할 수 있는 권리이므로 이는 국민의 자유를 확보하기 위하여 국가권력의 불간섭을 요구할 수 있는 소극적 권리로서 자유권적 기본권과는 본질적으로 구별된다. 또한 사회적 기본권은 그에 관한 구체적이고 충분한 법률이 존재하는 경우에 국민 개개인은 헌법과 법률규정에 따라 구체적인 권리를 주장할 수 있으며, 사회적 기본권을 실현하기 위한 국가의 재정능력이 확보되지 않고 법률로 구체화되지 못한 경우에는 국민은 국가에 대해 그 사회적 기본권에 근거한 급부를 청구할 수 없다는 한계가 있다. 이 점에서 사회적 기본권은 자유권(구체적·현실적 권리)과는 달리 추상적 권리 내지 '불완전한 구체적 권리'의 성격을 가진다. 즉 사회적 기본권에 관한 구체적 입법이 없거나 불충분한 경우에는 헌법재판소에 위헌 확인을 구하는 헌법소원을 청구할 수 있다는 점에서 구체적 권리성을 가지지만, 여기서 재판을 통한 구제의 대상은 국가의 구체적 급부 자체가 아니고 입법부작위에 대한 위헌확인에 그치므로 불완전한 구체적 권리에 불과하게 된다. 따라서 사회적 기본권의 실현은 국가의 경제력이 뒷받침되어야 하고 국민의 그에 관한 적극적인 정치적 요구가 입법에 반영될 때 비로소 실현될 수 있는 것이다.

교육을 받을 권리

제31조는 모든 국민의 교육을 받을 권리와 의무교육 등을 규정하고 있다. 우리 헌법은 사회적 기본권보장 체계에 있어 교육을 받을 권리를 가장 먼저 규정하고 있는 것이 특징이다. 이는 1948년의 건국헌법에 사회적 기본권을 최초로 명문화한 때부터 교육을 받을 권리를 먼저 규정하고 그 다음에 근로의 권리, 근로3권 등의 순으로 규정한 것을 그대로 유지해 온 것이다.

교육은 개인의 인격형성의 기초이며 인간다운 문화생활·직업생활을 할 수 있는 토대가 되고 민주시민으로서의 윤리의식을 습성화시키는 중요한 기능을 한다. 우리 헌법은 민주국가·문화국가·복지국가에서 차지하는 교육의 중요성을 감안하여 교육을 모든 국민의 권리로 규정함과 동시에 국가와 국민의 공동의무임을 명백히 밝히고 있다.

제31조 제1항의 교육을 받을 권리 또는 수학권(修學權)이란 모든 국민이 교육을 받을 수 있도록 국가에 의한 교육조건의 개선·정비와 교육기회의 균등한 보장을 적극적으로 요구할 수 있는 권리를 말한다. 교육을 받을 권리에는 개개인이 능력에 따라 균등하게 교육을 받을 수 있는 수학권뿐만 아니라, 학부모가 그 자녀에게 적절한 교육의 기회를 제공하여 줄 것을 국가에 요구할 수 있는 권리도 포함된다. 교육을 받

을 권리의 헌법적 보장의 의미는 헌법이 지향하는 민주국가·문화국가의 이념과 아울러 복지국가의 이념을 실현하고 모든 국민이 인간으로서의 존엄과 가치를 가지며 인간다운 생활을 영위할 수 있도록 한다는 데에 있다.

교육을 받을 권리는 교육을 받을 능력이 있음에도 경제적 이유로 교육받을 수 없는 자가 국가에 대하여 교육의 여건을 정비하여 줄 것을 요구할 수 있는 권리라는 점에서 사회권적 기본권의 성격이 강하다. 한편 교육을 받는 것을 국가 또는 제3자로부터 방해받지 않을 권리를 의미하는 점에서는 자유권으로서의 성격도 가진다. 사회권의 측면에서 보장되는 교육을 받을 권리는 헌법을 근거로 하여 직접 특정한 교육제도나 학교시설을 요구할 수 있는 권리가 아니라 법률에 의하여 구체적으로 그 내용이 확정되어야 그에 따른 구체적 권리가 발생한다.

헌법재판소도 이러한 입장에서 교육을 받을 권리로부터 직접 국가의 사립유치원 교사 인건비 등 지원에 관한 작위의무가 도출되지 않는다고 판시한 바 있다. 즉 "교육을 받을 권리는 통상 국가에 의한 교육조건의 개선·정비와 교육기회의 균등한 보장을 적극적으로 요구할 수 있는 권리로 이해되고 있으나, 이러한 규정으로부터 국가 및 지방자치단체가 사립유치원에 대하여 교사 인건비, 운영비 및 영양사 인건비를 예산으로 지원하여야 할 구체적인 작위의무가 헌법해석상 바로 도출된다고 볼 수는 없다"고 판단하고 있다(헌재 2006. 10. 26. 2004헌마13).

능력에 따라 균등한 교육을 받을 권리란?

제31조 제1항의 모든 국민은 "능력에 따라 균등하게 교육을 받을 권리를 가진다"는 해석에 있어서 '능력'이란 일신전속적인 재능 내지 수학능력을 말하며, 재산 등의 경제적 능력을 의미하지 않는다. 능력에 따른 교육이란 정신적·육체적 능력에 상응한 적절한 교육을 말하므로 개인의

능력을 무시하고 국가가 정하는 기준에 따라 획일적으로 교육을 받게 하는 것은 허용되지 않는다. 그러나 수학능력에 대한 공개경쟁입학시험을 통해 교육을 받을 권리를 제한적으로 부여하거나 대학이 정하는 일정한 기준에 미달하는 자에 대하여 입학을 불허하는 것은 합헌이다.

'균등하게' 교육을 받을 권리란 첫째, 능력 이외의 성별·종교·사회적 신분 등에 의하여 교육을 받을 기회를 차별받지 아니하는 것을 말한다. 둘째, 모든 국민이 균등하게 교육을 받을 수 있도록 교육시설을 설치·운용하고 장학정책을 시행하는 등 교육의 외적 조건의 정비를 요구할 수 있는 것을 의미한다. 이에 관하여 「교육기본법」은 국가와 지방자치단체의 적절한 교육시설의 강구, 장학금제도와 학비보조제도의 실시, 야간제 기타의 방법을 강구할 의무를 규정하고 있다(동법 제11조, 제28조 등).

교육에는 학교교육·사회교육·가정교육·평생교육 등 다양한 형태가 있지만 헌법 제31조 제1항의 교육은 주로 학교교육을 의미한다. 교육의 내용은 대학의 경우에는 학문의 자유에 기초하여 그 내용의 선택은 교수가 자유로이 하지만, 초·중·고등학교의 교육은 정상적인 사회인으로 살아가기 위한 기본적인 교육이므로 교사가 자유로이 결정하지 못하고 공교육의 공통된 목적에 의하여 제한된다. 따라서 교사는 자신의 주관적인 신념이나 가치관, 종교, 정치적 이념 등을 학생에게 가르칠 수 없다. 또한 교사는 교원노조의 활동을 위하여 수업을 태만히 하거나 거부하는 것은 학생의 학습권을 침해하는 것이 된다. 학교교육에 있어서 교원의 가르치는 권리를 수업권이라고 한다면, 이것은 교원의 지위에서 생기는 학생에 대한 일차적인 교육상의 직무권한이지만 어디까지나 학생의 학습권 실현을 위하여 인정되는 것이므로, 학생의 학습권은 교원의 수업권에 대하여 우월한 지위에 있다. 따라서 학생의 학습권이 왜곡되지 않고 올바로 행사될 수 있도록 하기 위해서라면 교원의 수업권은 일정한 범위 내에서 제약을 받을 수밖에 없고, 학생의 학습권은 개개 교원들의 정상을 벗어난 행동으로부터 보호되어야 한다(대판 2007. 9. 20. 2005다25298).

부모의 자녀교육권과 과외교습 금지의 문제

제31조 제1항의 교육을 받을 권리는 교육을 받는 아동의 친권자인 부모의 교육권으로 나타난다. 헌법재판소는 '부모의 자녀에 대한 교육권'을 기본권으로 인정하고 있다. 즉 자녀의 양육과 교육은 일차적으로 부모의 천부적인 권리인 동시에 부모에게 부과된 의무이며, 부모의 자녀에 대한 교육권은 헌법상 명문규정이 없어도 모든 인간이 누리는 불가침의 인권으로 인정되며. 이러한 권리는 혼인과 가족생활을 보장하는 헌법 제36조 제1항, 행복추구권을 보장하는 헌법 제10조 및 "국민의 자유와 권리는 헌법에 열거되지 아니한 이유로 경시되지 아니한다"고 정한 헌법 제37조 제1항에서 나오는 중요한 기본권이라고 한다. 부모의 자녀교육권은 자녀의 보호와 인격발현을 위하여 부여되는 기본권이다. 부모는 친권의 행사로 자녀를 사립학교에 보낼 것인가 공립학교에 보낼 것인가를 결정할 수 있으며, 국가는 이를 강제할 수 없다. 부모의 학교선택권은 자녀에 대한 부모의 교육권에 당연히 포함되는 내용이다(헌재 1995. 2. 23. 91헌마204).

학교교육을 받는 자녀가 학교 이외의 단체, 기관, 또는 개인으로부터 과외로 교습을 받는 과외교습을 금지하는 것이 위헌이 아닌가의 문제가 있다. 우리 사회에서 공교육의 부실로 인하여 많은 국민들이 자녀에게 과외교습을 시키게 되자 생활비의 압박과 학교교육의 경시 등의 문제가 발생하면서 초·중·고등학교 재학생과 학교입학을 위한 수험준비학생에게 지식·기술·예능을 교습하는 과외교습을 국가가 강제로 전면 금지시킨 바 있다. 헌법재판소는 이러한 과외교습의 전면 금지는 국민의 자녀교육권, 배우고자 하는 아동과 청소년의 인격의 자유로운 발현권 등을 침해하는 것으로 위헌이라고 결정하였다(헌재 2000. 4. 27. 98헌가16등).

교육을 받게 할 의무

제31조 제2항은 "모든 국민은 적어도 초등교육과 법률이 정하는 교육을 받게 할 의무를 진다"라고 하여 교육을 받게 할 의무를 규정하고 있다. 교육을 받게 할 의무란 친권자 또는 후견인이 그 자녀로 하여금 초등교육과 법률이 정하는 교육을 받도록 취학시킬 의무를 말한다. 교육을 받게 할 의무는 제31조 제1항에서 규정하고 있는 능력에 따라 균등하게 교육을 받을 권리를 실효성 있게 하기 위하여 스스로 교육의 기회에 다가가지 못하는 이들에게 최소한의 교육을 받을 수 있도록 하기 위한 것이다. 이 의무는 법적 의무이므로 「초·중등교육법」 제68조 제1항은 그 이행의 독촉을 받고도 이를 이행하지 아니하는 자에 대하여 100만원 이하의 과태료부과처분을 하도록 규정하고 있다. 그러나 교육을 받게 할 의무를 헌법상의 의무로 규정한 것이 타당한 것인가에 관하여 의문을 제기하는 견해가 있다. 교육을 받게 할 의무에 따라 국가가 지정하는 학교에 의무적으로 취학하게 하는 것은 아동과 부모 또는 보호자의 교육과 학습에 관한 자기결정권과 충돌하는 요소가 있으며, 또한 교육을 받게 할 의무는 고전적인 납세의무나 국방의무와는 달리 진정한 법적 의무가 아니라 윤리적 의무의 성격을 지닌다고 보는 입장이 있다(정종섭, 앞의 책, 855면).

무상의 의무교육

제31조 제3항은 "의무교육은 무상으로 한다"라고 하여 무상의 의무교육을 규정하고 있다. 따라서 초등교육과 법률이 정하는 교육은 의무적인 것이고 무상이다. 「교육기본법」과 「초·중등교육법」에 따라 모든

국민은 6년의 초등교육과 3년의 중등교육을 받을 권리를 보장받고 있다. 의무교육에서 교육을 받을 권리의 주체는 취학연령의 미성년자이고, 교육을 받게 할 의무의 주체는 학령아동의 친권자 또는 후견인이다. 의무교육제를 실시하기 위하여 국가나 지방자치단체는 필요한 학교의 설립과 운용은 물론이고 그에 필요한 경비를 부담할 의무를 진다.

의무교육의 무상성에 따라 국가는 수업료는 물론이고 재정이 허락하는 한 교과서와 그 밖의 교재 및 급식까지도 무상으로 할 수 있다. 다만 공립학교의 수용능력이 있음에도 자진하여 사립학교를 선택한 경우에는 무상의 혜택을 포기하는 것이므로 사립학교에서의 수업료징수는 의무교육의 무상조항에 위배되지 아니한다. 헌법재판소는 교원연구비와 같은 교사의 인건비 일부와 학교 회계직원의 인건비 일부를 학부모들이 부담하는 학교운영지원비로 충당하는 것은 헌법이 천명하고 있는 의무교육의 무상성원칙에 분명히 반하는 것이라고 판단하였다(헌재 2012. 8. 23. 2010헌바220).

교육의 자주성·전문성·정치적 중립성 및 대학의 자율성 보장

헌법 제31조 제4항은 교육을 받을 권리의 실현방법으로 교육의 자주성·전문성·정치적 중립성 보장을 규정하고 있다. 교육의 자주성이란 교육의 내용, 방법, 교육기관의 운영을 국가가 결정할 수 없다는 것으로, 교육이 정치권력이나 기타 세력의 간섭 없이 그 전문성과 특수성에 따라 독자적으로 교육 본래의 목적에 기하여 조직·운영·실시되어야 한다는 교육의 자유와 독립을 말한다. 따라서 공교육의 목적을 달성하기 위하여 국가의 감독권 행사가 가능하지만 그것이 교육의 자주성을 침해하여서는 안 된다.

교육의 자주성을 보장하기 위한 방법으로는 교육시설의 설립자 또는 교육감독권자로부터 교사의 자유를 확보하는 방법과 선거를 통해 교육관리기구(교육위원회, 교육감, 교육장)를 구성하는 방법 등이 있다. 교육의 자주성과 관련하여 교육용 도서의 국정제도가 문제될 수 있는데, 헌법재판소는 교과용 도서의 국정제도와 검인정제도에 대해 합헌결정을 내린 바 있다. 국정교과서제도는 교과서라는 형태의 도서에 대하여 국가가 이를 독점하는 것이지만, 국민의 수학권의 보호라는 차원에서 학년과 학과에 따라 어떤 교과용 도서에 대하여 이를 자유발행제로 하는 것이 온당하지 못한 경우가 있을 수 있고, 그러한 경우 국가가 관여할 수밖에 없다는 것과 관여할 수 있는 헌법적 근거가 있다는 것을 인정한다면 그 인정의 범위 내에서 국가가 이를 검·인정제로 할 것인가 또는 국정제로 할 것인가에 대하여 재량권을 갖는다고 판단한 것이다(헌재 1992. 11. 12. 89헌마88).

교육의 전문성이란 교육정책의 수립과 집행은 되도록 교육에 관한 전문가가 담당하거나 그들의 참여하에 이루어져야 하는 것을 의미한다.

교육의 정치적 중립성이란 교육이 정치권력의 영향력에서 벗어나 중립적인 입장에서 이루어져야 한다는 것을 말한다. 즉 교육은 국가나 정치권력의 부당한 간섭을 받아서도 안 되고, 교육의 본연의 기능에서 벗어나 정치영역에 개입해서도 안 된다는 것을 의미한다. 교육의 정치적 중립성을 보장하기 위하여는 교육내용의 정치적 중립성뿐만 아니라 교사의 정치적 중립성, 교육행정의 정치적 중립성 등이 요구된다. 현행 「교육기본법」과 「교육공무원법」은 교원의 정치적 활동을 금지하고 있다. 다만 대학교육은 초중등교육과 구별되기 때문에 「정당법」은 예외적으로 대학교원의 정치적 활동을 인정하고 있다.

대학의 자율성이란 학문의 연구와 교육이라는 대학의 기능을 달성하는 데 필요한 사항을 외부의 영향을 받지 아니하고 대학 스스로 결정하는 것을 의미한다. 대학의 자율성 내지 대학의 자치는 헌법 제31조

제4항의 교육을 받을 권리의 실현방법에 의하여 보장되고 있지만, 이는 학문의 자유를 보장하고 있는 헌법 제22조 제1항에 근거하여 대학의 학문활동을 실효적으로 보장하기 위한 수단으로서 당연히 인정되는 것이기도 하다. 헌법재판소도 대학의 자율성은 헌법 제22조 제1항이 보장하고 있는 학문의 자유의 확실한 보장수단으로 꼭 필요한 것으로서 대학에 부여된 헌법상의 기본권으로 보고 있다(헌재 1992. 10. 1. 97헌마68).

제31조 제5항에는 "국가는 평생교육을 진흥하여야 한다"라고 하여 국가의 평생교육진흥의무를 따로 규정하고 있다. 모든 국민이 복잡하고 부단하게 발전하는 현대의 문화생활에 적절히 대처하고 국민의 건전한 국가관을 정립하기 위해서 정규의 학교교육 이외에 성인교육·사회교육·직업교육 등이 평생에 걸쳐 요구된다. 제31조 제5항은 이러한 시대적 요청에 부응하고 나아가 개인의 능력 개발과 국가발전에 기여하도록 하기 위하여 평생교육을 강조한 것이다. 이에 관한 법률로 「평생교육법」이 있다.

교육제도와 교원의 지위의 법정주의

제31조 제6항은 교육제도의 기본적인 사항을 법률에 의하여 정하도록 하고 있다. 이는 장기간의 계획성이 요구되는 교육이 특정한 정치세력이나 집권자에 의해 영향을 받아 수시로 변경되는 것을 막기 위한 것이다. 교육제도의 법정주의를 구현하는 법률로는 「교육기본법」, 「초·중등교육법」, 「고등교육법」, 「교육공무원법」, 「교육세법」, 「사립학교법」, 「지방교육자치에 관한 법률」 등이 있다.

교육제도 법정주의는 교육제도에 관한 기본방침을 제외한 나머지 세부적인 사항까지 반드시 형식적 의미의 법률만으로 정하여야 한다는 의미는 아니다. 그러므로 입법자가 정한 기본방침을 구체화하거나 이를 집행하기 위한 세부시행 사항은 하위법령에 위임이 가능하다. 헌법재판소는 자사고와 일반고를 동시에 선발하고, 자사고 지원자에게 평준화지역 일반고의 중복지원을 허용하지 아니하는 것을 법률이 아닌 시행령에 규정한 것이 교육제도 법정주의에 위반하는 것이 아니라고 하였다(헌재 2019. 4. 11. 2018헌마221).

제31조 제6항은 교육의 주체인 교원의 중요성을 고려하여 그의 지위에 관한 기본적인 사항도 법률로 정하도록 하고 있다. 교원의 지위란 교원의 직무의 중요성 및 직무수행능력에 대한 인식의 정도에 따라서 그들에게 주어지는 교원의 근무조건 및 그 밖의 물적 급부 등을 말한다. 이러한 사항을 법률로 정함에 있어서는 교육의 본질을 침해하지 않는 한 입법자의 입법형성의 자유에 속한다. 헌법재판소는 임용기간이 만료된 교원의 재임용을 아무런 절차적 보장도 없이 임용권자의 재량에 맡기는 것은 위헌이라고 결정하였다. 객관적인 기준의 재임용 거부사유와 재임용에서 탈락하게 되는 교원이 자신의 입장을 진술할 수 있는 기회 그리고 재임용 거부를 사전에 통지하는 규정 등이 없고, 나아가 재임용이 거부되었을 경우 사후에 그에 대해 다툴 수 있는 제도적 장치를 마련하지 않고 있는 법률조항은 현대사회에서 대학교육이 갖는 중요한 기능과 그 교육을 담당하고 있는 대학교원의 신분의 부당한 박탈에 대한 최소한의 보호 요청에 비추어 볼 때 헌법 제31조 제6항에서 정하고 있는 교원지위법정주의에 위반된다고 판단한 것이다(헌재 2003. 2. 27. 2000헌바26). 또한 임기가 만료된 대학교원에 대한 재임용 거부를 재심청구의 대상에 명시하지 않은 것도 교원지위법정주의에 위반된다고 판단하였다(헌재 2003. 12. 18. 2002헌바14등).

제32조

① 모든 국민은 근로의 권리를 가진다. 국가는 사회적·경제적 방법으로 근로자의 고용의 증진과 적정임금의 보장에 노력하여야 하며, 법률이 정하는 바에 의하여 최저임금제를 시행하여야 한다.

② 모든 국민은 근로의 의무를 진다. 국가는 근로의 의무의 내용과 조건을 민주주의원칙에 따라 법률로 정한다.

③ 근로조건의 기준은 인간의 존엄성을 보장하도록 법률로 정한다.

④ 여자의 근로는 특별한 보호를 받으며, 고용·임금 및 근로조건에 있어서 부당한 차별을 받지 아니한다.

⑤ 연소자의 근로는 특별한 보호를 받는다.

⑥ 국가유공자·상이군경 및 전몰군경의 유가족은 법률이 정하는 바에 의하여 우선적으로 근로의 기회를 부여받는다.

근로의 권리

제32조는 사회적 기본권의 핵심적 조항으로서 근로의 권리를 보장하고 있다. 동조 제1항은 근로의 권리를 비롯한 근로자의 고용증진과 적정임금 보장, 최저임금제 시행 등을 규정하고 있다. 근로의 권리란 근로자 개인이 자신의 의사와 능력에 따라 근로의 종류·내용 등을 선택하여 근로관계를 형성하고, 국가나 타인의 방해를 받지 않고 근로관계를 계속 유지할 권리를 말하며, 나아가 근로자가 근로의 기회를 얻지 못한 경우에는 국가에 대하여 근로의 기회를 제공하여 줄 것을 요구할 수 있는 권리를 포함한다. 여기서 근로란 근로자가 사용자로부터 임금을 받는 대가로 제공하는 육체적·정신적 활동을 말한다.

근로의 권리는 17, 18세기의 자연법사상에서는 천부적 권리로 파악되어 국가로부터 개인의 자유로운 노동활동에 간섭과 방해를 받지 않을 권리로 인식되었다. 그러나 19세기 이후의 자본주의 발달에 따른 문제점이 드러나면서 고용기회의 보장과 근로조건의 확보 등에 대한 국가의 적극적 역할이 강조되었으며, 따라서 오늘날의 복지국가에서 근로의 권리는 국가에 대하여 근로의 기회와 근로조건 등에 대하여 일정한 행위를 하여 줄 것을 요구할 수 있는 권리로 자리잡게 되었다. 그리하여 근로의 권리의 법적 성격은 자유권적 성격과 사회권적 성격을 동시에 가지는 것으로 이해되고 있다. 즉 개인이 자유로이 일할 기회를 가지는 것을 국가가 방해하지 못한다는 측면에서 근로의 권리는 자유권의 성격을 가지며, 국가에 대하여 근로의 기회를 가질 수 있도록 배려해 줄 것을 요구할 수 있고 국가는 근로의 기회를 제공함으로써 경제적 약자인 근로자에게 인간다운 생활을 보장한다는 측면에서는 사회권적 성격을 가진다.

근로의 권리를 최초로 헌법에 규정한 것은 바이마르헌법이며, 제2차 대전 이후에는 1946년의 프랑스 제4공화국헌법, 1947년의 이탈리아 헌법 등이 근로의 권리를 규정하게 되었다. 우리나라는 건국헌법에 최초로 근로의 권리를 규정한 이래 여러 차례 수정·보완을 거쳐 현행 헌법에 이르고 있다.

근로기회제공청구권으로서 근로의 권리

근로의 권리를 사회적 기본권으로 파악하는 경우에 그 권리는 기본적으로 '근로기회제공청구권'을 내용으로 한다. 즉 근로의 권리는 근로의 의사와 능력이 있음에도 불구하고 취업의 기회를 얻지 못한 자가 국가에 대해 근로의 기회를 제공하여 줄 것을 요구할 수 있음을 그 내용으로 한다. 여기서 취업기회 제공의 요구는 국가로 하여금 취업기회를 제공할 정책을 수립할 것을 요구할 수 있는 것이고, 개개인이 직접 자기를 일정한 직장에 취업하게 해줄 것을 요구할 수 있는 것을 보장하지는 않는다. 즉 근로의 권리는 사회적 기본권으로서, 국가에 대하여 직접 일자리(직장)를 청구하거나 일자리에 갈음하는 생계비의 지급청구권을 의미하는 것이 아니라, 고용증진을 위한 사회적·경제적 정책을 요구할 수 있는 권리에 그친다. 이에 따라 국가는 적극적으로 고용증진을 위한 정책을 수립하고 시행할 의무를 지게 된다. 근로의 권리를 직접적인 일자리 청구권으로 이해하는 것은 우리 헌법의 경제질서로서 사회주의적 통제경제를 배제하고 사기업 주체의 경제상의 자유를 보장하는 것과 조화될 수 없다.

국가의 고용증진의무와 최저임금제

제32조 제1항 제2문은 국가는 사회적·경제적 방법으로 근로자의 고용증진에 노력해야 함을 규정하고 있다. 따라서 국가는 고용기회의 확대와 평등한 고용기회의 보장을 위한 사회·경제정책을 개발하고 시행할 의무를 진다. 이에 관한 법률로는 「고용정책기본법」, 「직업안정법」, 「근로자복지기본법」, 「근로자직업능력개발법」 등이 있다. 또한 동 조항은 국가의 적정임금의 보장과 최저임금제의 시행을 규정하고 있다. 적정임금이란 근로자와 그 가족이 인간의 존엄성에 상응하는 "건강하고 문화적인 생활을 영위하는 데 필요한 정도의 임금수준"을 말한다. 국가는 적정임금의 보장을 위한 입법조치를 강구하거나 그 밖의 노동정책을 수립하고 실시하여야 한다.

최저임금제는 국가가 임금의 최저한도를 정하여 그 이하의 임금 수준으로 사용자가 근로자를 고용하지 못하도록 함으로써 근로자의 최소한의 물질적 생활을 보장하기 위한 제도이다. 따라서 최저임금은 근로자의 "최소한의 물질적 생활을 유지하기 위한 임금"으로 볼 수 있다. 우리 헌법은 적정임금제와 최저임금제를 구분하여 명시하고 있으므로 양자의 개념을 구별하는 것이 타당하며, 적정임금은 최저임금보다 높은 수준에서 결정되는 것으로 이해할 수 있다. 최저임금제 보장을 위해 제정된 「최저임금법」은 최저임금의 결정기준에 관하여 근로자의 생계비, 유사 근로자의 임금, 노동생산성 및 소득분배율 등을 고려하여 사업의 종류별로 구분하여 정할 수 있으며, 사업의 종류별 구분은 최저임금위원회의 심의를 거쳐 고용노동부장관이 정하도록 규정하고 있다(동법 제4조 제1항, 제2항).

근로의 의무는 법적 의무인가?

제32조 제2항은 근로의 의무를 규정하고 있다. 연혁적으로 볼 때 근로의 의무 조항은 사회주의국가 헌법에서 중시되어 온 것이며, 바이마르헌법에서는 이를 도덕적 의무로 규정하였다. 우리 헌법은 건국헌법 이래 근로의 권리와 함께 근로의 의무를 규정하여 왔다. 근로의 의무의 법적 성격에 관하여는 이를 법적 의무로 보는 견해와 윤리적 의무로 보는 견해로 나뉘고 있으나, 윤리적·도덕적 의무로 보는 것이 다수설이다. 법적 의무설은 국가가 공공필요에 의하여 근로할 것을 명하는 경우에 이에 복종해야 할 국민의 의무라고 하고, 윤리적 의무설은 근로의 의무를 근로의 능력이 있음에도 불구하고 근로하지 않는 자에 대하여 윤리적 비난이 가해져야 한다는 의미로 이해해야 한다는 것이다. 생각건대 우리 헌법은 인간으로서의 존엄과 가치를 존중하고(제10조), 강제노역이 금지되며(제12조 제1항), 직업선택의 자유(제15조)에는 무직업의 자유도 포함되므로 헌법 제32조 제2항의 근로의 의무는 도덕적·윤리적 의무로 보는 것이 타당하다. 다만 예외적으로 국가비상시에는 법률에 의하여 강제적 근로를 인정할 수 있다고 할 것이다.

근로조건의 법정주의

제32조 제3항은 근로조건의 법정주의를 규정하고 있다. 이는 당사자 간의 자유로운 계약에 의한 근로조건에 관하여 법률이 최저한의 제한을 설정한다는 의미이며, 따라서 이 조항은 계약의 자유의 원칙에 대한 수정을 의미한다. 근로조건이란 임금과 그 지불방법, 취업시간, 휴식시간, 안전시설과 위생시설, 재해보상 등 근로계약에 의하여 근로자가 근로를 제공하고 임금을 수령하는 데에 관한 조건들을 말한다. 근로조건의 기준을 정한 일반법으로 「근로기준법」이 있다. 헌법 제32조 제3항의 '인간의 존엄성'에 상응하는 근로조건의 기준이 무엇인지를 구체적으로 정하는 것은 일차적으로 입법자의 형성의 자유에 속한다고 할 수 있다. 「근로기준법」은 사용자의 근로조건 위반에 대하여 손해배상을 청구할 수 있게 하고(동법 제19조), 사용자가 근로자에 대하여 정당한 이유 없이 해고·휴직·정직·감봉 등의 징벌을 한 때에는 당해 근로자는 노동위원회에 그 구제를 신청할 수 있다(동법 제28조). 「근로기준법」상 근로조건은 최저기준을 명시한 것이므로 이 근로조건에 미달하는 내용의 근로계약은 그 부분에 한하여 무효가 된다(동법 제3조, 제15조).

여자와 연소자의 근로에 대한 특별한 보호

헌법 제32조 제4항과 제5항은 여자와 연소자의 근로에 대한 특별한 보호를 규정하고 있다. 이러한 특별한 보호 조항은 근로의 영역에서 여성에 대한 차별 금지를 강조함과 동시에 여성이 모성을 이유로 부당한 대우를 받거나 모성과 근로 중 양자택일을 하여야만 하는 상황이 발생하지 않도록 국가가 지원해야 함을 의미한다. 여성의 근로에 대한 특별한 보호가 여성의 근로에 대한 우월적 보호를 뜻하는 것은 아니며, 여성근로의 보호가 남성의 근로의 권리를 침해하는 경우에는 이를 인정하지 아니한다. 여성근로의 보호와 차별금지에 관한 법률로는 「남녀고용평등과 일·가정양립지원에 관한 법률」이 있다.

연소자의 근로를 특별히 보호하는 것은 사회적·경제적·신체적으로 약자인 연소자가 쉽게 노동시장에 동원되어 혹사당하거나 연소자의 노동이 착취될 우려가 있기 때문에 이러한 노동의 착취로부터 연소자의 근로를 보호하고, 인간으로서의 존엄과 연소자의 건강권 등이 침해되지 않도록 하기 위한 것이다. 「근로기준법」은 15세 미만인 자를 근로자로 사용할 수 없게 하고, 18세 미만인 자를 도덕상 또는 보건상 유해·위험한 사업에 사용하지 못하도록 하고 있으며, 연소자의 근로에 대하여는 근로시간의 제한, 야업과 휴일근무의 원칙적 금지 등을 규정하고 있다(동법 제64조~제70조).

국가유공자 등의 근로기회에 대한 우선적 보호

헌법 제32조 제6항은 "국가유공자·상이군경 및 전몰군경의 유가족은 법률이 정하는 바에 의하여 우선적으로 근로의 기회를 부여받는다"라고 하여 국가유공자 등에 대한 근로기회의 우선 보장을 규정하고 있다. 이 조항은 국가와 민족을 위하여 헌신한 공로에 대한 국가적 보상의 의미를 갖는다. 이에 관한 법률로 「국가유공자 등 예우 및 지원에 관한 법률」이 있다.

국가유공자 등의 근로기회에 대한 우선적 보호와 관련하여 국가기관이 실시하는 채용시험에 가산점을 부여하는 방식이 문제된다. 헌법재판소는 처음에는 국가유공자와 그 가족에게 10%의 가산점을 주는 방식을 헌법 제32조 제6항에 근거하여 합헌이라고 판단하였으나(헌재 2001. 2. 22. 2000헌마25), 그 후 판례를 변경하여 국가유공자에게 가산점을 주는 방식은 헌법 제32조 제6항에 근거하여 법률로 정할 수 있고, 국가유공자의 '가족'에게 가산점을 주는 방식은 헌법 제32조 제6항에는 해당하지 않지만 입법정책상 허용될 수 있으나, 그렇다고 하더라도 국가유공자의 가족에게 '10%'의 가산점을 주는 것에 대해서는 차별의 효과가 지나치고 일반 응시자의 공무담임권을 침해하게 된다는 점을 이유로 헌법불합치결정을 하였다(헌재 2006. 2. 23. 2004헌마675등).

> 제33조
> ① 근로자는 근로조건의 향상을 위하여 자주적인 단결권·단체교섭권 및 단체행동권을 가진다.
> ② 공무원인 근로자는 법률이 정하는 자에 한하여 단결권·단체교섭권 및 단체행동권을 가진다.
> ③ 법률이 정하는 주요방위산업체에 종사하는 근로자의 단체행동권은 법률이 정하는 바에 의하여 제한하거나 인정하지 아니할 수 있다.

근로조건의 유지·향상을 위한 집단적 권리로서의 근로3권

제33조는 근로3권 보장과 공무원의 근로3권 제한 등을 규정하고 있다. 동조 제1항의 근로자의 단결권·단체교섭권·단체행동권이란 자본주의 사회에서 생산수단을 소유하지 못한 경제적 약자인 근로자들이 인간다운 생활을 확보하기 위한 현실적인 방책으로서, 근로조건의 향상을 위해 자주적 조직체인 노동조합을 결성하고, 그 조직체의 이름으로 교섭을 하며, 그 교섭이 원만하게 이루어지지 아니할 경우에 단체행동을 할 수 있는 권리를 모두 포함하는 개념이다. 전술한 근로의 권리가 근로의 기회를 확보하고 유지하기 위한 권리임에 대하여, 근로3권은 근로조건의 유지와 향상을 위하여 근로자가 집단적으로 갖는 권리를 의

미한다. 근로3권에 속하는 단결권·단체교섭권·단체행동권은 근로조건의 유지·향상을 위한다는 공통의 목적을 갖고 있을 뿐만 아니라 기능적으로 밀접한 관련을 갖고 있다. 단결권은 단체교섭권의 전제가 되고, 단체행동권은 단체교섭권을 위한 수단의 의미를 가진다.

근대 시민사회의 초기단계에 사유재산제와 계약자유의 원칙 하에서 근로자의 단결권 보장은 허용될 수 없었다. 근로자의 단결권을 통한 노동력의 독점적 거래는 자유의사에 입각한 개별 노동력의 처분을 불가능하게 하는 것일 뿐만 아니라 사용자가 개개의 근로자로부터 노동력을 매입하는 자유를 박탈하는 것으로 인식하여 근대 시민법의 계약의 자유 원리를 훼손하는 것으로 보았기 때문이다. 그러나 자본주의경제의 전개에 따라 사회적 약자인 근로자의 인간다운 생존을 보장받기 위하여 단결을 하고 단체의 힘을 배경으로 사용자와 대등하게 교섭을 할 수 있도록 각국에서는 노동운동이 활발하게 전개되었으며, 결국 국가는 자본주의체제의 위기를 극복하기 위하여 근로자의 단결을 인정하고 이를 법제화하게 되었다.

근로3권을 최초로 헌법상 보장한 것은 1919년 바이마르헌법이었으며, 제2차 대전 이후에는 프랑스 제4공화국헌법, 이탈리아 헌법, 일본헌법 등도 근로3권을 명문화하였다. 우리나라는 1948년 건국헌법에 근로3권을 보장한 이래 현행 헌법에 이르기까지 이를 규정해 오고 있다.

단결권

단결권은 근로자들이 근로조건의 유지·향상을 위하여 자주적인 결사체를 결성하고 이에 가입하여 활동할 수 있는 권리를 말한다. 여기서의 단체는 일반적으로 영속적 단체인 노동조합을 의미하지만 일시적인 결합체인 쟁의단도 포함된다. 단결권의 주체는 근로자 개개인이지만, 그들의 집단도 그 주체가 될 수 있다. 그러므로 단결권에는 각 근로자가 노동조합과 같은 단체를 결성하거나 이에 가입할 수 있는 개인적 단결권과 근로자집단이 그 조직을 유지·확대하기 위하여 노동조합연합회 등의 단결체를 구성할 수 있는 집단적 단결권이 있다. 이러한 단결권 행사를 금지하거나 제한하는 입법은 위헌이며, 단체에의 불가입이나 그 단체로부터의 탈퇴를 조건으로 고용하는 이른바 '황견계약'의 체결과, 단체의 결성이나 가입을 이유로 하는 해고 등은 부당노동행위로서 위헌·위법이 된다.

근로자의 단결권은 적극적 단결권이 중심이 되는 것이지만 소극적 단결권, 즉 단결하지 아니할 자유 또는 단체불가입의 자유까지도 보장하는 것인가가 문제된다. 이에 관하여는 견해가 나뉘고 있는데, 긍정설은 학계의 다수설로서 헌법 제33조 제1항은 적극적 단결권과 소극적 단결권을 동시에 보장하는 것이라고 한다. 그러나 헌법재판소 판례는 소극적 단결권은 헌법 제33조 제1항의 단결권에 포함되지 않는다고 하고, 이는 행복추구권에서 파생되는 일반적 행동자유권 또는 결사의 자유에 의해 보장된다고 한다. 현행 「노동조합 및 노동관계조정법」 제81조 제2호 단서에는 노동조합이 당해 사업장에 종사하는 근로자의 3분의 2 이상을 대표하고 있을 때에는 근로자가 그 노동조합의 조합원이 될 것을 고용조건으로 하는 단체협약의 체결이 부당노동행위에 해당되지 않는다고 하여, 단결강제의 한 유형인 '유니언 숍'(Union Shop)을 인정하고 있다. 헌법재판소는 노동조합에 이러한 조직강제권을 부여한다고 하여 이를 근로자의 단결하지 아니할 자유의 본질적인 내용을 침해하는 것으로 단정할 수는 없다고 판단하였다(헌재 2005. 11. 24. 2002헌바95등).

단체교섭권

단체교섭권이란 근로자들이 근로조건의 향상을 위하여 단결체의 이름으로 사용자나 사용자단체와 자주적으로 교섭하는 권리를 말한다.

단체교섭권은 근로자를 위한 기본권이지만 근로자가 개별적으로 행사할 수 있는 권리가 아니다. 단체교섭에 있어 근로자측의 주체는 노동조합이고 사용자측의 당사자는 사용자이다. 하나의 사업 또는 사업장에 노동조합이 2개 이상인 경우 노동조합은 교섭대표노동조합을 정하여 교섭을 요구하여야 한다(「노동조합 및 노동관계조정법」 제29조의2). 단체교섭은 근로조건의 유지 또는 개선을 목적으로 하는 것이므로 근로조건과 무관한 사항은 단체교섭의 대상에서 배제된다. 사용자가 독점적으로 보유하는 경영권·인사권 및 이윤취득권에 속하는 사항은 원칙적으로 단체교섭의 대상이 될 수 없다. 노동조합의 단체교섭을 요구할 권리에 대하여 사용자는 이에 응할 의무가 있으며, 사용자가 정당한 이유 없이 단체교섭을 거부하면 부당노동행위가 된다. 단체교섭권에는 단체교섭의 결과 타결된 내용을 '단체협약'으로 체결할 권리도 포함된다(헌재 1998. 2. 27. 94헌바13등).

단체행동권

단체행동권이란 근로자와 사용자 간에 근로조건 등의 결정에 관한 주장이 불일치하는 노동쟁의가 발생한 경우에 근로자들이 그 주장을 관철하기 위하여 집단적으로 쟁의행위를 할 수 있는 권리를 말한다. 쟁의행위란 파업·태업·직장폐쇄 기타 노동관계 당사자가 그 주장을 관철할 목적으로 행하는 행위와 이에 대항하는 행위로서 업무의 정상적인 운영을 저해하는 행위를 말한다(노동조합 및 노동관계조정법 제2조 제6호). 단체행동권의 제1차적 주체는 근로자 개개인이다. 그러나 실제로 단체행동은 근로자들의 집단행동을 말하므로 단체행동권의 근로자측의 주체는 노동조합이라 할 수 있다.

「노동조합 및 노동관계조정법은」 제37조 제1항에 "쟁의행위는 그 목적·방법 및 절차에 있어서 법령 기타 사회질서에 위반되어서는 아니된다"라고 하고, 제2항에서 "조합원은 노동조합에 의하여 주도되지 아니한 쟁의행위를 하여서는 아니된다"라고 하여 쟁의행위의 주체·목적·방법·절차 등에 있어서 그 정당성의 기준을 제시하고 있다. 쟁의행위의 한계에 관한 것으로서 생산관리의 문제와 정치적 파업의 문제가 있다. 노동조합이 사용자의 의사에 반하여 생산수단을 자기 지배하에 두고 경영까지 장악하는 생산관리는 사유재산제를 정면으로 부정하는 것이 되므로 허용될 수 없다. 또한 근로자의 근로조건 등과 직접적인 관련이 없는 순수한 정치적 사항을 대상으로 하는 정치파업은 헌법상 단체행동권의 행사로 보장되는 쟁의행위에 포함시킬 수 없다. 다만 근로자의 근로조건 또는 지위 향상과 불가분의 관계에 있는 노동관계법령의 개폐에 관한 국가의 정책이나 입법에 관한 사항을 쟁점으로 하는 파업은 정당한 쟁의행의로 허용될 수 있다.

정당한 쟁의행위는 헌법 제33조 제1항의 단체행동권의 내용으로 보장되는 것이므로 그에 대한 민·형사상의 책임이 면제된다. 따라서 「노동조합 및 노동관계조정법」은 정당한 쟁의행위에 대하여 사용자와의 관계에서 민사상 채무불이행 또는 불법행위책임을 부담하지 않으며 형사상 처벌을 받지 아니한다고 규정하고 있다(동법 제3조, 제4조). 또한 정당한 쟁의행위에 참가한 것을 이유로 사용자는 근로자를 해고하거나 기타 불이익을 주는 행위를 할 수 없도록 규정하고 있다(동법 제81조 제5호). 그러나 쟁의행위기간 중에는 사용자는 임금을 지급할 의무가 없다는 '무노동 무임금의 원칙'을 규정하고 있다(동법 제44조).

공무원의 근로3권 제한

제33조 제2항은 "공무원인 근로자는 법률이 정하는 자에 한하여 단결권·단체교섭권 및 단체행동권을 가진다"라고 하여 공무원의 근로3

권을 제한하는 근거를 따로 두고 있다. 공무원도 근로의 대가로 보수를 받아 생활하는 자이므로 근로자에 해당하지만, 공무원은 국민의 이익과 국가이익을 실현하기 위한 공무에 종사하기 때문에 공무원에게 인정되는 단결권 등은 일반근로자와 차이가 있게 된다. 그리하여 헌법은 제33조 제2항에 의하여 공무원의 근로3권 인정 여부 등에 관하여 국회에 광범위한 입법형성의 자유를 부여하고 있다.

헌법이 공무원인 근로자의 근로3권을 제한하는 이론적 근거는 공무원은 '국민 전체에 대한 봉사자'(헌법 제7조)의 지위에 있기 때문에 근로3권의 행사에 제한을 받을 수밖에 없으며, 그 직무의 성질이 공공성이 강한 것이기 때문에 그 직무수행이 중단될 경우 국익을 침해하게 되므로 제한을 받게 된다는 것이다. 「국가공무원법」 제66조 제1항은 공무원의 '노동운동'을 금지하면서 대통령령 등으로 범위를 정하는 '사실상의 노무'에 종사하는 공무원은 여기에서 제외하고 있다. '노동운동'이란 헌법 제33조 제2항의 취지에 비추어 근로자의 근로조건의 향상을 위한 근로3권을 기초로 하여 이와 직접 관련이 있는 행위로 해석한다. 사실상의 노무에 종사하는 공무원에 관하여는 「국가공무원복무규정」(제28조)에 규정하고 있으나, 그 개념이 불명확하여 명확성의 원칙에 위배되는 것이 아닌지의 문제가 제기되었다. 헌법재판소는 "사실상 노무의 개념은 육체노동을 통한 직무수행의 영역으로서 사실상 노무에 종사하는 공무원은, 공무원의 주된 직무를 정신활동으로 보고 이에 대비되는 신체활동에 종사하는 공무원으로 해석된다"고 판시하고 있다(헌재 2005. 10. 27. 2003헌바50등).

공무원에게 인정되는 단결권과 단체교섭권

공무원의 근로3권이 제한될 수 있다 하더라도 사실상의 노무에 종사하는 공무원 이외의 공무원 일반에 대하여 일률적으로 근로3권을 부정하는 것은 과잉금지의 원칙에 비추어 문제가 된다. 그리하여 2005년에 제정된 「공무원의 노동조합설립 및 운영 등에 관한 법률」에 의해 6급 이하의 일반직공무원과 이에 상당하는 일정한 공무원에게 단결권과 단체교섭권을 인정하고 쟁의행위는 금지하고 있다(동법 제6조~제11조). 이 법률은 위 「국가공무원법」상 노동운동금지조항(제66조 제1항)의 적용을 배제하는 특별법의 성격을 갖는다.

그리고 「교원의 노동조합설립 및 운영 등에 관한 법률」에 의해 사립학교 교원뿐만 아니라 국공립학교 교원을 포함하여 초·중등학교 교원이면 단결권과 단체교섭권을 행사할 수 있게 되었으며, 다만 쟁의행위는 금지되고 있다.

헌법재판소는 2018년 6월 '전국교수노동조합' 사건에서, 위 「교원노조법」의 적용대상을 초·중등교육법의 교원으로 규정함으로써 고등교육법에서 규율하는 대학 교원의 단결권을 일체 인정하지 않는 「교원노조법」 제2조 본문이 대학 교원들의 단결권을 침해한다는 이유로 헌법불합치결정을 선고하였다. 여기서 대학 교원을 교육공무원인 대학 교원과 공무원 아닌 대학 교원으로 구분하여, 공무원 아닌 대학 교원은 과잉금지원칙 준수 여부를 기준으로, 공무원인 대학 교원은 입법형성의 범위를 일탈하였는지의 여부를 기준으로 판단하면서 위 「교원노조법」 조항은 대학 교원의 단결권을 침해하는 것이라고 하였다. 헌법재판소는 위 법률조항에 대하여 "교원노조를 설립하거나 가입하여 활동할 수 있는 자격을 초·중등 교원으로 한정함으로써 교육공무원이 아닌 대학 교원에 대해서는 근로기본권의 핵심인 단결권조차 전면적으로 부정한 측면에 대해서는 그 입법목적의 정당성을 인정하기 어렵고, 수단의 적합성 역시 인정할 수 없다"고 판단하였다. 다음으로 교육공무원인 대학 교원에 대해서도, 교육공무원의 직무수행의 특성과 헌법 제33조 제1항 및 제2항의 정신을 종합해 볼 때, 교육공무원에게 근로3

권을 일체 허용하지 않고 전면적으로 부정하는 것은 합리성을 상실한 과도한 것으로서 입법형성권의 범위를 벗어나 헌법에 위반된다고 판단하였다(헌재 2018. 8. 30. 2015헌가38).

방위산업체 근로자의 단체행동권 제한

제33조 제3항은 "법률이 규정하는 주요방위산업체에 종사하는 근로자의 단체행동권은 법률이 정하는 바에 의하여 이를 제한하거나 인정하지 아니할 수 있다"라고 하여 주요 방위산업체에 종사하는 근로자의 단체행동권을 제한하는 근거를 두고 있다. 이 헌법조항에 따라 「노동조합 및 노동관계조정법」 제41조 제2항은 "방위산업법에 의하여 지정된 주요방위산업체에 종사하는 근로자 중 전력·용수 및 주요 방산물자를 생산하는 업무에 종사하는 자는 쟁의행위를 할 수 없으며, 주요 방산물자를 생산하는 업무에 종사하는 자의 범위는 대통령령으로 정한다"라고 규정하고 있다.

제 34 조

제34조

① 모든 국민은 인간다운 생활을 할 권리를 가진다.

② 국가는 사회보장·사회복지의 증진에 노력할 의무를 진다.

③ 국가는 여자의 복지와 권익의 향상을 위하여 노력하여야 한다.

④ 국가는 노인과 청소년의 복지향상을 위한 정책을 실시할 의무를 진다.

⑤ 신체장애자 및 질병·노령 기타의 사유로 생활능력이 없는 국민은 법률이 정하는 바에 의하여 국가의 보호를 받는다.

⑥ 국가는 재해를 예방하고 그 위험으로부터 국민을 보호하기 위하여 노력하여야 한다.

사회적 기본권의 이념적 목표로서 인간다운 생활을 할 권리

제34조는 인간다운 생활권과 국가의 사회보장·사회복지 증진의무 등을 규정하고 있다. 동조 제1항의 "인간다운 생활을 할 권리"란 모든 국민이 최저한도의 인간다운 생활을 하기 위한 급부(給付)를 국가에 요구할 수 있는 권리를 말한다. 인간다운 생활을 할 권리는 모든 사회적 기본권을 포괄하는 '포괄적 기본권'으로서의 지위를 가지는 것이므로 헌법 제34조 제1항은 사회적 기본권에 관한 이념적·총칙적 규정이라고 할 수 있다. 따라서 그 밖의 사회적 기본권은 인간다운 생활권을 실현하기 위한 수단적 권리라고 할 수 있다. 헌법재판소도 인간다운 생활을 할 권리는 여타 사회적 기본권에 관한 헌법규범들의 '이념적인 목표'를 제시하고 있다고 판시한 바 있다(헌재 1995. 7. 21. 93헌가14).

국가가 인간다운 생활을 할 권리를 국민에게 보장하기 위하여 국가의 보호를 필요로 하는 국민들에게 한정된 가용자원을 분배하는 이른바 사회보장권에 관한 입법을 할 경우에는 국가의 재정부담능력을 비롯하여 전체적인 사회보장수준과 국민감정 등 사회정책적 고려의 요소를 감안하여야 하기 때문에 입법자에게 광범위한 입법재량이 부여되지 않을 수 없다. 따라서 헌법상의 사회보장권은 그에 관한 수급요건, 수급자의 범위, 수급액 등 구체적인 사항이 법률에 규정됨으로써 비로소 구체적인 법적 권리로 형성된다.

제34조 제1항의 '인간다운 생활'이란 인간의 존엄성 유지에 상응하는 건강하고 문화적인 생활을 말한다. 그러나 건강하고 문화적인 생활의 구체적인 수준은 역사적 단계라든지 그 사회의 경제적·문화적 구조에 따라 상이하기 때문에 어느 정도의 생활이 이 권리의 내용을 구성하는가는 일률적으로 규정하기 어렵다. 헌법이 보장하는 인간다운 생활의 수준에 관하여는 생물학적 최저생존수준설, 인간적 최저생존수

준설, 이상적 생존수준설 등의 견해가 있으나, 현실적으로는 육체적·정신적 통일체로서의 인간이 정상적인 사회생활을 할 수 있는 정도의 수준을 의미하는 '인간적 최저생존수준설'이 타당하다고 할 것이다(권영성, 앞의 책, 659면).

사회보장을 받을 권리

제34조 제2항은 모든 국민의 인간다운 생활보장을 위하여 국가의 사회보장·사회복지 증진의무를 규정하고 있으며, 여기서 국가의 사회보장 증진의무에 상응하여 국민의 권리로서 사회보장을 받을 권리, 즉 사회보장수급권이 인정된다. 제34조 제2항에 근거하여 제정된 구체적 법률로 「사회보장기본법」이 있다. 이 법률은 사회보장의 개념을 정의하여 "출산, 양육, 실업, 노령, 장애, 질병, 빈곤 및 사망 등의 사회적 위험으로부터 모든 국민을 보호하고 국민 삶의 질을 향상시키는 데 필요한 소득·서비스를 보장하는 사회보험, 공공부조, 사회서비스를 말한다"라고 규정하고 있다(동법 제3조 제1호). 따라서 사회보장의 내용에는 사회보험, 공공부조, 사회서비스가 포함된다.

'사회보험'이란 사회보장제의 핵심에 해당하는 것으로서, 경제적 약자에게 인간다운 생활을 위협받을 정도의 질병·상해·사망 기타 상당한 재산상 부담이 되는 사고가 발생한 경우에 그 위험부담을 국가적인 보험기술을 통하여 다수인에게 분산시킴으로써 경제적 약자의 인간다운 생활을 보장하기 위한 사회보장적 작용을 말한다. 사회보험의 유형으로는 의료보험, 연금보험, 재해보상보험, 실업보험 등이 있다.

'공공부조'(公共扶助)란 현실적으로 생활불능상태에 있거나 생계의 유지가 곤란한 사람에게 국가가 최종적인 생활보장수단으로서 그들의 자기기여를 전제로 하지 아니하고 최저생활에 필요한 급여를 지급하는 제도를 말한다. 이에 관한 법률로는 「국민기초생활보장법」이 시행되고 있다. 이 법률은 2000년 10월부터 시행된 것으로, "생활이 어려운 사람에게 필요한 급여를 실시하여 이들의 최저생활을 보장하고 자활을 돕는 것"(동법 제1조)을 목적으로 하고 있다. 이 법률의 제정과 시행으로 국민의 인간다운 생활을 할 권리가 비로소 구체적이고 현실적인 법적 권리로 보장받게 되었다. 「국민기초생활보장법」은 수급자가 자신의 생활의 유지·향상을 위하여 그 소득·재산·근로능력 등을 활용하여 최대한 노력하는 것을 전제로 이를 보충·발전시키는 것을 기본원칙으로 하며 부양의무자에 의한 부양과 다른 법령에 의한 보호가 이 법에 의한 급여에 우선하여 행하여지도록 하는 '보충급여의 원칙'을 채택하고 있다(동법 제3조).

'사회서비스'란 국가·지방자치단체 및 민간 부분의 도움이 필요한 모든 국민에게 복지, 보건의료, 교육, 고용, 주거, 문화, 환경 등의 분야에서 인간다운 생활을 보장하고 상담, 재활, 돌봄, 정보의 제공, 관련 시설의 이용, 역량 개발, 사회참여 지원 등을 통하여 국민의 삶의 질이 향상되도록 지원하는 제도를 말한다. 사회서비스의 핵심을 이루는 사회복지는 국가가 직접 현금이나 현물을 급부하는 것이 아니라 양로원, 고아원, 직업훈련원 등의 설치와 공적 서비스의 제공을 통하여 생활의 어려움에 대한 보충적 지원을 하는 것을 의미한다. 이에 관한 법률로는 「장애인복지법」, 「아동복지법」, 「노인복지법」, 「청소년복지지원법」, 「사회복지사업법」 등이 있다.

사회보장수급권의 법적 성격에 관하여 견해가 나뉠 수 있는데, 헌법재판소는 사회보장수급권의 내용에 해당하는 의료보험수급권을 헌법상의 권리로 인정하면서, 다만 헌법규정만으로 이를 실현할 수 없고 그 수급요건, 수급자의 범위, 수급액 등은 법률에 의한 형성을 필요로 한다고 판단하였다(헌재 2003. 12. 18. 2002헌바1).

인간다운 생활권과 사회보장수급권 보장에 관한 판례를 보면 헌법재판소는 「국민연금법」 부칙에 의해 국민연금의 조기노령연금의 수급개시연령을 만 59세에서 만 60세로 올린 것은 장기노령연금을 받을 기대를 가진 청구인의 기본권을 침해하는 것이 아니라고 하였으며(헌재 2013. 10. 24. 2012헌마906), 국민연금 가입대상을 만 18세 이상 만 60세 미만으로 제한하는 규정은 인간다운 생활을 할 권리를 침해하는 것이 아니라고 판시하였다(헌재 2001. 4. 26. 2000헌마390).

제34조 제3항에서는 여자의 복지와 권익 향상을 위해 노력할 국가의 의무를 규정하고 있다. 이 조항은 남녀평등을 적극적으로 구현하기 위해 헌법 제11조의 평등권과 사회적 기본권 보장에 관한 제36조 제1항의 혼인과 가족생활의 양성평등 조항과 더불어 여성의 복지 향상을 강조하는 것이다. 여성의 복지와 권익 향상에 관한 법률로 「양성평등기본법」, 「여성기업지원에 관한 법률」 등이 있다.

제4항에서는 노인과 청소년의 복지 향상을 위한 국가의 의무를 규정하고 있다. 노령화사회에 따라 노인복지정책이 전세계적인 관심사항으로 대두되고 있고, 미래의 우리 사회의 기둥이 될 청소년을 보호할 필요가 있으므로 노인과 청소년의 복지 향상이 강조되고 있다. 이를 위하여 「노인복지법」, 「노인장기요양보험법」, 「청소년기본법」, 「청소년 보호법」, 「청소년 복지지원법」, 「아동·청소년의 성보호에 관한 법률」 등이 제정·시행되고 있다.

제34조 제5항에서는 신체장애자·질병·노령 등의 이유로 생활능력 없는 자에 대한 국가의 보호의무를 규정하고 있다. 이 조항은 모든 국민의 인간다운 생활을 보장하기 위해서는 신체장애자 등과 같은 사회적 약자의 경우에도 그들의 자유를 실질적으로 누릴 수 있는 조건을 만들어야 하는 것이 국가의 의무라는 것을 강조하고 있다. 이를 위한

법률로 「국민기초생활 보장법」과 「장애인복지법」, 「장애인 고용촉진 및 직업재활법」 등이 제정되어 있다.

제34조 제5항과 관련하여 장애인단체가 2002년 보건복지부 장관을 상대로 장애인들이 쉽게 타고 내릴 수 있는 저상버스를 도입하지 않은 부작위가 장애인들의 인간다운 생활권 등을 침해한다고 하여 헌법소원을 제기한 사건을 생각해 볼 수 있다. 이 사건에서 헌법재판소는, 헌법 제34조에 의해 국가가 장애인의 복지를 위하여 노력을 해야 할 의무가 있다는 것은 장애인도 인간다운 생활을 누릴 수 있는 정의로운 사회질서를 형성해야 할 국가의 일반적인 의무를 뜻하는 것이지, 장애인을 위하여 저상버스를 도입해야 한다는 구체적 내용의 행위의무가 헌법으로부터 나오는 것은 아니라고 판시한 바 있다(헌재 2002. 12. 28. 2002헌마52).

제6항에서는 재해 예방과 재해의 위험으로부터 국민을 보호할 국가의 의무를 규정하고 있다. 이 조항에 의해 국가는 재해를 미리 예측하고 효율적으로 예방하며 재해 발생에 대해 신속하게 복구하기 위해 노력해야 하며, 예측 가능한 재해를 제대로 예방하지 못한 경우에는 국가가 법적 책임을 져야 하는 것이다. 이에 관한 법률로 「재난 및 안전관리 기본법」, 「재해구호법」 등이 제정되어 있다.

제35조

① 모든 국민은 건강하고 쾌적한 환경에서 생활할 권리를 가지며, 국가와 국민은 환경보전을 위하여 노력하여야 한다.

② 환경권의 내용과 행사에 관하여는 법률로 정한다.

③ 국가는 주택개발정책 등을 통하여 모든 국민이 쾌적한 주거생활을 할 수 있도록 노력하여야 한다.

환경권 조항의 등장

환경권은 산업화에 따른 공해문제에 대응하기 위해 등장한 새로운 기본권의 하나이다. 오늘날 공해와 환경파괴에 의한 환경문제의 심각성은 인류의 생존을 위협하는 지경에 이르게 됨에 따라 각국은 환경문제에 대해 적극적인 관심을 갖게 되고 국제사회에서는 각종 국제회의를 통해 환경문제를 새롭게 인식하게 되었다. 연혁적으로 환경권의 성립에 중요한 계기가 된 국제회의로는 1972년의 유엔 인간환경회의에서의 '환경권선언'을 비롯하여, 1987년의 국제연합의 위탁에 의한 '환경과 발전에 관한 위원회 보고서'가 있으며, 1992년의 리우데자네이루에서 개최된 유엔환경개발회의(UNCED)의 '리우선언'의 채택 등이 있다. 1987년의 유엔 보고서에는 환경에 있어서 '지속가능한 발전'(sustainable development)의 개념을 최초로 제시한 점에서 의미가 있다. 지속가능성 내지 지속가능한 발전이란 현 세대의 수요를 충족시키면서 동시에 미래세대의 수요를 충족시킬 가능성을 박탈해서는 안 된다는 것을 내용으로 한다. 환경문제는 처음부터 미래세대에 대한 배려라는 정책적 관점이 담겨져 있으므로 환경권은 지속가능성의 논의에서 핵심적인 위치를 차지하게 된다(이 점에 관하여는 전광석, 한국헌법론, 집현재, 2015, 503면).

헌법에 환경권조항을 두고 있는 나라는 그리스와 스페인 등의 몇몇 국가에 불과하다. 독일 기본법은 기본권으로서 환경권조항은 없지만 '자연적 생활기반을 보호할 국가적 의무'를 규정하고 있다. 즉 독일의 경우는 환경권을 기본권으로 보장하는 데는 한계가 있다고 보고, 환경에 대한 국가의 과제를 국가목표조항으로 규정하고 있는 것이 특징이다. 우리나라는 1980년 제5공화국헌법에 처음으로 환경권을 규정하였으며, 현행 헌법은 환경권조항을 일부 수정하고, 제3항을 신설하여 국가의 주택개발정책 등을 통한 국민의 '쾌적한 주거생활'을 위해 노력할 의무를 추가로 규정하였다.

헌법 제35조의 환경권조항은 사회적 기본권에 관한 규정이지만 동시에 국가목표조항으로서의 성격도 지닌다고 볼 수 있다. 환경권에 건강하고 쾌적한 환경에서 생활할 권리와 아울러 국가의 환경보전을 위해 노력할 의무 및 국민의 쾌적한 주거생활을 위한 주택개발정책 등에 관한 의무를 함께 규정하고, 나아가 국민도 환경보전을 위해 노력할 의무가 있다고 규정한 것에서 볼 때 환경권조항은 기본권과 국가목표조항으로서 기능하게 된다. 다만 환경권은 사회적 기본권으로서 그 내용과 행사가 법률에 의해 구체화될 때 비로소 현실적·구체적 권리로 보장되는 것이다.

환경권 보장과 환경보전의무

제35조 제1항은 국민의 환경권 보장과 함께 국가와 국민의 환경보전 의무를 규정하고 있다. 환경권이란 협의의 개념으로는 오염되거나 불결한 환경으로 인하여 건강을 훼손당하거나 훼손당할 위험에 처한 국민이 오염되거나 불결한 환경에 대하여 책임이 있는 공권력이나 제3자에 대하여 그 원인을 예방 또는 배제하여 줄 것을 요구할 수 있는 권리를 말한다. 광의의 개념으로는 협의의 환경권에 더하여 청정한 환경에서 건강하고 쾌적한 생활을 누릴 수 있는 권리까지를 포함하는 개념이다. 헌법 제35조 제1항의 환경권은 광의의 개념으로 이해되고 있다. 여기서 '환경'의 개념은 자연적 환경뿐만 아니라 인공적·물리적 환경(도로, 공원, 교육, 의료 등)을 포함시키는 것이 통설이다. 헌법재판소도 "환경권의 보호대상이 되는 환경에는 자연환경뿐만 아니라 인공적 환경과 같은 생활환경도 포함된다"고 판시하고 있다(헌재 2008. 7. 31. 2006헌마711). 현행 「환경정책기본법」도 환경을 자연의 생태를 말하는 자연환

경과 소음, 진동 등의 일상생활과 관련된 환경을 의미하는 생활환경으로 구분하고 있다(제3조).

종합적 기본권으로서의 환경권

환경권의 법적 성격에 관하여는 다양한 견해가 있지만, 환경권은 기본적으로 자유권적 성격과 사회권적 성격을 동시에 갖는 것으로 보는 데에는 이견이 없다. 즉 국가의 환경침해를 금지하고 자유롭게 쾌적한 환경을 누리는 권리라는 측면에서 자유권의 성격을 가진다. 아울러 인간다운 생활을 보장하기 위하여 국가가 환경의 보전과 개선을 위한 적극적 조치를 취할 것을 청구하는 권리라는 측면에서 사회권적 성격을 가진다. 또한 오염되거나 불결한 환경은 건강을 해친다는 점에서 환경권은 보건에 관한 권리라고 할 수 있으며 행복추구권으로 보는 견해도 있다. 헌법재판소도 환경권은 "건강하고 쾌적한 생활을 유지하는 조건으로서 양호한 환경을 향유할 권리이고, 생명·신체의 자유를 보호하는 토대를 이루며, 궁극적으로 삶의 질 확보를 목표로 하는 권리"라고 하면서, "국민은 국가로부터 건강하고 쾌적한 환경을 향유할 수 있는 자유를 침해당하지 않을 권리를 행사할 수 있고, 일정한 경우 국가에 대하여 건강하고 쾌적한 환경에서 생활할 수 있도록 요구할 수 있는 권리가 인정되기도 하는 바 환경권은 그 자체 '종합적 기본권'의 성격을 지닌다"고 판시하고 있다(헌재 2008. 7. 31. 2006헌마711).

생각건대 환경권은 건강하고 쾌적한 환경을 향유할 수 있는 자유를 침해당하지 않을 권리라는 측면에서 자유권적 성격이 인정되며, 여기에서 환경권의 구체적 권리성을 인정할 수 있으므로 관련 법률의 규정이 없더라도 환경침해배제청구권을 인정할 수 있다고 할 것이다. 동시에 건강하고 쾌적한 환경에서 생활할 수 있도록 요구할 수 있는 사회적 기본권의 측면에서는 그에 관한 구체적 입법이 있는 경우에 비로소 구체적 권리로서 보장받게 된다.

환경권과 환경보전의무에 관한 구체적 입법

제35조 제2항에 근거하여 환경관련법의 기본법으로서 「환경정책기본법」이 제정·시행되고 있으며, 각종 환경오염매체 또는 오염원을 기준으로 한 개별적인 환경법으로 「대기환경보전법」, 「자연환경보전법」, 「폐기물관리법」, 「소음·진동관리법」, 「토양환경보전법」, 「원자력안전법」 등이 있고, 환경피해 구제와 관련하여 「환경분쟁조정법」이 시행되고 있다. 「환경정책기본법」은 제1조에 "이 법은 환경보전에 관한 국민의 권리·의무와 국가의 책무를 명확히 하고 환경정책의 기본사항을 정하여 환경오염과 환경훼손을 예방하고 환경을 적정하고 지속가능하게 관리·보전함으로써 모든 국민이 건강하고 쾌적한 삶을 누릴 수 있도록 함을 목적으로 한다"고 규정하고 있다. 이 법에 의하여 모든 국민은 일상생활에 따르는 환경오염과 환경훼손을 줄이고 국토 및 자연환경의 보전을 위하여 노력하여야 하며(동법 제6조 제3항), 특히 사업자는 그 사업활동으로부터 야기되는 환경오염 및 환경훼손에 대하여 스스로 이를 방지함에 필요한 조치를 하여야 한다(동법 제5조).

환경권의 내용으로는 환경보전청구권과 환경복구청구권 등이 인정된다. 환경보전청구권이란 국가·공공단체 또는 사인이 개발·사업·공사 등을 시행함에 있어 자연환경 또는 생활환경을 훼손·파괴함으로써 환경오염이나 공해를 유발하는 결과를 초래하지 않도록 환경영향평가 등과 같은 충분한 예방조치를 강구하여 주도록 요구할 수 있는 권리를 말한다. 환경복구청구권 또는 공해배제청구권이란 국가·공공단체 또는 사인의 행위로 말미암아 환경이 오염되거나 공해가 발생하고 그것이 수인의 한도를 초과하는 경우에 그 환경오염이나 공해를 배제하여 줄 것을 요구할 수 있는 권리를 말한다. 이러한 권리들은 법률에 의해 구체적으로 규정될 때 현실적인 권리로서 행사할 수 있게 된다.

환경권이 침해되는 경우의 구제방법은?

환경권이 현실적으로 침해되는 경우에 그 구제방법을 생각해 볼 필요가 있다. 국가나 공공단체가 고속도로를 건설하거나 산업단지에 공해산업 등을 유치함으로써 적극적으로 환경권을 침해하는 경우와 제3자의 환경파괴를 허용하거나 묵인함으로써 소극적으로 환경권을 침해하는 경우에는 행정소송이나 국가배상청구 등을 통해 구제를 받을 수 있다. 국가가 환경보전과 개선의 의무를 태만히 하는 경우에도 헌법소원을 통해 입법부작위에 대한 위헌확인을 청구할 수 있다.

사인의 행위로 인한 환경침해에 대하여는 손해배상청구와 중지청구의 소송을 통해서 구제를 받을 수 있다. 「환경정책기본법」에는 사업자에 의한 환경피해에 대하여 무과실책임을 지도록 하고 있다(제44조). 그러나 손해배상청구를 통한 구제방법은 사후적 구제방법이기 때문에 환경피해의 발생과 진행을 막기 위한 사전적 구제방법으로 중지청구 내지 방해배제청구가 인정되어야 할 것이다. 중지청구는 환경피해가 현실적으로 발생하였거나 발생이 예견되는 경우에 피해자가 환경피해의 배제 또는 예방을 법원에 구하는 방법이다.

환경권에 관한 대법원 판례를 보면, "환경권은 명문의 법률규정이나 관계 법령의 규정 취지에 비추어 권리의 주체, 대상, 내용, 행사방법 등이 구체적으로 정립될 수 있어야만 인정되는 것이므로 사법(私法)상의 권리로서의 환경권을 인정하는 명문의 규정이 없는 경우에는 원칙적으로 환경권에 기하여 방해배제청구권을 인정할 수는 없다"고 판단하고 있다. 다만, "어느 토지나 건물의 소유자가 종전부터 향유하고 있던 경관이나 조망, 조용하고 쾌적한 종교적 환경 등이 그에게 하나의 생활이익으로서의 가치를 가지고 있다고 객관적으로 인정된다면 법적인 보호의 대상이 될 수 있는 것이므로, 인접 대지 위에 건물의 건축 등으로 그와 같은 생활이익이 침해되고 그 침해가 사회통념상 일반적으로 수인할 정도를 넘어선다고 인정되는 경우에는 위 토지 등의 소유자는 그 소유권에 기하여 건물의 건축금지 등 방해의 제거나 예방을 위하여 필요한 청구를 할 수 있다"고 판시한 바 있다(대판 1999. 7. 27. 98다47528).

이 사건에서 보는 바와 같이 환경분쟁에 있어서 위법성의 판단 기준으로 '수인한도이론'이 채택되고 있다. 이 이론은 환경침해에 의해 피해가 발생하더라도 이를 참고 받아들여야 할 일정한 범위가 있으며 이 범위를 넘는 경우에 한하여 환경침해의 위법성이 인정된다는 것이다. 수인한도란 가해자측의 사정과 피해자측의 사정 및 지역적 특성 등을 비교형량하여 피해가 일반인으로 하여금 통상 견딜 수 있는 한도를 말한다.

공권력이나 사인에 의한 환경피해에 대해 사법기관을 통해 구제하는 것은 강제적이고 공정하며 피해구제의 최후수단이라는 점에서 그 의의가 크지만, 그러한 구제방법은 환경피해의 원인유형의 다양성, 인과관계 입증의 곤란성, 피해분쟁의 복잡성 등으로 인해 그 구제수단으로서의 한계가 있을 수밖에 없다. 따라서 환경피해에 대한 권리구제의 효율화를 기하기 위하여 환경피해분쟁조정제도가 마련되어 있다. 이 제도는 1991년부터 시행된 「환경오염피해분쟁조정법」에 근거하여 환경부장관과 각 시·도지사 소속하에 중앙환경분쟁조정위원회와 지방환경분쟁조정위원회를 설치하고 있다.

쾌적한 주거생활권과 국가의 쾌적한 주거생활보장의무

제35조 제3항은 국민의 쾌적한 주거생활권을 보장하고 있다. 쾌적한 주거생활권이란 인간다운 생활에 필수적인 쾌적한 주거생활의 확보를

위하여 국가에 대해 일정한 배려와 급부를 요구할 수 있는 사회적 기본권을 의미한다. 주거는 인간의 삶의 보금자리이며, 사회의 기본적 조직단위인 가정의 근거지이자 건강하고 문화적인 생활을 영위하기 위한 필수적인 요소이므로 쾌적한 주거환경의 조성은 인간다운 생활을 할 권리를 보장하기 위하여 중요하다.

쾌적한 주거생활권에 따라 쾌적한 주거를 개발하고 공급할 주택정책의 수립을 요구할 수 있고, 쾌적한 주거생활에 필수적인 환경 조성을 요구할 수 있으며, 양질의 주택에서 건강하고 문화적인 주거생활을 영위할 수 있도록 국가에 대해 요구할 권리를 가진다. 국가는 이에 대해 쾌적한 주거생활보장의무를 지게 된다.

헌법 제35조 제1항과 제3항에 근거하여 국가는 환경보전과 공해배제의 노력을 하여야 하며, 문화적 주택을 개발하고 공급할 노력의 의무를 부담하고 있다. 그러나 현실적으로 국가의 주택개발정책을 통한 국민의 쾌적한 주거생활권의 실현은 쉽게 기대할 수 없는 것이므로 제35조 제3항은 국가목표조항으로서의 성격이 강하다고 할 것이다.

제36조

① 혼인과 가족생활은 개인의 존엄과 양성의 평등을 기초로 성립되고 유지되어야 하며, 국가는 이를 보장한다.

② 국가는 모성의 보호를 위하여 노력하여야 한다.

③ 모든 국민은 보건에 관하여 국가의 보호를 받는다.

혼인과 가족생활에 대한 국가의 보호

제36조 제1항은 혼인제도와 가족제도는 인간의 존엄성 존중과 양성

의 평등이라는 민주주의원칙에 따라 규정되어야 함을 천명하고 있으며, 국가는 이러한 혼인과 가족제도를 보장하여야 한다고 규정하고 있다. 혼인에 있어서는 개인의 존엄과 양성의 본질적 평등의 바탕위에서 모든 국민은 스스로 혼인할 것인가 하지 않을 것인가를 결정할 수 있고, 혼인을 함에 있어서 그 시기는 물론 상대방을 자유로이 선택할 수 있는 것이며, 이러한 결정에 따라 혼인과 가족생활을 유지할 수 있고, 국가는 이를 보장하여야 한다는 것을 의미한다.

제36조 제1항의 혼인과 가족생활에 관한 권리의 법적 성격에 관한 통설적 견해는 혼인과 가족생활의 자율성을 침해받지 아니할 자유권의 성격과 혼인과 가족생활에 대한 국가의 적극적 보호를 요구하는 사회권적 성격을 아울러 가지며, 동시에 민주적인 혼인제도·가족제도에 관한 제도적 보장으로서의 성격도 가진다고 본다. 헌법재판소도 "이 헌법규정은 소극적으로는 국가권력의 부당한 침해에 대한 개인의 주관적 방어권으로서 국가권력이 혼인과 가정이란 사적인 영역을 침해하는 것을 금지하면서, 적극적으로는 혼인과 가정을 제3자 등으로부터 보호해야 할 뿐이 아니라 개인의 존엄과 양성의 평등을 바탕으로 성립되고 유지되는 혼인·가족제도를 실현해야 할 국가의 과제를 부과하고 있다"고 판시하고 있다(헌재 2000. 4. 27. 98헌가16등).

동성동본 금혼과 호주제는 위헌

제36조 제1항의 개인의 존엄과 양성의 평등에 기초한 혼인과 가족생활의 보장과 관련하여 우리의 전통적인 혼인과 가족제도인 동성동본 금혼과 호주제 등의 위헌 문제가 제기되었다. 헌법재판소는 1997년, 「민법」상 동성동본금혼규정에 대하여 개인의 존엄과 양성의 평등을 기초로 한 혼인과 가족생활의 성립·유지라는 헌법규정에 정면으로 배치된다고 판단하였다(헌재 1997. 7. 16. 95헌가6등).

2005년에는 호주제도에 대한 헌법불합치결정에서 "호주제는 당사자의 의사나 복리와 무관하게 남계혈통 중심의 가(家)의 유지와 계승이라는 관념에 뿌리박은 특정한 가족관계의 형태를 일반적으로 규정·강요함으로써 개인을 가족 내에서 존엄한 인격체로 존중하는 것이 아니라 가의 유지와 계승을 위한 도구적 존재로 취급하고 있는데, 아는 혼인·가족생활을 어떻게 꾸려나갈 것인가에 관한 개인과 가족의 자율적 결정권을 존중하라는 헌법 제36조 제1항에 부합하지 않는다"고 결정하였다(헌재 2005. 2. 3. 2001헌가9등).

그리고 「소득세법」상 부부자산소득 합산과세에 대해서도 자산소득이 있는 모든 납세의무자 중에서 혼인한 부부가 혼인하였다는 이유만으로 혼인하지 않은 자산소득자보다 더 많은 조세부담을 하여 소득을 재분배하도록 강요받는 것은 부당하며, 자산소득 합산과세의 대상이 되는 혼인한 부부를 혼인하지 않은 부부나 독신자에 비하여 차별 취급하는 것은 헌법상 정당화되지 아니하므로 헌법 제36조 제1항에 위반된다고 판단하였다(헌재 2002. 8. 29. 2001헌바82).

그 밖에 헌법 제36조 제1항과 관련하여 「형법」상 간통죄처벌조항이 문제되었는데, 헌법재판소는 이에 대한 1990년 합헌결정 이래 일관되게 "선량한 성도덕과 일부일처주의·혼인제도의 유지 및 가족생활의 보장을 위하여서나 부부간의 성적 성실의무의 수호를 위하여, 그리고 간통으로 인하여 야기되는 사회적 해악의 사전예방을 위하여, 간통행위를 규제하고 처벌하는 것은 성적 자기결정권의 본질적 내용을 침해하는 것이 아니다"라고 판시해 왔으나(헌재 1990. 9. 10. 89헌마82; 1993. 3. 11. 90헌가70; 2001. 10. 25. 2000헌바60), 2015년 결정에서는 간통죄의 보호법익인 혼인과 가정의 유지는 당사자의 자유로운 의지와 애정에 맡겨야지, 형벌을 통하여 타율적으로 강제될 수 없는 것이라고 하였다(헌재 2015. 2. 26. 2009헌바17 등).

국가의 모성보호의무

제36조 제2항은 "국가는 모성의 보호를 위하여 노력하여야 한다"라고 하여 국가의 모성보호의무를 규정하고 있다. 이 규정에 대응하여 국민은 국가에 대하여 모성의 보호를 청구할 수 있는 권리를 가진다. 모성(母性)이란 모든 여성을 지칭하는 것이 아니고 자녀를 가진 여성을 의미한다. 모성의 보호에 관한 권리는 사회권적 성격을 가진다. 이 권리의 구체적 내용으로는 모성의 건강에 대한 특별한 보호, 모성으로 인한 불이익의 금지, 모성에 대한 적극적 보호 등이다. 이에 관한 법률로는 「모자보건법」, 「한부모가족지원법」 등이 있다.

보건에 관한 권리

제36조 제3항은 "모든 국민은 보건에 관하여 국가의 보호를 받는다"라고 하여 국민보건에 관한 국가의 보호를 규정하고 있다. 이 조항은 국가의 국민보건보호의무를 규정함과 동시에 국민에 대하여 자신과 가족의 건강을 유지하는 데 필요한 국가적 급부와 배려를 요구할 수 있는 권리를 보장하는 사회적 기본권으로 이해한다. 이 보건에 관한 권리 내지 보건권은 생명권이나 행복추구권, 인간다운 생활권 등과 이념적으로 밀접한 상호관련성을 가진다.

사회적 기본권으로서의 보건권은 국가가 국민의 질병보호와 건강증진을 위하여 각종 제도를 마련하고 국민 모두가 접근할 수 있도록 하여야 한다. 보건권에 관한 법률로는 「보건의료기본법」, 「국민건강보험법」, 「국민건강증진법」, 「공공보건의료에 관한 법률」, 「학교보건법」, 「의료법」, 「약사법」 등이 있다.

헌법재판소는 국민건강증진법시행규칙(제7조)에 의해 금연구역을 지정하는 것이 흡연권을 침해하는 것이 아니라고 하고, 흡연권에 비해

혐연권은 사생활의 자유뿐만 아니라 생명권에까지 연결되는 상위의 기본권으로 보호된다고 판시하였다(헌재 2004. 8. 26. 2003헌마457).

제37조

제37조
① 국민의 자유와 권리는 헌법에 열거되지 아니한 이유로 경시되지 아니한다.
② 국민의 모든 자유와 권리는 국가안전보장·질서유지 또는 공공복리를 위하여 필요한 경우에 한하여 법률로써 제한할 수 있으며, 제한하는 경우에도 자유와 권리의 본질적 내용을 침해할 수 없다.

헌법에 열거되지 아니한 자유와 권리

제37조 제1항은 기본권의 자연권성을 전제로 하여 국민의 자유와 권리는 헌법에 열거되지 아니한 이유로 경시되지 아니한다고 규정하고 있다. 이 조항의 의미는 인간의 초국가적 자연권으로서 자유권을 국가가 확인하고 이를 성문헌법에 열거한 것을 국가가 보장하는 것은 당연한 것이지만, 국가가 초국가적인 자유권을 확인하지 아니함으로써 실정헌법규범으로 전환하지 아니한 경우에 그러한 자유권은 헌법적으로 보장되지 않는 것이 아니라 헌법에 열거되지 아니한 기본권으로 보장되는 것이라고 선언한 것이다. 자유권으로서의 국민의 기본권이 헌법에 의하여 실정화되어 있다는 것은 인간 고유의 생래적 권리(inherent rights)로서 인간이 인간이기 때문에 당연히 가지는 권리를 헌법이 단지 문서로써 확인한 것에 불과하다. 따라서 헌법 제37조 제1항에서 규정하고 있는 국민의 자유와 권리는 모든 기본권을 포괄하는 개념이 아니라 기본권 중에서 국가 이전의 초헌법적 개념으로서 자연권의 성격을 갖는 자유권적 기본권을 의미한다. 이와 같은 헌법에 열거되지 아니한 자유와

권리의 보장에 관한 조항은 미국 헌법의 권리장전의 영향을 받은 것이라 할 수 있다. 미국 수정헌법(1791) 제9조는 “헌법에 열거된 국민의 일정한 권리는 국민이 보유하고 있는 그 밖의 권리를 부정하거나 경시하는 것으로 해석되어서는 아니된다”(The enumeration of Constitution, of certain rights, shall not be construed to deny or disparage others retained by the people)고 명시적으로 규정하여 당시 헌법에 열거적으로 규정된 기본권은 초국가적 자유권의 일정 부분을 확인한 것에 불과하다고 밝힌 것이다.

헌법에 열거되지 아니한 자유와 권리의 보호 조항은 헌법 제10조의 인간의 존엄과 가치 및 행복추구권 보장의 포괄적 기본권 조항에서 도출되는 개별적 기본권의 근거조항으로서의 의미를 갖는 것은 당연하다. 헌법 제10조의 인간의 존엄과 행복추구권에 근거하여 도출되는 개별적 권리로서 자기결정권이나 일반적 행동자유권 등은 동시에 헌법 제37조 제1항에 근거하여 인정되는 기본권으로 해석되고 있다.

기본권 제한에 관한 법률유보의 원칙

제37조 제2항은 국민의 “모든 자유와 권리는 법률로써 제한할 수 있으며”라고 하여 기본권 제한에 있어서 일반적 법률유보원칙을 밝히고 있다. 기본권 제한의 형식에는 헌법이 직접 기본권 제한을 규정하는 ‘헌법유보’에 의한 기본권 제한이 있고, 헌법이 직접 규정하지 아니하고 그 제한을 법률에 위임하고 있는 ‘법률유보’에 의한 기본권 제한이 있다. 법률유보의 경우에도 기본권 전반에 관한 ‘일반적 법률유보’가 있고 개별적 기본권에 관한 ‘개별적 법률유보’가 있다. 우리 헌법 제37조 제2항의 “국민의 모든 자유와 권리는 … 법률로써 제한할 수 있으며”라는 규정은 기본권 제한에 관한 일반적 법률유보조항을 의미한다. 한편 신체의 자유에 관하여 법률에 의하지 아니하고는 체포·구속 등을

당하지 아니한다는 제12조 제1항은 개별적 법률유보에 해당한다. 일반적 법률유보조항이 있기 때문에 개별적 법률유보조항은 특별한 법적 의미가 없으며, 단지 법률에 의한 기본권 제한을 강조하거나 주의하는 의미를 가진다고 할 수 있다.

헌법 제37조 제2항의 기본권 제한에 관한 일반적 법률유보조항은 기본권 존중의 이념에 입각하여 기본권 제한의 헌법적 근거를 분명히 하면서 동시에 기본권을 제한하는 경우에도 그 제한의 기준과 정도 및 한계를 헌법의 차원에서 명시한 것으로 중요한 의미를 가진다. 먼저, 헌법 제37조 제2항에 의한 기본권 제한은 국회가 제정한 형식적 의미의 법률에 의하여 행해지는 것이 원칙이며, 법률의 효력을 갖는 조약이나 국제법규에 의한 제한도 가능하다. 그리고 기본권 제한과 관련된 법률의 내용은 행정입법에 의하여 구체적으로 범위를 정하여 하위법령에 위임할 수 있다(헌법 제75조, 제95조).

그러나 오늘날 법률유보의 원칙은 기본권을 제한할 때 제한의 핵심적 내용은 하위법령에 위임하지 않고 반드시 법률 자체에서 규정해야 하는 것을 요구한다. 즉 국가공동체와 그 구성원에게 기본적이고도 중요한 의미를 갖는 영역, 즉 특히 국민의 기본권 실현에 관련된 영역에 있어서는 행정에 맡길 것이 아니라 국민의 대표자인 입법자 스스로 그 본질적 사항에 대하여 결정하여야 한다는 요구까지 내포하는 것으로 이해하여야 한다는 이른바 '의회유보의 원칙'을 요구한다(헌재 1999. 5. 27. 98헌바70). 예를 들면, 도시환경정비사업의 시행자인 토지 등 소유자가 사업시행인가를 신청하기 전에 얻어야 하는 토지 등 소유자의 동의요건을 법률에서 정하지 않고 토지 등 소유자가 자치적으로 정하여 운영하는 규약에 정하도록 한 구 「도시 및 주거환경정비법」 조항은 법률유보 내지 의회유보원칙에 위반하는 것이 된다(헌재 2012. 4. 24. 2010헌바1).

법률로써 기본권을 제한할 때 그 내용의 일부를 하위법령에 위임할 수 있으나, 하위규범에 의한 기본권 제한은 법률의 근거와 위임이 있어야 한다. 위임입법의 경우에도 국회중심입법의 원칙이 부정되어서는 안 되므로 백지위임을 의미하는 포괄적 위임입법은 인정되지 않으며, 개별적·구체적 위임만이 인정된다. 헌법은 오늘날의 행정국가화 경향에 부응하여 행정부에 대하여 광범한 행정입법권을 부여하고 있지만, 그것은 법률에서 구체적으로 범위를 정하여 위임받은 사항에 관해서만 행정입법을 인정할 수 있다. 현행 헌법 제75조도 "대통령은 법률에서 구체적으로 범위를 정하여 위임받은 사항 … 에 관하여 대통령령을 발할 수 있다"라고 규정하여 위임입법의 근거와 아울러 그 범위와 한계를 제시하고 있다.

기본권 제한의 목적

헌법 제37조 제2항은 기본권 제한의 목적으로 "국가안전보장·질서유지 또는 공공복리"를 규정하고 있다. 여기에서 국가안전보장, 질서유지, 공공복리의 개념은 명확하게 확정적으로 정의하는 것이 쉽지 않은 추상적 개념이라고 할 수 있다. 국가안전보장의 개념은 넓은 의미의 질서유지 속에 포함될 수 있는 것이며, 질서유지와 공공복리의 개념도 명확히 구별되기 어렵다. 다만 공공복리는 적극적 국가목적이라면 질서유지는 소극적 목적이라 할 수 있다.

국가안전보장이란 대한민국이라는 국가의 독립과 영토의 보전, 헌법과 법률 등 국가법규범의 효력 유지, 헌법에 의해 설치된 국가기관의 유지 등 국가의 안전을 확보하는 것과 함께 사회공동체의 안전을 확보하는 것을 의미한다. 헌법은 국민의 기본권을 보장하는 동시에 공동체의 존속과 유지도 보호하는 것이므로 국가의 안전을 보장하는 것은 헌법의 본질적 보장사항에 속한다. 즉 헌법이 국가안전보장을 기본권 제한의 목적으로 명시하지 않더라도 이러한 가치는 당연히 기본권 제한의 목적에 해당한다. 이 경우 국가안전보장이라는 가치는 질서유지와 공공복리의 개념에 포함되는 것으로 해석될 수 있다. 국가안전보장을 위한 기본권 제한의 법률로는 「형법」, 「군형법」, 「국가보안법」, 「군사기밀보호법」, 「통신비밀보호법」 등이 있다.

질서유지란 공동체가 존속하고 유지하며, 그 공동체 속에서 구성원들이 평화롭고 안전하게 살 수 있도록 하는 질서를 유지하는 것을 말한다. 여기서의 '질서'란 헌법상의 기본질서를 포함하여 공동체 구성원들이 행복을 추구하며 삶을 영위하는 데 필요한 가치를 유지하고 보호하기 위한 모든 질서를 포함하는 개념으로 이해할 수 있다. 질서유지를 위한 기본권 제한 법률로는 「형법」, 「집회 및 시위에 관한 법률」, 「도로교통법」, 「경찰관직무집행법」, 「경범죄처벌법」, 「화염병사용등의 처벌에 관한 법률」, 「윤락행위방지법」, 「독점규제 및 공정거래에 관한 법률」, 「공직선거법」, 「출입국관리법」 등이 있다.

기본권 제한의 목적으로서 공공복리란 불확정 개념으로 다양하게 정의될 수 있으나, 일반적으로 공공복리는 국민 개개인의 사적 이익에 대한 대립적 개념이다. 즉 공공복리란 공동체 구성원 전체의 삶을 위한 '공공의 이익' 또는 '국민 공동의 이익'이라고 할 수 있다. 따라서 그것은 경제, 사회, 문화, 건강, 환경, 복지 등 공동체의 각종 영역에 있어서 개인의 수준을 넘어 국민 전체의 수준에서 이익이 되는 가치를 의미한다고 할 수 있다. 사회국가(복지국가)를 헌법의 기본원리로 하고 있는 나라에서 공공복리는 사회공동생활의 지표이며 국가적 이념이라 할 수 있다. 헌법재판소는 공공복리 개념의 구체화를 시도하면서 헌법상 경제에 관한 조항들을 언급하고 있다. 즉 우리 헌법은 제119조 이하의 경제에 관한 장에서 "균형 있는 국민경제의 성장과 안정, 적정한 소득의 분배, 시장의 지배와 경제력의 남용의 방지, 경제주체간의 조화를 통한 경제의 민주화, 균형 있는 지역경제의 육성, 중소기업의 보호·육성, 소비자보호 등" 경제 영역에서의 국가목표를 명시적으로 규정함으로써 국가의 경제정책을 통하여 달성하여야 할 '공익'을 구체화하고, 동시에 헌법 제37조 제2항의 기본권 제한을 위한 일반적 법률유보에서의 '공공복리'를 구체화하고 있다고 판시하고 있다(헌재 1996. 12. 26. 96헌가18).

과잉금지의 원칙

헌법 제37조 제2항은 국민의 모든 자유와 권리는 "필요한 경우에 한하여 … 제한할 수 있으며"라고 하여 기본권 제한의 정도와 한계에 관한 '과잉금지의 원칙'을 규정하고 있다. 과잉금지의 원칙은 일반적으로 국가권력의 행사는 정당한 목적을 위하여 필요한 범위 내에서 행사되어야 한다는 원칙을 의미하는데, 이 원칙은 기본권 제한의 경우에도 그대로 적용된다. 즉 기본권을 제한하는 입법작용에 있어서 과잉금지의 원칙이란 국가가 국민의 기본권을 제한하는 내용의 입법활동을 함에 있어서 준수하여야 할 기본원칙 내지 입법활동의 한계를 의미하는 것이다. 과잉금지원칙은 공권력의 행사에 의해 기본권이 제한되는 경우 기본권의 제한이라는 '수단'과 이러한 제한을 통해 달성하고자 하는 '목적' 사이의 '상관관계'를 구체적으로 심사한다는 의미에서 '비례의 원칙'이라고도 한다.

과잉금지의 원칙 내지 비례의 원칙은 모든 기본권의 제한에 적용되는 원칙인가의 문제가 있다. 즉 과잉금지원칙이 적용되는 기본권의 범위에 관한 문제인데, 이에 관하여는 해석상 견해가 나뉘고 있다. 종래의 학설은 모든 기본권에 과잉금지원칙이 적용된다고 보는 것이 다수설이나, 최근에는 과잉금지원칙이 자유권에 적용되는 것이라는 견해가 유력하다. 헌법 제37조 제2항은 국민의 "모든 자유와 권리"는 법률로써 필요한 경우에 한하여 제한할 수 있다고 규정하고 있으므로 문리적 해석에 의하면 모든 기본권이 과잉금지원칙의 적용을 받는다고 할 수도 있다. 하지만 기본권 제한의 본질적 문제는 헌법과 국가 이전에 존재하는 기본권으로서 자유권을 제한하는 경우에 이미 정해져 있는 자유권의 '보호범위'의 제한을 어느 정도 허용할 것인가에 관한 문제이므로 과잉금지원칙은 마땅히 자유권에 적용되는 것이다.

그러나 자유권과 구별되는 참정권, 청구권, 사회적 기본권 등은 특정한 보호범위가 없이 법률에 의해 비로소 구체적인 내용이 형성되기 때문에 과잉금지원칙이 동일하게 적용되기 어렵다고 할 수 있다. 이러한 기본권은 자유권과는 달리 헌법에 "법률이 정하는 바에 의하여 … 권리를 가진다"라는 이른바 기본권 형성적 법률유보의 형식을 취하여 입법자의 구체적 입법형성을 필요로 한다. 이와 같이 기본권의 내용이 구체적 입법에 의해 형성되는 참정권, 청구권, 사회적 기본권 등은 그 내용의 제한에 있어서도 입법자의 입법형성권의 범위를 벗어났는지의 여부가 문제되는 것이므로 여기서는 과잉금지원칙을 엄격하게 적용할 필요가 없으며 다소 완화된 형태로 적용되거나 다른 심사기준이 적용될 수 있다. 헌법재판소의 판례는 자유권 이외의 기본권 제한에 대해 과잉금지원칙을 적용한 경우와 다소 완화된 과잉금지원칙을 적용한 사례가 있으며, 과잉금지원칙을 심사기준으로 제시하지 않고 단지 입법자의 입법형성권의 일탈 여부만을 심사한 경우도 있다.

목적의 정당성

과잉금지의 원칙은 목적의 정당성, 방법의 적절성, 피해의 최소성, 법익의 균형성으로 구성되며, 이 모든 요건이 충족되어야 기본권 제한이 합헌으로 인정된다. 목적의 정당성의 원칙은 기본권을 제한하는 의회의 입법은 그 입법의 목적이 헌법과 법률의 체계 내에서 정당성을 인정받을 수 있어야 한다는 것을 의미한다. 따라서 목적의 정당성을 인정받을 수 없는 기본권 제한의 법률은 과잉금지의 원칙에 위배되어 무효가 된다.

방법의 적절성

방법의 적절성 내지 적합성의 원칙은 국민의 기본권을 제한하는 입법을 하는 경우에 법률에 규정된 기본권 제한의 방법은 입법목적을 달성하기 위한 방법으로 효과적이고 적절한 것이어야 한다는 것을 말한다. 이 방법의 적합성원칙은 기본권 제한의 수단이나 방법이 제한의 목적을 실현하는 데 완전한 것이 아니라 부분적으로 기여하는 경우에도 적용될 수 있다. 헌법재판소는 제대군인에게 공무원채용시험에서 가산점을 주는 것을 방법의 적합성에 위반된다고 하였다. 즉 가산점제도는 아무런 재정적 뒷받침 없이 제대군인을 지원하려 한 나머지 결과적으로 여성과 장애인 등 이른바 사회적 약자들의 희생을 초래하고 있으며, 각종 국제협약, 실질적 평등 및 사회적 법치국가를 표방하고 있는 우리 헌법과 이를 구체화하고 있는 전체 법체계 등에 비추어 우리 법체계 내에 확고히 정립된 기본질서라고 할 '여성과 장애인에 대한 차별 금지와 보호'에도 저촉되므로 정책수단으로서의 적합성과 합리성을 상실한 것이라고 판시하였다(헌재 1999. 12. 23. 98헌마363).

피해의 최소성

피해의 최소성 원칙은 입법권자가 선택한 기본권의 제한조치가 입법목적 달성을 위해 적절한 것일지라도, 보다 완화된 수단이나 방법을 모색함으로써 그 제한을 필요최소한의 것이 되게 해야 한다는 것을 말한다. 즉 일정한 목적을 달성하는 데 효과적인 수단 중에서 기본권을 가장 적게 침해하는 수단을 택해야 한다는 것이다. 기본권 제한의 입법에 대한 합헌성 심사에 있어서 실제로 중요한 것은 피해의 최소성과 법익의 균형성이다.

법익의 균형성

법익의 균형성 원칙은 기본권 제한이 위의 원칙들에 적합한 경우에도 기본권 제한에 의해 얻게 되는 공적 이익과 그 제한에 의해 기본권의 주체가 입게 되는 피해와 손실을 비교형량할 때 양자 간에 합리적인 균형관계가 유지되거나 기본권 제한으로 얻게 되는 공적 이익이 그 제한으로 피해를 보게 되는 사적 이익보다 커야 한다는 것을 의미한다. 앞의 피해의 최소성에 관한 판단은 사실의 판단이지만 법익의 균형성에 관한 판단은 본질적으로 '가치판단의 문제'이기 때문에 법익의 균형성에 관한 판단이 가장 결정적인 심사기준이 된다고 할 수 있다.

본질적 내용의 침해 금지란 무엇인가?

기본권을 법률로 제한하는 경우에 과잉금지의 원칙을 충족하여도 기본권의 본질적 내용을 침해하면 헌법에 위반된다. 헌법 제37조 제2항은 "… 기본권을 제한하는 경우에도 자유와 권리의 본질적 내용을 침해할 수 없다"라고 하여 기본권의 본질적 내용 보호를 규정하고 있다. 여기서 본질적 내용이 무엇인지에 관한 논의가 있다. 이에 관하여 헌법재판소는 "기본권의 본질적 내용이라 함은 당해 기본권의 중핵이 되는 실체를 말하며, 본질적 내용의 침해란 그 침해로 말미암아 당해 자유나 권리가 유명무실한 것이 되어 버리고 형해화되어 당해 기본권을 보장하는 궁극적인 목적을 달성할 수 없게 되는 지경에 이르는 경우라고 할 것"이라고 판시하였다(헌재 1989. 12. 22. 88헌가13).

그러나 실제로 기본권의 본질적 내용의 구체적 의미와 그 침해가 무엇인가는 쉽게 판단하기 어려운 문제이다. 그 본질적 내용이 무엇인가에 관하여는 절대설과 상대설 등으로 견해가 나뉘고 있는데, 절대설의 입장은 기본권(자유권)의 내용 가운데에는 어떤 경우에도 침해할 수 없는 핵심영역이 있다고 보는 것이고, 상대설은 기본권의 본질적 내용은 절대적으로 고정되어 있는 것이 아니며 법익형량에 따라 기본권이 제한되는 경우에 개별 기본권의 본질적 내용의 범위는 달라진다는 것이다. 상대설에 의하면 공익을 위해 기본권을 제한하는 경우에 공익과 기본권을 형량하여 공익의 비중이 기본권보다 크다면 그 기본권 제한은 본질적 내용을 침해하는 것이 아니라고 한다. 이 상대설에 의할 때 본질적 내용의 침해 금지는 곧 과잉금지원칙에 있어서 법익의 균형성의 적용을 의미하게 된다. 상대설에 의하면 생명권을 제한하는 사형제도도 합헌으로 인정하게 된다. 반면에 절대설에 의하면 기본권의 본질적 내용이란 기본권 제한 후에도 남아 있어야 하는 '자유의 최소한'으로서의 실체를 의미하지만 그 기본권의 핵 내지 실체가 무엇인지에 대해서는 기껏해야 개별 기본권에 공동된 가치로서 인간의 존엄성 이외에는 명확한 대답을 제시하기 어렵다. 절대설에 의하면 생명권을 박탈하는 사형제도에 대해서는 생명권의 본질적 내용을 침해하는 것으로 위헌으로 본다.

그러나 개념상으로는 본질적 영역과 비본질적 영역의 구분이 가능하다고 하더라도 실제적으로는 구체적 권리의 본질적 핵심영역의 경계를 설정하는 것은 매우 어려운 문제이다. 그리고 실제로 헌법재판소 판례를 보더라도 기본권의 제한에 있어서 과잉금지원칙에 위배되지 않으면서 본질적 내용을 침해하는 것이라고 판단한 경우는 거의 없다. 그리고 과잉금지원칙 위반이라고 위헌으로 판단하면 더 이상 본질적 내용의 침해 여부를 심사하지 않는다. 그러므로 위의 절대설과 상대설의 구분은 논의의 실익이 없다고 할 수 있다.

요컨대 비례의 원칙에 위배되는 기본권 제한은 곧 그것이 기본권의 본질적 내용의 침해를 의미하는 것이라고 할 수 있으며, 비례의 원칙에 위배되지 않더라도 별개의 기본권 제한의 한계기준인 본질적 내용의 침해에 해당하는 경우는 거의 찾아보기 어렵다.

> 제38조
> 모든 국민은 법률이 정하는 바에 의하여 납세의 의무를 진다.

납세의 의무

제38조는 국민의 납세의 의무를 규정하고 있다. 납세의 의무는 국가공동체의 존속·유지에 필수적으로 요구되는 국가재정을 확보하기 위하여 국민에게 조세납부의 의무를 헌법에 정한 것이다. 조세(租稅)란 공권력의 주체가 그 과세권에 의하여 재정조달의 목적으로 반대급부 없이 일반국민으로부터 강제적으로 부과·징수하는 과징금을 말한다. 납세의 의무의 주체는 원칙적으로 국민이며, 자연인뿐만 아니라 법인도 포함된다. 외국인의 경우에도 국내에 재산을 가지고 있거나 과세대상이 되는 행위를 한 때에는 과세대상이 될 수 있다.

현대의 사회국가는 국민의 납세의무를 전제로 하는 조세국가를 의미한다. 조세에 의한 국가재정의 충당은 사회국가의 급부와 재분배를 위한 중요한 전제조건이며, 동시에 시장경제질서를 기반으로 하는 사유재산제와 경제적 자유의 대가로 조세는 필연적으로 요구되는 것이다. 납세의 의무 없이 경제적 자유는 기대할 수 없으며, 개인의 인격발현을 위한 다양한 조건이 국가에 의해 제공되고 보장된다는 점에서 국가공동체 구성원이 재정적으로 국가과제의 이행에 기여해야 하는 것이 당연히 요청된다.

납세의무는 조세평등주의와 조세법률주의에 따라 개인의 재력에 상응한 공정하고 평등한 과세여야 하며, 법률에 의한 과세를 내용으로 하는 것이어야 한다. 조세평등주의는 헌법 제11조 제1항에 의한 평등의 원칙의 조세법적 표현으로서 조세법의 입법과정과 집행과정에서 조세정의를 실현하기 위한 것이다. 또한 과세는 '담세능력의 원칙'에 따라 개인의 담세능력을 고려한 것이어야 하고, 동일한 담세능력자에 대해서는 평등한 과세가 이루어져야 한다.

조세법률주의는 헌법 제38조와 제59조에 근거하여 조세징수로부터 국민의 재산권을 보호하고 법적 생활의 안정을 도모하려는 것을 목적으로 하며, 그 내용으로는 과세요건 법정주의와 과세요건 명확주의, 소급과세금지의 원칙 등이 있다.

고전적 의미에서의 국민의 납세의 의무와 국방의 의무는 군주에 의한 자의적 과세나 강제적 징병으로부터 국민의 재산과 신체의 자유를 보호하기 위하여 국민의 자유와 권리를 제약할 수 있는 경우를 열거한 것으로서, 국가권력의 남용을 억제하고 국가권력의 발동을 제한한다는 소극적 의미를 가진 것이었다. 그러나 오늘날의 민주국가에서의 납세와 국방의 의무는 국가권력을 억제하고 제한하는 소극적 의미만을 가지는 것이 아니라, 주권자로서의 국민이 스스로 국가의 존립과 안전을 위하여 병력을 유지하고 국가재정을 위하여 조세를 납부한다는 적극적 의미를 함께 가지는 것으로 이해할 수 있다. 특히 20세기 헌법에서 볼 수 있는 근로의 의무, 교육을 받게 할 의무, 환경보전의 의무 등은 사회국가의 이념을 구현하고, 사회적 기본권을 실질화하는 의미를 가진다.

제39조
① 모든 국민은 법률이 정하는 바에 의하여 국방의 의무를 진다.
② 누구든지 병역의무의 이행으로 인하여 불이익한 처우를 받지 아니한다.

국방의 의무

제39조 제1항은 국민의 국방의 의무를 규정하고 있다. 국방의 의무란 외국의 침략적 행위로부터 국가의 독립을 유지하고 영토를 보전하기 위하여 부담하는 국가방위의무를 말한다. 국방의 의무는 국방을 위한 직접·간접의 병력형성의무를 그 내용으로 한다. 국방을 위한 직접적 병력형성의무는 「병역법」에 따른 징집에 응할 의무를 말한다. 징집연령에 달한 자는 누구나 국민개병의 원칙에 따라 병역을 치러야 한다. 간접적 병력형성의무에는 「향토예비군설치법」에 의한 예비군복무의무, 「민방위기본법」에 의한 민방위응소의무, 「비상대비자원관리법」에 의한 훈련에 응할 의무 등을 포함한다(헌재 2002. 11. 28. 2002헌마45).

제39조 제2항은 "누구든지 병역의무의 이행으로 인하여 불이익한 처우를 받지 아니한다"라고 하여 병역의무로 인하여 취업, 공직취임, 학업, 사회진출 등에서 불이익한 처우를 받지 않음을 보장하고 있다. 이는 병역의무의 이행을 이유로 하는 불리한 차별 금지뿐만 아니라 병역의무의 이행으로 발생한 사실적 상황에 불리한 차별을 결부시키는 것을 금지한다. 예를 들면 국가공무원 임용연령을 제한함에 있어서 군복무기간을 고려하지 않고 그 상한을 너무 낮게 정함으로써 군복무를 이행한 자의 임용을 사실상 어렵게 하는 경우에는 제39조 제2항에 위반되는 문제가 제기될 수 있다. 여기서 '불이익한 처우'란 단순한 사실상, 경제상의

불이익을 모두 포함하는 것이 아니라 법적인 불이익을 의미하는 것으로 보아야 한다. 그렇지 않으면 병역의무의 이행과 자연적 인과관계를 가지는 모든 불이익(그 범위는 헤아릴 수도 예측할 수도 없을 만큼 넓다고 할 것인데)으로부터 보호하여야 할 의무를 국가에 부과하는 것이 되어 이 또한 국민에게 국방의 의무를 부과하는 헌법 제39조 제1항과 조화될 수 없기 때문이다(헌재 1999. 12. 23. 98헌마363).

병역의무 이행으로 인한 불이익한 처우 금지에 관한 헌법재판소 판례로는 구「변호사법」제10조 제2항에 대한 위헌심판에서 병역의무의 이행을 위하여 군법무관으로 복무한 후 변호사를 개업하는 경우에 개업지를 제한하는 것은 병역의무의 이행으로 불이익한 처우를 받게 되어 헌법 제11조 제1항, 제15조, 제37조 제2항, 제39조 제2항에 각 위반된다고 판시한 것을 들 수 있다(헌재 1989. 11. 20. 89헌가102).

그리고「제대군인지원에 관한 법률」제8조 제1항, 제3항에 따라 공무원채용시험에 응시할 때에 제대군인에게 과목별 득점에 과목별 만점의 5% 또는 3%를 가산하는 가산점제도가 문제된 바 있다. 헌법재판소는 1999년 12월 가산점제도에 대한 헌법소원 사건에서 "국방의 의무는 국민이 마땅이 하여야 할 이른바 신성한 의무를 다하는 것일 뿐, 그러한 의무를 이행하였다고 하여 이를 특별한 희생으로 보아 일일이 보상하여야 한다고 할 수 없는 것이므로, 헌법 제39조 제2항은 병역의무를 이행한 사람에게 보상조치를 취하거나 특혜를 부여할 의무를 국가에 지우는 것이 아니라, 법문 그대로 병역의무의 이행을 이유로 불이익한 처우를 하는 것을 금지하고 있을 뿐인데, 법률에 의한 가산점제도는 헌법 제39조 제2항의 범위를 넘어 제대군인에게 일종의 적극적 보상조치를 취하는 제도라고 할 것이므로 헌법 제39조 제2항에 근거한 제도라 할 수 없다"고 판시하였다. 그리하여 가산점제도는 제대군인에 비하여 여성 및 신체장애자를 부당한 방법으로 지나치게 차별하는 것으로 그들의 평등권과 공무담임권을 침해하는 것으로서 위헌이라고 결정하였다(헌재 1999. 12. 23. 98헌바33).

제 3 장

국 회

제40조
입법권은 국회에 속한다.

권력분립과 국회의 입법권

우리 헌법의 통치구조는 기본적으로 엄격한 권력분립제를 채택하고 있다. 전통적인 국가권력의 구분으로서 입법권, 행정권, 사법권을 분리하고 분리된 세 권력을 별개의 독립된 국가기관에 귀속시킴으로써 권력 상호간에 견제와 균형을 유지하도록 하고 있다. 그리하여 헌법 제40조에 "입법권은 국회에 속한다"고 규정하고 있으며, 제66조 제4항에 "행정권은 대통령을 수반으로 하는 정부에 속한다"고 하고, 제101조 제1항에 "사법권은 법관으로 구성된 법원에 속한다"고 하여 수평적 권력분립을 제도화하고 있다.

헌법 제40조에 의해 국회는 입법기관의 지위에서 입법권을 행사한다. 국회는 국민의 의사에 따라 선거를 통해 구성되는 국민대표기관의 지위를 가지며, 국민대표기관의 지위에서 행사하는 국회의 핵심적 권한이 입법권이다. 여기서 국가작용으로서의 '입법'의 개념에 관하여는 실질적 의미와 형식적 의미로 구분되는데, 실질적 의미의 입법이란 국가기관이 일반적이고 추상적인 성문법규범을 정립하는 작용을 말하며, 형식적 의미의 입법이란 국회가 형식적 의미의 '법률'을 제정하는 작용을 말한다. 헌법 제40조에 규정된 국회의 입법권의 개념은 실질적 의미로 이해하는 것이 통설적 입장이다. 따라서 "입법권은 국회에 속한다"라는 의미는 실질적 의미의 입법권은 원칙적으로 국회에 속하며 국회외의 국가기관은 헌법에서 특별히 규정한 예외적인 경우에만 입법권을 행사할 수 있다는 것이다. 그리고 국회에 속하는 입법권의 행사는

'법률'의 형식으로 국회가 단독으로 의결한다는 것을 말한다. 헌법상 법률의 제정과정에 있어서 정부의 법률안제출권이나 대통령의 법률안 거부권이 인정되고 있지만 법률제정의 본질적 과정인 법안의 심의와 의결은 국회가 단독으로 행하게 된다. 국회는 입법기관으로서 법률을 제정할 뿐만 아니라 실질적 입법에 해당하는 헌법의 제정·개정에 있어서도 주도적 역할을 수행한다. 다만 헌법의 제정과 개정은 국가의사결정에 관한 핵심적 사항이므로 주권자인 국민의 의사를 확인하기 위하여 국민투표절차를 거치게 된다.

국회입법의 원칙에 대한 예외로서 우리 헌법이 실질적 의미의 입법에 관한 권한을 국회 외의 다른 헌법기관에 부여하고 있는 것으로는 행정입법으로서 대통령령과 국무총리령·부령(제75조, 제95조)을 비롯하여 법률의 효력을 갖는 대통령의 긴급명령과 긴급재정·경제명령(제76조)을 인정하고 있다. 그리고 헌법에 의하여 체결·공포된 조약은 국내법과 같은 효력(제6조 제1항)을 가지므로 대통령의 조약체결권(제73조) 행사는 대통령에게 실질적 입법기능을 부여하는 것을 의미한다. 그 밖에 대법원·헌법재판소·중앙선거관리위원회의 규칙제정권(제108조, 제113조 제2항, 제114조 제6항), 지방자치단체의 자치입법권(제117조 제1항)도 실질적 의미의 입법에 해당한다.

국회가 법률의 제정을 독점한다고 하여 국가의 모든 사항을 법률로 정해야 하는 것은 아니다. 국민대표기관으로서 국회가 반드시 정해야 할 사항, 예컨대 국민의 권리·의무에 관한 사항 등은 법률로 정해야 하지만 나머지 사항은 법률의 하위법규범에 위임할 수 있다. 이 경우 어떠한 사항을 반드시 법률에서 정할 것인가 하는 점이 문제될 수 있다. 국회입법의 원칙상 법률로 규율하고자 하는 사항 가운데 중요하고 본질적인 사항, 특히 국민의 기본권 실현에 관련된 사항에 대하여는 국민의 대표기관인 국회가 독점적으로 이를 법률에서 정해야 한다는 '의회유보의 원칙'이 적용되어야 한다. 헌법재판소도 법률유보의 원칙에 대하여 "국가공동체와 그 구성원에게 기본적이고도 중요한 의미를 갖는 영역, 특히 국민의 기본권 실현에 관련된 영역에 있어서는 행정에 맡길 것이 아니라 국민의 대표자인 입법자 스스로 그 본질적 사항에 대하여 결정하여야 한다는 요구까지 내포하는 것으로 이해하여야 한다"고 판시하고 있다 (헌재 1999. 5. 27. 98헌바70).

제41조

① 국회는 국민의 보통·평등·직접·비밀선거에 의하여 선출된 국회의원으로 구성한다.

② 국회의원의 수는 법률로 정하되, 200인 이상으로 한다.

③ 국회의원의 선거구와 비례대표제 기타 선거에 관한 사항은 법률로 정한다.

선거의 기본원칙

제41조는 국회의 구성과 국회의원 선거제도에 관하여 규정하고 있다. 동조 제1항은 국회의원 선거제도의 기본원칙으로 보통·평등·직접·비밀선거의 원칙을 선언하고 있다. 자유선거의 원칙에 관하여는 우리 헌법에 명문규정을 두고 있지 아니하나, 이는 근대 선거법의 기본원칙으로 당연히 인정되는 것이다.

보통선거의 원칙은 제한선거의 반대 개념으로 일정한 연령에 달한 모든 국민은 원칙적으로 선거에 참여한다는 것을 의미한다. 즉 보통선거란 재산·신분·인종·종교·성별·교육 등을 요건으로 하지 아니하고 일정 연령에 달한 모든 사람에게 선거권을 인정하는 제도를 말한다. 보통선거의 원칙은 평등선거의 원칙과 함께 일반적 평등원칙과의 관계에서 볼 때 특수적 평등원칙으로서의 의의를 갖는다. 즉 일반적 평등원칙은 동일한 조건하에서는 동일하게 취급하고 다른 조건하에서는 다르게 취급하는 상대적 평등을 의미하지만, 보통·평등선거의 원칙은 국민 개개인의 속성으로 갖고 있는 각자의 차이에 관계없이 원칙적으로 모든 국민에게 선거권을 동등하게 보장하는 '절대적 평등'을 의미한다. 보통선거에서 선거권연령을 몇 세로 할 것인가의 문제는 입법자가 그 나라의 역사, 전통과 문화, 국민의 의식수준, 교육적 요소, 미성년자의 신체적·정신적 자율성, 정치적·사회적 영향 등 여러 가지 사항을 종합하여 결정하는 것이므로 그것은 입법자의 입법목적 달성을 위한 선택의 문제이고, 입법자가 선택한 수단이 현저하게 불합리하고 불공정한 것이 아닌 한 재량에 속하는 것이라 할 수 있다.

평등선거는 선거권의 행사와 내용에 있어서의 평등을 의미한다. 즉 평등선거의 원칙은 모든 유권자는 개개인이 똑같은 수의 표를 행사하고, 그 투표가치도 평등해야 한다는 '1인 1표'(one person, one vote)와 '1표 1가'(one vote, one value)의 원칙을 의미한다. 그러나 오늘날 투표가치의 평등과 관련하여 문제가 되는 것은 선거구 획정에 따른 각 선거구 간의 인구 불균형과 투표가치의 불평등에 관한 것이다. 즉 국회의원선거의 선거구 획정으로 선거구간의 인구 불균형이 지나치게 되면 선거구 주민의 1표의 가치가 다른 선거구의 1표에 비해 크게 저하되는 경우가 발생하게 된다. 이러한 불평등한 인구비례에 따른 선거구 획정은 선거인의 투표가치의 평등을 침해하는 것으로, 이는 곧 평등선거의 원칙에 위배되는 것이다. 요컨대 평등선거의 원칙은 선거권을 행사하는 선거인이 다른 선거인과 평등하게 투표하는 것을 요구할 뿐만 아니라, 유효하게 투표된 한 표는 다른 한 표와 평등하게 평가되어야 한다는 것, 다시 말하면 각 표는 원칙적으로 다른 표와 동등한 능력 또는 동등한 영향력을 행사해야 하는 것을 요청한다.

헌법재판소는 이 점에 관하여 국회의 선거구 획정에 관한 입법형성의 자유를 인정하면서도 그 한계를 명확히 제시하고 있다. 1995년의 헌법재판소 결정에서는 국회의원지역선거구 간 상한인구수와 하한인구수의 비율이 '4 : 1'(평균인구수 기준 상하 60% 편차)을 초과할 때에는 위헌이라고 판시하였으나, 2001년 결정에서는 그 합헌성의 기준을 엄격히 하여 '3 : 1'(평균인구수 기준 상하 50% 편차)을 초과하게 되면 위헌이라고 판시하였다. 그 후 2014년 결정에서는 최대선거구와 최소선거구의 인구비율이 '2 : 1'(평균인구수 기준 상하 $33\frac{1}{3}$% 편차)이 넘는 선거구 획정은 헌법에 합치되지 않는다고 하였다(헌재 2014. 10. 30. 2012헌마190등).

직접선거는 간접선거의 반대개념으로 선거인이 직접 대표자를 선출하는 제도를 의미한다. 간접선거는 일반선거인이 직접 대표자를 선출하지 아니하고 일반선거인에 의해 선출된 중간선거인의 투표에 의해 대표자를 선출하는 것을 말한다. 간접선거제의 근저에는 전통적으로 강한 우민(愚民)사상이나 대중 불신이 자리잡고 있었던 것으로, 유권자 대중은 일반적으로 지성과 교양에 있어서 부족하며 선동에 따라 휩쓸리고 일시적인 감정과 이해에 따라 움직이기 때문에 냉정하고 올바른 판단을 내릴 수 없다는 것을 전제로 행해져 온 것이다. 그러나 오늘날 교육 보급의 고도화, 평등주의사상의 보급, 메스컴의 발달 등에 의해 대중의 지적 수준과 사회참가가 향상됨에 따라 간접선거제는 그 근거를 상실하게 되었고, 특히 정당의 발달은 일반유권자가 후보자의 성향에 대해 쉽게 판단할 수 있도록 함으로써 19세기 후반부터 간접선거제는 직접선거제로 전환하게 되었다.

따라서 오늘날 국민주권원리상 국민의 대표자에 대한 민주적 정당성의 부여는 선거권을 행사하는 유권자의 의사에 따라 이루어지게 된다. 헌법재판소는 2001년, 비례대표제 하에서 선거결과의 결정에는 정당의 의석 배분이 필수적인 요소를 이루는 것이므로 비례대표제를 채택하는 한 직접선거의 원칙은 의원의 선출뿐만 아니라 정당의 비례적인 의석 확보도 선거권자의 투표에 의하여 직접 결정될 것을 요구하는 것이라고 판시하였다(헌재 2001. 7. 19. 2000헌마91). 이 헌법재판소 결정으로 국회의원선거에서 종래의 '1인 1표제'가 '1인 2표제'로 변경되어 제1투표는 지역구 후보자에게 투표하고, 제2투표는 지지하는 정당에 투표하는 것으로 되었다.

비밀선거는 선거인의 투표내용을 누구에게도 공개하지 않는다는 원칙을 말한다. 선거인이 후보자를 자유롭게 선택하기 위해서는 투표내용에 관한 지식을 본인에 한정할 필요가 있기 때문에 비밀선거원칙은 선거인이 누구에게 투표하였는가를 타인이 알지 못하도록 투표를 행하는 것을 보장한다. 「공직선거법」은 비밀선거의 원칙에 관하여 선거인은 자신이 기표한 투표지를 공개할 수 없으며 공개된 투표지는 무효로 한다고 규정하고 있다. 선거인은 투표한 후보자의 성명이나 정당명을 어떠한 경우에도 누구에게도 진술할 의무가 없으며, 누구든지 선거일의 투표 마감 시각까지 이를 질문하거나 그 진술을 요구할 수 없다(동법 제167조).

자유선거의 원칙은 근대 선거법의 기본원리의 하나로서 헌법상 명문규정이 없더라도 국민주권과 의회제 민주주의 원리 및 선거권에 관한 규정 등에서 당연히 인정되는 것이다. 자유선거의 원칙은 '선거의 자유'를 보장한다. 선거의 자유는 협의에 있어서는 선거인이 외부로부터 직접·간접의 강제 또는 부당한 압력을 받지 않고 선거권을 행사하는 투표의 자유를 보장한다. 광의에 있어서 선거의 자유는 선거과정 총체에 있어서의 자유를 의미하며 여기에는 입후보의 자유와 선거운동의 자유가 포함된다. 헌법재판소도 자유선거의 원칙은 선거의 전 과정에 요구되는 선거권자의 의사형성의 자유와 의사실현의 자유를 말하고, 구체적으로는 투표의 자유, 입후보의 자유, 나아가 선거운동의 자유를 뜻한다고 판시한 바 있다(헌재 1994. 7. 29. 93헌가4등).

투표의 자유는 후보자 선택의 자유뿐만 아니라 후보자 불선택의 자유도 보장하는 것으로, 이 점에서 강제투표제는 정당화되기 어렵다. 왜냐하면 기권에 의한 후보자 선택의 소극적 판단도 주권자 의사의 표시라고 볼 수 있기 때문이다. 광의의 선거의 자유에 있어서 입후보의 자유는 국민주권원리와 직결되는 피선거권의 행사라는 측면에서 그 자유는 원칙적으로 보장되며 예외적으로 그에 대한 제한이 허용된다. 선거운동의 자유는 민주주의사회의 필요적 구성요소로서, 그것은 헌법상 주관적으로는 표현의 자유의 일환으로서, 객관적으로는 자유선거의 원칙의 타당 대상으로서 보장된다. 선거운동의 자유는 후보자에게는 그의 정견 등을 선거인에게 호소하는 수단이며, 선거인에게도 후보자의 선택을 판단하는 유력한 수단이 되는 것이므로 그 자유는 최대한 보장되어야 한다. 따라서 선거운동에 대한 법적 규제는 선거의 자유와 공정을 확보하기 위한 최소한도의 범위 안에서 인정되어야 하며 선거운동의 지나친 규제는 자유선거의 원칙에 위배되며 정치적 표현의 자유를 침해하게 되는 문제가 제기될 수 있다.

국회의원의 정수

제41조 제2항은 국회의원의 수는 법률로 정하되, 200인 이상으로 한다고 규정하고 있다. 우리 헌법사에 있어서 건국헌법은 국회의원의 정수에 관한 규정을 두지 않았으며, 1962년 헌법에서 최초로 의원정수에

관한 조항을 두어 "국회의원의 수는 150인 이상 200인 이하의 범위에서 법률로 정한다"고 규정하였다. 그 후 몇 차례 개정을 거쳐 1980년 헌법에 와서 현행 헌법상의 의원정수에 관한 규정과 동일한 규정을 두게 되었다. 국회의 의원정수는 제18대 국회까지는 지역구국회의원 245인과 비례대표국회의원 54인을 합하여 299인을 유지해 왔으나, 2012년 2월 「공직선거법」의 부칙 개정으로 지역구의석을 1석 늘려 의원정수가 300인으로 증가하게 되었다. 개정된 부칙 제3조는 국회의 의원정수에 대한 특례를 인정하여 2012년 4월 실시되는 국회의원선거에서는 세종특별자치시가 새로이 설치되는 것을 고려하여 의원정수를 300인으로 한다고 규정하였다. 2016년 3월 개정된 선거법에 의해 지역구국회의원의 정수는 253인, 비례대표국회의원은 47인으로 조정되었다. 2019년 12월 27일 국회 본회의에서 통과된 개정 선거법은 지역구의석 253석과 비례대표의석 47석은 그대로 유지하였으나 비례대표의석의 배분방식을 변경하였다.

국회의원의 선거구제와 비례대표제

제41조 제3항은 국회의원선거의 선거구제, 비례대표제 기타 선거에 관한 사항은 법률로 정한다고 규정하고 있다. 이에 따라 「공직선거법」은 국회의원선거에 있어 지역구와 비례대표제를 혼합하여 채택하고 있다. 지역구는 소선거구제를 채택하여 전국에 253개의 선거구에서 각 1인의 국회의원을 선출한다. 국회의원지역구의 공정한 획정을 위하여 국회의원 임기만료에 따른 국회의원선거의 선거일 전 18개월로부터 해당 국회의원선거에 적용되는 국회의원지역구의 명칭과 그 구역이 확정되어 효력을 발생하는 날까지 국회의원선거구획정위원회를 설치·운영한다(동법 제24조 제1항). 국회의원선거구획정위원회는 중앙선거관리

위원회에 두되, 직무에 관하여 독립의 지위를 가진다(동법 제24조 제2항). 선거구획정위원회의 직무의 독립성을 확보하기 위해 그 소속을 중앙선거관리위원회에 두도록 한 것은 2016년 3월 「공직선거법」 개정에 의한 것이다. 그 이전의 구법 하에서는 선거구획정위원회가 국회 소속으로 되어 있었으며 국회의장이 교섭단체대표의원과 협의하여 구성하였다.

비례대표제는 오늘날 정당제 민주주의 하에서 각 정당의 지지도에 비례하여 국회의원 의석을 배분하는 선거제도로서 일반적으로 정당명부식 비례대표제를 채택하고 있다.

비례대표국회의원선거의 경우 「공직선거법」은 각 정당별 의석배분요건에 관한 '저지조항'(봉쇄조항)을 두어 중앙선거관리위원회가 비례대표국회의원선거에서 유효투표총수의 '100분의 3' 이상을 득표하였거나 지역구국회의원총선거에서 '5석' 이상의 의석을 차지한 각 정당에 대하여 당해 의석할당정당이 비례대표국회의원선거에서 얻은 득표비율에 따라 비례대표의석을 배분한다(동법 제189조 제1항).

현행 「공직선거법」상 새로 채택된 비례대표의석의 구체적인 배분방식은 이른바 '준연동형' 비례대표제로서 그 내용은 매우 복잡하여 일반유권자가 쉽게 이해하기 어렵다. 준연동형에 의한 각 의석할당정당별 의석을 배분하는 방식은 국회의원정수(300명)에서 의석할당정당이 추천하지 않은 지역구국회의원당선인수를 뺀 다음, 거기에다 해당 정당의 비례대표국회의원선거 득표비율을 곱한 수에서 해당 정당의 지역구국회의원당선인수를 뺀 수의 '2분의 1'을 연동배분의석수로 한다(동법 제189조 제2항 제1호). 이 방식에 따른 각 정당별 연동배분의석수의 합계가 비례대표국회의원 의석정수에 미달할 경우 각 의석할당정당에 배분할 잔여의석수는 다음 계산식에 따라 산정한다. 즉 잔여배분의석수는 비례대표국회의원 의원정수에서 각 연동배분의석수의 합계를 뺀

수에다 비례대표국회의원선거 득표비율을 곱한 수로 한다(동법 제189조 제2항 제2호). 그러나 위의 방식에 따른 각 정당별 연동배분의석수의 합계가 비례대표국회의원 의석정수를 초과할 경우에는 따로 산정방식을 정하고 있다(동법 제189조 제3항).

우리의 준연동형 비례대표제는 연동형 비례대표제의 원형인 독일식 비례대표제와는 커다란 차이가 있다. 독일의 경우 유권자의 제2투표에 의한 정당의 득표율에 연동하여 당해 정당의 총의석수가 결정되고 그 의석수 내에서 당해 정당이 지역구에서 얻은 의석수를 제외한 나머지를 비례대표명부에서 추가하는 방식을 취한다. 만일 지역구에서 획득한 의석수가 정당득표율에 따라 결정된 의석수보다 많은 경우에는 초과의석이 발생하게 됨으로써 총선거결과 의원정수는 변동이 있게 된다. 이에 비해 우리의 준연동형은 정당득표율에 따라 정당의 총의석수가 정해지는 것이 아니고 정당득표율의 50%만 연동해서 의석수가 정해지며, 비례대표 의석수는 전체 의석수의 일부분(16% 정도)에 불과하다(독일의 경우 연방하원의 비례대표의석수는 총의석수(598명)의 50%로서 지역구 의석과 비례대표의석은 각각 299명이다). 이러한 방식은 소수정당의 의회 진출이 어렵고 다수당이 과다한 의석을 점하게 되는 문제를 해결하기 어렵다. 따라서 이러한 불합리한 국회의원 선거제도는 시급히 개선되어야 하며, 그 방향은 국민의 정당에 대한 지지의사를 비례적으로 반영할 수 있도록 비례대표의석수를 대폭 늘리고 소선거구제를 중대선거구제로 개편하여야 할 것이다.

참고로 2020년 4월 15일 실시된 제21대 국회의원선거 결과를 보면 지역구의석 253석 가운데 더불어민주당이 163석, 미래통합당이 84석, 정의당 1석, 무소속 5석을 얻었으며, 비례대표의석 47석은 미래한국당 19석, 더불어시민당 17석, 정의당 5석, 국민의당 3석, 열린민주당 3석으로 배분되었다. 여기서 미래한국당과 더불어시민당은 각각 미래통합당과 더불어민주당의 위성정당으로 새로운 연동형 비례대표제에 따라 창당된 신생정당으로 본래의 연동형 비례대표제의 취지와는 거리가 먼 것이다.

> 제42조
> 국회의원의 임기는 4년으로 한다.

국회의원의 임기

제42조는 국회의원의 임기는 4년으로 규정하고 있다. 1948년 건국헌법은 국회의원의 임기를 2년으로 하였으며, 1954년 제2차 개헌으로 양원제를 채택하면서 민의원은 4년, 참의원은 6년의 임기를 규정하였다. 1962년 제5차 개헌으로 국회의원의 임기는 4년으로 되었으며, 1972년 유신헌법의 경우에는 국회의원의 임기를 6년으로 하였고 대통령이 추천하는 유정회의원은 3년으로 규정하였다. 1980년 헌법에 들어와 국회의원의 임기는 다시 4년으로 정하게 되었다.

주요 국가의 의회제도를 보면 영국은 상원의원의 임기는 종신제이며 하원의원은 임기가 5년이다. 미국의 경우 연방의회의 상원의원은 임기가 6년이며, 하원의원은 2년으로 규정하고 있다. 프랑스는 국민의회의원의 임기는 5년, 상원의원은 9년으로 규정하고 있으며, 독일의 연방의회의원의 임기는 4년으로 규정하고 있다.

총선거에 의해 선출된 국회의원의 임기는 전임 국회의원의 임기 종료일 다음 날부터 시작된다. 현행 헌법에 의해 처음으로 구성된 제13대

국회의원의 임기는 1988년 5월 30일에 시작하여 1992년 5월 29일에 만료되었기 때문에 보궐선거에 의해 당선된 지역구 의원을 제외하고는 모든 국회의원의 임기는 4년 주기로 5월 30일에 시작하여 5월 29일에 종료된다.

> 제43조
> 국회의원은 법률이 정하는 직을 겸할 수 없다.

국회의원의 겸직 금지

제43조는 국회의원의 겸직금지조항이다. 국회의원이 국민대표자로서의 지위와 양립되기 어려운 공·사의 직을 겸임하지 못하게 하면서 금지되는 겸직의 구체적 범위는 법률로써 정하도록 하고 있다. 2013년 8월 개정된 「국회법」은 의원의 겸직 금지에 관하여 구법에 비해 보다 엄격히 규정하여 겸직 허용을 최소한으로 인정하고 있다. 그리하여 의원은 국무총리 또는 국무위원의 직 이외의 다른 직을 겸할 수 없다고 하고, 다만 공익 목적의 명예직, 다른 법률에서 의원이 임명·위촉되도록 정한 직, 정당법에 따른 정당의 직은 겸할 수 있도록 하고 있다(동법 제29조 제1항 제1호~제3호). 그리고 의원이 당선 전부터 가진 직으로서 공공기관의 임직원과 농업협동조합, 수산업협동조합의 임직원, 정당법에 따라 정당의 당원이 될 수 있는 교원 등은 임기개시일 전에 그 직을 사직하여야 하며, 그 밖의 의원 당선 전의 직은 휴직하여야 한다(제29조 제2항). 이러한 겸직금지조항에 의하면 국회의원은 국무총리와 국무위원의 겸직은 허용되지만, 그 외의 공직이나 영리업무에는 사실상 종

사할 수 없도록 하고 있다. 따라서 대학 교원도 의원에 당선되면 교수직을 사직하여야 하며, 변호사가 의원에 당선되면 변호사직은 휴직하여야 한다.

국회의원의 각료 겸직의 문제점

이와 같이 국회의원의 겸직 금지 대상을 법률로 정하고 있으나 현행법상 국회의원이 국무총리나 국무위원을 겸하는 것은 금지되어 있지 않다. 국회의원이 정부의 각료를 겸하는 것은 경성적 권력분립원리에 기초한 대통령제의 기본원리에 반하는 문제가 제기될 수 있다. 의원의 국무위원 겸직 허용은 여당 의원을 장관에 임명함으로써 국회에 대한 대통령의 영향력을 강화하게 되고 행정부에 대한 국회의 통제기능을 약화시키게 되는 위험성이 있다. 대통령제의 엄격한 권력분립원리에 비추어 볼 때 입법부를 구성하는 국회의원은 대통령과 마찬가지로 국민의 대표자의 지위를 가지는데, 국회의원이 행정각부의 장을 겸하게 되면 국회의원이 대통령에 종속되는 것이 되며, 이는 대통령의 국회에 대한 우월적 지위를 사실상 인정하는 것이 된다. 따라서 대통령제 정부형태에 있어서는 의원의 각료 겸직을 허용하지 않는 것이 타당하다. 개헌논의에 있어서도 의원의 각료 겸직 금지를 명문화해야 한다는 의견이 제시되고 있다.

미국 헌법은 연방의회 의원의 행정부 각료 겸직 금지를 직접 규정하고 있으며, 프랑스 헌법의 대통령제에 있어서도 의회 의원의 각료 겸직 금지를 명문화하고 있다. 우리나라의 경우 의원의 각료 겸직이 법률에 의해 허용되고 있다고 하더라도 실제의 대통령의 인사에 있어서 이러한 겸직 허용은 최소한에 그치는 것이 헌법상의 권력분립의 정신에 부합하는 것이 된다. 대통령이 장관을 임명하는 데에 있어 여당소속 의원들 중심으로 인물을 발탁하는 것은 지양되어야 할 것이다.

제44조
① 국회의원은 현행범인인 경우를 제외하고는 회기 중 국회의 동의 없이 체포 또는 구금되지 아니한다.
② 국회의원이 회기 전에 체포 또는 구금된 때에는 현행범인이 아니 한 국회의 요구가 있으면 회기 중 석방된다.

국회의원의 불체포특권

제44조는 국회의원의 불체포특권을 보장하고 있다. 불체포특권이란 의원이 현행범인이 아닌 한 회기 중 국회의 동의 없이 체포 또는 구금되지 아니하고, 회기 전에 체포 또는 구금된 경우라도 국회의 요구가 있으면 회기 중 석방될 수 있는 특권을 말한다. 불체포특권은 의회의 자주적 활동과 의원의 직무수행을 원활하게 하고, 행정부의 의회에 대한 불법·부당한 탄압을 방지하려는 데에 그 제도적 의의가 있다. 불체포특권은 의원이 범법행위를 한 경우에도 회기 중에는 체포당하지 아니하는 특권을 의미할 뿐, 범법행위에 대한 형사책임의 면제를 의미하는 것은 아니다. 즉 불체포특권은 의원의 신분에 대한 특권을 의미하지만, 그것은 회기 중에 한하여 체포를 일시적으로 유예받는 특권에 지나지 않는 것이므로 면책특권과는 구별된다. 불체포특권은 일반국민에게는 인정되지 않는 특권이지만 그것은 의회의 자주성과 의원의 자유로운 직무수행을 보장하기 위한 것이라는 데에 합리적인 이유가 있으므로 평등의 원칙에 위배되지 아니한다고 본다. 그렇지만 오늘날 불체포특권의 취지에 반하여 이 특권을 오용하거나 남용하는 것에 대해서는 강한 비판이 제기되고 있다.

제44조 제1항에 의해 국회의원은 회기 중에는 체포·구금될 수 없다. 회기 중이란 집회일로부터 폐회일까지의 기간을 말하며, 휴회 중도 여기에 포함된다. 불체포특권의 예외로는 첫째, 현행범인에게는 불체포특권이 인정되지 아니한다. 현행범인을 보호대상에서 제외하는 것은 범죄사실이 명백한 경우에 국회의원이라는 이유로 특별보호한다는 것은 부당한 특권을 인정하는 것이 되기 때문이다. 다만, 의원인 현행범인은 국회의 자율권을 존중하는 의미에서 회의장 내에서는 의장의 명령 없이 체포할 수 없다(국회법 제150조). 둘째, 국회의 동의가 있는 때에는 불체포특권이 인정되지 않는다. 헌법 제44조 제1항에 따라 국회의 동의가 있으면 회기 중이라도 국회의원을 체포·구금할 수 있다. 여기서 국회의 동의를 구하는 절차는 먼저 관할법원의 판사가 영장을 발부하기 전에 체포동의요구서를 정부에 제출하여야 하고, 정부는 이를 수리한 후 지체없이 그 사본을 첨부하여 국회에 체포동의를 요청하여야 한다(국회법 제26조 제1항). 국회의장은 이러한 체포동의를 요청받은 후 처음 개의하는 본회의에 이를 보고하고, 본회의에 보고된 때부터 24시간 이후 72시간 이내에 표결한다(동법 제26조 제2항). 국회의 표결에 있어서는 정부의 체포동의 요청에 기속되지 않고 재량으로 판단하여 동의 여부를 판단한다.

제44조 제2항에 의하여 국회의원을 회기 전에 체포·구금한 경우에도 국회의 요구가 있으면 회기 중 석방하여야 한다. 회기 전이란 회기시작 이전뿐만 아니라 전회기도 이에 포함된다. 회기 전에 현행범인으로 체포·구금된 자에 대해서는 불체포특권이 인정되지 아니한다.

제45조
국회의원은 국회에서 직무상 행한 발언과 표결에 관하여 국회 외에서 책임을 지지 아니한다.

국회의원의 면책특권

제45조는 국회의원의 발언과 표결에 관한 면책특권을 규정하고 있다. 면책특권의 제도적 의의는 권력분립원리에 입각하여 의회의 독립성과 자율성을 제도적으로 보장하고, 의원에 대한 행정부의 부당한 탄압을 배제하는 데 있다. 나아가 국민의 대표자로서의 의원이 유권자나 그 밖의 세력으로부터 압력을 받지 않고 오로지 자신의 양심에 따라 활동할 수 있도록 보장하는 데에 그 의의가 있다.

의원의 면책특권의 기원은 일찍이 영국에서 비롯된 것으로, 국왕과 의회의 장기간 투쟁결과 결국 1688년 명예혁명의 소산인 권리장전(Bill of Rights, 1689)에 의해 비로소 의원의 발언과 표결의 자유가 보장받게 되었다. 그 후 의원의 발언과 표결의 자유는 1787년 미국연방헌법과 1791년 프랑스 헌법을 거쳐 오늘날에는 대부분의 입헌민주주의 국가에 공통적으로 채택되고 있다.

면책특권은 의원 개인의 의정활동을 보장하기 위한 의원의 특권을 의미할 뿐만 아니라, 동시에 그것은 의회 자체의 권위와 그 정상적인 기능 수행을 위한 의회의 특권을 의미한다. 면책특권은 의원의 직무상 행한 발언과 표결이 형사상 범죄행위를 구성하더라도 형사책임을 지지 않으며, 대외적으로 민사상의 불법행위에 해당하더라도 불법행위책임을 지지 않는 책임면제의 특권을 말한다. 의원의 표결행위에 대한 법적 책임의 면제는 대의제원리의 구성요소로서 의원의 자유위임 또는 무기속위임의 원칙에서 당연히 도출되는 것이다. 자유위임의 원칙이란 국회의원은 선거구의 유권자 또는 특정 이익집단을 대표하는 것이 아니라 국민 전체의 대표자의 지위에서 유권자의 지시나 명령에 구속되지 않고 스스로 독자적인 판단에 따라 국민 전체의 이익을 위해 활동하는 것을 의미한다. 따라서 국회의원의 의정활동에 관한 자유로운 의사결정에 대하여는 국민으로부터의 법적 책임을 지지 아니하며, 단지 선거나 여론에 의한 정치적 책임을 지게 될 뿐이다.

면책특권의 주체는 오로지 국회의원이다. 국회의원을 보좌하는 보좌관, 비서관 등 보조인력의 경우에는 원칙적으로 면책특권이 인정되지 아니한다. 다만 의원의 보조인력의 행위가 의원의 행위와 일체를 이루어 하나로 평가할 수 있는 경우에는 면책의 보호를 받을 수 있다. 미국 헌법상 의원의 면책특권에 관한 판례에 의하면 의원뿐만 아니라 의원의 명을 받아 행동한 의원의 비서나 보조자에게도 면책특권을 인정하고 있음을 볼 수 있다.

면책의 대상이 되는 행위는 의원의 발언과 표결이다. 발언이란 의제에 관한 의사의 표시를 말하며, 의제에 관한 발의·토론·연설·질문·진술 등 모든 의사표시가 이에 해당한다. 표결이란 의제에 관하여 찬반의 의사를 표시하는 것을 말하며 그 방법에는 제한이 없다.

면책대상이 되는 행위는 직무상 행위이기 때문에 의사당 내에서의 발언이라 하더라도 의제와 관계없는 발언은 면책되지 않는다. 국회 내에서의 발언과 표결이란 국회의사당이라는 건물만을 지칭하는 것이 아니라 국회의 본회의나 위원회가 개최되고 있는 모든 장소를 말한다. 직무상 행위에는 직무집행 그 자체는 물론이고 직무행위와 관련이 있는 그 선후의 행위와 직무집행에 부수된 행위, 예컨대 본회의나 위원회에서 발언할 내용을 직전에 원내기자실에서 출입기자들에게 배포하는 행위 등도 포함될 수 있다. 대법원은 1992년 '유성환의원 사건'에서 국회 본회의에서의 대정부질문 내용을 사전에 기자들에게 배포한 행위는 국회의원의 면책특권에 해당한다고 판결하였다(대판 1992. 9. 22. 91도3317).

면책특권의 대상이 되는 발언에 명예훼손도 포함되는가?

직무와 관련된 발언 중에 타인에 대한 모욕이나 명예훼손적 발언이 면책특권의 대상에 포함되는지가 문제된다. 우리 헌법은 면책특권의 대상에서 제외되는 행위에 대해 아무런 규정이 없으며, 단지 「국회법」은 제146조에 "의원은 본회의 또는 위원회에서 다른 사람을 모욕하거나 다른 사람의 사생활에 대한 발언을 할 수 없다"고 규정하고 있기 때문에 해석상 논란이 있게 된다. 이 「국회법」 제146조가 면책특권의 내재적 한계를 확인한 것으로 보는 입장에서는 모욕이나 명예훼손적 발언은 면책특권으로 보호받지 못하게 된다. 그러나 의원의 국회에서의 원활한 의정활동을 위해서는 명예훼손적 발언에 대해 일률적으로 대외적인 책임을 묻기는 어렵다고 할 것이며, 「국회법」 제146조 위반에 대해서는 대내적으로 국회의 징계책임의 대상은 될 수 있다고 보는 것이 타당하다. 이와 관련하여 독일 기본법은 의원의 국회 내에서의 행위라 하더라도 모욕적이거나 명예훼손적 발언의 경우에는 면책되지 아니한다고 규정(제46조 제1항)하고 있으나, 명예훼손적 발언을 형법상 일반적인 명예훼손이 아니라 사실이 진실이 아님을 확실히 알고 있음에도 불구하고 이를 공표하여 타인을 중상하거나 사회적 평가를 현저하게 저하시키는 경우인 '중대한 명예훼손'에 한하여 기본법을 적용하고 있다. 그렇다면 우리의 면책특권의 해석에 있어서도 의원의 국회에서의 직무와 관련하여 행해진 명예훼손적 발언은 기본적으로 면책특권에 포함될 수 있는 것이지만, 그 중에서 중대한 명예훼손이 문제되는 경우에는 면책특권의 대상에서 제외될 수 있다고 볼 수 있다. 법원 판례의 입장도 면책되는 발언이 명백히 허위임을 알면서 허위의 사실을 적시하여 타인의 명예를 훼손한 경우에는 책임이 면제되지 않는다고 보고 있다. 다만, 의원의 명예훼손적 발언과 관련하여 "발언내용이 허위라는 점을 인식하지 못하였다면 비록 발언내용이 다소 근거가 부족하거나 진위 여부를 확인하기 위한 조사를 제대로 하지 않았다고 하더라도 그것이 직무수행의 일환으로 이루어진 것인 이상 면책특권의 대상이 된다"고 대법원은 판단하고 있다(대판 2007. 1. 12. 2005다57752).

의원의 발언과 표결에 관한 면책특권은 '국회 외'에서 책임을 지지 아니하는 것이다. 따라서 국회 내에서는 책임을 물을 수 있는 것이다. 즉 의원의 발언이 「국회법」이나 의사규칙에 규정된 징계사유에 해당하는 경우에는 징계처분을 할 수 있다. 책임의 면제는 민사상·형사상의 법적 책임을 의미하므로 소속정당에 의한 징계처분 등의 정치적 책임까지 면제되는 것은 아니다. 또한 면책은 재임 중에 국한되는 것이 아니라 임기만료 이후에도 적용된다.

국회 내에서 행한 발언과 표결이라 하더라도 그것을 다시 '원외'에서 발표하거나 출판하는 경우에는 면책되지 아니한다. 면책특권은 국회 내에서의 활동을 보호하기 위한 것이기 때문에 국회의원이 원외에서 정치인으로서 행하는 일반적 정치활동을 보호하는 수단으로는 인정되지 않는다. 이와 관련하여 국회의원이 공직자의 비리에 관한 자료를 기자들에게 보도자료로 배포하면서 이를 다시 자신의 인터넷 홈페이지에 게재한 행위에 대해서 면책특권을 인정하지 않은 판례가 있다. 국회의원이 국가기관에서 불법녹음한 자료를 입수한 후 녹음내용 중 대기업으로부터 금품을 수수한 검사들의 실명을 밝인 자료를 자신의 홈페이지에 게재한 행위로 기소된 사건에서 대법원은 의원의 홈페이지에 게재한 행위에 대해 면책특권을 인정하지 아니하였다(대판 2011. 5. 13.

2009도14442). 결국 그 의원은 「통신비밀보호법」 위반으로 유죄판결을 받음으로써 의원직을 상실하게 되었다.

제46조
① 국회의원은 청렴의 의무가 있다.
② 국회의원은 국가이익을 우선하여 양심에 따라 직무를 행한다.
③ 국회의원은 그 지위를 남용하여 국가·공공단체 또는 기업체의 계약이나 그 처분에 의하여 재산상의 권리·이익 또는 직위를 취득하거나 타인을 위하여 그 취득을 알선할 수 없다.

국회의원의 의무

제46조는 국회의원의 헌법상 의무를 규정하고 있다. 제46조 제1항에서는 국회의원의 직업윤리로서 청렴의 의무를 명문화하고 있다. 우리 헌법은 국민의 대표자로서 국회의원에게 요구되는 청렴의무를 헌법에서 직접 규정하고 있는 것이 특징이다. 국회의원뿐만 아니라 모든 공무원은 국민의 공복으로서 청렴해야 하는 것은 당연하지만, 특히 국회의원은 입법자로서 국가의 각 영역에 있어서 정책결정에 직접 참여하므로 의원의 개인적 이해관계에 따라 국가정책의 의사결정을 왜곡시킬 가능성이 있으므로 국회의원의 직업윤리적 의무를 강조하고 있다.

국가이익우선의 의무

제46조 제2항에서는 국회의원은 국가이익을 우선하여 양심에 따라 직무를 행할 의무를 규정하고 있다. 국회의원의 국가이익 우선의 의무는 국회의원의 헌법상 지위가 전체 국민의 대표자이기 때문에 소속 정

당의 당파적 이익을 우선하거나 지역구 유권자의 이익만을 위해 봉사하여서는 아니된다는 것을 강조하는 것이다. 「국회법」에도 "의원은 국민의 대표자로서 소속정당의 의사에 기속되지 아니하고 양심에 따라 투표한다"(제114조의2)고 규정하여 국가이익을 우선하는 자유투표의 원칙을 선언하고 있다. 여기서 국회의원의 '양심'이란 의원 개인의 주관적 양심으로서 신조나 신념을 말하는 것이 아니라 의원으로서의 객관적인 직무상의 양심을 의미한다고 할 것이다. 그러나 한국의 의회주의와 정당정치의 현실은 의원이 정당기율에 엄격히 기속됨으로써 국가이익을 우선한 정책적 판단을 기대하기 어려운 측면을 부정하기 어렵다.

제46조 제3항에서는 국회의원이 그 지위를 남용하여 국가·공공단체 또는 기업체와의 계약이나 그 처분에 의하여 재산상의 권리·이익 또는 직위를 취득하거나 타인을 위하여 그 취득을 알선할 수 없는 이권불개입의 의무를 규정하고 있다. 이와 관련하여 「공직자윤리법」은 국회의원에게 직무관련성이 있는 주식을 매각 또는 백지신탁하도록 하여 국회의원 개인의 이익과 국가이익이 충돌하는 상황을 회피하도록 하고 있다(동법 제14조의4).

「국회법」에도 국회의원의 의무를 규정하고 있는데, 그 내용으로는 품위유지의 의무, 국회법이 정한 겸직금지의 의무, 국회 본회의와 위원회에 출석하여야 할 의무, 회의에 있어서 의사에 관한 법령 및 규칙을 준수하여야 할 의무, 다른 의원을 모욕하거나 다른 의원의 발언을 방해하지 않을 의무, 국정감사 및 조사에서의 비밀유지의무, 의장의 질서유지에 관한 명령에 복종할 의무 등이 있다.

국회의원이 그 의무를 위반한 경우에는 윤리특별위원회의 심사를 받고 징계를 받을 수 있다. 징계의 종류로는 ① 공개회의에서의 경고, ② 공개회의에서의 사과, ③ 30일 이내의 출석정지, ④ 제명이 있다. 국회의원이 징계로 제명된 경우에는 그로 인하여 궐위된 의원의 보궐선거에 있어서는 후보자가 될 수 없다(국회법 제163조, 제164조).

> 제47조
> ① 국회의 정기회는 법률이 정하는 바에 의하여 매년 1회 집회되며, 국회의 임시회는 대통령 또는 국회 재적의원 4분의 1 이상의 요구에 의하여 집회된다.
> ② 정기회의 회기는 100일을, 임시회의 회기는 30일을 초과할 수 없다.
> ③ 대통령이 임시회의 집회를 요구할 때에는 기간과 집회요구의 이유를 명시하여야 한다.

국회의 회기

제47조는 국회의 회기에 관하여 정기회와 임시회를 규정하고 있다. 국회의 의원임기 개시일로부터 임기가 만료되는 시기를 '입법기' 또는 '의회기'라고 하며, 입법기 내에서 국회가 실제로 활동능력을 가지는 일정한 기간을 '회기'(session)라 한다. 회기는 국회의 소집일부터 기산하여 폐회일까지를 말한다.

제47조 제1항에 따라 「국회법」은 매년 1회 정기적으로 소집되는 정기회를 매년 9월 1일 집회하도록 규정하고 있다. 정기회에서는 예산안을 심의·확정하고, 법률안 기타의 의안을 심의·의결하며, 정부의 시정연설을 듣고 대정부질문을 한다. 정기국회 기간 중에는 법률안의 효율적인 심사를 위하여 원칙적으로 예산안 처리에 부수하는 법률안을 처리하며 예외적으로 긴급하고 불가피한 사유로 인한 위원회 또는 본회의의 의결이 있는 때에는 예산부수법안이 아닌 법안도 처리할 수 있다

(동법 제93조의2 제2항). 임시회는 2월·4월·6월의 1일에 집회하며, 그 밖에 대통령 또는 국회 재적의원 4분의 1 이상의 요구로 집회한다. 국회의원 총선거 후 최초의 임시회는 국회의원 임기 개시 후 7일에 집회한다(동법 제5조, 제5조의2).

제47조 제2항은 "정기회의 회기는 100일을, 임시회의 회기는 30일을 초과할 수 없다"라고 하여 회기일수를 제한하고 있다. 국회는 회기 중이라도 의결로써 휴회할 수 있으며 휴회일수도 회기에 산입한다. 국회의 정기회와 임시회는 국회의원 전원이 참석하는 회의로서, 이를 본회의라고 한다.

그러나 국회의 운영은 실제에 있어서 본회의 중심으로 이루어지는 것이 아니라 위원회중심주의에 의해 행해진다. 국회의 위원회는 본회의에서의 의안심의를 원활하게 할 목적으로 일정한 사항에 관하여 전문적 지식을 가진 일단의 소수의원단들로 하여금 의안을 예비적으로 심사·검토하게 하는 소회의제를 말한다. 현대국가의 국가적 과제의 팽창은 입법에 있어서도 고도의 전문성과 기술성을 요구하게 되고, 모든 법안을 본회의에서 심의·처리하는 것이 부적합하게 됨에 따라 그 대응책으로 고안된 것이 위원회제도이다. 즉 위원회제도는 의안심의의 효율성을 기하고 전문적 지식을 구비한 의원들이 의안을 심도 있게 심사할 수 있다는 의미에서 위원회를 '소입법부'(little legislature)라고도 한다. 「국회법」에 의하면 상임위원회는 본회의의 의결이 있거나 의장 또는 위원장이 필요하다고 인정한 때, 재적위원 4분의 1 이상의 요구가 있을 때에 개회한다. 상임위원회는 국회의 폐회 중 최소한 월 2회 정례적으로 개최하되, 1회는 미리 그 개회의 주와 요일을 지정하여 자동 개회한다(동법 제52조, 제53조). 상임위원회의 위원은 임기 초에 각 교섭단체의 소속의원수의 비율에 따라 교섭단체대표의원의 요청으로 국회의장이 선임하고 2년간 재임하며, 의원은 2 이상의 상임위원회 위원이 된다(동법 제40조, 제48조).

제3항에 따라 대통령도 국회 임시회 소집요구권을 행사할 수 있다. 이때에는 임시회 집회의 기간과 집회요구의 이유를 밝혀야 한다. 대통령의 국회 임시회 소집요구권은 엄격한 권력분립원리에 기초한 대통령제 정부형태와는 부합되기 어려운 제도라 할 수 있으나, 이는 우리 헌법의 의원내각제적 요소로 간주되고 있다.

> 제48조
> 국회는 의장 1인과 부의장 2인을 선출한다.

국회 의장과 부의장

제48조는 국회의 조직에 있어서 1인의 국회의장과 2인의 부의장을 두도록 하고 있다. 이에 따라 「국회법」은 의장과 부의장은 국회에서 무기명투표로 선거하되 재적의원 과반수의 득표로 당선된다고 규정하고 있다(동법 제15조). 의장과 부의장의 임기는 2년이며, 이들이 궐위된 때에는 지체없이 보궐선거를 실시한다. 의장이 사고가 있을 때에는 의장이 지정하는 부의장이 직무를 대리한다(동법 제12조). 의장과 부의장이 모두 사고가 있을 때에는 임시의장을 선출하여 의장의 직무를 대행하게 한다(동법 제13조).

국회의장의 권한으로는 국회대표권과 의사정리권·질서유지권·사무감독권을 행사한다(동법 제10조). 국회의장은 각 위원회에 출석하여 발언할 수 있다. 다만 표결에는 참가할 수 없다(동법 제11조). 의장은 임시회집회공고권, 의사일정작성·변경권을 가지며, 국회에서 의결된 의안의 정부이송권, 대통령이 확정법률을 공포하지 않을 때의 법률공포권, 폐회 중의 의원사직허가권, 방청허가권 등을 가진다(동법 제143조 이하).

「국회법」에 의하여 국회의장은 의장으로 선출된 다음날부터 당적을 가질 수 없다. 다만 국회의원총선거에 있어서 정당추천후보자로 추천을 받고자 하는 경우에는 의원임기 만료일 전 90일부터 당적을 가질 수 있다(동법 제20조의2). 국회의장도 국회의원의 한 사람으로서 무소속 의원의 경우를 제외하고는 예외 없이 당적을 가지고 국회의원에 당선된 사람이지만, 국회의장으로 선출된 시점부터는 입법부를 대표하는 지위에서 행정부의 대통령, 사법부의 대법원장과 함께 3부의 최고국가기관의 대표자가 되므로 국회의장은 공평무사하게 국회를 운영할 수 있도록 당파를 초월하여 정치적 중립성을 유지하는 것이 요구된다.

> 제49조
> 국회는 헌법 또는 법률에 특별한 규정이 없는 한 재적의원 과반수의 출석과 출석의원 과반수의 찬성으로 의결한다. 가부동수인 때에는 부결된 것으로 본다.

제49조

다수결원리

제49조는 의회주의의 기본원리로서 다수결원리를 규정하고 있다. 다수결의 원리는 합의체의 의사결정의 원리로서 구성원 다수의 의견에 소수의 의견을 승복시키는 방법이다. 이 원리는 1인의 지배 또는 소수의 지배가 아닌 다수의 지배를 의미하는 것이다. 일반적으로 조직이

나 단체의 의사결정은 그 구성원이 평등한 경우에 전체 구성원의 일치에 의하는 것이 바람직하지만 의사결정의 대상의 성질, 구성원의 동질성의 정도 내지 구성원의 규모 등에 의해 그것은 사실상 불가능하게 된다.

다수결이 정당화되는 논거로는 첫째, 다수라고 하는 소수보다 커다란 부분은 양에 있어서뿐만 아니라 질에 있어서 우수하다는 것, 즉 보다 높은 정신적·윤리적 질이 다수 속에 내재하고 있다는 사고를 들 수 있다. 둘째, 다수부분의 의사가 비록 '보편적 의사'로부터 떨어져 있다고 하더라도 그 다수의사는 그와 대립되는 소수의사보다는 보편적 의사에 가깝다는 견해가 있다. 이러한 입장은 다수의사에 따르는 것이 합리적이라는 경험적 판단으로부터 다수결이 정당화된다는 것이다. 셋째, 민주주의의 가치로부터 다수결을 정당화하는 견해도 있다. 즉 다수결에 의할 때 국민의 자유와 평등이 현실적으로 최대한 보장될 수 있다는 것이다. 그 밖에 독단이나 전제를 배제하는 상대주의적 철학 등이 다수결을 정당화하는 이론적 근거로 제시되고 있다.

다수결의 원리는 토론의 자유의 존중을 전제로 할 때 비로소 정당화되는 것이므로 '이성적 토론'이 결여된 다수결방법은 다수의 독재를 의미하게 된다. 다수결의 본질적 요소인 토론은 이성에 의한 설득을 의미하며, 그것은 개별적 이익을 둘러싼 논쟁이 아니라 정의에 관한 논쟁이며 일반의지의 지향을 위한 토론을 의미한다. 이러한 이성적 토론은 '소수의사의 존중'을 전제로 함은 말할 것도 없다. 다수의 의사가 단지 수적 다수의 형식적 의사인 경우에는 그 다수결은 기능을 할 수 없으며, 다수가 소수의견에 대해 양보하고 소수는 다수의견에 승복하는 정신에 기초할 때 다수결은 비로소 실질적 정당성을 부여받게 된다. 요컨대 다수결원칙은 자유로운 공개 토론과 타협을 통한 의사통합의 기능을 수행하는 것이므로 반대의사를 무시하거나 양보와 타협이 인정되지 않는 다수결은 곧 '다수의 폭정'(tyranny of the majority)을 의미할 뿐이다.

다수결원리에 관한 헌법재판소 판례에 의하면 국회의원과 상임위원장과의 권한쟁의심판 사건에서 국회 상임위원회의 회의장에 야당의원의 출입을 원천 봉쇄한 가운데 회의를 개의하여 의안을 상정하고 법안심사소위원회에 회부한 행위는 비록 의사정족수를 충족하였다고 하더라도 다수결의 원리와 의회민주주의원리에 위배된다고 판시하였다. 그러나 위원회의 의안의 상정·회부행위가 중대한 하자가 있다고 하더라도 그 상정·회부행위에 대한 야당의원의 무효확인청구에 대하여는 기각결정을 하였다(헌재 2010. 12. 28. 2008헌라7). 결국 헌법재판소는 다수결원리의 위반을 인정하면서도 그 행위는 유효하다고 판단한 것이다.

국회의 의결정족수

제49조는 "국회는 헌법 또는 법률에 특별한 규정이 없는 한 재적의원 과반수의 출석과 출석의원 과반수의 찬성으로 의결한다. 가부동수인 때에는 부결된 것으로 본다"라고 하여 다수결원리에 있어서 요구되는 일반 의결정족수를 규정하고 있다. 이 헌법규정에 따라 「국회법」 제109조에도 일반 의결정족수를 규정하고 있다. 의결정족수에 관하여 헌법재판소는 '재적의원 과반수의 출석'과 '출석의원 과반수의 찬성'의 요건이 국회의 의결에 대하여 가지는 의미나 효력을 달리할 이유가 없다고 하고 투표의 집계결과 출석의원 과반수에 미달한 경우는 물론 재적의원 과반수의 출석에 미달한 경우에도 국회의 의사는 부결로 확정된 것이라고 판시하였다(헌재 2009. 10. 29. 2009헌라8등).

헌법은 제49조의 일반 의결정족수 외에 특별 의결정족수를 규정하고 있는 경우들이 있다. 첫째, 법률안의 재의결은 국회 재적의원 과반수의 출석과 출석의원 3분의 2 이상의 찬성이 요구된다(제53조 제4항). 둘째, 헌법개정안의 의결(제130조 제1항), 의원의 제명(제64조 제3항), 대통령에 대한 탄핵소추의결(제65조 제2항) 등은 국회재적의원 3분의 2 이상의 찬성이 필요하다. 셋째, 계엄의 해제 요구, 헌법개정안의 발의, 국무총리 및 국무위원의 해임 건의, 대통령에 대한 탄핵소추의 발의, 대통령 이외의 자에 대한 탄핵소추 의결, 국회의장의 선출 등은 국회재적의원 과반수의 찬성을 요한다. 넷째, 국무총리 등에 대한 해임건의발의, 대통령 이외의 자에 대한 탄핵소추발의 등은 재적의원 3분의 1 이상의 찬성으로 하고 그 의결은 재적의원 과반수의 찬성으로 하도록 한다.

법률에 의해서도 특별정족수를 규정한 조항들이 있는데, 「국회법」상 본회의의 번안동의는 국회 재적의원 과반수의 출석과 출석의원 3분의 2 이상의 찬성으로 의결하며(동법 제91조), 의원자격상실은 국회 재적의원 3분의 2 이상의 찬성으로 의결한다(동법 제142조 제3항). 그리고 국회선진화법이라는 이름으로 새로 도입된 안건신속처리제(동법 제85조의2 제1항)와 의사진행방해제도의 토론종결(동법 제106조의2)에 있어서는 재적의원 5분의 3 이상의 찬성이라는 가중다수결 조항을 두고 있다.

헌법 제49조의 일반정족수와 국회법상 특별정족수의 문제

위와 같이 헌법과 법률에 규정된 특별정족수 조항들을 볼 때 헌법 제49조의 일반정족수 규정은 다수결의 원리를 실현하는 국회의 의결방식 중 하나에 불과하고, 그 자체가 헌법상의 원칙이라고 볼 수는 없다는 것이 학계의 다수적 견해이다. 즉 다수결에는 본질적으로 단순다수결로 의사의 결정이 정당화되지만 사안의 성격상 신중을 요하고 단순다수결만으로는 그 결정의 정당성을 확보하기 어려운 경우에는 특별다수결을 채택한다고 보고 있다. 헌법재판소도 헌법상 다수결원리에 대하여 언급하면서 일반정족수는 다수결원리를 실현하는 국회의 의결방식 중의 하나에 불과하고 그 자체가 헌법상의 원칙이라고 할 수 없다고 판시하였다. 그리고 국회가 자신의 의사절차에 관한 제도를 스스로 입안하면서 가중다수결과 일반다수결 중 어느 것을 선택할 것인지는 국회의 자율영역에 속하는 것이라고 판단하고 있다(헌재 2016. 5. 26. 2015헌라1).

그렇지만 다수결원리에 관한 헌법 제49조의 해석상 「국회법」에 의한 의사절차로서 일반정족수와 가중다수 특별정족수의 선택이 광범위한 국회의 자율영역에 속한다고 보는 입장에 대해서는 쉽게 동의할 수 없는 측면이 있다. 헌법 제49조의 의미는 헌법에서 특별정족수를 따로 규정한 경우 이외에는 국회의 의사결정방식은 법률안의 의결을 비롯한 대부분의 의안을 원칙적으로 일반정족수 다수결방식에 의하여야 한다는 것으로 해석할 필요가 있다. 다만 「국회법」에 의해 예외적으로 국회의 자율권 행사로 가중다수결을 규정할 수 있는데, 그 경우는 국회의 의결대상이 그 의미와 내용에 있어서 헌법적으로 중요한 것으로 평가되는 경우에 한하여 제한적으로 허용될 수 있는 것으로 해석해야 할 것이다. 헌법상 특별정족수를 규정하고 있는 경우 중에서 법률안의 재의결은 국회 "재적의원 과반수의 출석과 출석의원 3분의 2 이상"의 찬성(제53조 제4항)을 요구하고 있는데 「국회법」상 안건신속처리제나 무제한토론 종결의 경우에는 법률안재의결의 경우보다 가중다수결인 국회 "재적의원 5분의 3 이상"의 찬성을 요구하고 있다. 여기서 「국회법」상 의사절차에 관한 안건신속처리제나 무제한토론 종결이 헌법상 대통령이 거부한 법률안에 대한 재의결의 문제보다 중요한 헌법적 의미를 갖는 것으로 보기 어렵기 때문에 헌법이 직접 가중다수결을 규정한 경우 이외에 「국회법」으로 가중다수결을 정할 수 있는 경우는 매우 드물 것으로 생각된다.

따라서 「국회법」에 의한 가중다수의 특별정족수를 규정하는 경우에는 특히 신중을 기해야 하며, 헌법에서 특별정족수를 규정한 사항을 구체화하는 경우와 헌법에서 특별정족수를 법률에 위임한 경우 이외에는 가중다수결을 규정하는 것은 극히 제한적인 범위 내에서만 허용될 수 있는 것이라고 할 수 있다. 요컨대 헌법 제49조의 일반정족수에 의한 다수결원리는 헌법에서 특별한 규정을 두고 있는 경우를 제외하고는 국회에서의 의결방식의 원칙이라 할 수 있다. 다만 예외적으로 법률에 의해 특별정족수를 규정할 수 있지만 그것은 헌법상 중요한 의미를 갖는 특정 안건의 경우에 제한적으로 허용될 수 있는 것으로 이해되어야 할 것이다(정만희, 헌법학개론, 피앤씨미디어, 2020, 503면).

제50조
① 국회의 회의는 공개한다. 다만, 출석의원 과반수의 찬성이 있거나 의장이 국가의 안전보장을 위하여 필요하다고 인정할 때에는 공개하지 아니할 수 있다.
② 공개하지 아니한 회의내용의 공표에 관하여는 법률이 정하는 바에 의한다.

의사공개의 원칙

제50조 제1항의 의사공개의 원칙은 국회의 의안심의 과정을 일반국민에게 공개하는 것을 말한다. 이 원칙은 국회의 의사진행의 내용과 의원의 활동을 국민에게 공개함으로써 민의에 따른 국회운영을 실천한다는 민주주의적 요청에 근거한 것이다. 의사공개의 원칙은 의안심의에 관한 정보를 국민에게 제공하고 국민은 이를 통해 국가의사결정 과정에 참여할 수 있는 기회를 갖게 된다. 따라서 국회의 의사공개는 대의민주주의 정치에서 필수적으로 요구되는 것이다. 국회의 의사에 적용되는 회의공개의 원칙은 본회의, 위원회, 소위원회 모두에 적용된다.

공개의 방법으로는 회의내용을 방청, 보도, 중계방송하는 방법이 있으며 회의록의 공개는 필수적으로 요구된다.

의사공개의 원칙에 대하여는 예외적인 비공개를 인정할 수 있다. 이에 관하여 헌법 제50조 제1항 단서는 "출석의원 과반수의 찬성이 있거나 의장이 국가의 안전보장을 위하여 필요하다고 인정할 때에는 공개하지 아니할 수 있다"라고 정하고 있다. 그러나 이러한 경우에도 비공개를 정당화할 수 있는 사유가 있어야 하며, 정당화 사유가 없는데도 위원회의 출석의원이 비공개회의를 의결하였다는 이유만으로 비공개하는 것은 헌법의 의사공개원칙에 부합되지 아니한다. 제50조 제1항에 따라 「국회법」은 제75조에 의사공개의 원칙과 예외적 비공개를 규정하여 "본회의는 공개한다. 다만 의장의 제의 또는 의원 10인 이상의 연서에 의한 동의로 본회의의 의결이 있거나 의장이 각교섭단체대표의원과 협의하여 국가안전보장을 위하여 필요하다고 인정할 때에는 공개하지 아니할 수 있다"고 규정하고 있다.

의사공개의 원칙과 관련하여 위원회의 방청 허가가 문제될 수 있다. 「국회법」 제55조 제1항은 "위원회에서는 의원이 아닌 자는 위원장의 허가를 받아 방청할 수 있다"고 규정하고 있는 바, 이는 위원회의 공개원칙을 전제로 한 것이다. 이 조항은 위원장의 자의에 따라 공개 여부를 결정케 한 것이 아니며, 회의가 공개되는 경우에도 방청을 허용하여서는 아니 될 사유가 있을 때에는 위원장이 방청을 허가하지 않을 수 있도록 하고 있는 규정이다. 그리고 위원장이 방청을 불허하는 결정을 할 수 있는 사유란 회의장의 장소적 제약으로 불가피한 경우, 회의의 원활한 진행을 위하여 필요한 경우 등 결국 회의의 질서유지를 위하여 필요한 경우로 제한된다고 할 것이다. 이와는 달리 「국회법」 제55조 제1항을 위원장에게 아무런 사유의 제한 없이 방청을 불허할 수 있는 재량권을 부여한 것으로 풀이한다면 헌법과 국회법에서 정한 위원회

공개의 원칙이 공동화되어 부당하다(헌재 2000. 6. 29. 98헌마443등).

제2항에 의해 공개하지 아니한 회의내용의 공표에 관하여는 법률이 정하는 바에 의한다. 이에 따라 「국회법」은 회의록은 의원에게 배부하고 일반에게 반포하지만, 의장이 비밀을 요하거나 국가안전보장을 위하여 필요하다고 인정한 부분에 관하여는 발언자 등과 협의하여 이를 게재하지 아니할 수 있다고 규정하고 있다. 다만, 비공개의 사유가 소멸하였다고 판단한 경우 본회의의 의결이나 의장의 결정으로 공표할 수 있다고 규정하고 있다(동법 제118조).

> 제51조
> 국회에 제출된 법률안 기타의 의안은 회기 중에 의결되지 못한 이유로 폐기되지 아니한다. 다만, 국회의원의 임기가 만료된 때에는 그러하지 아니하다.

회기계속의 원칙

제51조는 국회의 의사절차에 관한 회기계속의 원칙을 규정하고 있다. 회기계속의 원칙이란 회기 중에 의결되지 못한 의안도 폐기되지 아니하고 다음 회기에서 계속 심의할 수 있다는 원칙이다. 다만, 국회의원의 임기가 만료된 때에는 그러하지 아니하고 의안은 자동 폐기된다. 회기계속의 원칙을 채택하더라도 동일한 성격의 국회가 의안을 처리할 수 있는 능력은 당해 의회기 내에서만 가능하다고 할 것이므로 의원의 임기가 만료된 때나 국회가 자진 해산한 때에는 의안은 다음 회기로 계속되지 않고 폐기되는 것이 타당하다. 반면에 회기불계속의 원

칙을 취하는 경우에는 회기 중 의결되지 못한 의안은 다음 회기에서 계속 심의할 수 없고 자동으로 폐기된다.

우리의 의회주의는 초기에는 영국이나 미국처럼 회기불계속의 원칙을 채택한 바 있으나 1962년 헌법에서부터 회기계속의 원칙으로 변경하였다.

> 第52조
> 국회의원과 정부는 법률안을 제출할 수 있다.

법률안은 국회의원과 정부가 제출할 수 있다

第52조는 국회의 입법절차에 있어서 첫 단계인 법률안의 제출에 관하여 규정하면서 국회의원과 정부에 법률안제출권을 인정하고 있다. 이 헌법 조항에 의거하여 「국회법」은 국회의원이 법률안을 제출하는 경우 10인 이상의 찬성으로 발의할 수 있다고 규정하고 있다(동법 제79조 제1항). 법률안이 예산 또는 기금상의 조치를 수반하는 경우에는 그 법안의 시행에 수반될 것으로 예상되는 비용에 대한 추계서를 첨부하여야 한다(동법 제79조의2 제1항).

우리 헌법은 정부도 법률안제출권을 갖도록 규정하고 있는 것이 특징이다. 정부가 법률안을 제출하는 경우에는 헌법 제89조 제5호에 따라 국무회의의 심의를 거쳐야 한다. 국회와 함께 정부가 법률안제출권을 갖는 것은 대통령제원리와 부합되기 어려운 것으로, 이는 의원내각제적 요소로 간주되고 있다. 정부에 법률안제출권을 부여하는 것은 국회의 지위를 상대적으로 약화시키게 되며 정부가 실질적인 입법의 주도권을 행사하게 되는 문제가 있다. 입법과정에 있어서 대통령의 법률안거부권을 인정하면서 이과 함께 법률안제출권까지 인정하게 되면 사실상 대통령이 입법과정을 주도하게 된다. 헌법상 정부의 법률안제출권이 인정되지 않는 경우에도 정부는 여당 국회의원을 통해 정부가 제안하는 법률안을 발의할 수 있는 것이다. 이 점에서 우리 헌법의 개헌논의 중에는 정부의 법률안제출권의 폐지문제가 거론되고 있다.

국회의 입법절차 개관

여기서 「국회법」상 법률안이 제출된 이후의 국회의 입법절차를 간단히 설명하도록 한다. 법률안이 제출되면 국회의장에 의해 본회의에 보고된 후 소관 상임위원회에 회부되어 심사를 받게 된다. 의장은 의안이 발의 또는 제출된 때에는 이를 인쇄하거나 전산망에 입력하는 방법으로 의원에게 배부하고 본회의에 보고하며, 소관 상임위원회에 회부하여 그 심사가 끝난 후 본회의에 부의한다. 다만 휴회 또는 폐회 등으로 본회의에 보고할 수 없을 때에는 이를 생략하고 소관 상임위원회에 회부할 수 있다(동법 제81조 제1항).

위원회에 회부된 법률안에 대하여 충분한 이해를 할 수 있도록 일정한 숙려기간을 두고 있는데, 일부개정법률안은 15일, 제정법률안·전부개정법률안·폐지법률안은 20일, 체계자구심사를 위하여 법제사법위원회에 회부된 법률안은 5일의 숙려기간을 거쳐야 하며, 이 기간을 경과하지 아니한 때에는 법률안을 상정할 수 없도록 하고 있다(동법 제59조). 또한 위 숙려기간이 경과된 후 30일이 경과한 날 이후에 처음으로 개최되는 위원회에 그 법률안은 자동으로 상정되는 것으로 하는 '자동상정제도'를 채택하고 있다. 다만 위원장이 간사와 합의하는 경우에는 그러하지 아니하다는 예외를 두고 있다(동법 제59조의2).

2012년 5월 이른바 '국회선진화법'이란 별칭으로 개정된 「국회법」의 내용은 '심사기간지정제'와 '의안신속처리제'의 도입 등이 있다. 심사기간지정제는 천재지변의 경우나 전시·사변 또는 이에 준하는 국가비상사태의 경우, 의장이 각 교섭단체 대표의원과 '합의'하는 경우에는 의장이 위원회에 회부되는 안건에 대하여 심사기간을 지정할 수 있도록 한 것이다(동법 제85조 제1항). 안건의 신속처리제는 위원회에 회부된 안건을 신속처리대상 안건으로 지정하고자 하는 경우 의원은 재적의원 과반수가 서명한 신속처리안건 지정 요구 동의를 의장에게, 안건의 소관위원회 소속위원은 소관위원회 재적위원 과반수가 서명한 신속처리안건지정동의를 소관위원회 위원장에게 제출하여야 한다. 이 경우 의장 또는 소관위원회 위원장은 지체없이 신속처리안건지정동의를 무기명투표로 표결하되, 재적의원 '5분의 3 이상' 또는 안건의 소관위원회 재적위원 '5분의 3 이상'의 찬성으로 의결한다. 위원회는 신속처리대상안건에 대한 심사를 그 지정일로부터 180일 이내에 마쳐야 한다(동법 제85조의2 제1항, 제2항). 그리고 국회선진화법은 '예산안 등의 자동 본회의부의'를 규정하고 있다. 위원회는 예산안, 기금운용계획안, 임대형민자사업한도액안, 세입예산안 부수 법률안의 심사를 매년 11월 30일까지 마쳐야 하며, 위의 기한 내에 심사를 마치지 아니한 때에는 그 다음날에 위원회에서 심사를 마치고 바로 본회의에 부의된 것으로 본다. 다만 의장이 각 교섭단체대표의원과 합의한 경우에는 그러하지 아니하다(동법 제85조의3 제1항, 제2항).

상임위원회의 심사과정에서 법안에 대한 이견이 있는 경우에는 그 이견을 충분히 논의하고 조정할 수 있도록 안건조정위원회를 구성할 수 있다(동법 제57조의2). 안건조정위원회는 6인으로 구성되는데 소속상임위원회 위원 중에서 제1교섭단체 위원 3인과 제1교섭단체 위원이 아닌 3인의 여야동수로 구성된다. 안건조정위원회의 활동기간은 최장 90일까지 할 수 있다.

위원회의 심사를 거친 법안은 본회의에 부의된다. 소관상임위원회의 심사결과 본회의에 부의할 필요가 없다고 판단된 때에는 본회의에 부의하지 않을 수 있으며, 그 법안은 폐기된다. 그러나 위원회에서 부결된 법안의 경우에 폐회나 휴회 중의 기간을 제외한 7일 이내에 의원 30인 이상의 요구가 있으면 본회의에 부의하여야 한다(동법 제87조 제1항). 국회는 위원회의 심사를 거치거나 위원회가 제안한 의안 중 정부조직에 관한 법률안, 조세 또는 국민에게 부담을 주는 법률안 등 주요의안의 본회의 상정 전이나 본회의 상정 후에 재적의원 4분의 1 이상의 요구가 있는 때에는 그 심사를 위하여 의원 전원으로 구성되는 '전원위원회'를 개회할 수 있다(동법 제63조의2 제1항).

위원회는 법안의 입법취지와 주요 내용 등을 국회공보 등에 게재하여 입법예고를 할 수 있으며, 중요한 안건이나 전문지식을 요하는 법안을 심사하기 위하여 공청회를 개최할 수 있다. 위원회에서 가결된 법안은 법제사법위원회에 회부하여 체계·자구의 심사를 받게 되고 여기에서 가결된 법안에 대하여는 위원회에서 다시 수정할 수 없다. 다만 본회의에서 의원 30인 이상의 찬성으로 수정동의(修正動議)의 방법으로 처리할 수 있다. 그리고 예산안에 대한 수정동의는 의원 50인 이상의 찬성이 있어야 한다(동법 제95조 제1항).

본회의에 상정된 법안의 의결은 재적의원 과반수의 출석과 출석의원 과반수의 찬성으로 한다. 본회의에서는 질의·답변과 토론을 거쳐 표결한다. 「국회법」은 표결에 관하여 의원이 국민의 대표자로서 소속정당의 의사에 기속되지 아니하고 양심에 따라 투표하도록 자유투표를 보장하고 있다(동법 제114조의2).

국회선진화법은 법안심의에 있어 소수당의 자유로운 토론(필리버스터)을 보장하기 위하여 본회의에서 심의안건에 대하여 재적의원 3분의 1 이상이 서명한 요구서를 의장에게 제출한 경우 무제한토론을 허용하고 있다. 무제한토론의 종결은 더 이상 토론할 의원이 없거나 재적의원 3분의 1 이상이 제출한 무제한토론의 종결동의를 재적의원 5분의 3 이상의 찬성으로 의결한 경우, 또는 무제한토론 중 회기가 종료한 경우에 이루어지며, 무제한토론 종결이 선포된 후에는 해당 안건은 지체 없이 표결되어야 한다(동법 제106조의2).

제53조

① 국회에서 의결된 법률안은 정부에 이송되어 15일 이내에 대통령이 공포한다.

② 법률안에 이의가 있을 때에는 대통령은 제1항의 기간 내에 이의서를 붙여 국회로 환부하고, 그 재의를 요구할 수 있다. 국회의 폐회 중에도 또한 같다.

③ 대통령은 법률안의 일부에 대하여 또는 법률안을 수정하여 재의를 요구할 수 없다.

④ 재의의 요구가 있을 때에는 국회는 재의에 붙이고, 재적의원 과반수의 출석과 출석의원 3분의 2 이상의 찬성으로 전과 같은 의결을 하면 그 법률안은 법률로서 확정된다.

⑤ 대통령이 제1항의 기간 내에 공포나 재의의 요구를 하지 아니한 때에도 그 법률안은 법률로서 확정된다.

⑥ 대통령은 제4항과 제5항의 규정에 의하여 확정된 법률을 지체없이 공포하여야 한다. 제5항에 의하여 법률이 확정된 후 또는 제4항에 의한 확정법률이 정부에 이송된 후 5일 이내에 대통령이 공포하지 아니할 때에는 국회의장이 이를 공포한다.

⑦ 법률은 특별한 규정이 없는 한 공포한 날로부터 20일을 경과함으로써 효력을 발생한다.

법률안에 대한 대통령의 거부권과 국회의 재의결절차

제53조는 국회의 입법절차에 있어서 대통령의 법률안거부권과 국회의 재의결에 관한 조항이다. 동조 제1항에 따라 법률안이 본회의에서 의결되면 국회의장이 법률안을 정부에 이송하며, 정부는 법률안에 대하여 이의가 없으면 15일 이내에 대통령이 법률안을 공포한다. 이 경우 법률안에 대하여 국무회의의 심의를 거쳐 대통령이 이에 서명하고 국무총리와 관계국무위원의 부서를 거쳐야 한다(헌법 제82조, 제89조 제3호).

제53조 제2항에 따라 대통령은 정부에 이송된 법률안에 이의가 있을 때에는 법률안이 이송된 날로부터 15일 이내에 이의서를 붙여 국회에 환부하고 재의를 요구할 수 있다. 국회의 폐회 중에도 또한 같다. 우리 헌법상 대통령의 법률안거부권 행사는 일반적인 환부거부(regular veto)가 원칙이며, 미국 헌법에서 채택되고 있는 보류거부(pocket veto)는 인정되지 아니한다. 보류거부란 국회의 폐회로 인하여 대통령이 지정된 기일 내에 국회에 환부할 수 없는 경우에 대통령이 그 법률안을 거부하기 위하여 법률안을 공포하지 아니한 채 가지고 있으면 법률안이 자동적으로 폐기되는 것을 말한다. 우리 헌법은 제53조 제2항과 제5항에 따라 대통령이 정부에 이송된 법률안에 이의가 있을 때 국회 폐회 중에도 재의를 요구할 수 있으며, 15일의 기간 내에 공포나 재의를 요구하지 않아도 법률로서 확정되므로 보류거부는 원칙적으로 인정되지 않는다. 다만 예외적으로 국회의 의회기가 만료된 경우에는 국회에 재의를 요구할 수 없으므로 이 경우에는 보류거부가 인정될 수 있다.

대통령의 법률안거부권 제도는 미국 헌법 제정 당시 대통령제원리의 구성요소로서 성립된 것에서부터 그 기원을 찾을 수 있다. 의회와 행정부 간의 엄격한 상호독립에 기초한 견제와 균형의 원리에 따라 의회의 입법권의 남용으로부터 헌법을 수호하고 행정부의 자기방어를 위한 유일한 수단으로 채택된 것이 대통령의 법률안거부권이다. 따라서 법률안거부권 행사의 목적은 입법권의 자의적 행사·남용으로부터 헌법의 수호와 행정부의 자기방어에 있으며, 이 두 가지 목적 외의 거부권 행사는 그 한계를 벗어나는 문제가 제기될 수 있다.

제53조 제3항에 의하여 대통령이 재의를 요구하는 경우에는 법률안 전체에 대하여 하여야 하며, 법률안의 일부에 대하여 재의를 요구하거나 법률안을 수정하여 재의를 요구할 수 없다.

제53조 제4항은 법률안의 재의결에 관한 의결정족수를 규정하고 있다. 환부거부된 법률안은 국회에서 재의에 붙여지고 재적의원 과반수의 출석과 출석의원 3분의 2 이상의 찬성으로 재의결되면 그것은 법률로 확정된다.

제53조 제5항은 정부에 이송된 법률안에 대하여 15일의 기간 내에 공포나 재의의 요구를 하지 아니한 때에도 그 법률안은 법률로서 확정되는 것으로 하고 있다.

제53조 제6항은 국회의 재의결로 확정된 법률안과 정부에 이송된 법률안에 대해 위의 기간 내에 공포하지 않거나 거부권을 행사하지 않아 확정된 법률안을 대통령은 지체없이 공포하여야 한다고 규정하고 있다. 그리고 기간 내에 공포나 재의를 요구하지 않아서 법률로서 확정된 후 또는 제4항에 의한 확정법률이 정부에 이송된 후 5일 이내에 대통령이 공포하지 아니할 때에는 국회의장이 이를 공포한다고 규정하고 있다.

제53조 제7항은 국회가 제정한 법률에 대한 일반적인 효력발생시기를 정하고 있다. 그리하여 법률에 특별한 규정이 없는 한 공포한 날로부터 20일을 경과함으로써 효력을 발생한다고 규정하고 있다.

제54조

① 국회는 국가의 예산안을 심의·확정한다.

② 정부는 회계연도마다 예산안을 편성하여 회계연도 개시 90일 전까지 국회에 제출하고, 국회는 회계연도 개시 30일 전까지 이를 의결하여야 한다.

③ 새로운 회계연도가 개시될 때까지 예산안이 의결되지 못한 때에는 정부는 국회에서 예산안이 의결될 때까지 다음의 목적을 위한 경비는 전년도 예산에 준하여 집행할 수 있다.

1. 헌법이나 법률에 의하여 설치된 기관 또는 시설의 유지·운영
2. 법률상 지출의무의 이행
3. 이미 예산으로 승인된 사업의 계속

국가예산에 대한 통제로서 예산심의·확정권

제54조는 국회의 예산심의·의결권과 준예산제도를 규정하고 있다. 국가의 예산·결산과 조세부과와 같은 재정(財政)작용은 그 성질상 집행작용이지만 국민의 재산권을 제한하게 되고 납세의 의무를 부과하는 등 국민의 권리·의무에 미치는 영향이 크기 때문에 민주국가에서는 재정작용에 대하여 국민의 대표기관인 의회의 의결을 원칙으로 하고 있다. 이러한 국가의 재정작용에 대한 의회의 강력한 통제 권한은 연혁적으로 서구 의회주의의 역사에서 유래하는 것이다. 군주의 무절제한 과세권 발동에 대한 견제적 장치로 탄생한 것이 바로 의회주의이므로 의회의 입법권과 함께 재정에 관한 권한은 의회의 본래적 권한으로 간주된다.

예산에 관하여는 미국·영국·독일·프랑스 등과 같은 법률의 형식으로 의결하는 '예산법률주의'와 일본·스위스 등과 같은 법률과는 다른

특수한 형식으로 의결하는 '예산특수의결주의'가 있다. 우리 헌법은 제53조의 법률의결권과 별도로 제54조에 예산의결권을 규정하여 법률과 예산의 형식을 구별하고 있다.

예산의 성격에 관하여는 법규범설과 세출승인설(법규범부인설)로 나뉘고 있으나, 법규범설이 통설이다. 예산은 관계국가기관을 구속하는 점에서 법규범과 같으나, 일반국민에 대한 구속력을 가지지 않는 점에서 법규범과 구별될 뿐이다. 즉 예산은 정부의 재정행위를 구속하는 준칙을 의미하며, 단순한 세입·세출의 견적표가 아닌 법규범의 일종이다. 다만 예산은 법률과는 달리 예산안제안권을 정부만이 가지며 국회에는 제안권이 없다. 예산심의에 있어서도 국회는 정부의 동의 없이는 지출예산 각 항의 금액을 증가하거나 신비목을 설치할 수 없지만, 법률안에 대하여는 국회가 수정·증보를 할 수 있다. 또한 거부권 행사에 있어서도 국회는 법률안과 달리 예산심의를 전면 거부할 수 없으며, 대통령도 국회에서 통과된 예산안에 대해서 거부권을 행사할 수 없다. 예산은 시간적으로 1회계연도 내에서만 효력을 가지는 점에서도 법률과 구별된다.

예산과 법률은 형식을 달리하고 성립절차를 달리함은 물론 성립시기를 달리하는 경우도 없지 아니하므로 법률을 집행함에 있어 그에 필요한 예산의 뒷받침이 없거나, 예산에는 지출이 계상되어 있지만 지출의 근거가 될 법률의 규정이 없는 경우가 있을 수 있다. 이러한 예산과 법률의 불일치 문제를 해결하기 위해서는 정부는 예산안의 제출에 있어 모든 세출을 가능한 한 예산안에 반영하고 근거법령과 예산안을 동시에 제출해야 한다.

제54조 제1항은 국회의 예산심의·확정권을 규정하고 있다. 예산이란 한 회계연도에 있어서 국가의 세입·세출의 예정계획을 내용으로

하고 국회의 의결로 성립하는 법규범의 일종을 말한다. 예산은 1년간의 정부의 시정계획을 위한 재정적 기초가 되므로 예산에 대한 국회의 승인은 정부의 시정계획에 대한 국회의 동의를 의미한다. 국가의 회계연도는 「국가재정법」 제2조에 의해 매년 1월 1일에 시작하여 12월 31일에 종료한다. 참고로 우리나라의 최근 국가예산은 2013년 372조 6천억원이었으나 2020년 512조 3천억원으로 증가하였고 2022년 예산액은 607조 7천억원으로 확정되었다.

제54조 제2항은 예산안의 편성과 제출은 행정부의 권한과 의무임을 전제로 하여 정부는 회계연도마다 예산안을 편성하여 회계연도 개시 90일 전까지 국회에 제출하여야 하고, 정부가 제출한 예산안에 대하여 국회는 회계연도 개시 30일 전까지 이를 의결하여야 한다고 규정하고 있다. 헌법상 예산안에 대한 최종 의결시한(12월 2일)을 준수하지 못하는 국회의 위헌적인 예산안 처리의 관행은 심각한 문제로 지적되어 왔다. 이러한 문제점을 해결하기 위하여 2012년 5월 개정된 「국회법」은 본회의 자동부의조항을 신설하였다. 그리하여 위원회는 예산안, 기금운용계획안 등의 심사를 매년 11월 30일까지 마쳐야 하며, 이 기한 내에 심사를 마치지 아니한 때에는 원칙적으로 그 다음날에 위원회에서 심사를 마치고 바로 본회의에 부의된 것으로 본다. 다만, 의장이 각 교섭단체 대표의원과 합의한 경우에는 그러하지 아니하다(동법 제85조의3 제1항, 제2항).

예산안 심의에 있어서 국회는 지출예산의 각 항의 금액을 삭제하거나 감액할 수 있으나, 정부의 동의 없이 이를 증가하거나 새 비목을 설치할 수 없다(헌법 제57조). 「국가재정법」은 예산의 종류에 관하여 일반회계예산과 특별회계예산으로 구분하고 있다. 일반회계는 일반적 국가활동을 수행하기 위한 예산을 처리하는 회계를 말하고, 특별회계는 특수한 목적을 수행하기 위하여 수입·지출을 일반회계와 구분하여 회계처리할 필요가 있을 때 법률로써 설치하는 회계를 말한다(동법 제4조).

제54조 제3항은 새로운 회계연도가 개시될 때까지 예산안이 의결되지 못한 때에는 정부로 하여금 국회의 예산안이 의결될 때까지 일정한 목적을 위한 경비는 전년도 예산에 준하여 집행할 수 있도록 하는 '준예산'제도를 채택하고 있다. 다만 준예산으로 집행할 수 있는 경비의 목적을 제한하여 "1. 헌법이나 법률에 의하여 설치된 기관 또는 시설의 유지·운영, 2. 법률상 지출의무의 이행, 3. 이미 예산으로 승인된 사업의 계속"으로 그 경비 집행의 범위를 한정하고 있다.

> 제55조
> ① 한 회계연도를 넘어 계속하여 지출할 필요가 있을 때에는 정부는 연한을 정하여 계속비로서 국회의 의결을 얻어야 한다.
> ② 예비비는 총액으로 국회의 의결을 얻어야 한다. 예비비의 지출은 차기국회의 승인을 얻어야 한다.

제55조

계속비와 예비비

제55조는 예산의 내용에 관하여 계속비와 예비비를 규정하고 있다. 동조 제1항은 한 회계연도를 넘어 계속 지출할 필요가 있는 예산에 대해서는 정부가 연한을 정하여 '계속비'로서 국회의 의결을 얻도록 하고 있다. 「국가재정법」은 계속비의 지출연한을 원칙적으로 '당해 회계연도부터 5년 이내'로 규정하고 있다(동법 제23조 제2항).

제55조 제2항은 예비비를 규정하고 있다. 예비비란 예측할 수 없는

예산 외의 지출 또는 예산초과지출에 충당할 필요가 있을 때 지출하는 예산을 말한다. 예비비는 총액으로 국회의 의결을 얻어야 하고, 예비비의 지출은 차기 국회의 승인을 얻도록 하여야 한다, 예비비의 사용에 관하여는 전적으로 정부의 재량에 맡겨져 있으며, 예비비의 지출에 대한 차기 국회의 승인을 받지 못한다고 하더라도 이를 무효로 할 수 없다.

> 제56조
> 정부는 예산에 변경할 필요가 있을 때에는 추가경정예산을 편성하여 국회에 제출할 수 있다.

추가경정예산안

제56조는 추가경정예산안에 관한 조항이다. 국회의 의결로 예산이 일단 성립하면 원칙적으로 변경할 수 없으나, 불가피한 사유로 예산을 변경할 필요가 있을 때에는 정부로 하여금 추가경정예산을 편성하여 국회에 제출할 수 있게 하고, 국회는 이 추가경정예산안에 대한 의결로 예산을 변경할 수 있다. 「국가재정법」은 국가재정의 건전성을 확보하기 위하여 추가경정예산안의 편성에 다음과 같은 제한을 가하고 있다. "① 전쟁이나 대규모 자연재해가 발생한 경우, ② 경기침체, 대량실업, 남북관계의 변화, 경제협력과 같은 대내·외 여건에 중대한 변화가 발생하였거나 발생할 우려가 있는 경우, ③ 법령에 따라 국가가 지급하여야 하는 지출이 발생하거나 증가하는 경우를 제외하고는 추가경정예산을 편성할 수 없다"(동법 제89조 제1항).

우리나라의 경우 과거에는 가뭄이나 장마철 수해 등 자연재해를 복구하기 위해 추가경정예산을 편성하는 경우가 많았으며, 1990년대 이후 중소기업 지원이나 사회간접자본 건설에 쓰기 위해 추경예산을 편성하는 사례들이 증가하였다. 1998년 IMF체제 이후에는 주로 구조조정과 실업대책 재원 확보를 위해 추경예산이 편성된 바 있다. 최근 2020년에는 코로나19 확산과 경기침체의 장기화로 인하여 정부는 추가경정예산을 4차례에 걸쳐 편성·제출하였다. 1차 추경예산은 2020년 3월 17일 11조 7,000억원, 2차 추경안은 4월 30일 12조 2,000억원, 3차 추경안은 7월 3일 35조 1,000억원, 4차 추경안은 9월 22일 7조 8,147억원 규모로 국회 본회의에서 통과되었다. 2차 추경안의 경우 정부가 편성한 7조 6,000억원의 추경안을 제출했으나 국회가 4조 6,000억원을 증액하여 12조 2,000억원으로 통과시켰다. 추가경정예산안의 경우 정부가 편성하여 제출한 예산안을 국회가 대폭 증액하는 것은 아무리 정부의 동의를 얻어 처리한다고 하더라도 이는 국가 재정에 대한 국회의 통제기능의 헌법정신에 반하는 문제가 제기될 수 있다.

제57조
국회는 정부의 동의 없이 정부가 제출한 지출예산 각 항의 금액을 증가하거나 새 비목을 설치할 수 없다.

정부의 동의 없는 지출예산 증액 금지

국회의 예산심의에 있어서 국회는 정부의 동의 없이는 지출예산 각 항의 금액을 증가하거나 신비목을 설치할 수 없도록 규정하고 있다. 예산의 증가는 국민의 경제적 부담을 가중시키는 결과가 되기 때문에 정부는 예산의 편성과정에서, 국회는 예산안의 심의과정에서 항상 국민의 입장을 고려하여야 한다. 따라서 정부가 편성한 예산안에 대해 국회는 지출예산 각 항목의 금액을 증가하는 것은 최대한 자제하여야 하며, 불필요하거나 과다하게 책정된 예산의 항목을 삭감해 나가는 데 주력해야 한다.

이러한 지출예산의 금액의 증가나 신비목의 설치를 금지하는 것은 법률안의 경우에 국회가 심의과정에서 법률안의 내용을 수정·증보를 할 수 있는 것과 구별되는 점이다. 그러나 실제에 있어서 국회의 의석분포가 여대야소의 상황인 경우에는 여당이 정부와 긴밀한 협력관계가 유지되고 있고 야당의 정부·여당에 대한 견제기능이 극히 약화된 상황에서는 국회가 정부의 동의를 얻어 지출예산의 각 항의 금액을 증가하거나 신비목을 설치하는 것이 가능하게 된다.

> 제58조
> 국채를 모집하거나 예산 외에 국가의 부담이 될 계약을 체결하려 할 때에는 정부는 미리 국회의 의결을 얻어야 한다.

국회의 국채모집동의권

제58조는 국회의 국채모집동의권 등을 규정하고 있다. 정부가 국채를 모집하거나 예산 외에 국가의 부담이 될 계약을 체결할 때에는 사전에 국회의 동의를 얻어야 한다. 국채나 계약상의 국가부담은 미래의 국민에 대한 부담이 되는 것이며, 그 부담은 본질적으로 조세와 다를 바 없다. 조세의 인상은 직접 현실적으로 국민에게 재정부담을 주는 것

이지만 국가부채에 대해서는 그러한 국민의 인식이 약하다고 볼 수 있으므로 국가는 국가부채를 증가시키는 재정정책에 유인되기 쉽다. 그렇기 때문에 국민에게 부담이 되는 국채 모집 등에 대해서는 국회에 의한 실질적인 통제기능이 요구되는 것이다.

그 밖에 국회는 재정의 통제기능으로서 기금에 관한 통제권을 행사한다. 기금(基金)이란 「국가재정법」에 근거한 것으로 국가가 특정한 목적을 위하여 특정한 자금을 신축적으로 운용할 필요가 있을 때에 한하여 법률로써 설치하며, 세입·세출 예산에 의하지 아니하고 운용할 수 있다. 정부의 출연금 또는 법률에 따른 민간부담금을 재원으로 하는 기금은 이 법률의 별표2에 규정된 법률에 의하지 아니하고는 운용할 수 없도록 하고 있다(동법 제5조). 정부는 기금운용계획안을 회계연도 개시 90일 전까지 국회에 제출하여야 한다(동법 제68조). 국회는 기금운용계획안에 대하여 회계연도 개시 30일 전까지 심의·확정한다(국회법 제84조의2).

제59조
조세의 종목과 세율은 법률로 정한다.

조세법률주의

제59조는 국가의 재정에 관한 국회의 권한과 관련하여 조세법률주의를 규정하고 있다. 조세(租稅)란 국가가 국민에게 강제로 부과하여 징수하는 세금을 말한다. 조세는 국가의 재정수요를 충당하기 위하여 국민 일반에게 반대급부 없이 강제징수하는 점에서 공과금이나 부담

금과 구별된다. 조세법률주의는 조세에 있어서 핵심적인 사항인 종목과 세율을 국민대표기관인 국회의 법률로 정한다는 원칙을 말한다. 이 조세법률주의는 법률의 근거가 없으면 국가는 조세를 부과·징수할 수 없고, 국민도 법률의 근거가 없으면 조세납부를 요구받지 아니한다는 원칙을 의미한다. 국가의 조세부과는 국민의 재산권에 직접 영향을 미치는 것이므로 조세법의 기본원칙으로 조세법률주의를 헌법에 명문화한 것이다. 또한 헌법 제38조의 "모든 국민은 법률이 정하는 바에 의하여 납세의 의무를 진다"는 규정도 조세법률주의 근거가 된다.

조세법률주의는 조세의 종목과 세율뿐만 아니라 조세의 근거, 납세의무자, 과세대상, 과세절차 등에 대해서도 법률로써 정할 것을 요구하는 것으로 이해되고 있다. 헌법 제59조에서 규정한 조세의 '종목'과 '세율'은 조세법률관계의 중요한 내용을 예시한 것으로 보는 것이 통설이다.

조세법률주의는 조세 영역에서의 법치주의원리의 적용을 의미하므로 과세요건 법정주의와 명확주의, 소급과세 금지의 원칙이 적용된다. 과세요건 법정주의와 과세요건 명확주의는 과세요건에 관한 법률규정이 지나치게 추상적이거나 불명확한 경우에 우려되는 과세관청의 자의적인 법률 해석과 적용을 막기 위하여 그 규정내용이 명확하고 일의적(一義的)이어야 한다는 원칙을 말한다. 소급과세 금지의 원칙은 새로운 입법으로 과거에 소급하여 과세하거나 이미 납세의무가 존재하는 경우에도 가중된 납세의무를 규정하는 세법조항을 소급하여 적용해서는 안 된다는 원칙을 말한다. 다만 조세의무를 경감하는 세법조항에 대해서는 조세공평의 원칙에 어긋나지 않는 한 소급효가 적용될 수 있다.

조세법률주의는 오늘날 실질적 법치주의 시대에 있어서 '실질적 조세법률주의'를 의미하는 것으로 이해되고 있다. 따라서 조세법률주의도 형식적으로 국민의 대표에 의하여 제정된 법률에 의하지 아니하고는 과세 없다는 의미를 넘어, 조세법의 목적이나 내용이 기본권 보장의 헌법이념과 헌법상의 제 원칙에 합치될 것을 요구하는 실질적 조세법률주의를 의미한다. 이와 관련된 헌법재판소 판례를 보면, '이혼분할재산에 대한 증여세 부과'에 대하여 "이혼시 배우자가 가진 재산분할청구권은 재산을 무상으로 취득하는 증여와는 하등의 관련이 없어 증여세를 부과할 여지가 없으나 과세원인이 없음에도 불구하고 증여세를 부과하는 것이어서 그 내용이 재산권 보장의 헌법이념에 부합하지 않으므로 실질적 조세법률주의에 위배된다"고 판시하였다(헌재 1997. 10. 30. 96헌바14).

조세법률주의에 대한 예외에 해당하는 것으로는 행정입법이나 조례에 의한 위임을 들 수 있다. 조세법률주의에 있어서 조세에 관한 모든 사항을 직접 법률에 규정하여야 하는 것은 아니며 본질적인 사항은 법률에 규정하여야 하지만 그 외의 것은 의회가 규정하지 아니하고 행정입법에 위임할 수 있다. 그러나 위임입법의 한계를 벗어나서는 안 되며 포괄적 위임입법은 금지된다.

지방자치단체의 조례에 의한 지방세 부과도 조세법률주의에 대한 예외로서 문제될 수 있다. 법률은 지방세에 관하여 지방자치단체의 과세권의 근거와 지방세의 종류를 직접 규정하면서도(지방자치법 제135조; 지방세기본법 제1조), 지방세의 부과와 징수에 관하여 필요한 사항은 지방자치단체가 조례로써 정하도록 위임하고 있다. 즉 「지방세기본법」은 "지방자치단체는 지방세의 세목, 과세대상, 과세표준, 세율 그 밖에 부과·징수에 필요한 사항을 정할 때에는 이 법 또는 지방세관계법에서 정하는 범위에서 조례로 정하여야 한다"고 규정하고 있다(동법 제5조 제1항). 조례로써 지방세의 세목, 과세대상, 과세표준 등을 정하는 것이 조세법률주의에 위반되는 것이 아닌가의 문제가 제기될 수 있으나, 조례는 헌법이 직접 인정한 지방자치단체의 자치규정이며 법률에서 규정한 지방세 부과에 관한 일반적 기준의 범위 내에서 조례로 정하도록 하고 있으므로 조례법률주의에 반한다고 할 수 없다.

조세입법의 한계

조세는 국가적 과제를 수행하기 위해 필요한 재정수요에 충당하는 것으로, 국민이 경제생활을 통해 이익을 얻는 데 필요한 경제질서를 국가가 보장해주는 것에 대한 보상의 의미가 있다. 따라서 국가의 과세행위는 정당화되며 조세입법에 있어 입법형성의 자유가 인정된다. 그러나 국가의 조세입법 형성에는 일정한 한계가 있으며, 국민의 경제적 생활의 기초를 박탈하게 되는 조세는 허용될 수 없다. 그리고 이른바 '미실현소득'에 대한 과세는 그 자체가 헌법에 위반되지 않지만 미실현소득에 대한 과세의 결과 원본인 토지 부동산을 무상으로 몰수하는 결과가 되는 경우에는 과세권의 한계를 벗어난 것이 된다(헌재 2008. 11. 13. 2006헌바112등).

또한 과세권의 행사는 헌법 제36조 제1항의 혼인과 가족생활의 보호에 의한 일정한 한계가 인정된다. 헌법재판소 판례에 의하면 자산소득에 대하여 부부간 합산과세를 하는 것과 종합부동산세를 세대별로 합산과세하여 결과적으로 부부간 합산한 재산가액을 과세대상으로 하는 것은 혼인한 부부를 그렇지 않은 경우에 비하여 차별하여 과세 여부 및 과세율의 적용에 있어서 불이익을 주는 것으로서 혼인과 가족에 대한 차별을 특별히 금지하는 헌법 제36조 제1항에 위반된다(헌재 2002. 8. 29. 2001헌바82; 헌재 2008. 11. 13. 2006헌바112등).

> 第60조
>
> ① 국회는 상호원조 또는 안전보장에 관한 조약, 중요한 국제조직에 관한 조약, 우호통상항해조약, 주권의 제약에 관한 조약, 강화조약, 국가나 국민에게 중대한 재정적 부담을 지우는 조약 또는 입법사항에 관한 조약의 체결·비준에 대한 동의권을 가진다.
>
> ② 국회는 선전포고, 국군의 외국에의 파견 또는 외국 군대의 대한민국 영역 안에서의 주류에 대한 동의권을 가진다.

헌법에 열거된 조약은 국회의 동의를 요한다

第60조 제1항에 의해 국회는 상호원조 또는 안전보장에 관한 조약 등 중요한 내용의 조약 체결에 대한 동의권을 갖는다. 국회의 동의를 요하는 조약은 모든 조약이 아니라 第60조 제1항에 열거된 조약에 한정된다. 동 조항에 열거된 조약 중에서 '중요한 국제조직'에 관한 조약으로 규정한 것은 국제조직의 수가 너무 많기 때문이지만 중요한 국제조직의 판단기준이 모호한 측면이 있다. '우호통상항해조약'은 국가간의 외교관계가 수립된 후에 체결되는 포괄적이고 기본적인 조약으로 통상에 관한 모든 조약을 포함하는 것은 아니다. '입법사항에 관한 조약'에 있어서 입법사항이란 국회가 법률의 형식으로 제정해야 할 사항으로서 실질적으로 국민의 권리와 의무에 관한 사항과 국가의 통치작용에 관한 기본적이고 본질적인 사항을 포함한다.

第60조 제1항에 열거된 조약 이외의 경우에는 국회의 동의 없이 체결되는데, 이러한 조약을 일반적으로 '행정협정'이라고 부른다. 국회의 동의를 얻어 체결하는 조약은 법률과 같은 효력을 가지지만 국회의 동의 없이 체결되는 조약 또는 행정협정은 법률의 하위 규범으로서의 효력을 갖는다는 것이 통설이다. 이와 관련하여 「대한민국과 아메리카합

중국 간의 상호방위조약 제4조에 의한 시설과 구역 및 대한민국에서의 합중국군대의 지위에 관한 협정」(SOFA)이 국회의 동의를 얻어 체결해야 하는 조약인지 아니면 동의를 필요로 하지 않는 행정협정인지의 여부가 문제된 바 있다. 이에 대해 헌법재판소는 "이 사건 조약은 그 명칭이 '협정'으로 되어 있어 국회의 관여 없이 체결되는 행정협정처럼 보이기도 하나 우리나라의 입장에서 볼 때에는 외국군대의 지위에 관한 것이고, 국가에게 재정적 부담을 지우는 내용과 입법사항을 포함하고 있으므로 국회의 동의를 요하는 조약으로 취급되어야 한다"고 판단하였다(헌재 1999. 4. 29. 97헌가14). 조약의 체결에 대한 국회의 '동의'는 사전동의를 의미하므로 비준 전에 이루어져야 한다. 동의는 조약의 국내적 효력발생의 요건이 된다. 조약의 체결·비준에 대한 국회의 동의권의 의미는 대통령의 외교적 권한에 대한 통제적 성격이 있으며, 나아가 국회의 동의를 얻어 체결하는 조약이 국내 법률의 효력을 갖게 됨에 따라 국회는 입법기관으로서 조약의 내용에 대한 심사를 하게 된다는 점에서 이는 실질적 입법기능을 수행하는 것을 의미한다.

제60조 제2항에 따라 국회는 선전포고, 국군의 외국파견, 외국군대의 대한민국 영역 안에서의 주류에 대한 동의권을 갖는다. 선전포고는 대통령의 권한(헌법 제73조)인데 사전에 국회의 동의를 얻어야 한다. 미국의 경우 헌법상 선전포고권(Power to declare War)을 의회의 권한으로 규정하고 있다(미국 헌법 제1조 제8절 제11항).

제61조
① 국회는 국정을 감사하거나 특정한 국정사안에 대하여 조사할 수 있으며, 이에 필요한 서류의 제출 또는 증인의 출석과 증언이나 의견의 진술을 요구할 수 있다.
② 국정감사 및 국정조사에 관한 절차 기타 필요한 사항은 법률로 정한다.

국정감사권과 국정조사권

제61조는 국회의 국정통제권한으로서 국정감사권과 국정조사권을 규정하고 있다. 우리 헌법은 각국 의회가 보편적으로 채택하고 있는 국정조사권을 규정하면서 동시에 한국헌법에 특유한 제도로서 국정감사권을 두고 있는 것이 특징이다. 본래의 의미의 국정조사권(investigatory power)이란 의회가 입법, 재정, 국정통제 등의 본질적 권한을 유효·적절하게 행사하기 위하여 특정한 국정사안에 대하여 조사할 수 있는 권한을 말한다. 의회가 입법권과 재정권 등의 권한을 실효성 있게 행사하기 위해서는 국정 전반에 관한 정확한 지식과 정보를 필요로 하며, 이러한 국정의 기초자료와 정보를 수집하기 위하여 의회가 조사를 행하는 것은 의회의 본래적 기능을 수행하는 데 필요한 부수적 권능으로서 당연히 인정되는 것이다. 국정조사권의 성립기원은 영국의 의회제도에서 비롯된 것으로 1688년 명예혁명의 성공으로 의회주권의 원칙이 확립된 시대적 배경과 밀접한 관련이 있다. 영국에서 태동한 국정조사권은 유럽 각국을 거쳐 미국에 계수되어 뿌리를 내리게 되었다. 미국의 국정조사권은 헌법상 명문규정이 없으나 의회의 권한행사를 위해 필요한 보조적 권능으로 일찍부터 인정되어 왔으며 법원의 판례에 의해 더욱 발전하여 왔다.

제61조 제1항에 국정조사권과 함께 규정된 국정감사권이란 국회가

매년 정기적으로 국정 전반에 대하여 감사할 수 있는 권한을 의미한다. 국정조사권과 국정감사권은 그 본질과 주체·행사방법·한계·효력 등에서 차이가 없으며, 다만 그 시기와 기간·대상에서 차이가 있을 뿐이다. 말하자면 국정조사는 '부정기적·특정' 국정조사를 의미하지만 국정감사는 '정례적·일반' 국정조사라는 점에서 양자는 구별될 뿐이다. 한국헌법사에 있어서 국정조사권과 국정감사권에 관한 규정을 보면 건국헌법 이래 제3공화국헌법 시대까지는 '국정감사권' 제도를 채택하였으나, 1972년 유신헌법에서 국정감사권 규정이 삭제되었으며, 1980년 헌법에서 '국정조사권'조항이 신설되었다. 1987년 현행 헌법 제61조에 의해 국정조사권과 국정감사권을 동시에 규정하게 되었다.

국정감사권과 국정조사권은 국정의 실태를 정확하게 파악함으로써 새로운 입법이나 예산심의의 자료로 활용하는 기능을 수행하게 되고, 정부의 시정을 감시하고 비판하며, 국정에 관한 국민의 알 권리를 충족시켜 주는 정보제공 기능을 수행하게 된다. 즉 의회의 국정조사권은 행정에 대한 감독자로서의 역할을 수행하는 데 있어 가장 큰 무기이며 정치과정의 공개성을 확보하기 위한 유력한 수단을 의미한다. 요컨대 오늘날 행정국가화의 경향에 있어서 국정조사권은 의회의 기능을 실질화하는 관점에서뿐만 아니라 국정에 관한 국민의 알 권리의 실현이라는 관점에서 그 역할과 기능이 강조되고 있다.

제61조 제2항에 따라 국정감사권 및 조사권에 관한 구체적 내용은 「국정감사 및 조사에 관한 법률」에서 규정하고 있다. 이 법률에 의하여 국회는 국정 전반에 관하여 소관 상임위원회별로 매년 정기회 집회일 이전에 감사시작일로부터 30일 이내의 기간을 정하여 감사를 실시한다. 다만 본회의 의결로 정기회 기간 중에 감사를 실시할 수 있다(동법 제2조). 국정조사는 국회재적의원 4분의 1 이상의 요구가 있는 때에 특

별위원회 또는 상임위원회가 특정의 국정사안에 관하여 행한다(동법 제3조). 국정감사위원회나 조사위원회는 의결로써 감사 또는 조사와 관련된 보고 또는 서류의 제출을 관계인 또는 기관에 요구하고, 증인·감정인·참고인의 출석을 요구하고 검증을 행할 수 있다. 또한 감사위원회나 조사위원회는 필요한 경우 증인·감정인·참고인들로부터 증언·진술의 청취와 증거의 채택을 위하여 청문회를 열 수 있다. 국정감사나 조사위원회는 증인이 정당한 이유 없이 출석하지 아니하는 때에는 의결로 해당 증인에 대하여 지정한 장소까지 동행할 것을 명령할 수 있다. 증인이 모욕적인 언행으로 국회의 권위를 훼손하거나 증언 또는 동행명령을 거부할 경우 또는 허위의 진술이나 감정을 한 경우에는 「국회에서의 증언·감정 등에 관한 법률」에 의해 국회모욕죄 또는 위증죄 등으로 처벌을 받는다(동법 제12조~제14조).

국정감사 대상기관

「국정감사 및 조사에 관한 법률」에 의하면 국정감사의 대상기관은 위원회선정대상기관과 본회의승인대상기관으로 구분된다. 위원회선정대상기관으로는 ① 정부조직법 기타 법률에 의하여 설치된 국가기관, ② 지방자치단체 중 특별시·광역시·도, ③ 「정부투자기관관리기본법」 제2조의 규정에 의한 정부투자기관·한국은행·농협중앙회·수협중앙회가 포함된다. 본회의승인대상기관으로는 ① 위원회선정대상기관 외의 지방행정기관·지방자치단체, ② 위원회선정대상기관 외의 「감사원법」에 의한 감사원의 감사대상기관 중에서 본회의가 특히 필요하다고 의결하는 기관을 포함한다(동법 제7조). 다만 위의 지방자치단체 중 특별시광역시·도 등 광역자치단체에 대한 감사는 국가위임사무와 국가가 보조금 등 예산을 지원하는 사업에 한하여 인정되며(동법 제7조 제2호 단서), 지방자치단체에 대한 감사는 2 이상의 위원회가 합동으로 반을 구성하여 행할 수 있다(동법 제7조의2).

국정감사 및 조사의 대상에 관하여 국회는 입법의 준비에 필요한 모든 사항을 감사·조사할 수 있으며, 재정과 행정 전반에 관한 사항을 감사·조사할 수 있다. 사법에 관한 사항으로는 법원과 헌법재판소의 예산운용, 재판의 신속한 처리 여부, 법관의 유효적절한 배치 등 사법행정에 관한 사항과 대법원규칙 등 사법사무규칙 제정에 관한 사항은 국정감사나 조사의 대상이 된다. 그 밖에 국회는 국회의 규칙, 국회의 운영, 의원의 징계와 자격심사 등에 관한 사항을 감사·조사할 수 있고, 청원이나 진정을 처리하기 위하여 필요한 사항에 관하여 감사·조사할 수 있다.

사법권의 독립과 관련하여, 법원에 계속 중인 사건에 관하여 정치적 압력을 가하거나 재판내용에 개입하거나 사법상의 문서의 제출을 요구하거나 법관의 법정지휘에 관한 절차를 감사·조사하는 것은 허용되지 아니한다. 또한 판결확정 후에도 재판내용이나 소송절차의 당부를 감사·조사하는 것은 법관의 자유로운 심증형성에 영향을 미치는 것이 되므로 허용될 수 없다. 다만 법원과 병행하여 동일사건을 다른 목적(탄핵소추, 해임건의 등)을 위하여 독자적으로 감사·조사하는 것은 무방하다. 국정감사·조사와 검찰권의 관계에서도 문제가 제기될 수 있다. 검찰권은 준사법적 성격을 갖는 점에서 검찰권의 독립이 요청된다. 따라서 검찰사무와 관련하여 현재 진행 중인 수사의 진행을 방해하거나 소추에 간섭하는 감사나 조사는 형사사법의 공정을 기하기 위하여 허용되지 아니한다(동법 제8조 후단). 지방자치단체의 고유사무는 당해 지방의회가 감사·조사하는 것이 지방자치제의 헌법정신에 합치되므로 국회의 국정감사·조사대상에서 제외되어야 한다.

국회의 국정감사·조사권은 국정에 관한 것이므로 국정과 관계없는 개인의 사생활사항에 관해서는 이를 감사·조사할 수 없으며 헌법상 보장된 개인의 사생활의 비밀과 자유를 침해해서는 안 된다. 국정감사·조사에 있어서 참고인이나 증인의 출석을 요구할 수 있지만 불리한 진술을 강요할 수 없으며, 양심의 자유와 관련하여 정치적 신조나 직무상의 비밀에 관한 증언을 강제하여서는 안 된다.

「국회에서의 증언·감정 등에 관한 법률」에 의하면 공무원 또는 공무원이었던 자가 국회로부터 증언의 요구를 받거나 국가기관이 서류제출을 요구받은 경우에 그 내용이 직무상 비밀에 속한다는 이유로 이를 거부할 수 없다. 다만 군사·외교·대북관계의 국가기밀에 관한 사항으로서 그 발표가 국가안위에 중대한 영향을 미친다는 주무부장관의 소명이 증언 등의 요구를 받은 날로부터 5일 이내에 있으면 거부할 수 있다(동법 제4조 제1항). 이 경우에도 국회가 주무부장관의 소명을 수락하지 아니할 때에는 본회의의 의결로, 폐회 중에는 당해 위원회의 의결로 국회가 요구한 증언 또는 서류의 제출이 국가의 중대한 이익을 해친다는 취지의 국무총리의 성명을 요구할 수 있으며, 이에 대해 국무총리가 성명을 요구받은 날로부터 7일 이내에 그 성명을 발표하지 아니하는 경우에는 증언이나 서류 제출을 거부할 수 없다(동법 제4조 제2항, 제3항).

국정감사제도의 문제점

현행 국정감사제도는 그 운용과정과 효율성 등의 측면에서 적지 않은 문제점이 지적되고 있다. 첫째는 국정감사의 대상기관의 수가 과다하다는 것이다. 국정감사 대상기관을 과다하게 선정하게 되면 결국 한 위원회가 하루에 여러 개의 기관을 동시에 감사해야 되기 때문에 일정에 쫓기는 감사를 하지 않을 수 없게 되어 국정감사가 소기의 성과를 거두기 어려우며 그것은 졸속감사, 부실감사, 겉핥기식 감사, 일과성 감사라는 비판을 면하기 어렵다. 둘째, 국정감사에 있어 자료 제출 요구와 관련하여 그 요구건수가 지나치게 과다하다는 지적이 있다. 제출자료를 준비하는 피감기관과 그 산하기관의 입장에서는 통상적인 업무를 제대로 수행하지 못하게 되고 행정업무의 마비를 초래하게 된다. 셋째, 국정감사의 실시에 있어서 증인의 채택을 둘러싸고 여야 간의 이견으로 국정감사 자체가 파행으로 치닫거나, 출석을 요구하는 경우에도 증인이 출석하지 않는 문제가 끊임없이 발생하고 있다. 이러한 문제를 시정하기 위해서는 불출석 증인과 위증을 한 증인에 대한 처벌 강화를 위한 엄중한 법집행의 의지가 요구된다. 넷째, 국정감사가 정부정책에 대한 비판이나 대안 제시 등의 정책지향적인 감사라기보다는 위법성 감사와 각종 정치적 비리 문제에 관련된 감사에 치중하고 있는 것이 문제이다. 마지막으로 국정감사가 끝나면 감사결과가 관계 법률에 따라 신속히 처리되어 예산 및 각종 법안 심의에 반영되는 것이 국정감사의 취지에 부합되는 것이나, 실제로 감사결과보고서가 지연 처리되어 그 해 예산 및 각종 법안 심의시 반영되지 못하는 것이 문제점으로 지적된다.

우리 헌법상의 국정감사제도는 국회의 실질적인 국정통제기능을 수행할 수 있다는 점에서 그 제도적 의의를 찾을 수 있다. 다만 그 운용상의 문제점에 대한 개선방안을 적극 검토할 필요가 있다고 본다.

제62조

① 국무총리·국무위원 또는 정부위원은 국회나 그 위원회에 출석하여 국정처리상황을 보고하거나 의견을 진술하고 질문에 응답할 수 있다.

② 국회나 그 위원회의 요구가 있을 때에는 국무총리·국무위원 또는 정부위원은 출석·답변하여야 하며, 국무총리 또는 국무위원이 출석요구를 받은 때에는 국무위원 또는 정부위원으로 하여금 출석·답변하게 할 수 있다.

국무총리·국무위원 등의 국회출석·발언권 등

제62조 제1항은 국무총리, 국무위원 또는 정부위원이 국회나 그 위원회에 출석하여 국정처리상황을 보고하거나 진술하고 질문에 응답할 수 있다고 규정하고 있다. 이 조항은 국회의 정부 통제에 관한 권한으로 보기는 어렵고, 정부가 국정처리상황과 관련하여 국회의 협력을 얻기 위한 국무총리, 국무위원 등의 국회출석·발언권을 규정한 것이다. 국무총리, 국무위원 등이 국회에 출석하여 발언하기 위해서는 미리 국회의장 또는 위원회위원장의 허가를 받아야 한다(국회법 제120조).

제62조 제2항은 국회의 국무총리·국무위원 등에 대한 출석 및 답변 요구권을 규정하고 있다. 국회가 정부의 정책을 통제하기 위한 수단으로 국무총리, 국무위원 또는 정부위원을 국회에 출석하게 하고 답변을 요구할 수 있다.

출석 요구를 받은 국무총리, 국무위원은 국무위원 또는 정부위원으로 하여금 출석·답변하게 할 수 있다. 정부위원이란 국무조정실의 실장 및 차장, 부·처·청의 처장·차관·청장·차장·실장·국장 및 차관보를 말한다(정부조직법 제10조).

제63조

① 국회는 국무총리 또는 국무위원의 해임을 대통령에게 건의할 수 있다.

② 제1항의 해임건의는 국회재적의원 3분의 1 이상의 발의에 의하여 국회재적의원 과반수의 찬성이 있어야 한다.

국회의 국무총리·국무위원 해임건의권

제63조 제1항은 국회의 국무총리 또는 국무위원 해임건의권을 규정하고 있다. 국회의 국무총리 또는 국무위원에 대한 해임건의권은 대통령을 보좌하는 국무총리와 국무위원에 대하여 정치적 책임을 추궁함으로써 대통령과 행정부를 견제할 수 있도록 하는 제도로서, 이러한 해임건의권은 대통령제 정부형태에서는 찾아볼 수 없는 의원내각제적 요소로 간주되는 것이다. 다만 이 제도는 국회가 국무총리나 국무위원에 대한 해임건의 의결을 하더라도 그 해임건의가 법적 구속력이 없기 때문에 의원내각제에서의 국무총리 해임의결제도와는 구별된다. 헌법재판소도 해임건의권을 법적 구속력이 없는 것으로 보고 있다(헌재 2004. 5. 14. 2004헌나1). 연혁적으로 볼 때 1962년 제3공화국헌법은 해임건의권을 규정하면서 "해임건의가 있을 때에는 대통령은 특별한 사유가 없는 한 이에 응하여야 한다"(제59조 제3항)라고 하였으며, 제4공화국헌법과 제5공화국헌법은 해임의결권으로 규정하였다가, 현행 헌법에 와서 다시 제3공화국헌법과 같은 해임건의권으로 바뀌면서 그 단서 조항은 삭제되었다.

그러나 학계의 일부 견해는 이 해임건의권에 대해 법적 구속력을 인정해야 한다는 입장이 있다. 즉 해임건의권은 임기 중 책임을 지울 수 없는 대통령 대신에 국무총리와 국무위원에게 책임을 물어 대통령을 견제하기 위한 목적에서 채택된 의원내각제 요소의 수용으로 이해하여야 한다는 것이다(김철수, 앞의 책, 1344면). 그와 같은 맥락에서 해임건의제도를 헌법상 제도로 명시한 것은 이 제도가 헌정실제에서 유효하게 기능할 것을 전제로 한 것이지 단순히 그 효과가 사실상 무의미한 상황을 염두에 두고 설정된 제도로 이해해서는 안 되며, 따라서 법적 구속력을 인정하는 것으로 해석하는 것이 특별의결정족수를 명시한 헌법규정에도 부합한다는 견해가 있다(성낙인, 앞의 책, 504면).

생각건대 현행 헌법상 해임건의권은 조문의 어의적 해석이나 제도의 연혁상 역대 헌법의 규정들과 비교해 볼 때 법적 구속력을 갖는 해임의결권으로 해석되기 어렵다. 그러나 이 제도의 기본취지가 대통령을 수반으로 하는 행정부의 독선과 전제를 견제하는 데 있는 것이므로 비록 해임건의권이 법적 구속력은 없다 하더라도 대통령제 하에서 국회에 의한 간접적인 행정부 통제수단으로서의 의미는 존중되어야 할 것이며, 실제로 국무총리나 국무위원에 대한 해임건의가 의결된 경우에는 대통령은 사실상 이에 기속되어야 하는 것이 옳다고 하겠다.

제63조 제2항은 국회의 국무총리 또는 국무위원에 대한 해임건의의 발의와 의결의 정족수를 규정하여 국회 재적의원 3분의 1 이상의 발의와 '재적의원 과반수의 찬성'으로 의결하도록 하고 있다. 이 조항은 국회의 일반적인 의안처리에 관한 헌법 제49조의 일반정족수(재적의원 과반수의 출석과 출석의원 과반수의 찬성)에 대한 특별정족수를 의미한다.

> 제64조
>
> ① 국회는 법률에 저촉되지 아니하는 범위 안에서 의사와 내부규율에 관한 규칙을 제정할 수 있다.
>
> ② 국회는 의원의 자격을 심사하며, 의원을 징계할 수 있다.
>
> ③ 의원을 제명하려면 국회재적의원 3분의 2 이상의 찬성이 있어야 한다.
>
> ④ 제2항과 제3항의 처분에 대하여는 법원에 제소할 수 없다.

국회의 자율권

제64조는 국회의 자율권에 관하여 규칙제정권과 의원에 대한 자격심사 및 징계를 규정하고 있다. 국회의 자율권이란 국회가 다른 국가기관의 간섭을 받지 아니하고 헌법과 법률 및 국회규칙에 따라 의사와 내부사항을 독자적으로 결정할 수 있는 권한을 말한다. 국회의 자율권은 권력분립의 원리에 입각하여 국회의 기능을 보장하기 위한 것이다. 현행 헌법과 법률에 의한 국회의 자율권으로는 국회규칙제정권, 집회 및 의사 등에 관한 권한, 내부조직권, 내부경찰권과 의원가택권, 의원의 신분에 관한 권한 등이 있다.

제64조 제1항에 의해 국회는 헌법과 법률에 저촉되지 않는 범위 안에서 의사와 내부규율에 관한 규칙을 제정할 수 있다. 국회의 의사와 내부규율에 관하여는 「국회법」에서 상세하게 규정하고 있으므로 실제로 국회규칙의 내용은 세부적이고 기술적인 사항을 다루고 있다. 국회규칙은 "법률에 저촉되지 않는 범위 안에서" 제정될 수 있으므로 법률보다 하위의 효력을 가지는데, 국회규칙이 법률에 저촉되는지의 여부에 관하여 사법적 통제가 인정되느냐의 문제가 제기될 수 있다. 국회의 자율성 존중을 위하여 사법적 판단을 자제하는 것이 타당하다고 할 것이다.

국회는 헌법과 「국회법」이 정하는 바에 따라 집회·휴회·폐회·회기 등을 자주적으로 결정한다. 국회는 의사일정의 작성, 의안의 발의·수정 등 의사에 관하여도 헌법과 법률의 구속을 받는 외에는 스스로 정한다. 따라서 의사절차의 적법성이 문제되는 경우에도 국회는 스스로 판단하고 해석하는 것을 원칙으로 한다. 다만 국회의 의사절차나 입법절차에 헌법이나 법률의 규정을 명백히 위반한 흠이 있는 경우에는 국회가 자율권을 가진다고 할 수 없다(헌재 1997. 7. 16. 96헌라2). 국회는 「국회법」

에 따라 내부경찰권과 의원가택권(議院家宅權)을 가진다. 내부경찰권이란 국회 내에서의 질서유지를 위하여 의원과 방청객은 물론 원내에 있는 모든 자에 대하여 일정한 사항을 명하거나 실력으로써 명령을 강제할 수 있는 권한을 말한다. 의원가택권은 국회가 그 의사에 반하여 타인이 국회 내에 침입함을 금지하고 국회 내에 들어오는 모든 자를 국회의 질서에 따르게 할 수 있는 권한을 말한다. 내부경찰권과 의원가택권은 국회의 권한이지만 구체적으로는 의장의 경호권과 질서유지권으로 나타난다(국회법 제143조~제154조).

의원의 자격심사와 징계

제64조 제2항에 의거하여 국회는 의원의 자격을 심사하며, 의원을 징계할 수 있다. 의원의 선거에 관한 소송은 대법원의 관할로 하고 있지만, 의원의 자격에 관한 심사는 국회가 스스로 행한다. 의원의 자격이란 헌법과 법률이 규정한 의원으로서의 신분을 유지하는 데 필요한 적격성을 말한다. 「국회법」상 의원의 자격요건으로는 ① 적법한 당선인일 것, ② 겸직이 금지된 직에 취임하지 아니할 것, ③ 국회법 제29조 제2항의 규정에 의하여 임기개시일 이후에 해직된 직의 권한을 행사하지 아니할 것, ④ 법률에 규정된 피선거권을 계속 보유할 것 등이다. 의원의 자격심사는 윤리특별위원회의 예심을 거치며, 자격이 없음을 의결할 때에는 본회의에서 재적의원 3분의 2 이상의 찬성이 있어야 한다(동법 제142조 제3항). 국회의 의원에 대한 징계란 원내질서를 문란하게 하거나 국회의 품위와 위신을 손상한 의원이 있을 때 국회가 당해 의원에게 과하는 제재를 말한다. 「국회법」상 규정된 징계사유(동법 제155조)가 되는 행위는 회기 중의 행위뿐만 아니라 전회기 중의 행위나 폐회 중의 행위도 포함된다. 징계의 종류로는 공개회의에서의 경고, 공개회의에서의 사과, 30일 이내의 출석정지, 제명의 네 가지가 있다(동법 제163조

제1항). 또한 국회는 그 의결로 의원의 사직을 허가한다(동법 제135조).

제64조 제3항에 따라 의원을 제명하는 경우에는 국회재적의원 3분의 2 이상의 찬성이 있어야 한다. 의원에 대한 징계 가운데 가장 큰 중징계인 제명을 의결하는 경우에는 국민에 의해 선출되어 민주적 정당성을 가진 국민대표자로서의 의원의 지위를 박탈한다는 사안의 중대성에 비추어 특별정족수를 통해 의결하도록 하고 있다.

제64조 제4항은 국회의 자격심사와 징계의 결과에 대해서는 국회의 자율성을 존중하여 법원에 제소하는 것을 인정하지 아니한다. 우리 헌법상 사법심사의 한계로서 헌법 자체가 명시적으로 규정하고 있는 사유가 된다. 그러나 의원의 징계나 자격심사에 대해서는 헌법 제64조 제4항에 따라 법원에 제소할 수 없다고 하더라도 헌법재판소에 제소할 수 있는지의 여부가 문제될 수 있다. 이러한 경우에 헌법재판소에 헌법소원을 제기하는 것은 가능하다고 보는 견해가 있으나(권영성, 앞의 책, 940면), 헌법 제64조 제4항의 정신에 따라 국회의 자율권 존중과 권력분립원리에 비추어 헌법재판소에의 제소가 금지되는 것으로 해석하는 것이 타당하다고 본다.

제65조

① 대통령·국무총리·국무위원·행정각부의 장·헌법재판소 재판관·법관·중앙선거관리위원회 위원·감사원장·감사위원 기타 법률이 정한 공무원이 그 직무집행에 있어서 헌법이나 법률을 위반한 때에는 국회는 탄핵의 소추를 의결할 수 있다.

② 제1항의 탄핵소추는 국회재적의원 3분의 1 이상의 발의가 있어야 하며, 그 의결은 국회 재적의원 과반수의 찬성이 있어야 한다. 다만, 대

통령에 대한 탄핵소추는 국회재적의원 과반수의 발의와 국회재적의원 3분의 2 이상의 찬성이 있어야 한다.

③ 탄핵소추의 의결을 받은 자는 탄핵심판이 있을 때까지 그 권한행사가 정지된다.

④ 탄핵결정은 공직으로부터 파면함에 그친다. 그러나 이에 의하여 민사상이나 형사상의 책임이 면제되지는 아니한다.

국회의 탄핵소추권

헌법 제65조는 국회의 탄핵소추권에 관한 조항이다. 탄핵제도(impeachment)란 일반적 사법절차에 따라 소추하거나 징계절차로써 징계하기가 곤란한 고위직 행정공무원이나 신분이 보장되는 공무원이 직무상 중대한 비위를 범한 경우에 이들을 국민의 대표기관인 의회가 소추하여 파면하는 제도를 말한다. 탄핵의 소추기관과 심판기관 등의 구체적 제도는 국가에 따라 차이가 있는데, 미국의 탄핵제도는 연방하원이 소추하고 상원이 탄핵심판한다. 우리 헌법상의 탄핵제도는 국회가 소추권을 행사하고, 탄핵심판은 헌법재판소의 권한으로 하고 있다. 탄핵제도는 일반적으로 형사재판에 의한 처벌과 구별되는 '징계적 처벌'의 성격을 가진다. 헌법상의 탄핵제도는 의회의 국정통제수단으로서 중요한 기능을 수행함은 물론이고, 고위공직자에 의한 헌법침해로부터 헌법을 수호하는 기능을 담당하며 나아가 책임정치의 구현이라는 측면에서도 중요한 의미를 가지는 제도이다.

탄핵제도의 연혁을 보면 영국의 근대 의회제의 성립과 전개과정에서 그 기원을 찾을 수 있다. 국왕의 전제권력을 억제하고 의회가 권력과정의 주도권을 행사하는 과정에서 채택된 제도이다. 영국의 탄핵제도는 그 후 미국 헌법의 탄핵제도의 성립에 커다란 영향을 미쳤다. 미국의 탄핵제도는 엄격한 3권분립원리를 전제로 국민의 대표기관인 의회가 행정부와 사법부의 고위공직자의 권력남용과 부정행위를 처벌하도록 함으로써 주요한 권력통제기능을 수행하게 되었다. 미국 헌정사상 탄핵소추가 행해진 것은 최근의 트럼프 대통령의 탄핵사건을 포함하여 총 18건이 있었으며, 그 중 대통령 탄핵사건은 4건에 불과하고 연방법관에 대한 탄핵이 12건으로서 주로 탄핵이 연방법원판사의 사법권 남용에 대한 통제수단으로서 활용되어온 것이 특징이라 할 수 있다(미국의 탄핵제도에 관한 상세한 내용은 정만희, 헌법과 통치구조, 법문사, 2001, 299면 이하 참조).

우리나라는 1948년 건국헌법에서 탄핵제도를 최초로 채택하였다. 건국헌법상의 탄핵대상이나 탄핵사유는 현행헌법에 이르기까지 거의 그대로 규정되어 왔으나, 국회의 탄핵소추에 대한 탄핵심판기관은 변화가 있었다. 건국헌법의 경우 탄핵심판은 탄핵재판소에서 행하도록 하였으나, 1960년 헌법은 헌법재판소가 탄핵심판기관이 되었으며, 1962년 헌법은 탄핵심판위원회가 탄핵심판을 관장하도록 하였다. 1972년 헌법과 1980년 헌법은 헌법위원회가 탄핵심판기관이었으며, 1987년 현행 헌법에서는 헌법재판소제도를 채택하여 헌법재판소가 탄핵심판을 관장하고 있다.

탄핵소추의 대상과 사유

제65조 제1항은 탄핵소추 대상자로서 대통령·국무총리·국무위원·행정각부의 장, 헌법재판소 재판관·사법부의 법관·중앙선거관리위원회 위원·감사원장·감사위원 기타 법률이 정한 공무원으로 규정하고 있다. "기타 법률이 정한 공무원"의 범위로는 검사(검찰청법 제37조)가 포함되며, 각군 참모총장이나 고위외교관, 정부위원 등이 입법에 의해 포함될 수 있다.

탄핵소추의 사유에 관하여는 "직무집행에 있어서 헌법이나 법률을 위배한 때"라고 하여 그 사유를 포괄적으로 규정하고 있다. 탄핵사유는 첫째로 직무집행에 관련된 것이어야 하므로 직무집행과 관련 없는 사생활에 관한 사항은 물론, 대통령 당선 전이나 퇴직 후의 행위는 탄핵사유가 될 수 없다. 둘째로 헌법이나 법률을 위배한 경우라야 하므로 단순한 부도덕이나 정치적 무능력, 정책결정상의 과오 등은 탄핵사유가 될 수 없다. 여기서 헌법이나 법률을 위반하는 위법행위는 고의나 과실에 의한 경우뿐만 아니라 법의 무지로 인한 경우도 포함될 수 있다. "헌법이나 법률을 위배한 때"의 의미에 관하여 특히 문제되는 것은 위배의 정도에 관한 것이다. 헌법이나 법률을 위배하는 모든 행위가 탄핵소추사유가 되는지 또는 중대한 법위반행위만이 탄핵소추사유가 되는지가 문제된다.

대통령 탄핵사건

우리 헌정사에서 대통령에 대한 국회의 탄핵소추가 의결되어 헌법재판소의 심판을 받은 사건은 노무현 대통령 탄핵과 박근혜 대통령 탄핵의 두 건이 있었으며, 그 중 박근혜 대통령은 헌법재판소의 파면결정으로 임기 중 물러나게 되었다. 2004년의 노무현 대통령 탄핵심판 사건에서 헌법재판소는 대통령이 공직선거법상 선거에서의 중립의무를 위반하고 현행법을 폄하하였으며, 헌법 제72조에 반하여 대통령의 재신임 국민투표를 제안한 행위가 헌법수호의무를 위반한 것이라고 인정하였다. 그러나 헌법재판소는 "헌법이나 법률에 위배했는지의 여부"와 "파면할 것인지의 여부"를 구분하여, 대통령이 직무집행에 있어서 헌법과 법률에 위배했다고 인정하면서도 그 위배행위가 파면을 정당화할 정도로 "중대한 법위반"에 해당하지 않는다고 판시하였다. 이 사건에서 헌법재판소는 "파면결정을 통하여 헌법을 수호하고 손상된 헌법질서를 다시 회복하는 것이 요청될 정도로, 대통령의 법위반행위가 헌법수호의 관점에서 중대한 의미를 가진다고 볼 수 없고, 또한 대통령에게 부여한 국민의 신임을 임기 중 다시 박탈해야 할 정도로 국민의 신임을 저버린 경우에 해당한다고도 볼 수 없으므로, 대통령에 대한 파면결정을 정당화하는 사유가 존재하지 않는다"고 판시하였다(헌재 2004. 5. 14. 2004헌나1).

박근혜 대통령의 탄핵사건에서의 탄핵사유

박근혜 대통령의 탄핵사건의 경우는 대통령 측근 비선실세의 국정농단의혹 사건이 발단이 되어, 2016년 12월 9일 국회가 171명의 의원이 발의한 박근혜 대통령탄핵소추안을 본회의에서 재적의원 300인 중 234인의 찬성으로 가결하고, 국회 소추위원(법사위원회 위원장)은 소추의결서 정본을 헌법재판소에 제출함으로써 피청구인에 대한 탄핵심판을 청구하였다. 2017년 3월 10일 헌법재판소는 재판관 전원일치 의견으로 "피청구인 대통령 박근혜를 파면한다"고 파면결정을 선고하였다. 헌법재판소는 기본적으로 대통령의 법위반행위의 중대성에 관한 판단기준에 대하여 2004년 노무현 대통령 탄핵심판 사건의 선례에 나타난 법리를 적용하여 법위반행위의 중대성에 관한 판단기준으로 헌법수호의 관점과 대통령에게 부여한 국민의 신임을 박탈한다는 관점에서 판단하였다. 그리하여 헌법재판소는 대통령이 국민으로부터 위임받은 권한을 사적 용도로 남용하여 특정인의 사익추구를 도와준 것과 이러한 사실을 철저히 은폐한 것 등은 대의제 민주주의와 법치주의의 정신을 훼손한 행위로서 "대통령으로서의 공익실현의무를 중대하게 위반한 것"이라고 하고 이러한 법위반행위는 "국민의 신임을 배반한 행위로서 헌법수호의 관점에서 용납될 수 없는 중대한 법위반행위로 보아야 한다"고 판시하였다(헌재 2017. 3. 10. 2016헌나1). 그러나 이 사건을 좀 더 들여 다보면, 헌법재판소의 판단은 노무현 대통령 탄핵사건에 적용된 논리와 부분적으로 차이점을 보이고 있다. 노무현 대통령 탄핵사건에서는 국민에 의해 선출되어 직접적인 민주적 정당성을 부여받은 대통령의 탄핵사유로서 헌법이나 법률 위반의 중대성의 판단기준으로 헌법수호의 관점에서의 중대한 법위반행위와 국민적 신임을 박탈한다는 관점에서의 중대한 법위반행위를 명확하게 구분하여 판단한 바 있다.

그렇지만 박근혜 대통령 탄핵사건에서 헌법재판소는 "피청구인의 이 사건 헌법과 법률 위배행위는 국민의 신임을 배반한 행위로서 헌법수호의 관점에서 용납될 수 없는 중대한 법 위배행위라고 보아야 한다"라고 판단하여, 대통령의 이러한 국민의 신임을 배반한 행위는 곧 헌법수호의 관점에서 중대한 법 위반행위라는 것이다. 노무현 대통령 탄핵사건에서 헌법재판소는 헌법수호의 관점에서 중대한 법 위반행위를 자유민주적 기본질서를 위협하는 행위로서 법치국가원리와 민주국가원리를 구성하는 기본원칙에 대한 적극적인 위반행위를 뜻하는 것이라고 하고, '국민의 신임을 배반한 행위'란 '헌법수호의 관점에서 중대한 법위반'에 해당하지 않는 그 외의 행위유형까지도 모두 포괄하는 것으로서, 예컨대 뇌물수수, 부정부패, 국가의 이익을 명백히 해하는 행위가 그의 전형적인 예라고 판시하여 헌법수호의 관점과 국민의 신임을 배반한 행위의 관점을 구분하고 있다. 그러한 법 위반행위의 중대성에 관한 판단기준의 두 가지 관점에 비추어 볼 때 박근혜 대통령 탄핵사건은 그 두 가지 관점의 구분 없이 국민의 신임을 배반한 법 위반행위가 동시에 헌법수호의 관점에서 용납할 수 없는 행위로 간주하고 있는 것으로 보여진다.

제65조 제2항은 탄핵소추의 발의와 의결정족수를 규정하고 있다. 대통령에 대한 탄핵소추는 국회 재적의원 과반수의 발의가 있어야 하며

의결은 재적의원 3분의 2 이상의 찬성이 있어야 한다. 그 외의 자의 경우에는 국회 재적의원 3분의 1 이상의 발의와 재적의원 과반수의 찬성으로 의결한다. 대통령에 대한 국회의 탄핵소추 의결은 재적의원 3분의 2 이상의 찬성이 필요하므로 국회의 의석분포가 여대야소의 경우에는 사실상 대통령에 대한 탄핵소추는 불가능하다.

제65조 제3항은 탄핵소추가 의결되면 헌법재판소의 탄핵심판이 있을 때까지 그 권한행사가 정지된다고 규정하고 있다. 이는 형사상 무죄추정의 원칙과의 관계에서 볼 때, 탄핵소추의 경우에는 유죄추정의 원칙이 적용되는 것을 의미하며, 이 기간 중 직무행위를 하는 것은 위헌·무효가 된다. 탄핵소추가 의결되면 임명권자는 피소추자의 사직원을 접수하거나 해임할 수 없다(국회법 제134조 제2항).

제65조 제4항에 따라 헌법재판소의 탄핵결정이 있게 되면 피청구인은 공직으로부터 파면된다. 탄핵결정은 재판관 6인 이상의 찬성이 있어야 한다(헌법 제113조 제1항). 탄핵결정으로 민사상의 책임이나 형사상 책임이 면제되는 것은 아니다. 탄핵은 징계적 처벌이므로 민·형사재판과의 관계에서 일사부재리의 원칙이 적용되지 아니한다(헌법재판소법 제54조 제1항). 또한 탄핵결정에 의해 파면된 자는 결정선고가 있은 날로부터 5년이 경과하지 아니하면 공무원이 될 수 없다(동법 제54조 제2항). 이 공직취임금지조항에 대하여는 위헌성 여부의 문제가 있으나 합헌설이 통설이다.

제 4 장

정 부

제 1 절 대통령

제66조

① 대통령은 국가의 원수이며, 외국에 대하여 국가를 대표한다.

② 대통령은 국가의 독립, 영토의 보전, 국가의 계속성과 헌법을 수호할 책무를 진다.

③ 대통령은 조국의 평화적 통일을 위한 성실한 의무를 진다.

④ 행정권은 대통령을 수반으로 하는 정부에 속한다.

제66조

정부형태로서 대통령제와 의원내각제

우리 헌법은 통치구조의 정부형태에 있어서 대통령제를 채택하고 있다. 정부형태(government regime)란 국가권력의 구조에 있어서 권력분립원리의 구체적 적용형태를 의미한다. 특히 국가통치구조에서 입법부와 행정부 간의 권력분립의 기능적 실현형태를 중심으로 하여 전통적으로 대통령제와 의원내각제의 정부형태가 구분되고 있다. 따라서 대통령제와 의원내각제의 분류는 기본적으로 입법부와 행정부의 상호관계를 중심으로 하여 그 관계가 상호독립이고 엄격한 분립관계인가, 아니면 밀접한 협력관계와 느슨한 분립관계인가에 따라 전자를 대통령제 정부형태라 하고 후자를 의원내각제 정부형태라고 한다.

대통령제는 1787년 미국 헌법의 제정에 의해 독창적인 정부형태로 탄생되었으며, 제2차 대전 이후에 아시아·아프리카·중남미 제국에 보급되었다. 대통령제(presidentialism)란 행정부가 입법부 및 사법부와 엄격하게 분리·독립되어 국가기관 상호 간에 권력적 균형이 유지되고, 국가원수이며 행정부의 수반인 대통령이 국민에 의해 선출되는 정부형태를 말한다. 대통령제는 몽테스키외의 엄격한 3권분립론에 기초한 정부형태로서 행정부의 성립과 존속이 의회로부터 전적으로 독립되는 상호독립성을 전제로 하기 때문에 대통령은 의회에 대해 책임을 지지 아니하며 의회해산권도 갖지 아니한다. 의회 의원도 행정부 각료 겸직이 금지되며 정부의 법률안제출권도 인정되지 않는 것이 대통령제의 본질적 요소이다.

의원내각제는 영국의 오랜 헌정경험 속에서 정치적 관행에 의해 18세기 중반 형성된 정부형태를 의미하며 유럽 각국에 크게 영향을 미쳤다. 의원내각제(parliamentary government)란 의회와 행정부의 권력분립을 전제로 하여 실질적 행정권을 담당하는 내각이 의회의 신임을 조건으로 존립하며, 의회의 내각불신임권과 내각의 의회해산권이 서로 견제수단이 되어 의회와 집행부의 균형이 유지되는 정부형태를 말한다. 의원내각제에 있어서는 실질적 행정권을 담당하는 내각의 수반인 총리 또는 수상이 의회에 의해 선출되고 내각이 의회에 대하여 연대하여 정치적 책임을 지는 것이 원칙이다. 여기에 행정부의 의회에 대한 '의존성'이 인정되며 대통령제와는 달리 입법부와 행정부 간에 권력의 '연성적'(軟性的) 분립이 적용되는 것을 본질적 특색으로 한다.

대통령제와 의원내각제의 장·단점

정부형태론의 관점에서 대통령제를 선호하는 입장에서는 대통령제의 장점을 다음과 같이 제시하고 있다. 첫째, 대통령이 국회구성의 선거와 별도로 국민에 의해 직접 선출되고 그 선거를 통한 권력형성과 정당성의 획득이 유권자와 행정부를 직접 연결시키므로 행정부의 최고책임자인 대통령은 직접적으로 '국민에 대한 책임'(accountability)을 지게 된다. 이 점에서 대통령제는 유권자가 직접 행정부를 구성하지 않는 의원내각제보다 우수한 제도이다. 둘째, 유권자가 행정부의 수반을 직접 선택함으로써 국민은 누가 정치권력을 획득해서 집권하게 될 것인가를 인식하고 투표에 임할 수 있다. 의원내각제의 경우는 다당제와 결합될 경우 유권자는 누가 수상으로 선임될 것인가를 쉽게 인지할 수 없는 것이 문제이나, 대통령제는 '정부 선택의 인지성'(identifiability)에서 의원내각제보다 우수한 제도이다. 셋째, 행정부와 입법부의 '상호견제'(mutual checks)는 정권위기를 초래하는 교착상태를 가져오는 것이 아니라 오히려 국정운영의 수준을 높일 수 있는 제도이다. 대통령제는 의회와 행정부가 독립되어 서로 견제함으로써 권력의 균형이 유지되지만 의원내각제 하에서는 내각이 의회의 신임에 의존하므로 사실상 내각이 의회를 통제할 수 없게 되며 내각의 정책결정에 있어서 의회 다수파로부터의 압력과 간섭을 피하기 어렵다. 의원내각제에 있어서 의회의 내각에 대한 강제 가능성은 빈번한 내각위기의 원인이 되지만 대통령제에 있어서는 의회 다수파에 대항하기 위한 대통령의 거부권 행사가 행정부의 임기를 위협하지 못한다.

한편 의원내각제를 선호하는 입장에서는 다음과 같은 대통령제의 단점이 지적되고 있다. 첫째, 대통령제는 행정부와 입법부가 따로따로 국민에 의해 선출되므로 권력의 이중적 정당성(dual democratic legitimacies)을 가지게 되지만 여기에서 대통령을 지지하는 유권자의 의사와 의회의 다수당을 선출한 유권자의 의사가 일치하지 않는 경우에는 행정부와 의회의 마찰로 법안의 입안과 주요 정책의 입안과정에서 교착상태를 초래함으로써 국정운영이 마비될 수 있다. 둘째, 대통령제는 대통령과 국회가 임기제에 의해 일정한 기간 존속하며 그 임기 동안 상호 영향을 받지 아니하고 존속한다. 이러한 기간의 경직성(temporal rigidity)이라는 제도적 조건이 대통령제의 체제를 경직되게 만든다. 반면에 의원내각제는 의회의 정부에 대한 불신임과 정부의 의회에 대한 해산권을 통해 유연하게 대처할 수 있다. 셋째, 대통령제는 선거의 승자가 모든 것을 얻는 제로섬의 정치게임을 의미하며 합의제 방식보다는 다수제적 경향(majoritarian tendencies)에 입각하여 권력의 형성과 행사가 이루어진다. 따라서 의원내각제에서 나타나는 타협에 의한 권력의 공유가 쉽게 이루어지지 못하는 문제가 있다. 특히 행정부의 집권당이 의회의 다수당의 지위를 점하지 못할 경우에는 행정부의 통치기능이 마비될 수 있다.

이원정부제 도입론

최근 우리나라의 정부형태에 관한 개헌논의에 있어서 정치권과 학계를 중심으로 대통령제나 의원내각제와 구별되는 새로운 정부형태로서 '이원정부제'의 도입을 주장하는 입장이 크게 부상하고 있다. 이원정부제란 바이마르헌법과 프랑스 제5공화국헌법 등에서 채택된 정부형태로서 집행부가 대통령과 수상의 두 기구로 구성되고 대통령과 내각 수상이 각기 행정에 관한 실질적 권한을 나누어 가지는 정부형태를 말한다. 이러한 이원정부제는 의원내각제의 요소와 대통령제의 요소가 혼합된 혼합형 정부형태를 의미하는데, 여기서 혼합형은 의원내각제의 기초 위에 대통령제 요소가 혼합된 것을 말한다. 이원정부제의 구체적 원리와 내용은 이를 채택하고 있는 각국의 유형에 따라 어느 정도 차이가 있으나, 그 공통적인 본질적 요소로는 집행부가 대통령과 수상으로 이원적으로 구성되며, 대통령은 국민에 의해 선출되어 그 자신의 고유한 권한을 가지고 의회에 대한 정치적 책임을 지지 아니하고, 내각수상은 의회에 대하여 책임을 지며 의회는 내각불신임권을 행사한다는 것이다. 이와 같이 이원정부제는 대통령과 수상이라는 집행부의 이원화를 통한 '행정권의 양두화(兩頭化)'에 그 본질적 특징이 있다. 여기서 행정권의 양두화란 정부 내에 대통령과 수상의 두 기관이 단순히 존재한다는 것이 아니라 양자가 서로 독립성을 가진다는 것을 의미한다. 그리하여 대통령은 국민에 의해 선출되어 민주적 정당성을 가지고 국가 위기시에는 대통령이 전적으로 행정권을 행사하는 것이 일반적이며, 평상시에는 내각 수상이 행정권을 행사하며 하원에 대하여 책임을 지는 의원내각제 형식으로 운영된다. 그러나 이원정부제는 행정권의 양두체제라는 권력의 분점이 실제의 운용에 있어서 가장 큰 단점으로 작용하기도 한다.

우리나라의 정부형태는 주지하는 바와 같이 건국헌법 제정시부터 현행 헌법에 이르기까지 대통령제 중심의 권력구조를 채택하여 유지하고 있다. 다만 4·19혁명에 의한 제2공화국헌법의 시대는 대통령제를 폐지하고 의원내각제를 일시적으로 채택한 바 있다. 대통령제를 70년 이상 시행해 왔지만 우리의 대통령제는 순수한 대통령제와 구별되는 것으로 의원내각제적 요소가 가미된 혼합형의 정부형태를 특징으로 한다. 1987년 헌법 개정으로 현행 대통령제는 1972년 헌법에 의해 폐지되었던 대통령 직선제가 환원되는 등 구 헌법에 비해 합리적으로 개선되었으나 권력과정의 현실에서 제왕적 대통령제로 운용되는 문제가 지적됨에 따라 정부형태를 바꿔야 한다는 개헌논의가 정치권과 학계 등을 중심으로 전개되고 있다(정부형태의 개헌논의에 관하여는 정만희, 헌법개정과 정치제도개혁, 피앤씨미디어, 2017, 26면 이하).

국가원수로서 대통령의 지위

제66조는 대통령의 헌법상 지위와 헌법수호의무 등을 규정하고 있다. 헌법상 정부형태로서 대통령제를 채택하는 경우 대통령은 기본적으로 국가원수(head of state)로서의 지위와 행정부 수반(chief executive)으로서의 지위를 갖게 된다. 우리 헌법도 제66조 제1항에 "대통령은 국가의 원수이며, 외국에 대하여 국가를 대표한다"라고 하여 대통령을 국가원수로 규정하고 있으며, 동조 제4항은 "행정권은 대통령을 수반으

로 하는 정부에 속한다"라고 하여 행정부의 수반으로서 대통령의 지위를 규정하고 있다. 우리 헌법의 대통령제에 있어 대통령을 국가의 원수(元首)로 명시적으로 규정한 것은 1972년 제4공화국헌법이며, 그 후 현행 헌법에 이르기까지 그대로 유지되고 있다. 건국헌법과 제3공화국헌법은 대통령이 행정권의 수반이며 외국에 대하여 국가를 대표한다고 규정하였으나, 국가원수라는 명문의 표현은 두지 않았다. 제4공화국헌법에서 대통령을 국가원수로 규정한 것은 대통령에게 정부수반 이상의 지위를 부여하고 실질적으로 정부형태를 권위주의적으로 운용하기 위한 것이었다고 볼 수 있다.

현행 헌법에서 대통령의 국가원수의 지위를 규정한 것이 헌법정책적으로 타당한지에 대해서는 이견이 없지 않으나, 그 의미는 입헌주의 헌법의 정부형태에 부합하는 방향으로 해석될 수 있다고 본다. 군주제를 부정하는 공화제 하에서 대통령제의 채택은 대통령이 군주에 대신하여 국가를 대표한다는 의미에서 국가원수의 지위를 갖는 것이며 그 지위에서 행사하는 권한은 헌법에 의해 부여되는 것으로 이해할 수 있다. 대통령제의 원형인 미국 대통령제에 있어서도 대통령은 헌법상 국가원수(Head of State)의 지위와 행정부의 수반(Chief Executive)의 지위를 갖는다고 보는 것이 통설이다. 대통령제 정부형태에 있어서 대통령은 국민에 의해 직접 선출됨으로써 국민의 대표기관이 되며 이 점에서 대통령은 의회와 함께 민주적 정당성을 갖는 국가권력의 양대축을 이룬다. 대통령이 국가원수의 지위를 갖는다고 해서 국회보다 우월한 지위가 당연히 인정되는 것은 아니다.

제66조 제1항에 의해 대통령은 국가의 원수로서 외국에 대하여 국가를 대표한다. 국가를 대표하는 지위에서 외국과 조약을 체결·비준하며, 외교사절을 신임·접수 또는 파견하고, 외국에 대하여 선전포고와 강화의 권한을 행사한다(헌법 제73조). 대외적으로 국가를 대표하는 지위에서

행사하는 대통령의 권한은 의례적·형식적 권한이 아니라 실질적인 권한을 의미한다. 우리 헌법의 국가원수로서의 대통령의 지위는 대외적으로 국가를 대표할 뿐만 아니라 국내적으로 국민의 통일성을 대표한다. 대통령의 국가원수로서의 지위는 직접적으로 국민의 지지기반 위에 존재하는 것이며 이 점에서 대통령은 국민 통합의 상징이 되는 것이다.

제66조 제2항은 국가원수로서의 대통령에게 국정의 최고책임자로서의 지위에서 "국가의 독립, 영토의 보전, 국가의 계속성과 헌법을 수호할 책무"를 질 것을 선언하고 있다. 대통령의 이러한 헌법 수호자로서의 지위와 책무는 대통령의 취임선서의 내용을 규정한 헌법 제69조에서 "나는 헌법을 준수하고, 국가를 보위하며 … 대통령으로서의 직책을 성실히 수행할 것을 국민 앞에 엄숙히 선서합니다"라고 재천명하고 있다. 그리고 국가위기시의 대통령의 헌법상 비상적 권한으로서 긴급명령권(제76조)과 계엄선포권(제77조) 등도 국가와 헌법의 수호자로서의 대통령에게 부여된 권한을 의미한다.

제66조 제3항은 대통령의 의무의 하나로서 조국의 평화적 통일을 위한 성실한 의무를 강조하고 있다. 조국의 평화적 통일은 대한민국의 국가적·국민적 과제이며, 헌법 제4조는 평화통일의 원칙을 선언하고 있다. 이 원칙에 따라 국가가 "자유민주적 기본질서에 입각한 평화적 통일정책을 수립하고 추진"하는 데 있어서 대통령은 그에 관한 성실한 의무를 다하여야 하는 것이다.

행정부의 수반으로서 대통령

제66조 제4항은 "행정권은 대통령을 수반으로 하는 정부에 속한다"라고 하여 행정부 수반(首班)으로서의 대통령의 지위를 규정하고 있다.

즉 대통령은 행정부를 조직하고 통할하는 행정의 최고책임자를 의미한다. 행정부 수반으로서의 지위는 구체적으로 행정에 관한 최고지휘권자·최고책임자로서의 지위, 행정부조직권자로서의 지위를 의미하며, 이러한 지위에서 헌법상 공무원임명권(제78조), 예산안제출권(제54조 제2항) 및 예산집행권, 행정정책결정·집행권(제66조 제4항), 대통령령제정권(제75조), 법률안거부권(제53조 제2항) 등을 행사한다. 또한 행정부 수반으로서의 대통령은 헌법상 국무회의 의장으로서의 지위(제88조 제3항)를 가진다.

우리 헌법상 대통령은 국가원수로서의 지위와 행정부의 수반으로서의 지위를 가질 뿐만 아니라, 국민주권의 원리와 대의제 민주주의를 중심으로 하는 통치구조 하에서 대통령은 의회와 더불어 국민대표기관 내지 대의기관으로서의 지위를 가진다. 국민에 의해 직선된 대통령은 의회와 마찬가지로 국민의 대표기관으로서 국민의 의사를 대표한다. 다만, 의회가 다원적 집단이익의 대표를 의미한다면 대통령은 통일적 국가이익의 대표를 의미한다고 할 수 있다. 즉 국민에 의해 선출된 대통령은 국민의 경험적·현실적 의사에 영향을 받게 되지만 대통령은 그러한 경험적 의사나 특수이익을 추구하는 것이 아니라 국민의 대표자로서 전체 국민의 이익을 추구해야 한다.

제67조

① 대통령은 국민의 보통·평등·직접·비밀선거에 의하여 선출된다.

② 제1항의 선거에 있어서 최고득표자가 2인 이상인 때에는 국회의 재적의원 과반수가 출석한 공개회의에서 다수표를 얻은 자를 당선자로 한다.

③ 대통령 후보자가 1인일 때에는 그 득표수가 선거권자 총수의 3분의 1

이상이 아니면 대통령으로 당선될 수 없다.
④ 대통령으로 선거될 수 있는 자는 국회의원의 피선거권이 있고 선거일 현재 40세에 달하여야 한다.
⑤ 대통령의 선거에 관한 사항은 법률로 정한다.

대통령 선거제도

제67조는 대통령 선거제도에 관한 조항이다. 대통령제 정부형태는 대통령 선거방식에 관하여 국민의 직선제를 원칙으로 한다. 국민에 의한 통치와 국민에 대한 정치적 책임이라는 민주적 정당성을 확보하고 국민의 정치참여를 최대한 확대하기 위해서 직선제 선거방식을 요청하게 된다. 즉 대통령직선제는 국민에게 자유로운 정부선택권을 보장하고 권력의 민주적 정당성을 확보할 수 있도록 하는 데 그 제도적 의의가 있다.

제67조 제1항은 대통령 선거의 원칙으로 국회의원 선거의 기본원칙(제41조 제1항)과 마찬가지로 보통·평등선거와 직접·비밀선거를 통해 대통령을 선출하도록 규정하고 있다. 1987년 제9차 개헌에 의한 현행 헌법상의 대통령 직선제는 1972년 유신헌법에 의해 폐지되었던 것이 다시 부활된 것이며, 이는 우리 헌법의 통치구조에 있어 민주적 정당성의 회복을 의미한다.

제67조 제2항은 대통령 선거에 있어서 “최고득표자가 2인 이상인 때에는 국회의 재적의원 과반수가 출석한 공개회의에서 다수표를 얻은 자를 당선자로 한다”라고 하여 예외적으로 국회 간선제를 규정하고 있다. 그러나 현실적으로 수천만 명의 유권자가 참여하는 대통령선거에서 최고득표자가 2인 이상 나오는 경우는 거의 불가능하다고 할 수 있다.
제67조 제3항은 대통령 후보가 1인일 경우에 대통령으로 당선될 수

있는 최소한의 득표율을 정하고 있다. 그리하여 그 득표수가 선거권자 총수의 3분의 1 이상이 아니면 대통령으로 당선될 수 없다고 규정하고 있다. 이 조항은 대통령 선거과정에서 후보자들 중에서 어느 후보자가 사퇴하거나 사망한 경우 등의 사유로 단일 후보로 선거를 치르게 되는 경우에 요구되는 당선인의 최소한의 민주적 정당성을 확보하기 위한 것이라 할 수 있다.

현행 헌법상의 대통령 선거제도는 제67조 제2항과 제3항을 근거로 해서 볼 때 득표율과 관계없이 최고득표자가 당선자로 되는 상대다수대표선거제를 채택한 것을 의미한다. 따라서 후보자가 난립하는 경우 소수의 득표만으로 당선되는 '소수파 대통령'(minority president)이 출현할 수 있다. 이러한 소수파 대통령은 민주적 정당성의 취약성이 문제된다. 상대다수선거제의 문제점을 극복할 수 있는 방안으로 프랑스와 오스트리아 등에서 채택하고 있는 '결선투표 – 절대다수대표제'의 도입을 생각할 수 있다. 그러나 헌법 제67조 제2항과 제3항이 상대다수선거제를 전제로 하고 있으므로 결선투표제의 도입은 헌법 개정을 통해서만 가능하게 된다.

1987년 직선제 개헌 이후 득표율이 50% 이상인 경우는 박근혜 대통령이 51.6%로 유일하였으며 그 외의 대통령은 모두 과반수 득표에 미달하는 소수파 대통령으로 당선되었다. 1987년 대선에서는 노태우 후보가 36.6%로 당선되었고, 그 후 김영삼 후보 41.4%, 김대중 후보 39.7%, 노무현 후보 48.5%, 이명박 후보 48.7%, 문재인 후보 41.1% 득표로 대통령에 당선되었다. 2022년 3월 제20대 대선에서는 윤석열 후보가 48.56% 득표로 당선되었다.

제67조 제4항은 대통령으로 선거될 수 있는 자는 국회의원의 피선거권이 있고, 선거일 현재 40세에 달하여야 한다고 규정하여 대통령 후보자의 피선거권에 관한 연령제한을 두고 있다. 이와 관련하여 미국 헌법

은 대통령의 피선거권 자격을 35세로 규정하고 있다(제2조 제1절 제5항).

제67조 제5항에 따라 대통령 선거에 관한 구체적 사항과 내용은 「공직선거 및 선거부정방지법」(약칭: 공직선거법)에서 규정하고 있다. 대통령의 피선거권 제한에 관하여 「공직선거법」은 '국내에서 5년 이상 거주요건'을 규정하고 있다(동법 제16조 제1항). 무소속후보자는 5개 이상의 시·도에서 각 700인 이상 총 3,500명 이상 6,000명 이내의 추천장을 첨부하도록 규정하고 있다(동법 제48조 제2항).

대통령당선인의 지위와 권한을 명확히 하고 대통령직의 원활한 인수와 국정운영의 계속성과 안정성을 도모하기 위하여 「대통령직인수에 관한 법률」이 제정(2003. 2)되어 있다. 이 법률에 의하여 대통령당선인은 대통령임기 개시 전에 국회의 인사청문 절차를 거치게 하기 위하여 국무총리 및 국무위원 후보자를 지명할 수 있으며, 이 경우 국무위원후보자에 대하여는 국무총리후보자의 추천을 받아 대통령당선인이 국회의장에게 인사청문의 실시를 요청한다(동법 제5조).

> 제68조
> ① 대통령의 임기가 만료되는 때에는 임기만료 70일 내지 40일 전에 후임자를 선거한다.
> ② 대통령이 궐위된 때 또는 대통령 당선자가 사망하거나 판결 기타의 사유로 그 자격을 상실한 때에는 60일 이내에 후임자를 선거한다.

대통령 선거일과 보궐선거

제68조는 대통령 선거일과 보궐선거에 관하여 규정하고 있다. 제1항

은 대통령의 임기만료로 인한 후임 대통령의 선거는 임기만료 70일 내지 40일 전에 실시하도록 규정하고 있다. 이 조항에 따라 「공직선거법」은 대통령 선거는 "임기만료일전 70일 이후 첫 번째 수요일"에 실시한다고 규정하고 있다(동법 제34조 제1항 제1호).

제68조 제2항은 대통령이 궐위된 때 또는 대통령 당선자가 판결 기타의 사유로 그 자격을 상실한 때에는 60일 이내에 후임자를 선거한다고 규정하고 있다. 「공직선거법」은 대통령의 궐위로 인한 선거 또는 재선거는 선거실시사유가 확정된 때로부터 60일 이내에 실시하되 선거일은 늦어도 선거일전 50일에 대통령 또는 대통령권한대행자가 공고하도록 규정하고 있다(동법 제35조 제1항).

2017년 3월 10일 박근혜 대통령이 헌법재판소의 탄핵심판에 의해 파면됨에 따라 대통령의 궐위에 따른 후임 대통령의 선거가 헌법 제63조 제2항과 공직선거법 제35조 제1항에 따라 2017년 5월 9일 실시되었다.

> 제69조
> 대통령은 취임에 즈음하여 다음의 선서를 한다.
> "나는 헌법을 준수하고 국가를 보위하며, 조국의 평화적 통일과 국민의 자유와 복리의 증진 및 민족문화의 창달에 노력하여 대통령으로서의 직책을 성실히 수행할 것을 국민 앞에 엄숙히 선서합니다."

대통령 취임선서

제69조는 대통령의 취임선서를 규정하고 있다. 대통령의 취임선서의 내용으로는 우선적으로 헌법의 수호자로서 "헌법을 준수하고 국가

를 보위"해야 하는 의무를 강조하고 있다. 대통령의 헌법수호의무는 앞의 대통령의 헌법상 지위와 의무에 관한 헌법 제66조 제2항에서 "국가의 독립, 영토의 보전, 국가의 계속성과 헌법을 수호할 책무"를 밝힌 것을 다시 천명한 것을 의미한다. 다음으로 "조국의 평화적 통일"에 노력한다는 것을 선서하도록 하고 있는데, 이것도 제66조 제3항의 "조국의 평화적 통일을 위한 성실한 의무"를 다시 언급하고 있는 것이다. 그리고 "국민의 자유와 복리 및 민족문화의 창달에 노력하여 대통령으로서의 직책을 성실히 수행할 것을" 국민 앞에 엄숙히 선서하도록 하고 있다. 위와 같은 대통령의 취임선서의 내용은 우리 헌법의 이념으로서 인간의 존엄과 가치를 실현하기 위한 기본권 보장과 국가의 기본권 보호의무, 헌법의 기본원리로서 법치주의와 사회국가원리, 문화국가원리 등에 비추어 국가의 원수이며 행정부의 수반에게 당연히 요구되는 것이다.

헌법재판소는 2004년 5월, 노무현 대통령 탄핵심판 사건에서 "헌법 제69조는 단순히 대통령의 취임선서 의무만을 규정한 것이 아니라 헌법 제66조 제2항 및 제3항에 규정된 대통령의 책무를 구체화하고 강조하는 실체적 내용을 지닌 규정"이라고 판시하였다(헌재 2004. 5. 14. 2004헌나1). 여기서 취임선서에 규정된 대통령의 책무 중에서 대통령으로서의 "직책을 성실히 수행할 의무"의 해석에 관한 헌법재판소의 입장을 주목할 필요가 있다. 헌법재판소에 의하면 대통령의 성실한 직책수행의무는 "헌법적 의무에 해당하나 '헌법을 수호해야 할 의무'와는 달이 규범적으로 그 이행이 관철될 수 있는 성격의 의무가 아니므로 원칙적으로 사법적 판단의 대상이 될 수 없다"고 판시하고 있다. 이러한 입장은 그 후 박근혜 대통령 탄핵심판 사건에서도 그대로 유지되고 있음을 볼 수 있다. 이 사건에서 청구인측은 대통령의 탄핵심판청구 이유의 하나로 '세월호 침몰사건'에서 국민의 생명을 보호할 책임을 다하지 않은 것이 대통령의 성실한 직책수행의무에 위반한다고 주장하였으나 헌법재판소는 이 점에 대해서 탄핵사유를 인정하지 않고 성실한 직책수행의무는 규범적으로 그 이행이 관철될 수 있는 성격의 의무가 아니라고 판단하였다(헌재 2017. 3. 10. 2016헌나1).

제70조
대통령의 임기는 5년으로 하며, 중임할 수 없다.

대통령 단임제는 대통령제 원리에 부합되는가?

헌법 제70조는 대통령의 임기를 5년으로 하고 중임을 할 수 없도록 규정하고 있다. 중임금지제는 과거 우리나라 헌정사의 경험에 비추어 1인 장기집권의 폐단을 예방하기 위한 것이다. 이와 관련하여 우리 헌법은 제128조 제2항에 "대통령의 임기연장 또는 중임변경을 위한 헌법개정은 그 헌법개정 제안 당시의 대통령에 대하여는 효력이 없다"라고 규정하여 임기 연장이나 중임 변경을 위한 개헌 시도를 억제하고 있다.

이러한 단임제와 중임금지조항은 과거 우리의 헌정사에 있어서 장기집권과 독재에 대한 반성에서 1980년 헌법에 최초로 규정된 것을 그대로 1987년 개정 헌법에서도 단임제의 정신을 계승한 것이다. 다만 1980년 헌법에서는 대통령 임기가 7년이었던 것을 현행 헌법에서는 5년으로 단축하게 되었다. 그러나 비교헌법적으로 볼 때 대통령 임기를 5년의 단임제로 규정한 헌법은 흔치 않으며 단임제를 채택한 경우는 멕시코와 필리핀을 제외하고는 거의 찾아보기 어렵다.

대통령 단임제는 국민에 의해 직접 선출된 대통령이 국민에 대해 정치적 책임을 지게 된다는 대통령제의 본질적 원리에 위배되는 문제가 있다. 대통령제 국가에서 일반적으로 채택하고 있는 중임제를 허용하는 것이 바람직하다. 대통령제의 본질적 원리에 입각하여 이해할 때 대통령제는 엄격한 권력분립에 기초하여 의회와 행정부의 구성이 별개의 국민의 의사에 의해 이루어지며, 대통령은 국민에 의해 선출되고 국민에 대하여 정치적 책임을 지는 것을 기본원리로 하는 것을 의미한다. 따라서 국민에 의해 선출된 대통령은 임기 동안의 직무수행을 국민에 대하여 책임을 묻고 그에 따라 국민의 정치적 심판을 받는 기회가 '재선'에 도전하는 과정에 의해 부여받게 되는 것이다. 이렇게 볼 때 대통령의 재선을 허용하지 않는 단임제는 국민의 대통령에 대한 심판권을 박탈하는 결과를 초래하게 된다. 대통령의 독재화를 막는 제도적 장치는 단임제보다는 권력분립에 바탕을 둔 강력한 통제장치를 마련하는 것이 합리적이다.

미국 헌법의 대통령 4년중임제

대통령제의 모국인 미국의 경우를 보면 헌법제정과정에서 대통령의 임기제에 관하여 논의가 많았으나, 재선금지는 대통령으로 취임한 기간 동안의 경험을 살려 국가를 위하여 다시 봉사하는 기회와 가능성을 부정하는 것이 될 우려가 있으며 대통령의 선량한 행위(good behavior)를 하는 동기를 배제시키게 된다는 이유로 재선금지안이 부결되었던 것이다. 그리하여 대통령 임기를 4년으로 하면서 영구재선제(permanent reeligibility)가 채택된 것이다. 이처럼 미국 헌법은 처음부터 대통령의 중임제한규정을 두지 않았으나 초대 대통령 조지 워싱턴 이래 역대 대통령은 불문율에 의해 3선을 위한 대통령선거에 출마한 사람이 없었다. 그러나 1940년 프랭클린 루스벨트 대통령이 3선에 성공하고 1944년에는 4선 대통령으로 당선되자 중임제한의 필요성이 제기되어 1951년 수정헌법 제22조에 의해 3선금지가 채택된 것이다.

그리고 대통령 단임제는 국가적 중요 정책과제를 지속적으로 일관성 있게 추진하기 어렵고, 중임제에 비해 '레임 덕' 현상이 일찍 나타나고 그 기간이 길어지게 될 가능성이 크기 때문에 대통령의 지도력이 약화되기 쉽다. 이 점에서도 단임제는 국정수행의 효율성과 정치적 안정성의 측면에서 문제가 있다고 볼 수 있다.

> 제71조
> 대통령이 궐위되거나 사고로 인하여 직무를 수행할 수 없을 때에는 국무총리, 법률이 정한 국무위원 순서로 그 권한을 대행한다.

대통령 권한대행

제71조는 대통령 권한대행에 관한 규정이다. 권한대행의 사유로는 대통령이 궐위되거나 사고로 직무를 수행할 수 없는 경우에 한한다. 여기서 '궐위'라 함은 대통령이 사망한 경우, 탄핵결정으로 파면된 경우, 대통령이 판결 기타의 사유로 자격을 상실한 경우, 사임한 경우 등 대통령이 재직하고 있지 않는 경우를 말한다. '사고'라 함은 대통령이 재직하면서도 신병이나 해외순방 등으로 직무를 수행할 수 없는 경우와 국회의 탄핵소추 의결로 헌법재판소의 탄핵결정 때까지 권한행사가 정지된 경우를 말한다. 여기서 사고의 경우 문제가 되는 것은 과연 직무를 수행할 수 없는 경우인가를 누가 결정할 것인가에 관한 것이다. 제1차적으로는 대통령 자신이 결정할 수 있겠지만 대통령의 정신장애 등으로 이를 결정할 수 없을 때에는 누가 결정할 것인가를 사전에 법으로 규정해 놓을 필요가 있다. 프랑스 헌법은 이러한 경우 정부의 요

청에 따라 헌법위원회가 최종적으로 결정하도록 규정하고 있다.

우리 헌법은 제68조 제2항에 대통령이 궐위된 때에는 '60일 이내'에 후임자를 선거하도록 규정하고 있기 때문에 대통령 권한대행의 재임 기간은 60일을 초과할 수 없다고 보아야 한다. 그러나 사고로 인한 권한대행의 경우에는 그 기간에 관한 명문규정이 없기 때문에 해석상 사고의 원인이 소멸할 때까지의 기간으로 볼 수 있다.

대통령이 궐위된 경우 권한대행자의 직무범위는 대통령의 권한 전반에 걸치는 것이 원칙이라 할 수 있다. 대통령직이 공석이 된 경우이므로 그 대행이 반드시 현상유지적이어야 할 이유가 없기 때문이다. 사고의 경우에 직무범위에 관하여는 그 성질상 잠정적인 현상유지에 국한되고 기본정책의 전환이나 인사이동 등 현상유지를 벗어나는 직무는 대행할 수 없다고 보는 것이 지배적 견해이다. 사고의 경우는 사고의 원인이 소멸하는 대로 대통령의 재집무가 가능하기 때문이다.

대통령 권한대행의 순서는 국무총리가 첫 번째이고, 국무총리마저 궐위된 때에는 기획재정부장관이 겸임하는 부총리, 교육부장관이 겸임하는 부총리 및 「정부조직법」 제26조 제1항에서 규정된 순서에 따라 국무위원이 대통령의 직무를 대행한다(정부조직법 제12조).

우리 헌정사에 있어서 대통령 권한대행의 체제는 여러 차례 있었다. 최근의 사례로 2016년 12월 박근혜 대통령에 대한 국회의 탄핵소추의 결로 황교안 국무총리가 대통령 권한대행을 하였으며, 2004년에는 노무현 대통령 탄핵소추로 고건 국무총리가 권한대행을 하였다. 대통령의 궐위로 인한 권한대행의 경우로는 1979년 10·26사태로 박정희 대통령이 사망하자 최규하 총리가 권한대행을 하였으며, 1980년에는 전두환 군부의 압력으로 최규하 대통령이 사임하고 박충훈 국무총리서리가 권한대행한 바 있다. 1960년 4·19혁명으로 이승만 대통령이 사임하고 허정 국무총리가 대통령 권한을 대행하였다.

미국은 대통령 궐위시 부통령이 잔여임기를 승계한다

대통령 권한대행제도에 관한 외국의 입법례를 보면, 미국의 대통령제는 대통령의 궐위시 부통령이 그 잔여임기 동안 대통령직을 즉각 '승계'하고, 사고시에는 부통령이 권한대행할 수 있는 제도를 채택하고 있다. 수정헌법 제25조(1967. 2. 10. 비준)에 의하면 대통령이 면직, 사망 또는 사임하는 경우에는 부통령이 대통령이 되며, 부통령이 공석일 때에는 대통령이 부통령을 지명하고, 지명된 부통령은 연방의회 양원의 다수결의 동의에 의해 취임한다. 대통령이 상원임시의장과 하원의장에게 대통령 자신의 권한과 임무를 수행할 수 없다는 내용의 서한을 보낼 경우에, 대통령이 그들에게 그 반대의 내용의 서한을 보낼 때까지는 부통령이 대통령의 권한과 임무를 대행한다. 그리고 부통령과 행정부 각부의 장관 또는 연방법률로 정한 기타 기관의 장의 과반수가 상원임시의장과 하원의장에게, 대통령이 대통령으로서의 권한과 임무를 수행할 수 없다는 내용의 서한을 보낼 경우에는 부통령이 즉시 대통령의 권한과 임무를 대행한다.

프랑스 대통령제에서는 대통령의 궐위 또는 정부의 요청을 받은 헌법위원회가 위원 절대다수로 인정한 장해가 있는 경우 대통령의 직무는 상원의장이 임시로 이를 행하며, 상원의장도 직무수행에 장해가 있으면 총리가 이를 행사한다. 대통령이 궐위된 경우 또는 헌법위원회에 의하여 장해가 결정적인 것으로 선언된 경우 후임 대통령선거를 위한 투표는 헌법위원회가 인정하는 불가항력적인 사유가 있는 경우를 제외하고 궐위개시 또는 결정적 장해의 선언 후 20일 내지 35일 이내에 행한다.

> 제72조
> 대통령은 필요하다고 인정할 때에는 외교·국방·통일 기타 국가안위에 관한 중요 정책을 국민투표에 붙일 수 있다.

대의제 민주주의 원칙에 대한 예외로서 국민투표제

제72조는 대통령의 국민투표부의권에 관한 규정이다. 국민투표부의권은 대통령이 국가안위에 관한 중요정책을 국회의 의결로써 결정하지 아니하고, 직접 국민의 의사를 물어 결정할 수 있는 권한으로 이는 헌법 제130조 제2항의 헌법개정안에 대한 국민투표제와 더불어 현행 헌법상 대의제 민주주의 원칙에 대한 예외가 되는 직접민주제의 요소를 의미한다. 대통령의 국민투표부의권은 국가의사를 결정하는데 있어 민주적 정당성을 보다 더 확보할 수 있는 제도라 할 수 있으나, 다른 한편 국회에 대한 대통령의 우월적 지위를 보장해 주는 제도라 할 수 있다.

국민투표의 대상으로 규정하고 있는 "외교·국방·통일 기타 국가안위에 관한 중요정책"이 무엇인가에 관한 해석이 문제될 수 있다. 여기서 국가안위에 관한 중요정책이란 외교·국방·통일 등의 정책에 국한되지 아니하고 그 밖의 정책까지 포함될 수 있는 것으로 볼 수 있으므로 국민투표의 대상으로서 "외교·국방·통일"은 예시적 규정으로 보는 것이 타당하다.

국가안위에 관한 중요정책의 판단과 그것을 국민투표에 붙일 것인가의 결정은 대통령의 재량에 속하므로 헌법 제72조의 국민투표는 임의적 국민투표라 할 수 있다. 따라서 이 조항은 대통령에게 국민투표의 실시 여부, 시기, 구체적 부의사항, 설문내용 등을 결정할 수 있는 임의적인 국민투표발의권을 독점적으로 부여하고 있는 것으로 이해할 수 있다. 헌법재판소도 2005년 '연기·공주지역 행정중심복합도시건설을 위한 특별법 사건'에서 특정의 국가정책에 대하여 다수의 국민들이 국민투표를 원하고 있음에도 불구하고 대통령이 이러한 희망과는 달리 국민투표에 회부하지 아니한다고 하여도 이를 헌법에 위반된다고 할 수 없고 국민에게 특정의 국가정책에 관하여 국민투표에 회부할 것을 요청할 권리가 인정된다고 할 수도 없다고 판시하였다(헌재 2005. 11. 24. 2005헌마579등).

또한 제72조의 국민투표는 정책결정을 대상으로 하는 이른바 레퍼렌덤(Referendum)으로서의 성격을 갖는 것이며, 정권의 정통성이나 대통령의 신임 여부를 묻는 플레비시트(Plebizit)의 성격을 의미하는 것은 아니다. 헌법재판소는 '노무현 대통령 탄핵심판 사건'에서 대통령의 재신임을 헌법 제72조의 국민투표와 결부·연계시키는 것은 헌법상 허용되지 않는다고 하면서, 이러한 국민투표를 공개적으로 제안하거나 이를 실행하기 위한 행동으로 나아가면 탄핵사유가 된다고 판시한 바 있다(헌재 2004. 5. 14. 2004헌나1).

이 점에서 국민투표는 본질적으로 선거제도와 구별된다는 것을 이해할 필요가 있다. 선거는 '인물에 대한 결정', 즉 대의제를 가능하게 하기 위한 전제조건으로서 국민의 대표자에 관한 결정이라고 한다면, 이에 대하여 국민투표는 직접민주주의를 실현하기 위한 수단으로서 '사안에 대한 결정', 즉 특정한 국가정책이나 법안을 그 대상으로 한다. 따라서 국민투표의 본질상 '대표자에 대한 신임'은 국민투표의 대상이 될 수 없으며, 우리 헌법에서 대표자의 선출과 그에 대한 신임은 단지 선거의 형태로써 이루어져야 한다. 대통령이 이미 지난 선거를 통하여 획득한 자신에 대한 신임을 국민투표의 형식으로 재확인하고자 하는 것은, 헌법 제72조의 국민투표제를 헌법이 허용하지 않는 방법으로 위헌적으로 사용하는 것이 된다.

국민투표의 방법과 절차는 「국민투표법」에 규정되어 있다. 대통령은 국민투표일 전 18일까지 국민투표일과 국민투표안을 동시에 공고하여야 한다. 국민투표는 기표방법에 의한 표로써 한다(동법 제50조). 국민투표는 사안에 대한 찬반을 묻는 것이기 때문에 투표용지에는 찬성과 반대의 양란을 두고 이에 표시를 한다. 국민투표의 효력에 관하여 이의가 있는 투표인은 10만인 이상의 찬성을 얻어 중앙선거관리위원회 위원장을 피고로 하여 투표일로부터 20일 이내에 대법원에 제소할 수 있다(동법 제92조). 국민투표의 전부 또는 일부의 무효판결이 있을 때에는 재투표를 실시하여야 한다.

> 제73조
> 대통령은 조약을 체결·비준하고 외교사절을 신임·접수 또는 파견하며, 선전포고와 강화를 한다.

대통령의 외교에 관한 권한

제73조는 대통령의 외교에 관한 권한으로 조약의 체결·비준권, 외교사절 신임·접수권과 전쟁상황에서의 선전포고와 강화에 관한 권한을 규정하고 있다. 조약의 '체결'이란 조약이 성립되어 효력을 발생시키는 전체 과정을 의미할 수도 있지만, 협의의 개념으로는 국가 간에 조약의 규율대상에 관한 협상의 결과로 이루어진 합의에 서명하는 절차를 말한다. 통상적인 조약 체결절차의 관행을 보면, 국가간의 조약체결에 관한 협상을 통해 합의가 이루어지게 되면 조약안을 확정하고 대

통령에 의해 협상권한을 위임받은 전권대표가 그 합의에 서명하게 되는데 여기서 서명은 조약이 국내적으로 효력을 발생시키기 위한 절차를 의미한다. 비준이란 체결절차의 최종 단계로서 국가원수가 조약의 성립을 확인하는 절차이다. 모든 조약이 서명과 비준절차를 거치는 것은 아니며 약식조약의 경우에는 서명만으로 국내법적 효력을 갖게 된다. 그 외의 경우에는 서명된 조약안의 국내적 효력을 발생시키기 위하여 국내에 이송되어 최종적으로 대통령의 비준절차를 거치게 된다. 우리 헌법은 조약에 대한 비준을 위하여 일부 조약에 대해서 국회의 사전 동의를 얻도록 하고 있다. 헌법 제60조 제1항에 명시된 조약은 국회의 동의를 얻어야 한다. 제60조 제1항에 명시적으로 규정된 조약에 해당하지 않는 경우에는 대통령은 국회의 관여 없이 조약을 비준한다.

대통령은 최고외교권자의 지위에서 외교사절을 신임·접수 또는 파견하며, 선전포고와 강화를 한다. 외교사절의 신임이란 대통령이 우리의 외교사절이 주재할 외국의 국가원수에게 보내는 신임장을 작성하여 보내는 업무를 말하며, 접수란 외국의 외교사절을 받아드리는 업무를 말한다. 선전포고는 상대국에 대해 전쟁의 개시를 알리는 행위를 말하고, 강화는 휴전협정을 의미한다. 대통령의 선전포고에는 헌법 제60조 제2항에 따라 국회의 동의를 얻어야 하고, 강화조약의 체결에도 헌법 제60조 제1항에 따라 국회의 동의를 얻어야 한다.

제74조

① 대통령은 헌법과 법률이 정하는 바에 의하여 국군을 통수한다.

② 국군의 조직과 편성은 법률로 정한다.

대통령의 국군통수권

제74조 제1항은 대통령의 국군통수권을 규정하고 있다. 군통수권제도는 국가의 주권을 수호하고 독립을 유지하기 위한 제도적 장치를 의미한다. 우리 헌법은 대통령에게 헌법을 준수하고 국가를 보위하며 조국의 평화적 통일에 노력할 의무를 부과하고 있으므로 이러한 일련의 헌법적 의무를 수행하기 위해서는 군대의 존재와 그에 대한 대통령의 지휘·명령권의 행사가 불가피하다. 다만 대통령의 국군통수권이 행정부 수반의 지위에서 행사하는 권한인지 아니면 국가원수의 지위에서 행사하는 권한인지에 관하여는 견해가 나뉘고 있다. 일반적으로 대통령제 국가에서는 국가원수로서의 대통령에게 군통수권자의 지위를 부여하는 것이 통례이며, 군통수권은 국가와 헌법의 수호자 내지 국정의 최고책임자의 지위에서 대통령이 보유하는 권한으로 보는 것이 타당하다.

헌법상 대통령의 국군통수권은 군정권과 군령권을 포괄하는 광의의 개념으로 이해되고 있다. 국군통수에 있어서 군령(軍令)이란 국방목적을 위하여 군을 현실적으로 지휘·명령하고 통솔하는 작용으로서 군사작전작용을 말하며, 군정(軍政)은 군을 조직·관리하는 군사관리작용을 말한다. 우리 헌법은 군정·군령일원주의 내지 병정통합주의를 채택하여 군령과 군정을 모두 대통령이 관장하게 함으로써 문민정부에 의한 군의 통제를 가능하게 하고 있다.

제74조 제2항은 국군의 조직과 편성은 법률로써 하도록 규정하고 있다. 군의 조직과 편성에 관하여 법정주의를 규정한 것은 국군의 조직과 편성을 정부의 전단에 일임할 경우 군의 조직·편성권이 자의적이고 독선적인 경향을 띨 우려가 있을 뿐만 아니라 국군의 조직과 편성은 국가의 재정과 국민의 권리·의무에 중대한 영향을 미치기 때문이다. 국군의 조직과 편성에 관한 「국군조직법」에 의하면 국군은 육군·해군·공군의

3군으로 조직하며, 해병대는 해군에 둔다. 각군에는 참모총장이 있고, 국방부에 합동참모본부가 설치되어 있다. 합동참모본부에 합동참모의장을 둔다. 합동참모의장은 군령에 관하여 국방부장관을 보좌하며, 국방부장관의 명을 받아 전투를 주임무로 하느 각군의 작전부대를 작전지휘·감독하고, 합동작전 수행을 위하여 설치된 합동부대를 지휘·감독한다(동법 제2조, 제9조).

> 제75조
> 대통령은 법률에서 구체적으로 범위를 정하여 위임받은 사항과 법률을 집행하기 위하여 필요한 사항에 관하여 대통령령을 발할 수 있다.

대통령의 행정입법권

헌법 제75조는 대통령의 행정입법권으로서 위임명령과 집행명령 제정권을 규정하고 있다. 대통령의 명령제정권의 행사는 국회가 제정한 법률의 집행행위에 속하면서 동시에 행정부의 입법행위에 해당한다. 입헌주의 헌법의 권력분립원리와 법치주의에 의거할 때 국회는 법률을 제정하고 행정부는 법률을 집행하는 역할을 담당하며, 법률의 내용에 있어서 국민의 자유와 권리에 관한 사항를 규율하는 '법규사항'은 국회가 정립한 법률의 형식으로 규정할 것을 원칙으로 한다. 그러나 오늘날 행정부의 기능이 확대되는 행정국가와 복지국가의 현실에 있어서는 의회입법의 원칙과 법률에 의한 기본권 제한의 원칙을 고수할 수 없게 되고, 법률의 집행과 관련하여 구체화하여야 할 사항은 하위규범인 명령에 위임하는 행정입법을 불가피하게 요청하게 되었다.

행정입법의 유형으로는 그 제정권자를 기준으로 하여 대통령령·총리령·부령으로 나눌 수 있다. 대통령령은 헌법 제75조에 근거하고, 총리령과 부령은 헌법 제95조에 규정되어 있다. 여기의 대통령령·총리령·부령은 법규명령의 성격을 갖는다. '법규명령'이란 행정기관이 헌법에 근거하여 국민의 권리와 의무에 관한 사항을 규정하는 것으로 대국민적 구속력을 가지는 법규적 명령을 말한다. 대통령령은 법률의 바로 아래에 위치하는 법령으로서 '시행령'이라고도 한다. 국무총리 또는 행정각부의 장이 소관사무에 관하여 대통령령의 위임 또는 직권으로 발하는 총리령·부령은 시행령의 아래에 위치하는 '시행규칙'에 해당한다. 대통령령과 총리령·부령뿐만 아니라 헌법에 규정된 국회규칙, 대법원규칙, 헌법재판소규칙, 중앙선거관리위원회규칙 등도 법규명령으로서 국민에 대한 구속력을 갖는다.

이러한 법규명령과 구별되는 개념으로 '행정명령' 또는 '행정규칙'이 있다. 행정명령은 행정기관이 헌법적 근거를 요하지 아니하고 그 고유권한으로써 일반국민의 권리·의무와 직접 관련이 없는 비법규사항을 규정하는 것으로, 행정조직의 내부에서만 효력을 가질 뿐 대외적 구속력을 가지지 아니하는 규칙을 말한다.

법률의 위임에 의한 위임명령과 포괄적 위임입법 금지의 원칙

이와 같이 행정입법으로서 대통령령은 법규명령의 성격을 갖는 것으로 헌법 제75조에 따라 위임명령과 집행명령으로 구분된다. 위임명령은 헌법에 근거하고 법률의 구체적이고 개별적인 위임에 의해 발하는 명령을 말한다. 따라서 위임명령은 그 내용과 효력의 발생·상실에서 모법인 법률의 위임규정에 종속된다. 그리고 법률이 명령에 위임하는 형식으로는 헌법 제75조 전단에 "법률에서 구체적으로 범위를 정하여 위임받은 사항"에 관하여 대통령령을 발할 수 있도록 하여 '포괄적 위임입법 금지의 원칙'을 규정하고 있다. 일반적·포괄적 위임은 사실상 입법권의 백지위임을 의미하며 그것은 의회입법의 원칙을 부인하게 되며 행정부에 의한 기본권의 무제한적 침해를 초래할 위험이 있기 때문에 허용될 수 없다.

위임입법과 관련하여 문제가 되는 것은 국회의 전속적 입법사항이나 처벌법규도 위임의 대상이 되는가 하는 점 등이다. 첫째, 헌법상 국회의 전속적 입법사항에 해당하는 국적취득의 요건(제2조 제1항), 조세의 종목과 세율(제59조), 지방자치단체의 종류(제117조 제2항) 등은 헌법이 법률로 정하도록 하고 있으므로 이에 관한 입법권의 위임은 허용될 수 없다. 둘째, 처벌의 종류와 정도에 관한 벌칙사항은 헌법 제12조 제1항에 따라 법률과 적법한 절차로 정해야 한다. 셋째, 위임의 한계는 법률유보의 원칙과의 관계에서 검토가 필요하다. 헌법 제37조 제2항의 법률유보의 원칙은 기본권 제한에 있어서 '법률에 의한 규율'만을 요청하는 것이 아니라 '법률에 근거한 규율'을 요청하는 것이기 때문에 기본권의 제한에는 법률의 근거가 필요할 뿐이고 기본권 제한의 형식이 반드시 법률의 형식일 필요는 없는 것이다. 그러므로 헌법 제75조에 따라 대통령령으로 기본권을 제한하는 경우에는 반드시 그에 관한 법률의 위임이 있어야 한다. 다만 법률유보의 원칙의 내용적 요소로서 '의회유보의 원칙'에 의할 때 "국민의 기본권 실현에 관련된 본질적 사항"은 입법자 스스로 법률로 규율하여야 할 것이다(헌재 1999. 5. 27. 98헌바70).

법률의 집행에 관한 시행세칙으로서 집행명령

집행명령은 헌법에 근거하여 법률을 집행하는 데 필요한 세칙을 정하는 명령을 말한다. 법률의 집행은 행정부의 고유권한이지만 이것을 각 행정기관의 재량에 일임한다면 법률의 집행에 있어 혼란과 불균형을 초래할 우려가 있다. 따라서 법률집행에 있어 통일성·형평성·합리성 등을 기하기 위하여는 법률집행에 관한 일반적 준칙을 정할 필요가 있다. 이러한 법률의 집행에 관한 일반준칙 내지 시행세칙을 내용으로 하는 것이 바로 집행명령이다. 집행명령은 모법인 법률에 종속되며 모법이 폐지되면 효력을 상실한다. 집행명령은 위임명령과 마찬가지로 행정기관과 국민을 다같이 구속하는 법규명령으로서의 성질을 가진다. 다만, 집행명령은 법률의 시행을 위해 필요한 구체적 절차와 방법 등을 직권으로 정하는 것이라는 점에서 상위법의 위임에 의한 위임명령과 구별된다. 일반적으로 법률의 위임에 의해 제정되는 대통령령(시행령)에는 위임명령에 관한 조항들과 함께 법률의 위임 없이 법률의 집행에 필요한 절차와 방법 등을 정한 집행명령에 관한 조항들이 동시에 규정되고 있다.

행정입법에 대한 통제수단의 필요성

대통령령 등의 행정입법도 법률과 마찬가지로 국민의 기본권을 제한하게 되므로 이에 대한 통제장치가 필요하다. 행정입법에 대한 통제로는 행정부 내부의 자율적 통제, 국회에 의한 통제, 법원과 헌법재판소에 의한 사법적 통제 등이 있다. 첫째, 행정부 내부의 자율적 통제와 관련하여 대통령령의 제정에는 국무회의의 심의를 거쳐야 하고 국무총리와 관계 국무위원의 부서가 있어야 한다(헌법 제82조). 총리령과 부령의 행정입법에는 최상급행정청인 대통령의 지휘·감독을 받는다. 법제처는 모든 행정입법안에 대해 심사하며, 행정입법의 제정에도 입법예고와 공청회 개최 등 일정한 절차를 거치게 하여 행정입법의 적정성을 도모한다.

둘째, 국회에 의한 행정입법의 통제로는 행정입법의 효력을 소멸시키기 위하여 법률을 제정·개정함으로써 행정입법을 직접 통제하는 방법과 위법·부당한 행정입법에 대한 국정감사와 조사 등을 통하여 그 철폐나 개정 등을 촉구할 수 있다. 대통령령 등의 행정입법이 제정·개정 또는 폐지된 때에는 10일 이내에 중앙행정기관의 장은 국회 소관상임위원회에 이를 제출하여야 하며, 상임위원회는 제출된 대통령령·총리령·부령 등 행정입법에 대하여 법률 위반 여부 등을 검토하여 당해 대통령령 등이 법률의 취지 또는 내용에 합치되지 아니하다고 판단되는 경우에는 소관 중앙행정기관의 장에게 그 내용을 '통보'할 수 있다. 이 경우 중앙행정기관의 장은 통보받은 내용에 대한 처리 계획과 그 결과를 지체 없이 소관 상임위원회에 보고하여야 한다(국회법 제98조의2 제1항~제3항).

2015년 5월 박근혜 정부 당시 국회는 행정입법에 대한 국회통제의 실효성을 높이기 위해「국회법」제98조의2 제3항의 개정을 시도한 바 있다. 즉 소관 중앙행정기관의 장이 제출한 대통령령·총리령·부령 등 행정입법이 법률의 취지 또는 내용에 합치되지 아니한다고 판단되는 경우 상임위원회는 소관 중앙행정기관의 장에게 "수정·변경을 요구"할 수 있도록 하고 이 경우 중앙행정기관의 장은 수정·변경을 요구받은 사항을 처리하고 그 결과를 소관상임위원회에 보고하도록 규정한 개정안이 국회 본회의에서 통과되었으나, 이 개정안에 대하여는 정부의 행정입법권을 침해하고 행정입법에 대한 사법적 통제권을 침해하는 것이 아닌가의 논란이 제기되었고, 결국 대통령의 법률안거부권 행사에 의해 이 개정안은 폐지되었다.

셋째, 법원에 의한 통제로는 헌법 제107조 제2항의 명령·규칙에 대한 법원의 위헌·위법심사가 있다. 명령·규칙 등의 행정입법이 헌법이나 법률에 위반되는 여부가 재판의 전제가 된 경우에는 대법원은 이를 최종적으로 심사할 수 있으며, 법원은 그 명령·규칙이 위헌·위법이라고 판단될 때에는 그 명령·규칙은 당해 사건에 적용되지 아니한다.

넷째, 헌법재판소에 의한 통제로는 행정입법이 법규명령으로서 국민의 기본권을 직접 침해할 경우에 인정되는 헌법소원심판이 있다. 법률에 대한 위헌심사권이 헌법재판소에 부여된 이상 "통일적인 헌법해석과 규범통제를 위하여" 국회가 제정한 법률, 행정부에서 제정한 시행령이나 시행규칙 및 사법부에서 제정한 규칙 등은 그것들이 별도의 집행행위를 기다리지 않고 직접 기본권을 침해하는 것일 때에는 모두 헌법소원심판의 대상이 될 수 있다(헌재 1990. 10. 15. 89헌마178).

제76조

① 대통령은 내우·외환·천재·지변 또는 중대한 재정·경제상의 위기에 있어서 국가의 안전보장 또는 공공의 안녕질서를 유지하기 위하여 긴급한 조치가 필요하고 국회의 집회를 기다릴 여유가 없을 때에 한하여 최소한으로 필요한 재정·경제상의 처분을 하거나 이에 관하여 법률의 효력을 가지는 명령을 발할 수 있다.

② 대통령은 국가의 안위에 관계되는 중대한 교전상태에 있어서 국가를 보위하기 위하여 긴급한 조치가 필요하고, 국회의 집회가 불가능한 때에 한하여 법률의 효력을 가지는 명령을 발할 수 있다.

③ 대통령은 제1항과 제2항의 처분 또는 명령을 한 때에는 지체없이 국회에 보고하여 그 승인을 얻어야 한다.

④ 제3항의 승인을 얻지 못한 때에는 그 처분 또는 명령은 그때부터 효력을 상실한다. 이 경우 그 명령에 의하여 개정 또는 폐지되었던 법률은 그 명령이 승인을 얻지 못한 때부터 당연히 효력을 회복한다.

⑤ 대통령은 제3항과 제4항의 사유를 지체없이 공포하여야 한다.

긴급재정·경제처분 및 명령권

헌법 제76조는 대통령의 비상적 권한으로서 긴급재정·경제처분 및 명령권, 긴급명령권을 규정하고 있다. 이러한 비상적 권한과 제77조의 계엄선포권은 이른바 국가긴급권의 행사를 의미한다. 국가긴급권은 국가의 존립이나 헌법질서를 위태롭게 하는 비상사태가 발생한 경우에 정부가 평상시의 입헌주의적 통치기구로는 대처할 수 없는 경우에 국가의 존립과 헌법을 수호하기 위하여 필요한 조치를 취할 수 있는 비상적·예외적 권한을 의미한다. 이러한 예외적 비상수단을 헌법에 실정화함으로써 국가적 위기에 대처할 수 있는 '합헌적 독재'(constitutional dictatorship)의 권력행사를 인정해 주는 대신에 입헌주의를 수호하기 위하여 그 발동요건, 기간, 방식 등을 규정함으로써 무제약적 권력의 남용을 방지한다는 데에 국가긴급권의 정당화 근거를 찾을 수 있다.

제76조 제1항의 긴급재정·경제처분이라 함은 국회의 의결 또는 승인사항에 해당하는 정상적인 재정처분이나 경제처분만으로는 국가의 중대한 재정·경제상의 위기에 대처하기 곤란하고, 국회의 집회를 기다릴 시간적 여유가 없는 경우에 대통령이 행하는 긴급처분제도이다. 긴급재정·경제명령이란 대통령이 긴급재정·경제처분의 실효성을 뒷받침하기 위하여 발하는 긴급입법제도이다. 이러한 긴급재정·경제처분과 명령은 국가의 재정작용이 의회의 의결을 원칙으로 한다는 재정의 회의결주의와 국회입법의 원칙에 대한 중대한 예외를 의미한다.

제76조 제1항의 긴급재정·경제처분과 명령의 실질적 요건으로는 첫째, 내우·외환·천재·지변 등 중대한 재정·경제상의 위기가 발생하고, 둘째, 국가의 안전보장 또는 공공의 안녕질서를 유지하기 위하여 긴급한 조치가 필요하며, 셋째, 국회의 집회를 기다릴 여유가 없을 때(폐회 중인 경우)에 한하여 행할 수 있다. 긴급재정·경제명령은 긴급재정·경제처분을 법률적 효력을 가진 명령으로써 뒷받침할 필요가 있는 경우에 발할 수 있다.

대통령의 긴급재정·경제처분과 그 명령은 헌법의 규정에 따라 국무회의의 심의를 거쳐야 하며(제89조 제5호), 문서의 형식으로써 해야 하고 그 문서에는 국무총리와 관계국무위원의 부서가 있어야 한다(제82조).

김영삼 정부는 1993년 8월 12일 전격적으로 금융실명제 실시를 단행하였는데, 이는 헌법 제76조 제1항의 긴급재정·경제명령의 발포로 이루어진 것이다. 당시 긴급재정명령의 적법요건에 대한 논란이 있었고 기본권 침해를 이유로 헌법소원이 청구되기도 하였다. 헌법재판소는 긴급명령의 발포와 관련하여 "긴급한 조치가 필요함에도 국회의 집회를 기다릴 여유가 없을 때"라는 요건을 충족하였다고 판단하였다. 그리고 긴급재정·경제명령이 통치행위에 해당한다고 하더라도 그것은 헌법소원심판의 대상이 된다고 하였다. 즉 "대통령의 긴급재정·경제명령은 국가긴급권의 일종으로서 고도의 정치적 결단에 의하여 발동되는 행위이고 그 결단을 존중하여야 할 필요성이 있는 행위라는 의미에서 이른바 통치행위에 속한다고 할 수 있으나, 통치행위를 포함하여 모든 국가작용은 국민의 기본권적 가치를 실현하기 위한 수단이라는 한계를 반드시 지켜야 하는 것이고, 헌법재판소는 헌법의 수호와 국민의 기본권보장을 사명으로 하는 국가기관이므로 비록 고도의 정치적 결단에 의하여 행해지는 국가작용이라고 할지라도 그것이 국민의 기본권침해와 직접 관련되는 경우에는 당연히 헌법재판소의 심판대상이 될 수 있을 뿐만 아니라, 긴급재정·경제명령은 법률의 효력을 갖는 것이므로 마땅히 헌법에 기속되어야 할 것이다"라고 판시하였다(헌재 1996. 2. 29. 93헌마186).

긴급명령권

제76조 제2항은 대통령의 긴급명령권을 규정하고 있다. 긴급명령이란 통상적인 입법절차로써는 대처할 수 없는 국가안위에 관계되는 비상사태가 발생하고, 국회의 집회가 불가능한 때에 대통령이 비상사태

를 극복하기 위하여 법률의 효력을 가지는 명령을 발하고, 사후에 의회의 승인을 얻는 긴급입법제도를 말한다. 긴급명령은 대통령의 명령으로써 법규사항을 규정할 수 있는 긴급입법제도로서 국회입법의 원칙에 대한 중대한 예외를 의미한다.

제76조 제2항에 따라 대통령이 긴급명령을 발할 수 있는 상황은 첫째, 국가의 안위에 관계되는 중대한 교전상태에 있어서, 둘째, 국가를 보위하기 위하여 긴급한 조치가 필요하고, 셋째, 국회의 집회가 불가능한 경우이다. 중대한 교전상태란 외국과의 전쟁이나 이에 준하는 사태 또는 내란 등을 말한다. 국가를 보위하기 위한 긴급한 조치란 국가를 보위하기 위하여 필수불가결한 조치이면 그 내용에는 제한이 없으며, 헌법 제40조의 입법권의 대상이 되는 입법사항 전반에 걸친다. 국회의 집회가 불가능한 때란 국회의 집회가 사실상 불가능한 경우는 물론이고 국회의원의 과반수가 집회에 불응하는 경우를 의미하며, 국회가 휴회 중인 경우는 여기에 해당하지 아니한다. 긴급명령은 국가를 보위할 목적이라고 하는 소극적 목적을 위해서만 발포할 수 있고 공공복리의 증진과 같은 적극적 목적을 위해서는 이를 발포할 수 없다. 긴급명령의 절차적 요건으로는 대통령이 긴급명령을 발동하려면 국무회의의 심의를 거쳐야 하며, 긴급명령은 문서의 형식으로써 해야 한다. 그 문서에는 국무총리와 관계 국무위원의 부서가 있어야 한다.

제76조 제3항에 따라 긴급명령을 발한 때에는 지체없이 국회에 보고하고 그 승인을 얻어야 한다. 여기서 국회의 승인에 관한 의결정족수에 관하여는 명문의 규정이 없으나, 헌법 제49조의 다수결원칙조항의 "헌법과 법률에 특별한 규정이 없는 한 재적의원 과반수의 출석과 출석의원 과반수의 찬성으로 의결한다"는 규정에 의거할 때 일반정족수에 따른 국회의 승인으로 해석할 수밖에 없다고 하겠다.

긴급명령은 법률적 효력을 가지므로 긴급명령으로 법률을 개정할 수 있고 폐지할 수도 있다. 그러나 긴급명령으로 헌법을 개정하거나 폐지할 수 없다. 또한 긴급명령으로 국회를 해산시킬 수도 없다. 긴급명령의 발동에 국회의 승인을 요건으로 하고 있기 때문이다.

제76조 제4항에 의하여 긴급재정·경제처분 및 명령과 긴급명령이 국회의 승인을 얻지 못한 때에는 그 처분과 명령은 그 이후부터 효력을 상실한다. 그 경우 긴급재정·경제명령과 긴급명령에 의하여 개정되거나 폐지된 법률은 그 명령이 승인을 얻지 못한 때로부터 당연히 효력을 회복한다. 명령이 국회의 승인을 얻게 되면 그 명령은 형식면에서는 명령이지만 실질적으로는 국회가 제정한 법률과 동일한 효력을 가진다.

대통령의 긴급명령은 국회의 승인을 얻은 경우에도 그 위헌 여부가 재판의 전제가 되는 때에는 법원이 헌법재판소에 위헌심판을 제청할 수 있다. 헌법재판소는 법률에 대한 위헌심판과 마찬가지로 법률의 효력을 갖는 긴급명령의 위헌 여부에 대해서도 심판할 수 있다. 긴급명령이 직접 국민의 기본권을 침해하는 경우에는 법률에 의한 기본권 침해의 경우와 마찬가지로 헌법소원심판을 청구할 수 있다.

제76조 제5항에 따라 대통령은 동조 제1항과 제2항에 따라 처분 또는 명령을 내린 경우에는 그 사유를 지체없이 공포하여야 하며, 그 처분 또는 명령이 국회의 승인을 얻지 못한 때에도 그 사유를 지체없이 공포하여야 한다.

제77조

① 대통령은 전시·사변 또는 이에 준하는 국가비상사태에 있어서 병력으로써 군사상의 필요에 응하거나, 공공의 안녕질서를 유지할 필요가 있을 때에는 법률이 정하는 바에 의하여 계엄을 선포할 수 있다.

② 계엄은 비상계엄과 경비계엄으로 한다.

③ 비상계엄이 선포된 때에는 법률이 정하는 바에 의하여 영장제도, 언론·출판·집회·결사의 자유, 정부나 법원의 권한에 관하여 특별한 조치를 할 수 있다.

④ 계엄을 선포한 때에는 대통령은 지체없이 국회에 통고하여야 한다.

⑤ 국회가 재적의원 과반수의 찬성으로 계엄의 해제를 요구한 때에는 대통령은 이를 해제하여야 한다.

대통령의 계엄선포권

헌법 제77조는 대통령의 계엄선포권을 규정하고 있다. 계엄(戒嚴)이란 전시·사변 등과 같은 국가비상사태에 있어서 군사상의 필요가 있거나 공공의 안녕질서를 유지할 필요가 있을 때에 대통령이 전국 또는 일정한 지역을 병력으로써 경비하고, 당해 지역의 행정사무와 사법사무의 일부 또는 전부를 군의 관할하에 두며 국민의 기본권까지도 제한할 수 있는 제도를 말한다.

제77조 제1항은 대통령의 계엄 선포의 요건에 관하여 규정하고 있다. 계엄 선포의 실질적 요건으로는 첫째, 전시·사변 또는 이에 준하는 국가비상사태가 발생한 경우라야 한다. 전시란 국가간의 무력전쟁시를 말하고, 사변이란 전쟁까지는 이르지 아니하였으나 영토의 전부 또는 일부에서 국가권력을 배제하거나 국헌을 문란하게 할 목적을 가진 무장반란집단의 폭동을 말한다. "이에 준하는 국가비상사태"란 전시 또는 사변에 해당하지 않는 경우로서 무장 또는 비무장의 집단이나 군중

에 의한 사회질서 교란상태와 자연적 재난으로 인한 사회질서 교란상태를 의미한다. 국가비상사태는 이미 발생한 경우라야 하며 비상적 사태의 발생이 예견되는 경우에는 계엄을 선포할 수 없다. 둘째, 계엄선포는 병력으로써 군사상의 필요에 응하거나 공공의 안녕질서를 유지할 필요가 있는 경우라야 한다. 군사상의 필요라 함은 군대의 안전을 위한 군작전상의 필요를 말하며, 공공의 안녕질서유지란 사회적 안전이나 평온과 같은 공안질서의 유지를 말한다. 계엄은 병력을 수단으로 하는 것이므로 비상사태가 발생한 경우라도 경찰력만으로 비상사태를 극복할 수 있을 때에는 계엄을 선포할 수 없다.

대통령이 계엄을 선포하려면 제76조의 처분이나 명령과 마찬가지로 국무회의의 심의를 거쳐야 하며, 문서로써 하여야 하고 국무총리와 관계국무위원의 부서가 있어야 한다. 계엄을 선포할 권한은 오로지 대통령만이 가진다. 계엄 선포에 관한 구체적 사항은 「계엄법」에 규정하고 있다. 계엄이 선포되면 계엄사령관은 계엄의 시행에 관하여 국방부장관의 지휘·감독을 받는다. 다만 전국을 계엄지역으로 하는 경우와 대통령이 직접 지휘·감독할 필요가 있는 경우에는 대통령이 지휘·감독권자가 된다.

제77조 제2항에 따라 계엄에는 비상계엄과 경비계엄의 두 종류로 구분된다. 비상계엄은 전시·사변 또는 이에 준하는 국가비상사태에 있어서 적과 교전상태에 있거나 사회질서가 극도로 교란되어 행정기능과 사법기능의 수행이 현저히 곤란한 경우에 군사상의 필요에 응하거나 공공의 안녕질서를 유지하기 위하여 선포하는 계엄을 말한다. 경비계엄은 전시·사변 또는 이에 준하는 국가비상사태에 있어서 사회질서가 교란되어, 일반행정기관만으로는 치안을 확보할 수 없는 경우에, 공공의 안녕질서를 유지하기 위하여 선포하는 계엄을 말한다(계엄법 제2조).

제77조 제3항은 비상계엄의 효과에 관하여 비상계엄이 선포된 때에는 법률이 정하는 바에 의하여 "영장제도, 언론·출판·집회·결사의 자유에 관하여 특별한 조치를 할 수 있다"고 규정하고 있다. 그러나 이에 관하여 「계엄법」에는 비상계엄지역 안에서 "계엄사령관은 군사상 필요한 때에는 체포·구금·압수·수색, 거주·이전, 언론·출판·집회·결사 또는 단체행동에 대하여 특별한 조치를 할 수 있고, 작전상 부득이한 경우에는 국민의 재산을 파괴 또는 소훼할 수 있다"고 규정하고 있다(동법 제9조). 그렇다면 헌법에서 특별한 조치를 할 수 있다고 규정하고 있는 영장제도, 언론·출판·집회·결사의 자유 외에 거주·이전의 자유, 단체행동, 재산권에 대하여 「계엄법」에 의해 특별한 조치를 할 수 있도록 규정한 것이 위헌이 아닌가의 문제가 제기된다.

이 점에 관하여 합헌론의 입장에서는 헌법 제77조 제3항은 예시적 규정으로 보고 비상계엄 하에서는 계엄의 목적을 달성하기 위하여 불가피한 경우에는 주민의 거주·이전의 자유와 재산권 등도 제한할 수 있다고 한다(김철수, 앞의 책, 1448면). 반면에 위헌론의 입장은 위 헌법조항을 제한적 규정으로 보고 이러한 긴급권적 조치는 국민의 기본권 보장에 중대한 예외가 되므로 엄격하게 해석하여야 한다고 한다. 즉 기본권 제한에 관한 규정은 확대해석이 허용될 수 없으므로 비단 거주·이전의 자유뿐만 아니라 헌법에 규정이 없는 기본권 제한을 계엄법으로 규정한다는 것은 위헌이라고 한다(권영성, 앞의 책, 983면). 생각건대 국가비상사태가 아닌 평상시의 경우에도 국민의 모든 자유와 권리는 헌법 제37조 제2항에 의해 제한될 수 있는 것인데, 평상시가 아닌 국가비상사태의 경우 영장제도와 언론·출판·집회·결사의 자유에 한해서만 제한할 수 있다고 헌법 제77조 제3항을 해석한다면 이는 비상계엄의 목적과 기능에 합치되지 않는다고 할 수 있다. 따라서 비상계엄이 선포된 경우에는 영장제도와 언론·출판·집회·결사의 자유뿐만 아니라 거주·이전의 자유와 재산권 등에 대해서도 법률로써 특별한 조치를 할 수 있다고 보는 것이 타당하다(이와 같은 취지로는 정종섭, 앞의 책, 1282면).

또한 제77조 제3항은 "비상계엄이 선포된 때에는 법률이 정하는 바에 의하여 … 정부나 법원의 권한에 관하여 특별한 조치를 할 수 있다"라고 규정하고 있다. 정부나 법원의 권한에 관한 특별한 조치란 집행권과 사법권의 행사가 군대의 관할하에 들게 되는 것을 의미한다. 비상계엄의 선포와 동시에 계엄사령관은 계엄지역 내의 모든 행정사무와 사법사무를 관장한다(계엄법 제7조 제1항). 여기서 사법사무란 재판작용을 제외한 사법행정사무, 즉 사법경찰·검찰·형집행 등을 의미한다. 그리고 내란죄·외환죄·공안을 해하는 죄 등 「계엄법」 제10조 제1항에 열거된 범죄에 관한 사건은 군사법원에서 재판한다.

그러나 비상계엄지역 내에 법원이 없거나 관할법원과의 교통이 차단된 경우에는 모든 형사사건에 관한 재판을 군사법원이 행한다(계엄법 제10조 제2항). 비상계엄 하의 군사재판은 군인·군무원의 범죄나 군사에 관한 간첩죄의 경우와 초병·초소·유독음식물공급·포로에 관한 죄 중 법률이 정한 경우에 한하여 단심으로 할 수 있으나, 사형선고의 경우에는 그러하지 아니하다(헌법 제110조 제4항).

경비계엄이 선포된 경우에는 계엄사령관은 계엄지역 내의 군사에 관한 행정사무와 사법사무를 관장한다. 그러나 헌법과 법률에 의하지 아니한 특별조치로써 국민의 자유와 권리를 제한할 수 없다. 경비계엄은 공공의 안녕질서를 회복하기 위한 소극적인 치안유지를 목적으로 하는 것이기 때문이다.

제77조 제4항에 따라 대통령이 계엄을 선포한 때에는 지체없이 국회에 통고해야 한다. 국회가 폐회 중이면 지체없이 임시회의 집회를 요구해야 한다.

국회의 계엄해제요구권

제77조 제5항에 따라 국회가 재적의원 과반수의 찬성으로 계엄의 해제를 요구한 때에는 대통령은 이를 해제하여야 한다. 비상사태가 평상사태로 회복되면 대통령은 계엄을 해제하여야 하는 것이며, 또한 국회가 재적의원 과반수의 찬성으로 계엄의 해제를 요구한 때에는 대통령은 국무회의의 심의를 거쳐 계엄을 해제하여야 한다. 국회는 계엄해제요구권을 행사하여 계엄을 통제할 수 있으며, 계엄기간 중에도 국회는 입법활동을 할 수 있으므로 국회의 입법에 의하여 계엄당국을 통제할 수 있다. 국정감사와 조사권, 탄핵소추권을 통해서도 계엄을 통제할 수 있다.

계엄이 해제되면 모든 행정사무와 사법사무는 평상상태로 복귀한다. 계엄이 해제되었다고 해서 계엄하에서 행해진 계엄포고위반행위의 가벌성이 소멸된다고 할 수 없고 계엄포고 위반의 죄는 계엄해제 후에도 행위 당시의 법령에 의해 처벌된다. 그러나 비상계엄 시행 중에 군사법원에 계속 중이던 재판사건의 관할은 비상계엄의 해제와 동시에 일반법원에 이관하게 된다. 다만 대통령이 필요하다고 인정할 때에는 군사법원의 재판권을 1개월 이내에 한하여 연기할 수 있다(계엄법 제12조 제2항).

계엄에 대한 사법적 통제는 가능한가?

계엄에 대한 사법적 심사가 가능한가 하는 문제가 제기될 수 있는데, 종래의 통설과 판례는 대통령의 계엄선포행위와 계엄당국의 개별적 행위(포고령, 개별적 처분 등)를 구별하여 대통령의 계엄선포행위 그 자체는 통치행위라는 이유로 사법적 심사를 부인하면서, 계엄당국의 개별적 포고령과 개별적 집행행위는 사법적 심사의 대상이 될 수 있다고 판단하였다. 과거 헌법재판소가 존재하지 않던 시기의 대법원 판례에 의하면 계엄 선포가 당연무효이면 사법심사의 대상이 되지만, 그 법원이 계엄선포요건의 구비 여부나 그 당·부당을 심사하는 것은 사법권의 한계를 넘어서는 것이라고 하였다. 다만 대법원은 1997년 판결에서 비상계엄의 선포나 확대가 원칙적으로 사법심사의 대상이 되지는 않지만, 계엄 선포가 국헌문란의 목적으로 행해진 경우에는 법원이 범죄성립 여부를 심사할 수 있다고 판시하였다(대판 1997. 4. 17. 96도3376).

그러나 계엄선포행위를 통치행위라 하더라도 그것은 그 발동요건이 헌법과 법률에 구체적으로 규정되어 있으며 국민의 기본권에 중대한 영향을 미치는 것으로서 상대적 통치행위에 해당하므로 계엄선포행위 자체도 사법적 심사의 대상이 되어야 한다고 보는 것이 타당하다. 따라서 헌법위반의 계엄선포행위에 의해 국민의 기본권이 침해된 경우에는 국민은 헌법재판소에 헌법소원을 청구할 수 있다고 할 것이다.

제78조
대통령은 헌법과 법률이 정하는 바에 의하여 공무원을 임면한다.

대통령의 공무원 임면권

제78조는 대통령의 공무원 임면권을 규정하고 있다. 임면권은 임명권과 면직권을 포함한다. 여기서 공무원은 정부 소속의 공무원에 한정되며, 국회나 법원 소속의 공무원은 포함되지 않는다. 대통령은 행정부의 수반으로서 행정부 소속 공무원에 대한 임면권을 갖는다. 대통령은 행정부를 구성하기 위하여 국회의 동의를 얻어 국무총리와 감사원장을 임명하고, 국무총리의 제청으로 국무위원을 임명한다(제86조 제1항, 제87조 제1항). 행정각부의 장은 국무위원 중에서 국무총리의 제청으로

임명한다(제94조). 대통령이 공무원 임명시 국회의 동의를 받아야 하는 경우 그 면직에도 국회의 동의를 요하는가의 문제가 있다. 대통령의 공무원 임면권에 대한 국회의 견제는 헌법상 명문 규정이 있는 경우에 한하여 인정된다고 볼 수 있으므로 면직권 행사에는 국회의 동의가 필요하지 않다고 보는 것이 통설이다.

헌법에서 직접 공무원의 임명방법을 규정하고 있는 경우를 제외한 일반적인 행정직 공무원의 임면권 행사에 있어서 대통령은 헌법상 공무원제도의 주요 원리와 내용을 준수하여야 한다. 대통령의 인사권 행사에 있어 직업공무원제의 헌법정신에 따라 공무원의 신분보장을 위해 자격과 능력을 기준으로 임용과 승진·전보가 이루어져야 하며, 공무원을 면직함에 있어서도 법률이 정한 신분보장에 관한 규정을 준수해야 한다.

「국가공무원법」상 대통령이 임면권을 행사하는 공무원은 5급 이상 행정기관 소속 공무원 및 고위공무원단에 속하는 일반직 공무원이다. 대통령은 소속장관의 제청을 받아 인사혁신처장과 협의하고 국무총리를 거쳐 이들 공무원을 임용한다. 그 밖의 행정기관 소속공무원에 대한 임용권은 소속장관이 갖는다. 또한 소속장관은 공무원임용권을 보조기관 또는 그 소속기관의 장에게 위임할 수 있다(동법 제32조).

대통령의 행정부 공무원 임명권 행사에는 법률에 의한 일정한 제약을 받게 된다. 대통령은 장관이나 국가정보원장, 공정거래위원회 위원장, 국세청장, 검찰총장, 경찰청장 등을 임명하는 경우에 「국회법」과 「인사청문회법」에 의한 인사청문회 절차를 거쳐야 한다. 대통령은 국회의 인사청문회 과정에서 여야 간에 합의를 거쳐 인사청문경과보고서를 송부받아 임명권을 행사하게 되는데, 인사청문회에서 후보 검증에 실패하여 인사청문경과보고서가 채택되지 못하는 경우에는 대통령의 인사권에 대한 제약이 될 수 있다. 현행 「인사청문회법」은 인사청문경과 보고서가 채택되지 않아 대통령에 보고서를 송부하지 않은 경우에도 대통령은 그 공직후보자 임명을 강행할 수 있도록 규정(동법 제6조)함으로써 인사청문회제도의 도입취지가 퇴색되고 있다.

제79조
① 대통령은 법률이 정하는 바에 의하여 사면·감형 또는 복권을 명할 수 있다.
② 일반사면을 명하려면 국회의 동의를 얻어야 한다.
③ 사면·감형 및 복권에 관한 사항은 법률로 정한다.

대통령의 사면권

헌법 제79조는 대통령의 사면권을 규정하고 있다. 대통령의 사면권은 사법부의 판단을 변경하는 권한으로 권력분립의 원리에 대한 예외를 의미한다. 형벌의 선고는 사법부의 고유권한에 해당하는 것이지만 대통령이 사법권의 행사에 개입하여 그 효과에 변경을 가할 수 있는 제도가 사면권이다. 우리 헌법은 경성적 권력분립원리에 기초한 대통령제를 채택하고 있으면서 국가기능의 효율성을 유지하고 국론의 통일을 기하기 위하여 대통령에게 국정의 통합·조정자의 지위에서 일정한 권한을 행사하도록 하고 있다. 그러한 국정의 통합·조정권에 해당하는 것들로는 국가안위에 관한 중요정책의 국민투표부의권(제72조), 헌법개정안발의권(제128조 제1항), 법률안제출권(제52조) 등과 함께 사면·감형·복권에 관한 권한(제79조)이 인정되고 있다.

제79조 제1항의 사면이란 형사소송법이나 그 밖의 형사법규의 절차

에 의하지 아니하고 형의 선고의 효과 또는 공소권을 소멸시키거나 형 집행을 면제시키는 것을 말한다. 광의의 사면에는 감형과 복권까지 포함한다. 감형은 형의 선고를 받은 자에 대하여 선고받은 형을 경감하거나 형의 집행을 감경하여 주는 것을 말한다. 감형에는 일반감형과 특별감형이 있는데 국무회의의 심의를 거쳐 대통령령으로써 행한다. 복권이란 죄를 범하여 형의 선고를 받은 자가 그 형의 선고의 부수적 효력으로서 다른 법령에 의하여 자격이 상실 또는 정지된 경우에 그 상실 또는 정지된 자격을 회복시켜 주는 것을 말한다.

제79조 제2항은 대통령이 일반사면을 명하려면 국회의 동의를 얻어야 한다고 규정하고 있다. 「사면법」에 의하면 사면의 종류에는 일반사면과 특별사면이 있는데, 일반사면은 범죄의 종류를 지정하여 이에 해당하는 모든 범죄인에 대하여 형의 선고의 효과를 전부 또는 일부 소멸시키거나, 형의 선고를 받지 아니한 자에 대하여 공소권을 소멸시키는 것을 말한다. 특별사면은 이미 형의 선고를 받은 특정인에 대하여 형의 집행을 면제하는 것을 말한다(동법 제3조, 제5조).

제79조 제3항에 따라 제정된 「사면법」에 의하면 일반사면은 대통령령으로써 하되, 국무회의의 심의를 거쳐 국회의 동의를 얻어야 한다(동법 제8조). 특별사면의 경우에는 법무부장관이 대통령에게 특별사면, 감형 및 복권을 상신하여야 하며 상신할 할 때에는 사면심사위원회의 심사를 거쳐야 한다(동법 제9조, 제10조).

사면권 행사는 제한되어야 한다

대통령의 사면권 행사에는 헌법이나 법률에 사면의 사유에 관하여 명문규정을 두고 있지 아니하지만 그 사면권 행사에는 일정한 헌법내재적 한계가 있다고 본다. 첫째, 사면권은 국가이익과 국민화합의 차원에서 행사되어야 하고 정치적으로 남용되거나 당리당략적 차원에서 행사되어서는 안 된다. 둘째, 권력분립의 원리에 비추어 사법권의 본질적 내용을 침해하는 결과가 될 정도의 사면권 행사는 허용되기 어렵다. 사면권은 사법부의 권위를 훼손하지 아니하는 범위 안에서 합리적인 기준과 원칙에 따라 적정하게 행사되어야 한다.

대통령의 사면권 행사가 현실적으로 문제가 되는 것은 국회의 동의를 얻지 않고 행사하는 특별사면의 경우이다. 역대 대통령들이 형의 선고를 받은 고위직 공직자나 정치인 및 재벌기업인에 대해 국민적 정서에 반하는 사면권을 남용함으로써 그에 대한 통제의 필요성이 제기되어 왔다. 현행 「사면법」상 제도개선의 방안으로는 사면심사위원회의 구성과 기능에 있어서 정치적 중립성과 독립성을 강화할 필요가 있으며, 나아가 대통령의 특별사면의 대상에서 제외되는 범죄행위를 구체적으로 규정하여 사면권 행사를 제한할 필요가 있다. 또한 대통령의 사면권 행사에는 대법원의 자문이나 의견 청취의 절차를 거치도록 할 필요가 있다. 참고로 프랑스의 사면법은 대통령의 사면권을 엄격히 제한하여 부정부패공직자, 선거법위반사범, 테러범, 15세 미만 미성년자에 대한 폭행범, 마약밀수사범, 불법낙태사범 등 국가와 사회의 기본가치와 법익을 침해한 범법자에 대해선 사면·복권을 원칙적으로 금지하고 있다. 그리고 핀란드 헌법은 대통령이 사면권을 행사하는 경우 대법원의 자문을 얻도록 규정하고 있는데, 이러한 입법례는 우리의 사면권제도에 시사하는 바가 크다(정만희, 헌법학개론, 피앤씨미디어, 2020, 572면).

제 80 조

> 제80조
> 대통령은 법률이 정하는 바에 의하여 훈장 기타의 영전을 수여한다.

대통령의 영전수여권

대통령의 영전수여권은 대통령의 국가원수의 지위에서 행사하는 권한이다. 영전이란 국가에 공을 세운 사람에게 감사의 표시로 주는 영광스러운 표상으로 훈장, 포장 등이 이 영전에 해당한다. 이 훈장 등의 영전은 헌법 제11조 제3항에 따라 이를 받은 자에게만 효력이 있고 어떠한 특권도 이에 따르지 아니한다. 영전 수여에 관한 법률로 「상훈법」이 제정되어 있다.

훈장의 종류로는 무궁화대훈장, 건국훈장, 국민훈장, 무공훈장, 근정훈장, 보국훈장, 수교훈장, 산업훈장, 새마을훈장, 문화훈장, 체육훈장, 과학기술훈장이 있다. 무궁화대훈장을 제외하고는 각 훈장마다 다시 5등급으로 구분하고 있다.

대통령의 영전 수여는 헌법 제89조 제8호에 따라 국무회의의 심의를 거쳐야 한다.

제 81 조

> 제81조
> 대통령은 국회에 출석하여 발언하거나 서한으로 의견을 표시할 수 있다.

대통령의 국회출석·발언권

제81조는 대통령의 국회출석·발언권에 관한 조항이다. 대통령의 국회출석·발언권은 의회와 대통령 간의 경성적 권력분립을 전제로 하는

대통령제 정부형태에 있어서 국정 운영의 효율성과 의회와 정부 간의 협력관계를 유지하기 위한 유용한 수단이 된다는 점에서 의미가 있다. 대통령은 국정에 관하여 정부의 입장을 국회에 전달하고 국회의 협조를 요구할 수 있도록 국회에 출석하여 발언하거나 서한으로 의견을 표시할 수 있다. 매년 국회의 정기국회 개회시점에 대통령의 국회에서의 시정연설이나 신년 연두교서의 발표는 헌법 제81조에 근거한 것이다.

대통령이 국회에 출석하여 발언하거나 서한으로 의견을 표시하는 것은 재량행위로서 대통령의 국회에 대한 의무사항은 아니다. 이 점은 국무총리와 국무위원의 경우 국회의 출석요구가 있을 때에 국회에 출석하여 답변해야 하는 의무가 있는 것(헌법 제62조 제2항)과 구별된다. 실제로 현행 헌법 하에서 역대 대통령들의 재임 중 국회 연설의 기회는 많지 않았으며(노태우 대통령 4회, 김영삼 대통령 3회, 김대중 대통령 1회, 노무현 대통령 4회, 이명박 대통령 3회), 대통령과 국회의 관계가 대립과 갈등을 빚는 경우에는 대통령이 국회 연설을 기피하는 경향을 보이기도 한다.

제82조
대통령의 국법상 행위는 문서로써 하되, 이 문서에는 국무총리와 관계 국무위원이 부서한다. 군사에 관한 것도 또한 같다.

대통령의 국법상 행위에 관한 문서주의와 부서제도

헌법 제82조는 대통령의 권한 행사의 방법으로 문서주의와 부서제도를 규정하고 있다. 대통령의 국법상의 행위는 문서주의에 따라 반드시 문서로써 해야 한다. 문서주의의 요구는 대통령의 권한 행사의 내용을 명확하게 하여 국민에게 예측 가능성과 법적 안정성을 보장하고, 권한 행사에 관하여 신중을 기하게 하고 그에 관한 증거를 남기는 데에 그 목적이 있다. 문서에 의하지 아니한 대통령의 국법상 행위는 원칙적으로 효력을 발생하지 아니한다.

대통령의 권한 행사는 문서의 형식에 의하여야 할 뿐만 아니라 그 문서에는 국무총리와 관계국무위원의 부서가 있어야 한다. 군사에 관한 것도 또한 같다. 부서란 대통령의 서명에 이어 국무총리와 관계 국무위원이 서명하는 것을 말한다. 관계 국무위원은 그 사무를 주관하는 행정각부의 장인 국무위원을 말한다. 대통령의 국법상 행위는 부서가 있어야 하며 부서가 없는 대통령의 행위는 적법한 행위가 될 수 없으므로 이 점에서 부서제도는 대통령의 권한 행사에 대한 제약이 된다.

부서제도는 대통령의 전제를 방지하며 부서권자인 국무총리와 관계 국무위원으로 하여금 대통령에 대한 보필책임을 명백히 하는 데 그 의의와 성격을 찾을 수 있다. 그리고 부서가 없는 대통령의 국법상 행위의 효력 여부가 문제될 수 있다. 이에 관하여 부서제도는 대통령의 국법상의 행위에 대한 '유효요건'이 아니라 '적법요건'으로 보고, 따라서 부서가 없는 대통령의 국법상 행위는 당연히 무효가 되는 것이 아니라 위법행위가 되며 국회는 이 위법행위를 탄핵소추의 사유로 할 수 있다는 견해가 있다. 이와 반대로 부서를 유효요건으로 보고 부서가 없으면 무효라는 견해가 대립하고 있다. 생각건대 부서제도는 부서권자의 보필책임과 함께 기관내 통제수단으로서의 의미가 있으므로 부서가 없는 대통령의 국법상 행위는 무효로 보는 것이 타당하다(다수설). 다만 대통령이 국무총리와 국무위원의 임면권을 가지고 있는 통치구조하에서 부서제도가 어느 정도 대통령의 독주와 전제를 방지하는 기능을 할 수 있는지에 관하여는 의문이 있다.

제83조
대통령은 국무총리·국무위원·행정각부의 장 기타 법률이 정하는 공사의 직을 겸할 수 없다.

제83조

대통령의 겸직 금지

헌법 제83조는 대통령의 겸직금지의무를 규정하고 있다. 대통령은 국무총리·국무위원·행정각부의 장 기타 법률이 정하는 공사(公私)의 직을 겸할 수 없다. 대통령의 위에 명시된 공직 외에도 권력분립의 원리에 의하여 다른 국가기관의 직을 겸할 수 없다. 예컨대 대통령이 법관을 겸할 수 있다고 한다면 이는 헌법상 권력분립원리에 정면으로 위배되는 것이며 사법권의 독립을 부정하는 것이 된다. 대통령이 국회의원이나 국회의장을 겸할 수 있다면 이것도 권력분립원리의 부정을 의미할 뿐이다. 「국회법」은 제29조에 의원의 겸직 금지를 규정하면서 대통령직을 겸할 수 없음을 명시하고 있다.

대통령은 국가원수와 행정부 수반의 지위를 가지며, 국민 전체에 대한 봉사자로서의 공무원이기 때문에 영리를 목적으로 하는 사적 직업을 가질 수 없는 것은 당연하다.

제84조
대통령은 내란 또는 외환의 죄를 범한 경우를 제외하고는 재직 중 형사상의 소추를 받지 아니한다.

제84조

대통령의 불소추특권

헌법 제84조는 대통령의 형사상 불소추특권을 규정하고 있다. 이 형사상 특권은 대통령이 내란 또는 외환의 죄를 범하지 않는 한 재직중 형사피고인으로서 법원의 재판을 받지 않는다는 것을 의미한다. 이 헌법조항의 근본취지는 국가의 원수로서 외국에 대하여 국가를 대표하는 지위에 있는 대통령이라는 특수한 직책의 원활한 수행을 보장하고, 그 권위를 확보하여 국가의 체면과 권위를 유지하여야 할 실제상의 필요 때문에 대통령으로 재직 중인 동안만 형사상 특권을 부여한다는 데에 있다. 따라서 대통령의 형사상 특권은 문자 그대로 "재직 중 형사상의 소추를 받지 아니하는" 것에 그칠 뿐, 대통령에게 일반국민과는 다른 그 이상의 형사상 특권을 부여하고 있는 것으로 보아서는 안 될 것이다.

이와 같이 대통령의 불소추특권은 대통령의 직책의 특성상 재임 중이라는 특정한 기간 동안 형사피고인으로 소추되어 재판을 받지 않는다는 데 있으므로 대통령의 임기만료 후에는 형사상 소추가 면제되는 것은 아니다. 다만 대통령의 형사상 특권조항에도 불구하고 재직 중의 대통령에 대하여 형사소추가 있을 때에는 「형사소송법」 제327조 제1호의 재판권 부존재를 이유로 공소기각 판결을 하여야 한다. 대통령의 불소추특권이 인정되더라도 민사상의 책임이 면제되는 것은 아니므로 재직 중에도 민사상의 책임을 지게 된다.

대통령의 불소추특권은 법원의 재판을 전제로 한 공소의 제기와 이와 관련된 체포나 구속을 금지하는 것이므로 대통령의 재임 중 수사기관의 수사는 가능한지의 여부가 문제될 수 있다. 대통령의 재직기간 중 행해진 범죄행위에 대하여는 임기 중 법원에 소추할 수 없지만 수사기관은 수사를 할 수 있다고 보는 입장에서는 수사의 방법으로 압수·수

색도 가능하다고 한다. 대통령의 범죄행위에 대해 재임기간 수사를 인정하지 않게 되면 시간의 경과로 인하여 증거 수집이 어렵게 될 수밖에 없기 때문이라는 것이다. 이에 대해 반대하는 입장에서는 대통령 재임 중 수사기관의 임의수사는 허용되지만 강제수사는 불가능하다고 보는 견해도 있다(양건, 헌법의 이름으로, 사계절, 2018, 16면). 강제수사는 불가능하다는 견해가 옳다고 본다.

헌법 제84조에 의해 대통령이 내란 또는 외환의 죄를 범한 경우에는 형사상 소추가 재직 중에도 가능하다. 대통령이 내란 또는 외환의 죄를 범한 경우에는 대통령의 헌법수호자의 지위를 스스로 부정하고 헌법질서를 침해하고 있으므로 더 이상 특권을 인정할 여지가 없기 때문이다.

대통령의 불소추특권이 적용되는 경우에 공소시효가 정지되는지에 관하여는 명문규정이 없다. 헌법재판소는 대통령의 재직 중 불소추특권은 법률상 소추장애사유에 해당하기 때문에 대통령의 내란·외환 이외의 죄의 경우에는 공소시효의 진행이 당연히 정지된다고 판단하고 있다(헌재 1995. 1. 20. 94헌마246).

대통령의 불소추특권과 공소시효의 정지 문제와 관련하여 전두환, 노태우 두 전직대통령에 대한 형사처벌의 사례를 이해할 필요가 있다. 한국 헌정사에 있어서 1993년 2월 출범한 김영삼 정부는 전두환, 노태우 두 전직 대통령과 그 추종세력들을 단죄하기 위하여 1995년 12월 20일 「헌정질서파괴범죄의 공소·시효 등에 관한 특례법」과 「5·18 민주화운동 등에 관한 특별법」을 제정하여 형사처벌의 걸림돌로 작용한 공소시효 문제를 해결하여 결국 검찰은 전두환, 노태우 등의 관련자들을 내란죄, 내란목적살인죄 등으로 구속 기소하였고, 1997년 4월 대법원의 확정판결로 두 전직 대통령은 각각 무기징역과 징역 17년을 선고받았다. 이 사건에서 대법원은 "성공한 쿠데타의 행위에 대하여 사후에 처벌할 수 있다"는 역사적 판결을 남기게 되었다(대판 1997. 4. 17. 96도3376).

「헌정질서파괴범죄의 공소시효 등에 관한 특례법」은 형법상 내란죄·외환죄 및 군형법상 반란죄·이적죄를 범한 헌정질서파괴범죄자에 대해서는 형사소송법의 공소시효규정이 적용되지 않는다고 규정하여 대통령의 내란·외환의 죄의 경우에도 공소시효의 적용이 배제되도록 하였다. 그리고 「5·18 민주화운동 등에 관한 특별법」은 1979년 12월 12일과 1980년 5월 18일을 전후하여 발생한 헌정질서파괴범죄행위에 대하여는 국가의 소추권 행사의 장애사유가 존재한 기간으로 보아 공소시효의 진행이 정지된 것으로 본다고 규정하였다. 이 특별법에 대한 위헌심판에서 헌법재판소는 "집권과정에서의 불법적 요소나 올바른 헌정사의 정립을 위한 과거청산의 요청에 비추어 볼 때 비록 특별법이 개별사건법률이라고 하더라도 입법을 정당화할 수 있는 공익이 인정될 수 있으므로 헌법에 위반되지 않는다"고 판단하였다(헌재 1996. 2. 16. 96헌가2등).

제85조

> 제85조
> 전직대통령의 신분과 예우에 관하여는 법률로 정한다.

전직대통령의 신분과 예우

헌법 제85조는 전직대통령에 대하여 그에 상응하는 신분보장과 예우를 하도록 하고 있다. 특히 헌법상 직전 대통령은 국가원로자문회의의 의장이 되고 그 밖의 전직 대통령은 그 위원이 된다(제90조 제2항). 그러나 국가원로자문회의에 관한 조항은 사실상 사문화되어 있다. 제85조에 근거하여 제정된 「전직대통령예우에 관한 법률」에 따르면 본인과 일정한 범위의 유족에 대해서는 연금이 지급되고, 3명의 비서관과 1명의 운전기사가 지원되며. 기념사업 등이 지원된다. 그 외에 경호·경비·교통·체신의 편의와 사무실 등이 제공되며 가료의 특혜를 받는다. 다만 탄핵으로 파면되거나 금고 이상의 형이 확정된 경우에는 필요한 기간의 경호 및 경비를 제외하고는 법률이 정한 모든 예우가 취소된다.

제 2 절 행정부

제 1 관 국무총리와 국무위원

제86조 (margin tab: 제86조)

> 제86조
> ① 국무총리는 국회의 동의를 얻어 대통령이 임명한다.
> ② 국무총리는 대통령을 보좌하며, 행정에 관하여 대통령의 명을 받아 행정각부를 통할한다.
> ③ 군인은 현역을 면한 후가 아니면 국무총리로 임명될 수 없다.

대통령의 보좌기관으로서의 국무총리

헌법 제86조는 국무총리의 임명과 권한 등을 규정하고 있다. 제86조 제1항에 의하여 국무총리는 국회의 동의를 얻어 대통령이 임명한다. 대통령이 국무총리임명동의안을 국회에 제출하면 국회는 인사청문회절차를 거쳐 본회의의 표결에 붙여야 한다. 국무총리 임명 동의는 국회 재적의원 과반수의 출석과 출석의원 과반수의 찬성으로써 한다.

대통령이 국무총리를 임명하는 데 있어서 국회의 동의를 얻도록 한 것은 다음과 같은 의의와 성격을 가진다. 첫째, 국회의 동의권은 행정부에 대한 국회의 견제수단을 의미한다. 대통령의 고위공무원 임명에 있어서 국회의 동의를 규정한 것은 대통령제 정부형태에 있어서 의회와 정부 간의 견제와 균형이라는 권력분립원리의 적용에 해당한다. 둘째, 국무총리의 임명에 대한 국회의 동의는 다른 헌법기관의 구성에 있어서 국회의 동의를 구하는 것과 마찬가지로 헌법기관의 구성을 국회와 정부의 합동행위로 이루어지게 함으로써 양자의 협력관계를 유지시키는 것이 된다. 셋째, 대통령권한대행자의 지위를 가지는 국무총리는 미국의 부통령처럼 국민에 의해 선출되는 자가 아니므로 그 대통령권한대행자에게 결여된 국민대표성과 민주적 정당성을 최소한 충족시키기 위해 국민대표기관인 국회의 동의를 얻도록 한 것이다. 국회의 동의 없이 대통령이 국무총리를 임명하는 경우에 그 국무총리가 대통령권한대행자가 된다면 민주적 정당성이 결정적으로 결여된 통치구조가 출현하게 되는 중대한 결함이 나타나기 때문에 국회의 동의절차는 필수적으로 요구되는 것이다. 따라서 국회의 동의를 얻지 아니한 '국무총리서리'를 임명하는 것은 위헌을 면할 수 없다.

헌법재판소는 김대중 정부 출범 당시 국무총리 임명동의안의 처리가 국회에서 무산된 후 대통령이 국회의 동의 없이 국무총리서리를 임명한 데 대하여 다수당 소속 국회의원들이 국회 또는 자신들의 권한 침해를 주장하면서 권한쟁의심판을 청구한 사건에서 각하결정을 내린 바 있다(헌재 1998. 7. 14. 98헌라1).

제86조 제2항은 국무총리의 헌법상 지위를 정하고 있다. 국무총리는 독자적으로 실질적인 행정권을 행사하지 못하고 대통령을 보좌하는 대통령보좌기관으로서의 지위를 가진다. 국무총리는 행정에 관하여 대통령을 보좌하기 위하여 대통령의 명을 받아 행정각부를 통할한다. 국

무총리는 행정부의 권한에 속하는 중요정책을 심의함에 있어 국무회의 부의장으로서 대통령을 보좌하고(제88조 제3항), 대통령의 모든 국법상의 행위에 부서한다(제82조). 국무총리의 부서행위는 대통령에 대한 보필책임으로서의 성격을 지닌다. 여기서 국무총리는 행정부의 제2인자의 지위를 가진다. 제2인자의 지위에서 국무총리는 국무위원의 임명과 행정각부의 장의 임명을 대통령에게 제청하고 국무위원의 해임을 대통령에게 건의할 수 있다(제87조 제1항, 제3항). 국무위원의 부서는 대통령이 하는 관계국무행위에 대해서만 행해지지만 국무총리는 대통령의 모든 국무행위에 대해 부서하는 것도 행정부의 제2인자의 지위에서 인정되는 것이다.

국무총리는 헌법 제71조에 따라 대통령이 궐위되거나 사고로 인하여 직무를 수행할 수 없을 경우에 제1순위의 권한대행자의 지위를 가진다. 따라서 대통령의 유고시에는 국무총리가 대통령의 권한을 대행하고 국무회의에서도 의장의 권한을 대행한다.

국무총리는 「정부조직법」에 의하여 각급 행정관청과의 관계에서 상급 행정관청으로서의 지위를 가진다. 국무총리는 중앙행정기관의 장을 지휘·감독하고, 그 명령이나 처분이 위법 또는 부당하다고 인정할 때에는 대통령의 승인을 얻어 이를 중지하거나 취소할 수 있다(동법 제18조). 그 밖에 국무총리는 행정각부와 동등한 지위를 가지는 독임제 행정관청으로서 그 소관사무를 처리한다. 국무총리는 행정각부의 사무를 기획·조정하는 업무와 특정의 부에 속하게 할 수 없는 성질의 사무를 그 소관사무로 한다. 국무총리가 특별히 위임하는 사무를 수행하기 위하여 부총리 2명을 두며 부총리는 기획재정부장관과 교육부장관이 각각 겸임한다. 기획재정부장관은 경제정책에 관하여, 교육부장관은 교육·사회 및 문화 정책에 관하여 국무총리의 명을 받아 관계 중앙행정기관을 총괄·조정한다(동법 제19조).

제86조 제3항은 군인은 현역을 면한 후가 아니면 국무총리로 임명될 수 없다고 규정하여 문민통치의 원칙을 선언하고 있다. 이러한 문민통치의 원칙은 헌법 제6조의 국군의 정치적 중립성 보장을 위해 중요한 의미를 갖는다. 군의 역할이 오로지 국가안보와 국방이라는 군사적 목적에 한정되어야 하며 비군사적 민간부분에서의 군사화는 지양되어야 하기 때문에 현역 군인이 국무총리로 임명될 수 없도록 규정한 것이다.

제87조
① 국무위원은 국무총리의 제청으로 대통령이 임명한다.
② 국무위원은 국정에 관하여 대통령을 보좌하며, 국무회의의 구성원으로서 국정을 심의한다.
③ 국무총리는 국무위원의 해임을 대통령에게 건의할 수 있다.
④ 군인은 현역을 면한 후가 아니면 국무위원으로 임명될 수 없다.

국무위원

헌법 제87조는 국무회의의 구성원인 국무위원에 관한 조항이다. 제87조 제1항에 의해 국무위원은 국무총리의 제청으로 대통령이 임명한다. 우리 헌법의 대통령제는 국무회의와 국무위원을 두고 있는 것이 특징이다. 대통령제의 원형인 미국 대통령제의 경우에는 행정부에 국무회의나 국무위원이 없으며 행정각부의 장관만이 있을 뿐이다. 관례적으로 소집되어 온 장관들의 모임인 각료회의(cabinet meeting)가 임의기구로서 대통령에게 자문하는 기능을 한다. 우리의 국무회의와 국무위원은 헌법상의 기관으로 미국의 각료회의와 구별되고 의원내각제의 내각과도 구별되는 독특한 제도라 할 수 있다.

제87조 제2항에 따라 국무위원은 국정에 관하여 대통령을 보좌하며 국무회의의 구성원으로서 국정을 심의한다. 이에 관하여 「정부조직법」은 "국무위원은 정무직으로 하며 국무회의 의장에게 의안을 제출하고 국무회의의 소집을 요구할 수 있다"고 규정하고 있다(동법 제12조 제3항). 국무위원들은 합의제기관인 국무회의의 구성원으로서 동등한 지위를 가지며, 법적으로 대통령이나 국무총리와도 동등한 지위를 가진다. 그러나 국무위원은 동시에 대통령의 보좌기관의 지위를 가지므로 현실적으로 국무회의에서 동등한 구성원으로서 참여할 수 있는지에 대해서는 의문이 있다.

국무위원 중에서 행정각부의 장을 국무총리의 제청으로 대통령이 임명하므로(헌법 제94조) 국무위원은 장관을 겸하게 된다. 국무위원은 대통령의 궐위나 사고로 인하여 직무를 수행할 수 없는 때에는 국무총리에 이어 법률이 정하는 국무위원의 순으로 대통령의 권한을 대행한다(헌법 제71조). 국무위원은 국무회의의 소집요구·심의 및 의결권을 가지며 대통령의 국무행위에 대한 부서권, 국회출석·발언권 등을 행사한다.

제87조 제3항에 따라 국무총리는 국무위원의 해임을 대통령에게 건의할 수 있으며, 국회도 제63조 제1항에 따라 국무위원의 해임을 건의할 수 있다. 국무총리의 국무위원 해임건의권은 기관내부적 통제기능을 의미하며, 국회의 국무위원 해임건의권은 권력분립원리에 입각한 기관 상호간의 통제기능에 해당한다.

제87조 제4항은 군인은 현역을 면한 후가 아니면 국무위원으로 임명될 수 없다고 규정하여 앞의 제86조 제4항과 마찬가지로 문민통치의 원칙을 선언하고 있다.

제 2 관 국무회의

제88조
① 국무회의는 정부에 속하는 중요한 정책을 심의한다.
② 국무회의는 대통령·국무총리와 15인 이상 30인 이하의 국무위원으로 구성한다.
③ 대통령은 국무회의의 의장이 되고, 국무총리는 부의장이 된다.

국무회의는 행정부의 최고정책심의기관이다

헌법 제88조는 국무회의를 규정하고 있다. 우리 헌법은 대통령제원리를 기본으로 하면서도 국무회의제를 채택하고 있는 것이 특징이다. 국무회의는 의원내각제의 내각과도 구별되며 미국형 대통령제에서의 각료회의와도 구별되는 것으로서, 행정부의 권한에 속하는 주요정책을 심의하는 필수적 기관으로 규정하고 있다. 국무회의는 헌법상 필수적 기관이므로 헌법 개정에 의하지 않고서는 폐지할 수 없다.

제88조 제1항은 국무회의의 지위와 성격에 관하여 정부에 속하는 중요한 정책을 심의하는 '심의기관'으로 규정하고 있다. 국무회의는 의원내각제에 있어서의 내각과 같은 의결기관이 아니며, 헌법 제89조에 열거된 사항은 반드시 그 심의를 거쳐야 한다는 점에서 대통령의 각료회의와 같은 단순한 자문기관도 아니다. 이 점에서 국무회의는 의결기관과 자문기관의 중간적 성격을 띠는 정책심의기관에 해당한다. 또한 국무회의는 대통령도 국무회의의 일원이 된다는 점에서 행정부 내에서의 최종적인 최고정책심의기관을 의미한다.

제88조 제2항은 국무회의의 구성에 관하여 대통령·국무총리와 15인 이상 30인 이하의 국무위원으로 구성한다고 규정하고 있다. 동조 제3항에 따라 국무회의는 대통령을 의장으로 하고 국무총리를 부의장으로 한다. 그렇지만 대통령과 국무총리는 국무회의에서는 여러 구성원 중의 일원에 불과하다. 그러므로 국무회의는 독립된 합의제기관을 의미하며 대통령의 소속기관이 아니다. 합의제 기관으로서 국무회의는 대통령도 국무위원과 마찬가지로 동등한 지위를 가진다. 국무위원이 사실상 대통령에 종속되는 것은 별개 문제로 하고 국무회의에서 국무위원은 대통령의 지휘나 명령을 받지 아니한다.

국무회의는 의장인 대통령이 소집한다. 국무회의는 구성원 과반수의 출석으로 개의하고 출석구성원 3분의 2 이상의 찬성으로 의결한다(국무회의규정 제6조).

제89조

다음 사항은 국무회의의 심의를 거쳐야 한다.

1. 국정의 기본계획과 정부의 일반정책
2. 선전·강화 기타 중요한 대외정책
3. 헌법개정안·국민투표안·조약안·법률안 및 대통령령안
4. 예산안·결산·국유재산처분의 기본계획·국가의 부담이 될 계약 기타 재정에 관한 중요사항
5. 대통령의 긴급명령·긴급재정경제처분 및 명령 또는 계엄과 그 해제
6. 군사에 관한 중요사항
7. 국회의 임시회 집회의 요구
8. 영전수여
9. 사면·감형과 복권

10. 행정각부간의 권한의 획정
11. 정부안의 권한의 위임 또는 배정에 관한 기본계획
12. 국정처리상황의 평가·분석
13. 행정각부의 중요한 정책의 수립과 조정
14. 정당해산의 제소
15. 정부에 제출 또는 회부된 정부의 정책에 관계되는 청원의 심사
16. 검찰총장·합동참모의장·각군참모총장·국립대학교총장·대사 기타 법률이 정한 공무원과 국영기업체관리자의 임명
17. 기타 대통령·국무총리 또는 국무위원이 제출한 사항

국무회의의 심의사항

헌법 제89조는 국무회의의 심의사항을 규정하고 있다. 국무회의는 정부의 권한에 속하는 중요정책을 심의사항으로 한다. 특히 제89조 제1호에서 제16호까지 규정된 사항은 어느 기관의 관할에 속하는 것이든 반드시 국무회의의 심의를 거쳐야 한다. 그리고 제17호는 "기타 대통령·국무총리 또는 국무위원이 제출한 사항"도 국무회의의 심의를 거치도록 하고 있기 때문에 대통령·국무총리 또는 국무위원이 집행부의 권한에 속하는 중요한 정책사항이라고 판단하는 것은 그 모두가 국무회의의 심의대상이 된다. 그러므로 국무회의의 심의사항에는 사실상 제한이 거의 없다고 할 수 있다.

대통령이 헌법 제89조에 열거된 국무회의의 심의를 거쳐야 하는 사항을 거치지 아니하고 행한 국법상 행위의 효력이 문제된다. 이에 관하여 국무회의의 성격이 의결기관이 아니라 대통령의 정책결정을 보좌하는 심의기관을 의미하므로 국무회의의 심의절차는 효력발생요건이 아니라 적법요건으로 보는 견해가 있으며, 국무회의의 심의는 행정부

내부의 통제수단을 의미하므로 심의를 거치지 않은 대통령의 국법상 행위는 무효라고 보는 견해가 있다. 국무회의의 심의절차는 부서제도와 마찬가지로 기관내부적 통제수단에 해당하므로 심의를 거치지 않은 국무행위는 무효로 보는 것이 절차적 정당성의 확보라는 관점에서 타당하다고 할 것이다.

그리고 국무회의의 심의 결과가 대통령을 법적으로 구속하는가가 문제될 수 있다. 국무회의는 의결기관이 아니며 정부의 주요 정책을 '결정'하는 것이 아니라 '심의'하는 것일 뿐이므로 그 심의가 의결의 형식으로 이루어진다고 하더라도 그 의결은 법적으로 대통령을 구속하는 것은 아니라고 할 수 있다. 따라서 대통령은 정치도의상 국무회의의 심의 결과를 존중하는 것은 별론으로 하고, 심의 결과가 대통령을 법적으로 구속한다고는 볼 수 없다. 그러나 현실적으로 대통령이 국무회의의 심의 결과와 다른 국법상의 행위를 하기는 어려울 것이다.

> 제90조
> ① 국정의 중요한 사항에 관한 대통령의 자문에 응하기 위하여 국가원로로 구성되는 국가원로자문회의를 둘 수 있다.
> ② 국가원로자문회의의 의장은 직전대통령이 된다. 다만, 직전대통령이 없을 때에는 대통령이 지명한다.
> ③ 국가원로자문회의의 조직·직무범위 기타 필요한 사항은 법률로 정한다.

사문화된 국가원로자문회의

헌법은 대통령의 자문기관으로서 제90조의 국가원로자문회의를 비롯하여 국가안전보장회의(제91조), 민주평화통일자문회의(제92조), 국민경제자문회의(제93조)를 규정하고 있다. 이러한 자문기관의 설치는 대통령제 하에서의 권력집중과 대통령의 독선을 방지하고, 국가원로와 통일·경제전문가의 전문적 경험과 식견을 국정에 반영하려는 데에 그 목적이 있다. 국가원로자문회의는 임의적 자문기구로 설치될 수 있다.

제90조 제2항에 따라 「전직 대통령 예우에 관한 법률」에 직전 대통령은 국가원로자문회의의 의장이 되고, 그 외의 전직 대통령은 대통령이 위촉하는 경우 국가원로자문회의의 원로위원이 된다는 규정이 있었으나 1995년 법률 개정에 의해 이 조항은 삭제되었다.

제90조 제3항에 의해 1988년 「국가원로자문회의법」이 제정되었으나, 이 법률은 그 이듬 해 폐지되었다. 그리하여 국가원로자문회의는 헌법조문에만 남아 있는 기구가 되어 있다.

헌법 제90조의 국가원로자문회의는 사실상 사문화되어 있기 때문에 헌법 전반에 관한 개정논의가 제기될 때마다 이 조항의 폐지가 검토되고 있다.

제91조

① 국가안전보장에 관련되는 대외정책·군사정책과 국내정책의 수립에 관하여 국무회의의 심의에 앞서 대통령의 자문에 응하기 위하여 국가안전보장회의를 둔다.

② 국가안전보장회의는 대통령이 주재한다.

③ 국가안전보장회의의 조직·직무범위 기타 필요한 사항은 법률로 정한다.

대통령의 필수적 자문기관으로서 국가안전보장회의

제91조 제1항에 의해 국가안전보장회의는 대통령의 자문에 응하기 위하여 반드시 설치되어야 하는 '필수적 자문기관'이 된다. 그 밖의 대통령 자문기관은 임의적 자문기관에 해당한다. 국가안전보장에 관련되는 대외정책·군사정책과 국내정책의 수립에 관하여 국무회의의 심의에 앞서 대통령의 자문에 응하기 위하여 국가안전보장회의를 둔다고 규정하고 있지만, 대통령이 국가안전보장회의의 자문을 거치지 않고 국가안전보장에 관련되는 대외정책 등의 안건을 국무회의에 상정하는 경우에는 그러한 안건에 대한 국무회의의 심의를 위헌·무효라고 보기 어렵다. 국가안전보장회의가 헌법상 필수적 자문기관이지만 대통령이 국무회의의 심의에 앞서 이 자문기관의 자문을 필수적으로 구해야 하는 것은 아니라고 할 수 있다.

제91조 제2항에 의해 국가안전보장회의는 대통령이 의장으로 주재하며, 국가안전보장회의는 대통령·국무총리·외교부장관·통일부장관·국방부장관 및 국가정보원장과 대통령령이 정하는 약간의 위원으로 구성된다. 국가안전보장회의의 조직·직무범위 등에 관하여는 「국가안전보장회의법」이 규정하고 있다.

제92조

① 평화통일정책의 수립에 관한 대통령의 자문에 응하기 위하여 민주평화통일자문회의를 둘 수 있다.

② 민주평화통일자문회의의 조직·직무범위 기타 필요한 사항은 법률로 정한다.

민주평화통일자문회의

민주평화통일자문회의는 평화통일을 위한 정책의 수립 및 추진에 관하여 대통령에게 건의하고 대통령의 자문에 응하며, 이러한 목적을 위하여 국내외 통일여론 수렴, 통일에 관한 국민적 합의 도출, 범민족적 통일의지와 역량의 결집, 그 밖에 대통령의 평화통일정책에 관한 자문·건의 등의 기능을 수행한다.

민주통화통일자문회의는 지역대표와 정당, 직능단체, 주요 사회단체 등의 직능분야 대표급인사 중에서 대통령이 위촉하는 7천인 이상의 자문위원으로 구성한다. 민주평화통일자문회의의 조직·직무범위 등에 관하여는 「민주평화통일자문회의법」이 정하고 있다.

제93조

① 국민경제의 발전을 위한 정책의 수립에 관하여 대통령의 자문에 응하기 위하여 국민경제자문회의를 둘 수 있다.

② 국민경제자문회의의 조직·직무범위 기타 필요한 사항은 법률로 정한다.

국민경제자문회의

경제정책의 수립과 관련하여 대통령의 자문기관으로 국민경제자문회의가 설치되어 있다. 1999년에 제정된 「국민경제자문위원회법」에 의하면 이 위원회는 의장인 대통령과 당연직 위원 5인(기획재정부장관과 대통령비서실장, 경제보좌관 등) 및 대통령이 위촉한 30인의 민간위원과 지명위원으로 구성된다.

국민경제자문위원회의 주요 기능은 국민경제 발전을 위한 전략 및 주요 정책방향의 수립, 국민복지의 증진과 균형발전을 위한 제도의 개선과 정책의 수립, 국민경제의 대내외 주요 현안과제에 대한 정책대응 방향의 수립, 기타 국민경제의 발전을 위하여 대통령이 부의하는 사항에 관한 자문 등을 한다.

제3관 행정각부

제94조
행정각부의 장은 국무위원 중에서 국무총리의 제청으로 대통령이 임명한다.

행정각부 장의 임명

헌법 제94조는 행정각부의 장을 규정하고 있다. 행정각부는 대통령을 수반으로 하는 행정부의 구성단위로서 대통령과 행정부의 권한에 속하는 사항을 집행하는 중앙행정기관을 말한다. 제94조에 따라 행정각부의 장인 장관은 국무위원 중에서 국무총리의 제청으로 대통령이 임명하며, 국무총리는 대통령의 명을 받아 행정각부를 통할한다. 제94조에 의하면 행정각부의 장이 아닌 국무위원이 있을 수 있다.

행정각부의 장은 중앙행정기관으로서 법률이 정한 소관사무에 관한 결정·집행권을 가진다. 행정각부의 장은 소관사무를 통할하고 소속공무원을 지휘·감독하며, 소관사무에 관하여 지방행정의 장을 지휘·감독한다(동법 제7조, 제26조 제3항). 그리고 행정각부의 장은 소속공무원에 대한 임용제청권(5급 이상)과 임용권을 가지며(국가공무원법 제32조 제1항,

제2항), 국무총리 직무대행권을 갖는다(정부조직법 제22조).

대통령이 행정각부의 장인 장관을 임명하는 경우에는 국회의 인사청문회 절차를 거쳐야 한다. 국무위원이나 장관은 국무총리와 달리 국회의 동의를 얻지 않고도 대통령이 임명하는 공직에 해당하지만, 「국회법」(제65조의2)과 「인사청문회법」에 따라 인사청문회를 거치도록 하고 있다. 인사청문회는 공직후보자의 도덕성과 정책수행능력을 공정하고 객관적으로 심사하고 검증함으로써 공직의 적임자를 선정하는 기능을 수행하며 대통령의 인사권 남용을 억제하는 효과를 기대할 수 있는 제도이다. 그러나 우리의 현행 인사청문회제도는 청문회 과정에서 야당 의원들의 반대로 인사청문보고서가 채택되지 못하는 경우에도 대통령이 당해 장관 후보자를 그대로 임명할 수 있어서 인사청문회의 실효성에 대한 의문이 제기되고 있다. 실제로 많은 경우에 여야 합의로 인사청문보고서가 채택되지 않은 상황에서 대통령의 장관 임명을 강행하는 사례들이 빈번하게 나타나고 있음은 국회의 행정통제기능의 한계를 말해주고 있다.

> 제95조
> 국무총리 또는 행정각부의 장은 소관사무에 관하여 법률이나 대통령령의 위임 또는 직권으로 총리령 또는 부령을 발할 수 있다.

국무총리령과 부령

헌법 제95조에 근거하여 국무총리 또는 행정각부의 장은 소관사무에 관하여 총리령 또는 부령을 발할 권한을 가진다. 총리령과 부령에는 법률이나 대통령령의 위임에 의한 위임명령과 직권으로 발하는 집행명령인 직권명령이 있으며 그 밖에 행정명령이 있다. 위임명령과 직권명령(집행명령)은 국민의 권리·의무사항을 규정할 수 있는 법규명령을 의미하지만, 행정명령은 국민의 권리·의무를 규율하지 아니하고 행정기관 내부에서만 효력을 가지는 행정규칙 내지 행정내규의 성격을 가진다. 국민의 권리·의무를 규율하는 법규명령은 헌법에 그 근거가 반드시 있어야 하지만 비법규명령인 행정명령은 헌법에 그에 관한 근거를 필요로 하지 않는다.

총리령과 부령은 모두 법률이나 대통령령의 위임에 의하여 또는 그 집행을 위하여 발하는 것이며 소관사무에 관하여 국무총리는 행정각부와 별개의 동등한 관청이므로 형식적 효력에 있어서 총리령과 부령은 차이가 없다고 보는 것이 다수설이다.

> 第96조
> 행정각부의 설치·조직과 직무범위는 법률로 정한다.

제
96
조

행정각부의 설치·조직 등은 「정부조직법」으로 정한다

헌법 제96조는 행정각부의 설치·조직과 직무범위는 법률로 정하도록 하여 행정기관 법정주의를 채택하고 있다. 행정각부나 행정기관을 행정부의 수반인 대통령이 자의적으로 설치하고 조직할 수 있도록 하게 되면 결국 대통령의 권한남용의 위험이 있게 되며 국민의 조세부담도 크게 증가하게 될 우려가 있다. 따라서 법치주의원리의 구현을 위한 법률에 의한 행정은 행정권의 행사에 있어서는 물론이고 행정권을 행사하는 행정기관의 설치와 조직 등에 있어서도 법률로 정해져야 하는 것이다.

행정각부의 설치·조직과 직무범위에 관한 법률로 「정부조직법」이 시행되고 있다. 「정부조직법」상 행정각부의 설치와 조직은 대통령선거 결과 새로운 정부가 출범하게 되면 그에 따라 「정부조직법」을 우선적으로 개정하여 그 내용에 변화를 가져오는 것이 일반적이다. 이명박 정부 당시는 행정각부는 15개 부로 설치되어 있었으나, 박근혜 정부에서는 행정각부를 17개로 설치하였다. 문재인 정부의 출범으로 2017년 7월 새로 개정된 「정부조직법」은 행정각부를 기존의 17부에서 18부로 확대하였다. 18개의 각부는 기획재정부, 교육부, 과학기술정보통신부, 외교부, 통일부, 법무부, 국방부, 행정안전부, 문화체육관광부, 농림축산식품부, 산업통상자원부, 보건복지부, 환경부, 고용노동부, 여성가족부, 국토교통부, 해양수산부, 중소벤처기업부로 구성되어 있다. 18개의 행정각부 외에 '5처 19청'을 두고 있으며 5처 중에서 대통령경호처를 제외한 국가보훈처, 인사혁신처, 법제처, 식품의약품안전처는 국무총리 소속 하의 중앙행정기관에 해당한다(동법 제22조의2~제25조). 그리고 「정부조직법」은 대통령의 직무를 보좌하기 위한 대통령비서실과 국가안보실을 두고 있다.

제 4 관 감사원

> 제97조
> 국가의 세입·세출의 결산, 국가 및 법률이 정한 단체의 회계검사와 행정기관 및 공무원의 직무감찰을 위하여 대통령 소속하에 감사원을 둔다.

감사원은 직무상 독립된 헌법기관이다

헌법 제97조는 감사원의 권한과 지위를 규정하고 있다. 감사원은 국가의 세입·세출의 결산, 국가 및 법률이 정한 단체의 회계검사와 행정기관 및 공무원의 직무에 관한 감찰을 목적으로 대통령 소속 하에 설치된 헌법기관이다. 감사원의 헌법상 지위로는 첫째, 헌법상 대통령 소속 하의 기관이다. 감사원은 행정부에 속하는 헌법상의 기관으로 대통령 직속 하에 있다. 따라서 국무총리의 통할을 받지 아니한다. 둘째, 감사원은 독립기관이다. 감사원은 조직과 편제상 대통령 소속하에 있지만, 그 직무에 관하여는 독립의 지위를 가진다. 따라서 「감가원법」은 "감사원은 대통령에 소속하되, 직무에 관하여는 독립의 지위를 가진다"고 하고, 감사원 소속공무원의 임면, 조직 및 예산의 편성에 있어서는 감사원의 독립성이 최대한 존중되어야 한다고 규정하고 있다(동법 제2조 제1항, 제2항). 셋째, 감사원은 합의제기관이다. 감사원장과 감사위원은 법적으로 동등한 위치에서 감사위원회의 업무를 처리한다. 넷째, 감사원은 결산·회계검사권과 직무감찰권을 갖는 필수적 헌법기관이다. 감사원은 국가의 세입·세출의 결산검사, 회계검사 및 행정기관과 공무원의 직무감찰권을 갖는 헌법상의 필수기관이다. 다만 감사원이 회계검사권과 직무감찰권을 독점하는 것은 아니며, 국회도 국정조사권과 감사권을 통하여 회계검사와 직무감찰기능을 수행할 수 있고 행정기관들도 내부적으로 감찰기구를 통해 감찰기능을 수행한다.

감사원의 권한으로는 첫째, 국가의 세입·세출의 결산검사권, 둘째, 국가·지방자치단체 및 법률이 정하는 단체의 회계검사권, 셋째, 행정기관과 공무원에 대한 직무감찰권의 셋으로 구분할 수 있다. 감사원은 세입·세출의 결산을 매년 검사하여 대통령과 차년도 국회에 보고하여야 하며(헌법 제99조), 회계검사에 있어서는 국가와 지방자치단체 등의 회계를 상시 검사·감독할 수 있다(감사원법 제20조). 감사원의 직무감찰권에는 국회·법원·헌법재판소 소속 공무원을 제외한 공무원의 비위감찰권뿐만 아니라 공무원의 근무평정 또는 행정관리의 적부심사 분석과 그 개선 등에 관한 행정감찰권까지 포함된다(감사원법 제24조). 또한 국회는 감사원에 대하여 사안을 특정하여 감사를 청구할 수 있다(국회법 제127조의2).

감사원은 감사 결과와 관련하여 변상책임 유무의 판정권, 징계·문책의 요구권, 시정·주의 등의 요구권, 법령·제도·행정의 개선요구권, 수사기관에의 고발권, 재심의청구처리권 등을 행사한다(감사원법 제31조~제39조).

현행 헌법상 감사원제도는 헌법 전반의 개헌논의와 관련하여 감사원의 회계검사기능을 국회로 이관하는 것 등을 내용으로 하는 개헌안이 제시되고 있다. 우리나라의 정치문화를 고려할 때 감사원이 대통령으로부터 독립하여 직무를 수행하는 것을 기대하기 어렵기 때문에 감사원을 대통령 소속에서 분리하여 독립기관화하거나, 국회 소속하에 직무상 독립성을 갖는 회계검사기관을 설치하고 직무감찰에 한하여 기능을 수행하게 되는 감사원은 헌법상 기관에서 법률상의 기관으로 조정하는 것이 바람직하다는 개헌방안은 긍정적으로 검토해 볼 필요가 있다고 본다(국회 헌법연구자문위원회 결과보고서, 2009. 152면 이하 참조).

제98조

① 감사원은 원장을 포함한 5인 이상 11인 이하의 감사위원으로 구성한다.

② 원장은 국회의 동의를 얻어 대통령이 임명하고, 그 임기는 4년으로 하며, 1차에 한하여 중임할 수 있다.

③ 감사위원은 원장의 제청으로 대통령이 임명하고, 그 임기는 4년으로 하며, 1차에 한하여 중임할 수 있다.

감사원장과 감사위원의 임명절차

헌법 제98조 제1항에 따라 감사원은 원장을 포함한 5인 이상 11인 이하의 감사위원으로 구성한다. 「감사원법」은 감사원의 구성에 관하여 원장을 포함한 7명의 감사위원으로 구성한다고 규정하고 있다(동법 제3조).

제98조 제2항은 감사원장의 임명과 임기에 관하여, 감사원장은 국회의 동의를 얻어 대통령이 임명하고, 그 임기는 4년이며 1차에 한하여 중임할 수 있도록 규정하고 있다.

제98조 제3항에 따라 감사위원은 원장의 제청으로 대통령이 임명하고, 그 임기는 4년으로 하며 1차에 한하여 중임할 수 있다. 감사위원은 원장의 제청으로 대통령이 임명하지만 감사원의 헌법상 지위와 업무의 독립성에 비추어 원장의 제청권에 실질적 의미를 부여하는 것이 타당하다고 할 것이다. 감사위원 후보 추천과 관련하여 권력실세의 부당한 압력이 작용해서는 안 되며 원장의 공정한 인사제청권이 보장되어야 할 것이다.

우리 헌법은 대통령의 임기를 5년으로 하고 있으면서 감사원장과 감사위원의 임기는 4년으로 하고 있다. 그 밖의 다른 헌법기관의 임기도 대통령의 임기와 차등을 두고 있다. 이러한 임기차등제는 권력분립원리의 정신에 비추어 헌법기관 간의 견제와 균형을 유지하는 기능을 한다는 점에서 중요한 의미를 가진다.

> 제99조
> 감사원은 세입·세출의 결산을 매년 검사하여 대통령과 차년도 국회에 그 결과를 보고하여야 한다.

국가의 세입·세출의 결산 보고

감사원은 국가의 세입·세출의 결산을 매년 검사하여 대통령과 차년도 국회에 그 결과를 보고하여야 한다. 예산집행의 결과인 결산에 대한 회계검사의 과정을 보면, 정부 내에서의 1차적인 검사는 기획재정부장관이 담당한다. 기획재정부장관의 검사 결과는 국무회의의 심의를 거쳐 대통령의 승인을 받고, 대통령의 승인을 받은 결산에 대해 감사원의 검사를 받게 된다. 「국가재정법」에 의해 정부는 감사원의 검사를 거친 국가결산보고서를 다음 회계연도 5월 31일까지 국회에 제출하고(동법 제59조 이하), 국회는 「국회법」에 따라 결산을 심사하여 의결한다.

감사원의 결산보고서 제출과 관련하여, 결산에 관한 국회와 정부의 권한과 역할을 헌법에서 명확하게 정할 필요가 있으므로 정부가 결산을 국회에 제출하는 것을 헌법에 규정할 필요가 있다는 주장이 있다. 현행 제도는 감사원이 헌법에 근거하여 국회에 결산검사 보고를 하고 있으며, 정부는 법률에 근거하여 매년 5월 31일까지 결산서를 국회에 제출하도록 하고 있다. 국회가 결산에 대하여 정책적 측면을 포함한 종합적 심사를 하기 위해서는 회계검사기관의 결산검사를 거친 결산을 정부가 국회에 제출하도록 하는 것이 바람직하다고 할 것이다. 독일 기본법과 일본 헌법 등은 정부가 결산을 국회에 제출하도록 규정하고 있다.

> 제100조
> 감사원의 조직·직무범위·감사위원의 자격·감사대상공무원의 범위 기타 필요한 사항은 법률로 정한다.

감사원의 조직·직무범위 등의 법정주의

헌법 제100조는 감사원의 조직·직무범위·감사위원의 자격·감사대상 공무원의 범위 기타 필요한 사항은 법률로 정하도록 위임하고 있다. 이에 따라 「감사원법」은 감사원의 독립성을 보장하기 위하여 감사위원은 일정한 공직을 겸할 수 없고, 영리사업을 할 수 없도록 하고(동법 제9조), 정당에 가입하거나 정치운동에 관여해서는 안 된다고 규정하고 있다(동법 제10조). 또한 감사위원의 신분보장을 위하여 감사위원은 탄핵결정이나 금고 이상의 형의 선고를 받은 때, 또는 장기의 심신쇠약으로 직무를 수행할 수 없는 때가 아니면 그 의사에 반하여 면직당하지 아니한다(동법 제8조).

「감사원법」에 의하면 감사원은 감사에 관한 절차, 감사원의 내부규율과 감사사무처리에 관한 규칙을 제정할 수 있다(동법 제52조). 이 감사원규칙의 법적 성격이 문제되는데, 감사원규칙이 국민의 권리·의무사항을 규율하는 법규명령이 되기 위해서는 헌법에 그에 관한 근거규정이 있어야 하지만 헌법에 그 근거규정이 없기 때문에 감사원규칙은 법규명령이 아닌 행정명령의 성격을 의미한다고 볼 수 있다.

제 5 장

법 원

제101조
① 사법권은 법관으로 구성된 법원에 속한다.
② 법원은 최고법원인 대법관과 각급법원으로 구성한다.
③ 법관의 자격은 법률로 정한다.

사법권을 행사하는 중립적 국가기관으로서의 법원

헌법 제101조는 권력분립원리에 입각하여 입법권·행정권으로부터 독립된 사법권을 행사하는 법원의 구성과 법관의 자격에 관하여 규정하고 있다. 몽테스퀴외의 권력분립론에 의하면 입법권과 행정권은 정치적 권력임에 반하여 사법권은 법을 적용하는 비정치적 권력으로서 재판관은 정치적으로 무색·중립이 요청된다고 하였다. 이와 같이 사법권을 행사하는 법원은 정치적 권력으로부터 독립하여 국민의 자유와 권리를 보장하는 국가기관으로서 '중립적 권력' 또는 '제3의 권력'으로서의 지위를 가진다. 이 점에서 정치적 권력으로서 입법권과 행정권은 본질적으로 '잠재적인 기본권침해자'로서 기능하는 반면에 사법권은 '기본권보호자'로서의 기능을 담당하는 국가작용으로서의 성격을 갖는다고 보는 것이 헌법재판소의 입장이다(헌재 1997. 12. 24. 96헌마172 등).

제101조 제1항에 따라 사법권은 헌법에 다른 규정이 없는 한 원칙적으로 법원에 속한다. 여기서 사법(司法)이란 법적 분쟁이 발생하여 쟁송의 제기가 있는 경우 독립적 지위를 가진 기관이 제3자적 입장에서 무엇이 법인가를 판단하고 선언함으로써 법질서를 유지하며 국민의 권익을 보호하는 작용을 의미한다. 사법의 핵심적 의미는 "법률상의 쟁송에 대한 심판"을 말한다. 법률상의 쟁송이란 당사자간의 구체적인 권리·의무 또는 법률관계의 존부에 관한 분쟁을 말하며, 심판이란 사법기관

이 법의 적용을 통하여 쟁송을 종국적으로 해결하는 것을 의미한다. 법원이란 법관으로 구성되고 소송절차에 따라 사법권을 행사하는 것을 직무로 하는 국가기관을 말한다. 「법원조직법」에도 법원의 권한에 관하여 "법원은 헌법에 특별한 규정이 있는 경우를 제외한 일체의 법률상의 쟁송을 심판하고"라고 규정하고 있다(제2조 제1항).

법원은 법률상의 쟁송에 대한 심판을 통해 국민의 자유와 권리를 보장하는 기본권보장기관으로서의 기능을 담당한다. 행정권의 행사에 의해 국민의 기본권이 침해되는 경우에 법원은 행정소송을 통해 국민의 권익을 보호하는 역할을 수행한다. 또한 사인 상호 간의 법적 분쟁이 있는 경우에도 약자의 권익을 보호하는 기능을 수행한다. 법원은 또한 헌법재판소와 함께 헌법수호자로서의 기능을 수행한다. 현행 헌법은 위헌법률심판을 비롯한 헌법재판의 대부분을 헌법재판소의 관장사항으로 하고 있으므로 헌법의 수호자 기능은 주로 헌법재판소가 담당하고 있으나, 법원도 구체적인 사건에 적용되는 명령·규칙의 위헌 여부에 관한 심사권을 가지며(헌법 제107조 제2항), 헌법재판소에의 위헌법률심판제청권(헌법 제107조 제1항)을 통해 헌법수호기능을 담당한다. 그 밖에 행정재판을 통해서도 행정부의 자의적 권력행사를 견제함으로써 헌법 수호의 역할을 수행하고 있다.

법원의 심급제

제101조 제2항은 "법원은 최고법원인 대법원과 각급법원으로 조직된다"라고 규정하고 있다. 이 조항은 대법원이 최고법원으로서 법원조직에 있어서 최상급법원이라는 것과 재판의 심급제를 전제로 하여 법원은 최상급법원과 각급법원으로 조직된다는 것을 규정한 것이다. 따라서 이 조항의 해석상 재판은 적어도 2심 이상이어야 하고 대법원

이 최종심이어야 한다는 것으로 이해될 수 있다.

재판은 기본적으로 하급심과 상급심으로 구성된 심급제에 의해 행해지는데, 심급제는 재판의 오류를 시정하고 통일적인 법의 해석과 적용을 위한 것이다. 우리 헌법은 심급제의 내용에 관하여 직접 구체적인 규정을 두고 있지 않으며 「법원조직법」에 의해 3심제를 원칙으로 하고 있다. 일반적으로 민사·형사사건의 경우 지방법원(지원)합의부 → 고등법원 → 대법원의 3심제를 취하고, 일정한 경미한 사건의 경우 지방법원(지원)단독판사 → 지방법원본원합의부 → 대법원의 3심제를 규정하고 있다. 행정사건은 행정법원 → 고등법원 → 대법원의 3심제를 취하고 있으며, 군사법원은 보통군사법원 → 고등군사법원 → 대법원의 3심제를 취하고 있다.

3심제의 원칙에 대한 예외로서 법률에 의하여 일정한 경우에 2심제 또는 단심제가 인정된다. 2심제가 인정되는 경우는 특허소송과 지방자치단체의 선거소송의 일부이다. 특허소송은 특허심판원의 심판에 불복하는 경우 제1심을 특허법원으로 하고 제2심인 최종심을 대법원이 관할한다(법원조직법 제28조의4). 지방선거 중 기초자치단체장, 기초의회의원, 광역의회 지역구의회의원의 선거소송 및 당선소송은 시·도선거관리위원회에 대한 선거소청을 거쳐 제1심을 고등법원, 제2심을 대법원이 관할한다(공직선거법 제222조 제2항, 제223조 제2항).

단심제가 적용되는 경우는 비상계엄하의 군사재판의 일부와 선거소송의 일부이다. 헌법 제110조 제4항은 "비상계엄하의 군사재판은 군인·군무원의 범죄나 군사에 관한 간첩죄의 경우와 초병·초소·유독음식물공급·포로에 관한 죄 중 법률에 정한 경우에 한하여 단심으로 할 수 있다. 다만 사형을 선고한 경우에는 그러하지 아니하다"라고 규정하여 군사재판의 단심제를 인정하고 있다. 선거소송의 경우 대통령선거와 국회의원선거의 선거소송 및 당선소송은 바로 대법원이 관할하며(공직선거법 제222조 제1항, 제223조 제1항), 광역자치단체장선거와 광역의회 비례대표의원선거에서의 선거소송 및 당선소송은 중앙선거관리위원회에 대한 선거소청을 거쳐 대법원이 관할한다(공직선거법 제222조 제2항, 제223조 제2항).

제101조 제3항은 법관의 자격은 법률로 정한다고 규정하고 있다. 법률에 의한 법관의 자격은 행정권으로부터 법관의 독립성을 유지하기 위해 필수적인 것이다. 「법원조직법」에 의하면 대법원장과 대법관은 20년 이상 ① 판사·검사·변호사의 직에 있거나, ② 변호사의 자격이 있는 자로서 국가기관이나 지방자치단체, 공공단체 등의 법률에 관한 사무에 종사한 자, ③ 변호사자격이 있는 자로서 공인된 대학의 법률학 조교수 이상의 직에 있던 45세 이상의 사람 중에서 임용한다. 판사는 10년 이상 위의 직에 있던 사람 중에서 임용한다(동법 제42조). 다만 위의 재직기간을 합산하여 5년 미만인 판사는 변론을 열어 판결하는 사건에 관하여는 단독으로 재판할 수 없으며, 합의부의 재판장이 될 수 없다(동법 제42조의3).

제102조

제102조
① 대법원에 부를 둘 수 있다.
② 대법원에 대법관을 둔다. 다만, 법률이 정하는 바에 의하여 대법관이 아닌 법관을 둘 수 있다.
③ 대법원과 각급법원의 조직은 법률로 정한다.

대법원의 조직과 대법관

제102조 제1항에 의해 대법원에 부를 둘 수 있다. 이에 따라 「법원조

직법」은 대법원의 조직에 관하여 대법관 전원의 3분의 2 이상으로 구성되고 대법원장이 재판장이 되는 대법관전원합의체와 부를 두고 있다. 부에는 일반부와 특별부가 있으며, 대법원장은 필요하다고 인정할 경우에는 행정·조세·노동·군사·특허 등의 사건을 전담하는 특별부로 하여금 심판하게 할 수 있다(동법 제7조 제1항, 제2항).

제102조 제2항에 따라 대법원은 대법원장과 대법관으로 구성된다. 다만 법률이 정하는 바에 의하여 대법관이 아닌 법관을 둘 수 있다. 대법관의 수에 관하여 「법원조직법」은 "대법원장을 포함하여 14명으로 한다"고 규정하고 있다(동법 제4조 제2항).

제102조 제3항에 따라 대법원과 각급법원의 조직은 「법원조직법」에 의해 정해진다. 대법원에는 대법관 전원으로 구성되는 대법관회의를 두며 대법원장이 그 의장이 된다. 대법관회의는 대법관 전원의 3분의 2 이상의 출석과 출석인원 과반수의 찬성으로 의결한다(동법 제16조 제1항, 제2항). 대법관회의의 의결을 거쳐야 하는 의결사항으로는 판사의 임명에 대한 동의, 대법원규칙의 제정과 개정 등이 있다(동법 제17조).

대법관은 최고법원인 대법원의 구성원으로서 사법권을 행사하고, 대법관회의의 구성원으로서 소관사항에 관하여 의결권을 행사한다. 대법관의 임기는 6년이며 정년은 70세이다(동법 제45조 제2항, 제4항).

대법원이 관할하는 사건으로는 상고심, 명령·규칙의 위헌·위법 여부의 최종심사, 위헌법률심판의 제청, 선거소송 등이 있다. 대법원의 심판은 대법관 전원의 3분의 2 이상의 합의체에서 행한다. 그러나 명령·규칙이 헌법이나 법률에 위반함을 인정하는 경우와 종전에 대법원에서 판시한 헌법·법률·명령 또는 규칙의 해석·적용에 관한 의견을 변경할 필요가 있다고 판단하는 경우 등을 제외하고는 대법관 3인 이상으로 구성된 부에서 사건을 먼저 심리하여 의견이 일치한 때에 한하여 그

부에서 재판할 수 있도록 하고 있다(동법 제7조 제1항). 합의체심판에서는 헌법과 법률에 다른 규정이 없으면 과반수로써 결정한다(동법 제66조 제1항).

각급법원의 조직

대법원 이외의 각급법원으로는 고등법원, 특허법원, 지방법원, 가정법원, 행정법원, 회생법원 등이 있다. 고등법원에는 고등법원장과 판사를 두며, 판사의 수는 대법원규칙으로 정한다(동법 제5조 제2항, 제3항). 고등법원장은 그 법원의 사법행정사무를 관장하며 소속공무원을 지휘·감독한다. 고등법원의 심판은 판사 3인으로 구성된 합의부에서 행한다. 고등법원이 심판하는 사건으로는 지방법원합의부·가정법원합의부 또는 행정법원의 제1심 판결·심판·결정·명령에 대한 항소 또는 항고사건 등이 있다(동법 제28조).

특허법원에는 특허법원장과 판사를 두며, 판사의 수는 대법원규칙으로 정한다. 특허법원의 심판은 판사 3인으로 구성된 합의부에서 행한다. 특허법원이 심판하는 사건은 「특허법」 제186조 제1항, 「상표법」 제86조 제2항 등이 정하는 제1심사건과 다른 법률에 의하여 특허법원의 권한에 속하는 사건 등이다(동법 제28조의4). 특허심판절차는 특허심판원→특허법원→대법원으로 진행하게 된다.

지방법원의 심판은 단독판사가 행하고 합의심판을 요할 때에는 판사 3인으로 구성된 합의부에서 행한다(동법 제7조 제4항, 제5항). 지방법원의 관할사항은 모든 소송의 제1심을 원칙으로 한다. 지방법원의 단독판사는 대법원규칙이 정하는 민사사건, 형사사건은 절도·폭행사건 등과 단기 1년 미만의 징역이나 금고·벌금형에 처할 사건을 관할한다. 지방법원의 지원에는 지원장을 두며 판사로서 보한다. 지방법원 지원의 단독판사와 합의부의 심판 및 관할사항은 지방법원의 그것과 동일하다

(동법 제31조, 제32조). 대법원장은 지방법원 또는 그 지원 소속판사 중에서 그 관할구역 안에 위치한 시·군법원의 판사를 지명하여 시·군법원의 관할사건을 심판하게 한다. 시·군법원의 관할사건으로는 「소액사건심판법」의 적용을 받는 민사사건, 화해·독촉 및 조정에 관한 사건, 20만원 이하의 벌금 또는 구류나 과료에 처할 범죄 사건, 「가족관계의 등록 등에 관한 법률」 제75조에 의한 협의상 이혼의 확인 등이다(동법 제34조).

가정법원 및 가정법원지원의 합의부는 「가사소송법」에서 정한 가사소송과 마류 가사비송사건 중 대법원규칙으로 정하는 사건, 가정법원 판사에 대한 제척·기피사건, 다른 법률에 의하여 가정법원합의부의 권한에 속하는 사건을 제1심사건으로 심판한다. 가정법원본원합의부는 가정법원 단독판사의 판결·결정·명령에 대한 항소 또는 항고사건을 제2심으로 심판한다(동법 제40조 제1항, 제2항).

행정법원의 심판은 판사 3인으로 구성된 합의부에서 행한다. 행정법원은 「행정소송법」에서 정한 행정사건 및 다른 법률에 의하여 행정법원의 권한에 속하는 사건을 제1심으로 심판한다(동법 제40조의4). 우리의 행정쟁송절차는 1998년 3월 이전에는 행정처분청의 상급기관(행정심판) → 고등법원(행정소송) → 대법원으로 진행되던 것이 그 이후에는 행정처분청의 상급기관(행정심판) 또는 행정법원 → 고등법원 → 대법원으로 진행하게 되었다.

회생법원은 도산사건을 전문적으로 처리하는 전문법원으로 2017년 3월 1일 신설되었다. 회생법원은 채무자에 대한 구조조정절차를 공정하고 효율적으로 담당하고 도산절차의 이용 문턱을 낮추어 수요자의 법원 접근성을 강화하고 이해당사자간 공정성과 형평성을 제고하여 재판에 대한 국민의 신뢰를 증진하기 위하여 설치되었다. 회생법원은 서울특별시에 설치되며, 「채무자 회생 및 파산에 관한 법률」에 따른 회생사건, 간이회생사건 및 파산사건 또는 개인회생사건을 담당한다.

제103조
법관은 헌법과 법률에 의하여 그 양심에 따라 독립하여 심판한다.

사법권의 독립의 핵심조항

헌법 제103조는 사법권의 독립에 관한 핵심조항으로서 법관의 재판에 있어서의 독립을 보장하고 있다. 법관의 재판상 또는 직무상 독립은 헌법과 법률 및 양심에 따른 심판과 내·외부작용으로부터 독립한 심판을 내용으로 한다. 법관이 재판에 관한 직무를 수행함에 있어서는 오로지 헌법과 법률 그리고 자신의 양심에 따를 뿐이며, 국회나 정부는 물론 사법부 내에서도 상급법원이나 소속법원장의 지시나 명령을 받지 않고, 소송당사자나 그 밖의 사회적·정치적 세력으로부터도 영향을 받지 않아야 한다.

법관은 헌법과 법률에 의하여 심판한다

법관이 재판을 함에 있어 헌법과 법률에 구속되는 것은 법치국가원리에 비추어 당연한 것일 뿐만 아니라 재판의 정당성을 보장하기 위한 것이다. 법률은 국민의 대표기관인 국회가 제정한 것이므로 법률에 의한 재판만이 국민의 의사에 따른 재판으로서 민주적 정당성을 가질 수 있기 때문이다. 여기서 헌법은 성문헌법은 물론이고 헌법적 관습까지 포함되며, 법률의 경우에는 형사재판에서는 죄형법정주의가 지배하므로 그 실체법은 형식적 의미의 법률이어야 한다. 다만 예외적으로 대통령의 긴급명령·긴급재정경제명령과 국회의 비준동의를 받은 조약은 법률과 동일한 효력을 갖는 것이므로 이에 포함된다. 그러나 민사재판과 행정재판에서는 실체법은 형식적 의미의 법률에 한정되지 않고 일체의 성문법과 이에 저촉되지 않는 관습법도 포함된다. 반면에 절차법에 관한 한 민사·형사·행정재판을 불문하고 모든 재판은 형식적 의미의 법률에 따라야 한다.

법관은 양심에 따라 독립하여 심판한다

법관은 양심에 따라 독립하여 심판한다. 양심이라 함은 일반적으로 선악에 관한 가치판단 등 인간의 내심의 작용인 도덕적·윤리적 확신을 말한다. 그러나 헌법 제103조의 양심은 법관으로서의 양심을 말하며, 그것은 공정성과 합리성에 바탕을 두고 법 해석을 직무로 하는 법률가의 객관적 양심이며 법리적 확신을 의미한다. 인간으로서의 도덕적 확신과 법관으로서의 법리적 확신이 일치하지 아니할 경우 법관은 법리적 확신을 우선시켜야 한다. 따라서 법관은 자신의 주관적 양심이 실정법과 충돌하는 경우에도 자신의 개인적 양심에 따라 법률문언의 의미를 왜곡하거나 법률해석의 객관성을 벗어나서는 안 된다. 그러나 현실적으로 법관의 인간으로서의 주관적인 윤리적 양심과 객관적인 법리적 양심의 명확한 구분은 쉽지 않다고 할 것이다.

법관의 "양심에 따라 심판한다"는 조항은 1948년 건국헌법에서는 명문의 표현이 없었으나, 1962년 헌법에서 새로 규정되어 현행 헌법에까지 유지되고 있는 것이다. 이에 관한 외국의 입법례는 쉽게 찾아보기 어렵다. 독일 기본법은 "법관은 독립이며 법률에만 따른다"(제97조 제1항)고 규정하여 양심에 따른 심판이라는 표현이 없다. 단지 일본국 헌법에 "모든 재판관은 그 양심에 따라 독립하여 그 직권을 행하며, 헌법과 법률에만 구속된다"(제76조 제3항)고 규정하고 있음을 볼 수 있다. 일본 최고재판소는 '양심에 따라'의 의미를 "유형무형의 압력 내지 유혹에 종속되지 않고 자기 내심의 양식과 도덕감에 따라" 심판하는 것으로 해석하고 있다. 일본 학계의 통설은 양심을 "법관의 객관적 양심"으로 이해하여 법관은 오직 헌법과 법률에만 구속된다는 것으로 보고

‘양심에 따라’의 문언에 특별한 의미를 부여할 필요는 없다고 한다.

국내 학설도 양심을 재판기준으로 드는 것은 특별한 의미가 없다고 보는 견해가 일반적이다. 생각건대 “법관은 헌법과 법률에 의하여 그 ‘양심에 따라’ 독립하여 심판한다”는 의미가 법관이 재판을 하는 데 있어서 헌법과 법률이라는 법적 기준에 따라야 하며, 이 법적 기준과 법관 자신의 윤리적·가치적 판단기준이 일치하지 않는 갈등의 상황이 발생하는 경우에도 법관은 오로지 헌법과 법률에 따라 판단해야 하는 헌법적 의무가 있다는 것이며, 헌법과 법률이라는 재판기준과 다른 별개의 기준으로서 ‘법관의 양심’에 따른 재판을 요구하는 것은 아니라고 할 것이다. 그렇게 본다면 법관의 양심은 별개의 재판기준으로 작용하는 것이 아니라 법관의 공정하고 객관적인 법리해석에 요구되는 법률가로서의 윤리의식을 강조하는 것으로 이해할 수 있다.

법관이 재판을 함에 있어서는 국회나 행정부 등의 국가기관의 지시나 명령에 따르지 않아야 하고 법원 이외의 국가기관도 법관의 재판에 간섭해서는 아니된다. 법관 스스로도 정치적 활동이나 이권문제에 개입하는 것을 자제해야 한다(법원조직법 제49조의 법관의 금지사항).

형사재판에서 소추권을 행사하는 검찰기관과 행정재판에서 소송당사자가 되는 행정관청은 소송절차를 통하지 아니한 어떠한 간섭도 법관에게 할 수 없다. 법관의 심판의 독립을 뒷받침하기 위하여 각종 소송법에서는 법관의 제척·기피·회피제도를 규정하고 있다(민사소송법 제41조~제50조; 형사소송법 제17조~제25조; 헌법재판소법 제24조).

일반국민이나 언론 및 사회·정치단체 등도 청원권의 행사나 여론을 통하여 재판에 대하여 비판할 수 있다. 하지만 그 비판은 재판의 내용 그 자체에 간섭하는 것이거나 사전에 재판에 영향을 미치기 위하여 집단적 행동으로 법관에게 직접 위협을 가하는 것이어서는 안 된다. 재판의 비판은 법관의 법해석 또는 사실인정에 적용된 법칙을 시비의 대상으로 할 때에만 가능하고, 법관의 전속적 권한에 속하는 사실인정이나 유·무죄의 판단 그 자체를 대상으로 하거나 형사피고인의 무죄추정의 원칙을 근본적으로 부정하는 정도의 비판은 할 수 없다. 다만 법관의 재판 결과에 대하여, 법관의 법 해석·적용 과정에서 지나치게 편향적인 가치관이 재판에 영향을 미친 경우에는 국민의 여론이나 학계에 의해 비판이 제기될 수 있다.

재판의 독립과 법원조직법 제8조

법관이 재판을 함에 있어서는 대법원장이나 상소심법원장 또는 소속법원장 등에 의한 지휘·명령을 받지 아니하며, 대법원장이나 상소심법원장 또는 소속법원장도 법관에게 지시나 간섭을 할 수 없다. 재판이 합의제인 경우 법관은 독립하여 직권을 행사하며 사실판단이나 법률판단에 관하여 재판장이나 다른 법관의 지시·명령에 따르도록 강제받지 아니한다. 이와 관련하여 문제가 되는 것은 「법원조직법」 제8조의 "상급법원의 재판에 있어서의 판단은 당해 사건에 관하여 하급심을 기속한다"라는 규정이다. 이 규정도 하급법원이 상급법원의 지시에 따라 재판을 해야 한다는 것이 아니고, 파기환송 사건의 판결에서 상급법원이 행한 판단에 하급심 법원이 기속된다는 것을 의미할 뿐이다. 당해 사건에 관하여 상급법원의 판단에 하급심법원이 기속되어야 하는 것은 계층적 상소제도를 인정하고 있는 이상 불가피하다. 예컨대 대법원에 의해 파기환송된 사건에서 하급심 법원이 원판결을 그대로 유지한다면 파기환송이 계속 반복될 것이며, 이는 소송의 지연으로 신속한 재판을 기대할 수 없게 되고 나아가 법률의 해석 및 적용의 통일성을 기할 수 없게 되므로 당해 사건에서는 상급심재판이 하급심을 기속하는 것은 불가피하다. 그렇지만 하급심 법원은 당해 사건이 아닌 다른 사건에서는 동일한 종류의 사건이라 하더라도 상급심 법원과 다른 판단을 할 수 있다. 즉 하급심 법원은 상급심 법원의 견해에 따라 판결해야 할 의무가 없으며, 단지 상급심 법원에 의해 파기환송당할 위험을 감수해야 한다. 대법원 판례에 의하면 "상고심으로부터 사건을 환송받은 법원은 그 사건을 재판함에 있어서 상고법원이 파기이유로 한 사실상 및 법률상의 판단에 대하여 기속된다"고 판시하고 있다(대판 2009. 4. 9. 2008도10572).

법관의 양형결정권 제한은 위헌인가?

사법권의 독립과 관련하여 법관의 양형결정권 제한의 문제가 있다. 즉 형사재판에 있어서 법관의 양형 선택의 폭을 크게 제한하는 것이 재판의 독립에 위배되는 것이 아닌지가 문제될 수 있다. 형사법상 상대적 법정형주의의 원칙 하에서 법관의 양형선택판단권과 양형결정권의 보장은 법관에게 죄질과 정상에 따라 적정한 형을 선고할 수 있게 함으로써 구체적 정의의 구현을 목적으로 하는 사법권독립에 있어서 중요한 기능을 수행한다.

헌법재판소는 피해자를 치사하고 도주하거나 도주 후에 피해자가 사망한 때에 최하 10년 유기징역으로 가중처벌하는 「특정범죄가중처벌 등에 관한 법률」 조항에 대하여 법관이 양형을 선택하고 선고하는 데에 그 재량의 폭이 너무 한정되어 인간존중의 이념에 따라 재판을 할 수 없을 뿐 아니라 양형상 참작할 만한 사유가 있어서 최대한 작량감경을 하더라도 별도의 법률상 감경사유가 없는 한 집행유예를 선고할 수 없도록 법관의 양형선택과 판단권을 극도로 제한하고 있고 또 범죄자의 귀책사유에 알맞는 형벌을 선고할 수 없도록 법관의 양형결정권을 원천적으로 제한하고 있으며, 평등의 원칙과 과잉금지원칙 등에 위배되어 위헌이라고 결정하였다(헌재 1992. 4. 28. 90헌바24). 또한 마약의 단순매수나 단순판매목적소지의 마약사범에 대하여도 사형, 무기 또는 10년 이상의 징역에 처하도록 하는 규정은 예컨대 단 한 차례 극히 소량의 마약을 매수하거나 소지하고 있었던 경우 실무상 작량감경을 하더라도 별도의 법률상 감경사유가 없는 한 집행유예를 선고할 수 없도록 법관의 양형결정권을 원천적으로 제한하는 것으로 위헌이라고 결정하였다(헌재 2003. 11. 27. 2002헌바24).

제104조
① 대법원장은 국회의 동의를 얻어 대통령이 임명한다.
② 대법관은 대법원장의 제청으로 국회의 동의를 얻어 대통령이 임명한다.
③ 대법원장과 대법관이 아닌 법관은 대법관회의의 동의를 얻어 대법원장이 임명한다.

대법원장과 대법관·일반 법관의 임명절차

제104조는 대법원장, 대법관 및 일반 법관의 임명절차를 규정하고 있다. 제104조 제1항에 의해 대법원장은 대통령이 국회의 동의를 얻어 임명한다. 대법원장은 최고법원인 대법원의 장으로서 법원을 대표하는 법원의 수장이다. 대법원장은 대법관으로 구성되는 대법관회의의 의장의 지위를 가지며, 대법관전원합의체의 재판장의 지위를 갖는다(법원조직법 제16조 제1항, 제7조 제1항). 대법원장의 권한으로는 헌법상 대법관 임명제청권을 가지며, 헌법재판소 재판관 중 3인의 지명권과 중앙선거관리위원회 위원 중 3인의 지명권을 가진다.

제104조 제2항에 따라 대법관은 대법원장의 제청으로 국회의 동의를 얻어 대통령이 임명한다. 대법관의 임명절차에 대법원장의 임명제

청권을 인정하는 것이 사법권의 독립을 확보하기 위한 긍정적 취지를 담고 있다. 그렇지만 현실적으로 대법원장이 행사하는 임명제청권은 합의제기관을 구성하는 데 있어 상호 대등해야 할 대법원장과 대법관의 관계가 상하 위계질서를 형성하게 되는 심각한 문제점을 낳을 수 있다. 대법원장은 다른 대법관과 함께 '동료들 중의 1인'으로서 대법원이라는 합의제 재판기관을 구성하지만, 실제로는 대법관의 임명에 절대적인 영향력을 행사할 수 있는 지위에 있게 되고, 이는 결과적으로 대법원장이 일반 법관의 임명에 앞서 동의를 구하는 대법관회의를 형식적인 기구로 만들 위험성을 내포하게 된다. 대법원장과 대법관의 이러한 상하관계는 법원의 강한 위계질서 형성과 연결되어 독립적이어야 할 법관의 심판에도 영향을 미칠 수 있다. 이러한 문제를 해결하기 위한 방안으로 헌법 개정시 대법원장의 대법관 임명제청권을 폐지하고 중립적인 대법관추천위원회의 구성 등을 고려해 볼 필요가 있다.

제104조 제3항은 법관의 신분상의 독립을 강화하고 인사의 공정을 기하기 위하여 "대법원장과 대법관이 아닌 법관은 대법관회의의 동의를 얻어 대법원장이 임명한다"고 규정하여 일반법관의 임명을 법원의 자율에 맡기고 있다. 이에 따라 「법원조직법」은 제41조 제3항에 "판사는 인사위원회의 심의를 거치고 대법관회의의 동의를 받아 대법원장이 임명한다"고 규정하고 있다.

제
105
조

제105조

① 대법원장의 임기는 6년으로 하며, 중임할 수 없다.

② 대법관의 임기는 6년으로 하며, 법률이 정하는 바에 의하여 연임할 수 있다.

③ 대법원장과 대법관이 아닌 법관의 임기는 10년으로 하며, 법률이 정하는 바에 의하여 연임할 수 있다.
④ 법관의 정년은 법률로 정한다.

법관의 임기제와 정년제

제105조는 대법원장, 대법관 및 일반 법관의 임기 등을 규정하고 있다. 제105조 제1항에 의하여 대법원장의 임기는 6년으로 하며 중임할 수 없다. 대법원장의 정년은 「법원조직법」에 의해 70세로 한다(동법 제45조 제1항, 제4항). 우리 헌법은 법관의 임기제와 정년제를 채택하고 있으나 미국의 경우 연방법원의 법관은 종신제로 임명되므로 연방대법원장과 대법관이 수십년간 재임하기도 한다. 참고로 미국의 제4대 연방대법원장 존 마샬(John Marshall)은 1801년 2월 4일 아담스 대통령에 의해 임명되어 1835년 7월 6일까지 35년간 재임하면서 미국 연방대법원의 기틀을 확립하였다. 미국 연방대법원 역사에 있어 가장 진보적인 워렌(Earl Warren) 대법원장은 1953년부터 1969년까지 16년간 재임하면서 브라운 판결 등 획기적인 판결로 미국의 역사를 바꾼 인물로 평가되었다. 렌퀴스트(William Rehnquist) 대법원장은 보수적인 인물로 1986년 레이건 대통령에 의해 임명되어 2005년까지 19년간 재직하였다.

제105조 제2항과 제3항에 따라 대법관의 임기는 6년으로 하며 법률이 정하는 바에 의하여 연임할 수 있고, 일반 법관의 임기는 10년으로 하며 법률이 정하는 바에 의하여 연임할 수 있다. 법관의 임기제는 영미의 경우와 같은 법관의 종신제에서 나타나는 법관의 보수화와 관료화를 방지할 수 있다는 긍정적인 측면도 없지 않으나, 법관의 신분보장이 위협을 받게 되어 사법부의 독립이 약화될 수 있는 부정적인 측면

도 있다. 법관의 연임제에 있어서 일반 법관의 연임은 강력하게 보장되어야 하지만 대법관의 경우에는 대법원장의 제청과 국회의 동의절차를 거쳐야 하는 것이므로 일반 법관과 같은 정도로 연임이 보장되는 것으로 보기는 어렵다. 일반 법관의 연임제는 법관의 신분보장을 위해 운영되어야 하며 신분을 위협하는 수단으로 이용되어서는 안 된다. 그리하여 「법원조직법」은 법관의 연임에 관하여, 임기가 끝난 판사는 인사위원회의 심의를 거치고 대법관회의의 동의를 얻어 대법원장의 연임 발령으로 연임한다고 규정하고(동법 제45조의2 제1항), 판사의 연임제한 사유를 세 가지로 한정하여, 1. 신체 또는 정신상의 장해로 인하여 판사로서 정상적인 직무를 수행할 수 없는 경우, 2. 근무성적이 현저히 불량하여 판사로서 정상적인 직무를 수행할 수 없는 경우, 3. 판사로서 품위를 유지하는 것이 현저히 곤란한 경우로 규정하고 있다(동법 제45조의2 제2항).

제105조 제3항에 의한 법관의 임기제와 연임제는 법관의 독립과 관련하여 양날의 칼이 될 수도 있다. 「법원조직법」에 의한 연임제한사유를 엄격하게 적용하지 않게 되면 법관의 신분보장이 위협을 받을 수도 있다. 법관의 연임제에 의한 재임용은 법관의 정년 때까지 최대한 보장되어야 하는 것이 법관의 독립의 헌법정신에 부합하게 된다.

제105조 제4항에 따라 법관의 정년은 법률로 정해진다. 법관의 정년제는 사법부의 노쇠화를 방지하기 위하여 법률이 정한 연령에 도달하면 퇴직하게 하는 제도를 말한다. 「법원조직법」은 2011년 7월 법관의 정년조항을 개정(2013. 1. 1. 시행)하여 대법원장과 대법관의 정년은 70세, 일반법관의 정년은 65세로 규정하였다(동법 제45조 제4항).

제106조

① 법관은 탄핵 또는 금고 이상의 형의 선고에 의하지 아니하고는 파면되지 아니하며, 징계처분에 의하지 아니하고는 정직·감봉 기타 불리한 처분을 받지 아니한다.

② 법관이 중대한 심신상의 장해로 직무를 수행할 수 없을 때에는 법률이 정하는 바에 의하여 퇴직하게 할 수 있다.

법관의 신분보장

제106조는 법관의 신분보장을 규정하고 있다. 재판의 독립을 확보하려면 법관의 신분이 보장되어야 한다. 법관의 신분보장을 위해서는 파면이나 불리한 처분, 강제퇴직의 제한 등을 헌법에 명시하여야 한다. 그리하여 제106조 제1항에 따라 법관은 탄핵 또는 금고 이상의 형의 선고에 의하지 아니하고는 파면되지 아니하며, 징계처분에 의하지 아니하고는 정직·감봉 기타 불리한 처분을 받지 아니한다.

법관에 대한 탄핵은 권력분립원리와 사법권의 독립에 비추어 신중을 기해야 하는 것이므로 우리나라 헌정사에 있어서 법관에 대한 국회의 탄핵소추가 발의된 경우는 없었다. 그러나 최근 2021년 2월 24일 국회는 절대다수 의석을 가진 더불어민주당의 일방적인 탄핵소추발의에 의해 헌정사상 최초로 법관의 탄핵소추가 의결되어 헌법재판소의 심판을 받게 되었다. 탄핵소추의 과정을 보면, 임○○ 전 부산고법 부장판사가 일본 산케이신문 서울지국장의 명예훼손 사건의 재판에 개입했다는 혐의로 직권남용죄로 기소되어 제1심에서 무죄판결을 받았으나, 국회는 임판사의 그러한 행동이 위헌적인 행위라 하여 탄핵소추를 의결한 것이다. 그러나 탄핵소추가 의결된 지 4일 후 임판사는 2021년

2월 28일 임기만료로 퇴직하였다. 헌법재판소는 임판사에 대한 탄핵심판 사건에서 이미 임기만료로 퇴직한 피청구인에 대해서는 본안 판단에 나아가도 파면결정을 선고할 수 없으므로 결국 이 사건 탄핵심판청구는 부적접하다는 각하결정을 하였다(헌재 2021. 10. 28. 2021헌나1).

법관은 대법원에 설치된 법관징계위원회의 징계처분에 의하지 아니하고는 정직·감봉 또는 불리한 처분을 받지 아니한다(법원조직법 제46조 제1항). 「법관징계법」에 따라 법관에 대한 징계처분은 정직·감봉·견책의 세 종류로 한다(동법 제3조). 헌법에서 법관의 파면사유를 탄핵 또는 금고 이상의 형의 선고로 제한하고 있기 때문에 징계에 의해서 법관을 파면시킬 수 없다.

제106조 제2항에 "법관이 중대한 심신상의 장해로 직무를 수행할 수 없을 때에는 법률이 정하는 바에 의하여 퇴직하게 할 수 있다"라고 규정한 것도 법관의 신분보장을 위한 것이다. 「법원조직법」은 법관이 중대한 신체상 또는 정신상의 장해로 직무를 수행할 수 없을 때에는, 대법관인 경우에는 대법원장의 제청으로 대통령이 퇴직을 명할 수 있고, 판사인 경우에는 인사위원회의 심의를 거쳐 대법원장이 퇴직을 명할 수 있다고 규정하고 있다(동법 제47조).

제107조

① 법률이 헌법에 위반되는 여부가 재판의 전제가 된 경우에는 법원은 헌법재판소에 제청하여 그 심판에 의하여 재판한다.

② 명령·규칙 또는 처분이 헌법이나 법률에 위반되는 여부가 재판의 전제가 된 경우에는 대법원은 이를 최종적으로 심사할 권한을 가진다.

③ 재판의 전심절차로서 행정심판을 할 수 있다. 행정심판의 절차는 법률

로 정하되, 사법절차가 준용되어야 한다.

법원의 헌법수호기능

헌법 제107조는 제1항과 제2항에서 법원의 위헌법률심판제청권과 명령·규칙 또는 처분에 대한 위헌·위법심사권을 규정하고 있다. 이러한 법원의 권한은 일반적인 민사·형사소송 등에서의 쟁송재판권과는 달리 헌법 해석을 통한 헌법수호기능을 수행한다는 점에 그 의미가 있다. 우리 헌법은 기본적으로 헌법재판기능을 헌법재판소가 담당하도록 하고 있으나, 법원도 위 권한들을 통해 헌법수호기능을 일정 부분 담당하게 된다. 법원의 재판과정에서 당해 사건에 적용되는 법률의 위헌 여부가 문제될 수 있는데, 이 경우 법원이 직접 법률의 위헌 여부에 대한 심사를 하는 것이 아니고 우리 헌법은 헌법재판소가 위헌법률심판을 관장하도록 하여 법원은 헌법재판소에 위헌법률심판을 제청하고 헌법재판소의 심판결과에 따라 재판하게 된다.

위헌법률심판제청권

제107조 제1항에 의해 법률의 위헌 여부가 재판의 전제가 되는 경우에 법원은 직권으로 또는 소송당사자의 신청에 따른 결정으로 헌법재판소에 위헌법률심판을 제청할 수 있는 권한을 가진다. 대법원과 각급법원 및 군사법원은 위헌법률심판 제청을 할 수 있다.

「헌법재판소법」에 의하면 법원의 위헌심판 제청은 법원이 직권으로써 하거나 당사자의 제청신청이 있어야 한다(동법 제41조 제1항). 당사자가 제청신청을 할 경우에는 사건 및 당사자의 표시, 위헌이라고 해석되는 법률 또는 법률조항, 위헌이라고 해석되는 이유 등을 기재한 서면으로써 해야 한다. 법원은 직권에 의한 결정으로써 위헌심판을 제청할 수 있으며, 소송당사자의 제청신청이 있는 경우에는 결정으로써 심판을 제청할 수 있고 그 신청을 기각할 수도 있다. 위헌 여부 심판의 제청에 관한 결정에 대해서는 항고할 수 없다(동법 제41조 제4항).

법원이 헌법재판소에 위헌법률심판 제청을 한 때에는 당해 소송사건의 재판은 헌법재판소의 위헌 여부의 결정이 있을 때까지 정지된다. 법원은 헌법재판소의 위헌심판의 결과를 기다려서 재판을 해야 하지만 법원이 긴급하다고 인정하는 경우에는 종국재판 외의 소송절차는 진행할 수 있다(동법 제42조 제1항). 이러한 재판의 정지효력은 당해 소송사건에 대해서만 개별적으로 발생하기 때문에 동일한 법률의 위헌여부심판을 제청하지 아니한 법원에서는 그 정지효력이 미치지 않는다.

위헌법률심판 제청의 요건 - 재판의 전제성

법원이 헌법재판소에 위헌법률심판을 제청하기 위해서는 그 법률의 위헌심판의 적법요건으로서 '재판의 전제성'이 갖춰져야 한다. 재판의 전제성이란 법률의 위헌 여부가 재판의 전제가 된 경우를 말한다. 재판의 전제가 된 경우란 ① 구체적 사건이 법원에 계속 중이어야 하고, ② 위헌 여부가 문제되는 법률이 당해 소송사건의 재판에 적용되는 것이어야 하며, ③ 그 법률이 헌법에 위반되는지의 여부에 따라 당해 사건을 담당한 법원이 다른 내용의 재판을 하게 되는 경우를 말한다. 여기서 법원이 "다른 내용의 재판"을 하게 되는 경우라 함은 원칙적으로 법원이 심리 중인 당해 사건의 재판의 결론이나 주문(主文)에 어떠한 영향을 주는 것을 말한다. 위헌제청을 받아들여 헌법재판소가 위헌결정을 하게 되면 그 법률은 무효가 되어 당해 재판에 적용할 수 없으므로 결론에 영향을 주는 것은 당연하다. 그뿐만 아니라, 헌법재판소는 문제된 법률의 위헌 여부가 비록 재판의 주문 자체에는 아무런 영향을 주지 않는다고 하더라도 재판의 결론을 이끌어 내는 이유를 달리 하는데 관련되어 있거나 또는 재판의 내용과 효력에 관한 법률적 의미가 전혀 달라지는 경우도 다른 내용의 재판을 하게 되는 경우에 포함된다고 하였다(헌재 1993. 5. 13. 92헌가10등).

위헌법률심판 제청의 대상이 되는 법률은 형식적 의미의 법률뿐만 아니라 실질적 의미의 법률에 해당하는 것도 포함된다. 따라서 법률과 동일한 효력을 갖는 법규범인 조약과 긴급명령·긴급재정경제명령도 위헌법률심판 제청의 대상이 된다. 관습법이 위헌법률심판 제청의 대상이 될 수 있는가의 문제가 있는데, 법원의 입장은 위헌심사의 대상이 되는 법률은 국회의 의결을 거친 형식적 의미의 법률을 말하며 민사에 관한 관습법은 성문의 법률에 반하지 않는 경우에 한하여 보충적인 법원(法源)이 되는 것에 불과하여 관습법이 헌법에 위반되는지의 여부는 법원이 그 효력을 부인할 수 있으므로 위헌심판 제청 신청의 대상이 될 수 없다고 판시하였다(대판 2009. 5. 28. 2007카기134). 이에 대해 헌법재판소는 「민법」시행 이전에 재산상속을 규율한 관습법은 비록 형식적 의미의 법률은 아니지만 실질적으로는 법률과 같은 효력을 갖는 것이므로 위헌법률심판의 대상이 된다고 판단하고 있다(헌재 2013. 2. 28. 2009헌바129).

명령·규칙에 대한 위헌·위법심사권

제107조 제2항은 명령·규칙에 대한 법원의 위헌·위법심사권을 규정하고 있다. 제107조 제1항에 의해 법원은 법률에 대한 위헌심사권을 행사할 수 없지만, 법률의 하위규범인 명령·규칙에 대해서는 위헌·위법심사권을 갖는다. 법원의 명령·규칙심사권이란 법원이 재판의 대상이 되고 있는 구체적 사건에 적용될 명령·규칙을 심사하여 이를 위헌·위법

이라고 판단할 경우 당해 명령·규칙을 당해 사건에 적용함을 거부하는 권한을 말한다. 법원의 재판에 있어서는 헌법의 최고법규성을 존중하여야 하고 법관은 헌법 제103조에 의하여 헌법과 법률에 따라 심판을 해야 한다. 그러므로 법원은 명령·규칙이 상위규범인 헌법과 법률에 합치하는가를 심사하고 그 심사결과 위헌 또는 위법이라고 판단되면 그 명령이나 규칙을 당해 사건에 적용하는 것을 거부할 수 있어야 한다. 그렇게 함으로써 법원은 국법질서의 통일성을 유지하고 위헌·위법한 명령이나 규칙에 의한 국민의 기본권 침해를 방지할 수 있다.

심사의 대상인 명령은 법규명령을 의미한다. 전술한 바와 같이 법규명령이란 행정기관이 헌법과 법률에 근거하여 국민의 권리·의무에 관한 사항을 규정하는 것으로서 대국민적 구속력을 가지는 대통령령·총리령·부령 등을 말한다. 국민의 권리·의무와 직접 관계없는 행정명령은 대외적 구속력이 없으므로 여기의 명령에 포함되지 않는다(앞의 제75조의 해설에 관한 381면 참조). 심사의 대상으로서 규칙은 국가기관(국회, 대법원, 헌법재판소 등)에 의해 정립되고 규칙이라는 명칭을 가진 법규범을 의미하는 것으로 국민에 대하여 일반적 구속력을 가지는 것을 말한다. 행정명령에 해당하는 행정규칙은 기관내규의 성질을 가지므로 여기에서 제외된다. 규칙은 법률보다 하위에 있는 명령 이외의 모든 법규범을 의미하는 것으로서 여기에는 당연히 조례도 포함된다. 국제법규로서 국회의 동의를 요하지 않는 조약이나 협정도 명령과 동일한 효력을 가지는 것은 심사의 대상이 된다.

제2항은 명령·규칙과 함께 '처분'이 헌법이나 법률에 위반되는 여부가 재판의 전제가 된 경우에도 그 위헌·위법심사권을 인정하고 있는데, 여기서의 '처분'이 무엇을 의미하는지 문제된다. 일반적으로 행정소송에서의 처분은 직접 재판의 대상이 되기 때문에 그 경우의 처분은 헌법 제107조 제2항의 '재판의 전제'가 되는 처분과는 동일하다고 볼 수

없기 때문이다. 실제에 있어서 행정소송의 구조 내에서 처분의 위헌·위법 여부가 재판의 전제가 되는 경우는 거의 찾아보기 어렵다고 할 수 있다. 따라서 제107조 제2항에 의한 위헌·위법심사의 대상이 되는 것은 주로 명령·규칙을 의미하며, 그것은 행정부의 대통령령 등의 법규명령과 헌법기관의 규칙을 말한다.

법원의 심사결과 위헌·위법성이 인정된 명령·규칙의 효력에 관한 현행 법규정이 없기 때문에 그 효력 여부에 관한 문제가 제기된다. 학설은 일반적 효력설과 개별적 효력설이 대립하는데, 위헌·위법한 명령·규칙은 당해 사건에 적용이 거부될 뿐이며 무효로 선언할 수 없다는 개별적 효력설이 통설이다. 법원의 본래의 임무는 구체적 사건의 심판이지 명령·규칙의 효력 그 자체를 심사하는 것이 아니기 때문에 법원이 본안판단에 부수하여 그 명령·규칙의 위헌·위법 판단에 따른 개별적 적용 거부에 그치는 것이 타당하다. 법원의 위헌·위법 판단에 따라 당해 명령·규칙에 대해 일반적 무효를 선언하게 된다면 그것은 권력분립원리에 반하여 법원의 명령·규칙심사권의 한계를 벗어나게 되는 문제가 될 수 있기 때문이다. 「행정소송법」 제6조의 '명령·규칙의 위헌·위법 판결공고제'는 일반적 효력설에 근거한 것이라 할 수 없으며, 위헌·위법으로 판단된 명령·규칙이 다른 사건에 적용되는 것을 방지하고 그러한 위헌·위법의 명령·규칙을 제정한 행정입법의 주체가 조속한 시일 내에 그 명령·규칙을 개폐할 수 있도록 한 것이라고 볼 수 있다.

헌법재판소도 명령·규칙에 대한 위헌심사권을 갖는가?

제107조 제2항에 따라 각급법원은 명령·규칙심사권을 가지며 최고법원인 대법원은 이를 최종적으로 심사할 권한을 가지는 것이지만, 헌법재판소도 명령·규칙에 대해서도 위헌심사권을 가지는가에 관하여 대법원과 헌법재판소는 견해가 대립하고 있다. 이에 대해 대법원은 부정적 입

장을 취하고 있지만, 헌법재판소는 긍정적으로 보고 있다. 헌법재판소는 대법원규칙인 「법무사법 시행규칙」에 대한 헌법소원심판 사건에서 "법률의 위헌여부심사권을 헌법재판소에 부여한 이상, 통일적인 헌법해석과 규범통제를 위하여 공권력에 의한 기본권침해를 이유로 하는 헌법소원심판청구사건에 있어서 법률의 하위규범인 명령·규칙의 위헌여부심사권이 헌법재판소의 관할에 속함은 당연한 것으로서 헌법 제107조 제2항의 규정이 이를 배제한 것이라고는 볼 수 없다"고 판시한 바 있다(헌재 1990. 10. 15. 89헌마178). 학계의 지배적 견해는 헌법재판소의 입장과 같다.

행정심판제도

제107조 제3항은 재판의 전심절차로서 행정심판제도에 관한 헌법적 근거조항이다. 행정심판이란 국가와 개인의 법적 분쟁이 발생했을 때 법원의 사법적 판단에 앞서 행정청 스스로가 자기교정을 하여 개인이 신속하게 권리를 구제받을 수 있도록 하는 제도를 말한다. 현행 「행정소송법」은 원칙적으로 행정심판을 거치지 않고 행정소송을 제기할 수 있도록 하여 행정심판은 임의적 절차로 채택되어 있다. 다만, 법률에 특별한 규정이 있는 경우에는 행정소송을 제기하기 위해서는 먼저 행정심판을 거치도록 행정심판 전치주의(前置主義)를 채택하고 있다. 예를 들면 특허심판의 경우 그 특수성을 고려하여 특허심판전치주의를 채택하여 특허심판원의 특허심판을 거쳐 특허법원에 이어 대법원을 최종심으로 하고 있다. 「국가배상법」상 행정심판전치주의에 해당하는 배상심의결정 전치주의에 대해서 대법원은 합헌이라고 판단하였으나, 2008년 「국가배상법」이 개정되어 필수적 전치주의에서 임의적 전치주의로 바뀌었다(동법 제9조).

필수적 행정심판의 경우에도 행정심판 청구가 있은 날로부터 60일이 지나도 재결이 없는 때, 처분의 집행 또는 절차의 속행으로 생길 중

대한 손해를 예방하여야 할 긴급한 필요가 있는 때 및 그 밖의 정당한 사유가 있는 때에는 행정심판을 거치지 않고 행정소송을 제기할 수 있다. 그리고 특별 법률에서 필수적 행정심판을 도입하면서 행정심판을 거치지 않고 행정소송을 제기할 수 있는 예외를 전혀 인정하지 않거나 극히 협소하게 규정하는 것은 사법부에 의한 권리 구제의 가능성을 그 만큼 제한하는 것으로 헌법에 위반된다(헌재 2001. 6. 28. 2000헌바30).

제107조 제3항은 행정심판에 사법절차가 준용되어야 한다고 규정하고 있는데, 여기서 사법절차의 특징적 요소로는 다음과 같은 세 가지를 들 수 있다. 첫째, 판단기관의 독립성과 공정성이 보장되어야 하며, 이를 위해서는 판단기관의 조직과 운영의 기본적 사항이 법률로 정해져야 한다. 둘째, 대심적 심리구조가 갖춰져야 하므로 구술심리절차가 마련되어야 한다. 셋째, 당사자의 절차적 권리로서 위원에 대한 기피신청권, 보충서면제출권, 증거제출권, 증거조사신청권 등이 보장되어야 한다. 행정심판에 위와 같은 사법절차가 준용되어야 한다는 것은 사법절차의 요소들을 엄격하게 갖추어야 할 필요는 없지만 적어도 사법절차의 본질적 요소를 현저히 결여해서는 안된다는 의미로 해석할 수 있다(헌재 2000. 6. 1. 98헌바8).

> 제108조
> 대법원은 법률에 저촉되지 아니하는 범위 안에서 소송에 관한 절차, 법원의 내부규율과 사무처리에 관한 규칙을 제정할 수 있다.

제108조

대법원의 규칙제정권

헌법 제108조는 대법원의 규칙제정권을 규정하고 있다. 대법원의 규칙제정권은 소송과 법원의 사무처리 등에 관한 자율적인 사법입법권을 의미한다. 이러한 규칙제정권은 실질적인 입법작용이지만 이를 법원에 부여한 헌법의 취지는 법원의 자율성 보장을 통해 사법권의 독립에 기여하고, 법원의 전문적 지식과 실제적 경험을 활용할 수 있다는 데 있다. 헌법 제108조의 해석상 규칙제정권의 근거에 관하여 법률의 위임이 있어야 하는가의 문제가 있는데, 법원의 내부규율과 사무처리에 관하여는 반드시 법률의 구체적 위임이 있어야 하는 것은 아니며 법률에 저촉되지 않는 한, 법률에서 정하고 있지 않은 사항에 대해서도 법률의 위임 없이 제정할 수 있다고 보는 것이 통설적 견해이다.

대법원규칙 중 소송의 절차에 관한 규율은 외부적 효력을 가지며 재판규범으로 원용될 수 있으므로 형사소송절차에 관한 규칙 제정에 있어서는 헌법상 죄형법주의나 적법절차원칙에 비추어 법률에서 중요한 사항을 규정한 경우에 그 세부사항에 대해서만 대법원규칙으로 제정할 수 있다고 할 것이다. 대법원규칙의 효력에 있어서 법률의 효력과의 우열관계가 문제될 수 있는데 “법률에 저촉되지 아니하는 범위 안에서” 규칙을 제정할 수 있다는 헌법의 명시적 규정에 따라 대법원규칙은 법률보다 하위의 효력을 갖는다고 할 것이다.

대법원규칙에 대한 위헌·위법 여부가 문제될 수 있는데, 헌법 제107조 제2항의 해석상 대법원규칙도 대법원이 최종적으로 심사할 수 있다. 그러나 대법원이 제정한 규칙에 대해 대법원 스스로 그 위헌·위법 여부를 심사한다는 것은 바람직하지 않다고 할 것이다. 이와 관련하여 헌법재판소는 1990년에 대법원규칙인 「법무사법 시행규칙」에 대한 헌법소원 사건에서 대법원규칙에 대한 위헌 심사를 한 바 있다. 법무사법 시행규칙(제3조 제1항)의 내용은 법원행정처장이 법무사를 보충할 필요가 없다고 인정하면 법무사시험을 실시하지 않아도 된다고 규정한 것이다. 헌법재판소는 이 시행규칙이 상위법인 「법무사법」 제4조 제1항에 의하여 모든 국민에게 부여된 법무사 자격취득의 기회를 하위법인 시행규칙으로 박탈하는 것이어서 평등권과 직업선택의 자유를 침해한 것이라고 판단한 바 있다(헌재 1990. 10. 15. 89헌마178).

제109조
재판의 심리와 판결은 공개한다. 다만, 심리는 국가의 안전보장 또는 안녕질서를 방해하거나 선량한 풍속을 해할 염려가 있을 때에는 법원의 결정으로 공개하지 아니할 수 있다.

재판공개의 원칙

헌법 제109조는 재판공개의 원칙을 규정하고 있다. 재판의 공개는 근대적 재판의 본질적 요소로서 공개재판을 통하여 재판의 공정성을 확보하게 되고 국민의 재판에 대한 신뢰를 높일 수 있게 된다. 재판공개의 원칙은 헌법 제27조 제3항의 형사피고인의 공개재판을 받을 권리에서도 규정하고 있다. 공개되어야 하는 '재판'의 의미와 관련하여 민사와 형사의 소송절차에 한정하느냐 아니면 여기에 비송사건도 포함하느냐의 논의가 있으나, 비송사건의 절차에는 공개의 원칙이 적용되지 않는다고 보는 것이 다수설의 입장이다. 현행 「비송사건절차법」도 제13조에 "심문은 공개하지 아니한다. 그러나 법원은 상당하다고 인정하는 자에게 방청을 허가할 수 있다"고 하여 비공개의 원칙을 규정하고 있다. 재판 '공개'의 의미는 누구나 재판을 방청할 수 있음을 말한다. 다만 법정의 규모, 법정질서의 유지 등을 위해 미리 방청권을 발행하고 방청권 소지자에게만 방청을 허용하는 것은 공개재판의 원칙에 반하지 아니한다(대판 1990. 6. 8. 90도646).

재판 공개와 관련하여 방청 결과를 보도하는 재판 보도의 자유가 문제될 수 있다. 재판의 보도는 표현의 자유에 속하며 국민의 알 권리를 충족시키는 것으로 보장되어야 하는 것이지만 그 보도의 자유는 재판의 공정한 진행이나 소송당사자의 권리 보호를 위하여 일정한 제한을 받을 수 있다. 「법원조직법」은 제59조에 "누구든지 법정 안에서 재판장의 허가 없이 녹화·촬영·중계방송 등의 행위를 하지 못한다"고 규정하고 있으며, 「가사소송법」도 제68조에 "가정법원에서 처리 중이거나 처리한 사건에 관하여는 성명·연령·직업 및 용모 등을 볼 때 본인이 누구인지 짐작할 수 있는 정도의 사실이나 사진을 신문·잡지 그 밖의 출판물에 게재하거나 방송할 수 없다"고 규정하고 있다.

공개재판의 원칙에 위반하게 되면 상소이유가 된다. 「형사소송법」에 의하면 공판의 공개에 관한 규정의 위반은 항소이유가 되며(동법 제361조의5 제9호), 「민사소송법」에도 변론 공개의 원칙의 위반은 절대적 상고이유가 된다고 규정하고 있다(동법 제42 4조 제5호). 따라서 공개재판의 원칙에 위반한다고 해서 당연무효가 되는 것은 아니다.

제109조 단서는 재판 공개의 원칙에 대한 예외를 인정하고 있다. 즉 재판 공개의 원칙에 대하여 "다만 심리는 국가의 안전보장 또는 안녕질서를 방해하거나 선량한 풍속을 해할 염려가 있을 때에는 법원의 결정으로 공개하지 아니할 수 있다"라고 그 예외를 규정하고 있다. 여기서 비공개는 '심리'에 한정하며 판결은 반드시 공개하여야 한다. 판결의 선고 자체가 국가의 안전보장이나 선량한 풍속 등을 해할 염려가 있다고 볼 수 없기 때문이다. 심리의 비공개 결정은 그 이유를 개시하여 선고하여야 하며, 심리 비공개를 결정한 경우에도 재판장은 적당하다고 인정되는 자의 재정(在廷)을 허가할 수 있다(법원조직법 제57조 제2항, 제3항).

제110조
① 군사재판을 관할하기 위하여 특별법원으로서 군사법원을 둘 수 있다.
② 군사법원의 상고심은 대법원에서 관할한다.
③ 군사법원의 조직·권한 및 재판관의 자격은 법률로 정한다.
④ 비상계엄하의 군사재판은 군인·군무원의 범죄나 군사에 관한 간첩죄의 경우와 초병·초소·유독음식물공급·포로에 관한 죄 중 법률이 정한 경우에 한하여 단심으로 할 수 있다. 다만, 사형을 선고한 경우에는 그러하지 아니하다.

군사법원은 군사재판을 관할하는 특별법원이다

헌법 제110조는 군사재판을 관할하는 군사법원에 관한 규정이다. 제110조 제1항은 군사재판을 관할하는 군사법원을 '특별법원'으로 규정하고 있다. 군사법원의 재판은 제110조 제2항에 따라 대법원에의 상고가 인정되지만 재판이 법관의 자격이 없는 국군장교에 의하여 행해진다는 점에서 헌법이 인정하는 유일한 예외법원의 성격을 갖는 특별법원에 해당한다. 특별법원이란 헌법 제101조에 대한 예외로서 법관이 아닌 자가 재판을 담당하거나 대법원을 최종심으로 하지 않는 법원을 의미한다고 볼 수 있다. 제101조 제1항과 제2항에 의해 사법권은 법관으로 구성된 법원에 속하며, 법원은 최고법원인 대법원과 각급법원으로 조직되는 것이므로 모든 재판은 법관에 의한 것이어야 할 뿐만 아니라 대법원을 최종심으로 하여야 하는 것이 원칙이다. 또한 헌법 제27조는 "헌법과 법률이 정한 법관에 의한 재판을 받을 권리"를 기본권으로 보장하고 있기 때문에 헌법에 규정된 법관자격을 가지고 있지 아니한 자가 재판을 담당하거나 그 재판에 대한 대법원에의 상고가 인정되지 아니하는 예외법원은 설치될 수 없다. 다만, 헌법 제110조의 군사법원과 같이 헌법이 직접 예외를 인정하는 경우에는 법률로써 특별법원을 설치할 수 있다. 이와 관련하여 재판에 대한 대법원에의 상고가 인정되고 법관의 자격을 가진 자가 하급심으로서 특수한 사건을 관할하는 이른바 '특수법원'을 법률로써 설치하는 것은 무방하다. 「법원조직법」상 가정법원과 행정법원, 특허법원, 회생법원 등은 특수법원에 해당하는 것이다.

제110조 제2항에 따라 군사법원의 상고심은 원칙적으로 대법원으로 하고 있기 때문에 이 점에서는 군사법원도 대법원의 하급법원이다. 그러나 제4항에 따라 비상계엄하의 군사재판은 군인·군무원의 범죄나 군사에 관한 간첩죄의 경우와 초병·초소·유독음식물공급·포로에 관한 죄 중 법률이 정한 경우에 사형선고의 경우를 제외하고는 단심으로 할 수 있으므로, 이 점에서는 군사법원은 전형적인 예외법원의 성격을 갖는 것이다.

제110조 제3항에 따라 군사법원의 조직·권한 및 재판관의 자격 등을 정한 법률로 「군사법원법」이 있다. 이 법률에 의하면 군사법원에는 보통군사법원(제1심)과 고등군사법원(항소심)이 있다. 군사법원에는 관할관과 재판관을 두며, 재판관은 군판사와 심판관으로 하되 관할관이 지정한다. 관할관은 군사법원의 행정사무를 관장하는데, 고등군사법원의 관할관은 국방부장관으로 하며 보통군사법원의 관할관은 그 설치되는 부대와 지역의 사령관, 장 또는 책임지휘관으로 한다. 군판사는 각군 참모총장이 군법무관 중에서 임명하고, 심판관은 관할관이 법에 관한 소양이 있는 장교 중에서 임명한다(동법 제7조, 제23조, 제24조). 헌법재판소는 이러한 조항들 자체가 군사법원의 헌법적 한계를 일탈하여 사법권의 독립과 재판의 독립을 침해하고 죄형법정주의에 반하거

나 인간의 존엄과 가치, 행복추구권, 평등권, 신체의 자유, 정당한 재판을 받을 권리 등을 본질적으로 침해하는 것이 아니라고 판단하였다(헌재 1996. 10. 31. 93헌바25).

제110조 제4항은 비상계엄하의 군사재판에 있어서 군인·군무원의 범죄와 군사에 관한 간첩죄 등 법률이 정하는 경우에 한하여, 사형을 선고한 경우를 제외하고는, 단심으로 할 수 있다고 규정하고 있다. 이는 군사재판에서는 비상계엄하의 경우라 하더라도 '사형'을 선고하는 경우는 단심으로 할 수 없다는 헌법적 근거를 밝히고 있는 것이다. 이 조항은 사형제도의 합헌성 여부에 관한 논의에 있어서 우리 헌법이 사형제도를 인정하고 있다는 논거로 제시되기도 한다.

제 6 장

헌법재판소

제111조

① 헌법재판소는 다음 사항을 관장한다.

1. 법원의 제청에 의한 법률의 위헌여부 심판
2. 탄핵의 심판
3. 정당의 해산 심판
4. 국가기관 상호간, 국가기관과 지방자치단체간 및 지방자치단체 상호간의 권한 쟁의에 관한 심판
5. 법률이 정하는 헌법소원에 관한 심판

② 헌법재판소는 법관의 자격을 가진 9인의 재판관으로 구성하며, 재판관은 대통령이 임명한다.

③ 제2항의 재판관 중 3인은 국회에서 선출하는 자를, 3인은 대법원장이 지명하는 자를 임명한다.

④ 헌법재판소의 장은 국회의 동의를 얻어 재판관 중에서 대통령이 임명한다.

헌법재판소제도의 도입

우리나라의 사법제도는 1987년 헌법에 의해 새로운 헌법재판소제도를 도입하여 사법부를 법원과 헌법재판소의 2원적 구조로 채택한 것이 두드러진 특징이다. 법원은 민사재판과 형사재판, 행정재판 등을 관장하는 사법기관이지만, 헌법재판소는 헌법재판만을 관장하는 사법기관이다. 이러한 2원적 사법구조는 독일, 오스트리아 등 유럽형 사법제도로서, 미국이나 일본의 경우처럼 일반 법원에서 헌법재판을 담당하는 것과 구별된다.

우리나라의 경우 헌법상 헌법재판기관의 변천을 보면, 1962년 제3공화국헌법에서 일반법원에 헌법재판기능을 담당하게 한 것을 제외하고

는 건국헌법 이래 현행 헌법에 이르기까지 일반법원과는 별개의 독립된 헌법재판기관을 설치해 왔다. 건국헌법과 1972년 헌법 및 1980년 헌법은 헌법위원회를 설치하였는데, 건국헌법의 헌법위원회는 위원장을 부통령으로 하고 대법관 5인과 국회의원 5인의 위원으로 구성하였으며, 위헌법률심판을 담당하였다. 1972년 헌법과 1980년 헌법의 헌법위원회는 대통령과 국회, 대법원장이 동등하게 그 구성에 참여하였고, 위헌법률심판과 정당해산심판, 탄핵심판을 담당하였으며, 위원의 자격에 대해서는 아무런 규정을 두지 않았다. 헌법위원회 제도는 위헌법률심판 등을 통한 헌법수호기관으로서의 지위를 갖는 것이었으나 사법기관의 성격보다는 정치기관의 성격이 강한 것이었으며, 실제로 헌법재판기능을 거의 행사하지 못하였다. 건국헌법 하에서는 7건의 위헌법률심판이 제청되어 2건의 위헌결정이 있었으나, 1972년 유신헌법과 1980년 헌법 시대에는 단 1건의 위헌법률심판도 이루어지지 않았다.

일반법원형 헌법재판제도를 채택한 1962년 헌법은 법원이 위헌법률심사를 담당하게 하였으며, 정당해산심판권도 대법원의 권한으로 규정하였다. 그리고 탄핵심판을 관장하는 탄핵심판위원회를 따로 설치하였다. 제3공화국헌법 하에서 대법원의 위헌법률심사를 통해 법률에 대한 위헌판결이 이루어진 것은 한 건에 불과하였다. 헌법재판소제도는 1960년 헌법과 현행 헌법에서 채택된 것인데, 1960년 헌법의 헌법재판소는 1961년 5·16 군사쿠데타로 인하여 구성되지 못하고 말았다.

헌법재판은 헌법의 해석을 본질로 하는 정치적 사법작용이다

헌법 제111조는 헌법재판소의 권한과 구성에 관하여 규정하고 있다. 위헌법률심판이나 탄핵심판, 헌법소원심판 등과 같은 헌법재판은 헌법의 운용과정에서 헌법의 규범내용이나 헌법문제에 관한 다툼이 발생한 경우에 이를 헌법규범을 준거로 하여 헌법재판기관에 의하여 유권적으로 해결함으로써 헌법의 규범력을 유지하고 헌법질서를 수호하는 작용을 말한다. 헌법재판은 독립된 재판관으로 구성된 헌법재판소가 헌법과 법률에 의해 정해진 권한과 절차에 따라 헌법상의 분쟁을 해결하는 것을 본질로 하는 점에서 일반 재판과 마찬가지로 사법작용임에 틀림없다. 다만 헌법재판은 헌법문제에 대한 다툼을 해결하기 위한 '헌법의 해석'을 본질로 한다는 점에서 일반 재판이 법적 분쟁을 해결하기 위한 '법률의 해석'을 본질로 하는 것과 구별된다.

그리고 헌법문제에 대한 다툼은 그 본질상 법률분쟁이 아닌 '정치분쟁'의 성격이 강하다. 왜냐하면 헌법은 정치적 규범으로서의 특성을 갖고 있기 때문에 헌법의 해석·적용을 의미하는 헌법재판은 정치작용으로서의 성격을 띠게 됨을 부정하기 어렵다. 헌법재판이 가지는 이러한 정치작용으로서의 성격은 헌법재판을 일반법원의 통상의 재판과 구별시키는 요인이 된다. 이 점에서 헌법재판은 '정치적 사법작용'이라고 불려지게 된다.

헌법재판제도는 오늘날 자유민주국가에서 정치생활을 헌법의 규범적 테두리 안으로 끌어들임으로써 정치를 순화시키고 헌법을 실현하는 헌법 보호의 중요한 수단일 뿐만 아니라, 헌법재판의 강력한 권력통제기능은 통치권의 기본권기속성과 통치권 행사의 절차적 정당성을 확보하기 위한 통치기구의 불가결의 구성원리로 인식되고 있다. 즉 헌법재판은 헌법의 규범력과 실효성을 확보하고, 헌법이 보장하고 있는 기본권을 실현하며 국가작용의 합헌성을 보장함으로써 입헌주의와 자유민주주의의 핵심적 징표가 되고 있다.

그러나 헌법재판제도가 문제가 없는 것은 아니다. 정치적 사법작용이라는 측면에서 정치권력의 유혹이 따르고 헌법재판의 독립성이 위협을 받을 수 있다. 소수의 재판관에 의해 국민의 대표기관인 의회가 제정한 법률을 무효화시키는 것에 대해서도 민주주의원칙에 반한다는 비판이 있다.

헌법재판소의 관장사항

제111조 제1항은 헌법재판소의 관장사항으로 위헌법률심판을 비롯하여 탄핵심판, 정당해산심판, 권한쟁의심판, 헌법소원심판의 다섯 가지로 한정하여 열거하고 있다.

위헌법률심판

헌법재판의 핵심적 내용에 해당하는 것은 위헌법률심판이다. 위헌법률심판이란 국회가 제정한 '법률'의 위헌 여부를 심사해서 위헌으로 판단된 법률의 효력을 상실시킴으로써 헌법의 최고규범성을 수호하는 제도이다. 이러한 규범에 대한 통제제도로서의 위헌법률심판은 주관적인 권리 보호의 측면보다는 객관적인 법질서 수호의 측면을 중요시하는 일종의 객관적 소송에 해당한다. 규범통제제도에는 추상적 규범통제와 구체적 규범통제의 두 가지가 있다. '추상적 규범통제' 제도는 법률의 위헌 여부가 재판의 전제가 되지 않는 경우라도 법률의 위헌 여부에 대한 다툼이 생긴 경우에 일정한 국가기관의 신청에 의해 독립한 헌법재판기관이 이를 심사·결정하는 제도이다. 여기서 추상적 규범통제의 신청권은 법률 제정에 관여하는 모든 헌법기관에 부여하는 것이 일반적이다. 추상적 규범통제가 인정되는 경우에는 구체적인 소송사건을 매개로 하지 않기 때문에 그 위헌심사 청구의 주체는 위헌법률에 의하여 자신의 권리가 침해당한 자에 한정하지 않으며, 기본권의 침해가 없는 자도 위헌심사의 청구가 가능하다. 추상적 규범통제를 인정하는 독일의 헌법재판소제도의 경우 연방정부 및 주정부, 연방의회의 3분의 1 이상의 의원은 연방법률이나 주법이 기본법(헌법)에 적합한가에 관하여 위헌심사를 청구할 수 있도록 규정하고 있다(독일 기본법 제93조 제1항).

'구체적 규범통제'는 법률의 위헌 여부가 재판의 전제가 된 경우에 소송당사자의 신청 또는 법원의 직권에 의해서 그 규범의 위헌 여부를 심사하는 제도이다. 구체적 규범통제에 있어서 심판청구의 주체는 당해 법률로 말미암아 자신의 권리를 침해당한 자에 한정하는 것이 원칙이므로 청구인적격을 엄격하게 해석하는 것이 일반적이다. 위헌심사의 결과 위헌으로 판정된 법률은 일반적으로 효력을 상실한다. 우리 헌법은 헌법재판소제도를 채택하면서 헌법 제107조 제1항에 따라 구체적 규범통제만을 인정하여 "법률이 헌법에 위반되는 여부가 재판의 전제가 된 경우에는 법원은 헌법재판소에 제청하여 그 심판에 의하여 재판한다"고 규정하고 있다.

탄핵심판

현행 헌법은 탄핵제도에 관하여 탄핵소추권과 탄핵심판권을 구분하여 탄핵소추권은 국회의 권한으로 부여하고 있으며(제65조), 탄핵심판권은 헌법재판소의 관장사항으로 규정(제111조 제1항 제2호)하고 있는 것이 특징이다. 그리하여 국회의 탄핵소추절차에 관하여는 「국회법」에 규정하고 있고, 헌법재판소의 탄핵심판절차는 「헌법재판소법」에 따라 행해지게 된다.

헌법재판소의 탄핵심판은 대통령을 비롯한 고위공직자의 권한 남용으로 인한 헌법 침해로부터 헌법질서를 수호하는 헌법보호수단의로서의 기능을 수행한다. 또한 탄핵심판은 고위공직자의 직무집행에 있어서 법위반행위에 대한 권력통제수단으로서의 기능을 담당하며, 국민의 대의기관인 의회로부터의 책임 추궁에 대한 심판을 통해 책임정치를 구현하는 기능을 수행한다. 즉, 공직자가 직무 수행에 있어서 헌법이나 법률에 위반한 경우 그에 대한 법적 책임을 추궁함으로써, 헌법의 규범력을 확보하고자 하는 것이 바로 탄핵심판절차의 목적과 기능인 것이다.

헌법재판소의 탄핵심판절차는 국회에서 탄핵소추의 의결이 있게 되면 탄핵소추위원이 탄핵심판을 청구한다. 탄핵소추위원은 국회법제사법위원회 위원장이 된다. 소추위원은 헌법재판소에 소추의결서의 정본을 제출하여 심판을 청구한다. 탄핵심판은 구두변론에 의한다. 재판부는 심리를 위하여 필요하다고 인정하는 경우에는 당사자의 신청 또는 직권에 의하여 증거조사를 할 수 있다. 피청구인에 대한 탄핵심판 청구와 동일한 사유로 형사소송이 진행되고 있는 때에는 심판절차를 정지할 수 있다(헌법재판소법 제49조, 제50조).

정당해산심판

정부는 정당의 목적이나 활동이 민주적 기본질서에 위배될 때에는 국무회의의 심의를 거쳐 헌법재판소에 해산을 제소할 수 있다. 정당해산제도는 헌법 제8조 제4항에 규정하고 있는데, 이는 정당활동의 헌법적 한계에 관한 규정이며 동시에 위헌적·반민주적 정당활동을 방지하기 위한 '헌법의 예방적 수호'에 관한 제도를 의미한다. 즉, 위헌정당의 금지는 정당의 목적이나 활동이 민주적 기본질서에 위배될 경우에 그 존립과 활동에 관한 특권을 박탈하여 민주주의의 적으로부터 민주주의를 수호한다는 이른바 '방어적 민주주의'의 정신에 기초한 것이다.

정당해산심판절차는 구두변론주의와 공개주의를 원칙으로 한다. 헌법재판소는 정당해산심판의 청구가 있는 경우에 청구인의 신청이나 직권으로 종국결정의 선고시까지 피청구인의 활동을 정지하는 결정(가처분결정)을 할 수 있다. 가처분절차는 당사자의 신청이 없더라도 헌법재판소가 직권으로 개시할 수 있는 것이다(헌법재판소법 제30조 제1항, 제57조).

권한쟁의심판

권한쟁의심판이란 국가기관 간에 그 헌법적 권리·의무에 관하여 다툼이 생기거나 국가기관과 지방자치단체 간에 또는 지방자치단체 상호 간에 권한의 존부나 그 범위 등에 관하여 다툼이 발생한 경우에 독립된 지위를 가진 제3의 기관이 그 권한의 존부나 범위 등을 명확히 함으로써 기관 간의 분쟁을 해결하는 제도를 말한다.

국가기관 상호 간에 헌법상의 권한이나 의무의 범위와 내용에 관해 다툼이 생기는 경우에는 국가의 통치기능이 마비될 우려가 있으며, 이 경우 이에 대한 권위적인 조정이 없게 되면 국가기관 상호 간의 견제와 균형이라는 권력분립의 메커니즘이 작동하지 못하게 되는 위험성이 있게 된다. 따라서 권한쟁의심판은 국가기관 간의 헌법적 권한과 의무를 명백히 함으로써 국가기능의 수행을 원활히 하고 권력 상호 간의 견제와 균형을 유지함으로써 헌법질서를 수호하는 데 그 목적과 의의가 있다.

국가와 지방자치단체 상호간의 권한쟁의에 관하여 「헌법재판소법」은 정부와 특별시·광역시 또는 도(道) 간의 권한쟁의심판과 정부와 시·군 또는 지방자치단체인 구(자치구) 간의 권한쟁의심판의 두 가지로 규정하고 있다(동법 제62조 제1항 제2호). 여기서 '정부'의 의미가 문제되는데, 이는 예시적 규정으로 해석하여 정부 안의 부분기관 및 국회, 법원 등도 지방자치단체와의 권한쟁의에서 당사자가 될 수 있다고 해석된다. 지방자치단체는 자치사무에 관해서만 권한쟁의심판의 당사자가 될 수 있으며 위임사무에 관해서는 당사자가 될 수 없다.

헌법소원심판

헌법소원제도란 국가의 공권력의 행사 또는 불행사로 인하여 국민의 기본권이 직접 현실적으로 침해된 경우에 그 기본권을 침해당한 자가 헌법재판소에 당해 공권력의 위헌 여부의 심사를 청구하여 기본권을 구제받는 제도를 말한다. 헌법소원심판은 기본권 보장을 통한 사회통합을 추구함으로써 헌법을 실현하는 헌법재판제도로서, 이는 헌법재판의 종류 중에서 직접 국민의 기본권 보장과 실현을 목적으로 하는 유일한 제도이다. 이 점에서 헌법소원심판은 헌법재판 중에서 유일하게 '주관적 소송'으로서의 성격을 가진다. 위헌법률심판, 탄핵심판, 정당해산심판, 권한쟁의심판 등의 헌법재판제도는 간접적으로 기본권의 실현에 기여하는 제도라는 점에서 헌법소원심판과 구별된다. 국민의 기본권 침해에 대한 통상의 권리 구제는 재판절차와 같은 일반적 권리구제절차에 따라 이루어지고, 이러한 일반적 구제절차를 거친 후 최후적으로 보충적인 권리구제절차를 의미하는 것이 헌법소원심판이다.

우리의 헌법소원제도는 두 가지의 종류가 있는데, 권리구제형 헌법소원과 함께 위헌심사형 헌법소원이 인정되고 있다. 권리구제형 헌법소원은 공권력의 행사 또는 불행사로 말미암아 헌법상 보장된 기본권을 침해당한 자가 청구하는 헌법소원을 말한다. 이것이 본래의 의미의 헌법소원에 해당한다. 독일 등 서구에서의 헌법소원제도는 모든 공권력작용의 기본권 침해에 대해 헌법소원을 인정하여 법원의 재판에 대해서도 헌법소원심판의 대상을 인정하고 있으나, 우리의 헌법소원심판은 「헌법재판소법」 제68조 제1항에 따라 법원의 재판을 심판대상에서 제외하고 있다. 이와 같이 법원의 재판은 헌법소원의 대상에서 제외되는 것이 원칙이지만, 헌법재판소가 위헌으로 결정한 법령을 적용함으로써 국민의 기본권을 침해한 재판은 예외적으로 헌법소원심판의 대상이 될 수 있다(헌재 1997. 12. 24. 96헌마172). 우리나라에 헌법재판소제도가 도입된 이래 가장 많은 비중을 차지하는 사건이 권리구제형 헌법소원심판 사건이다.

위헌심사형 헌법소원은 「헌법재판소법」 제68조 제2항에 근거한 것으로, 구체적 사건에서 법률의 위헌 여부가 재판의 전제가 된 경우에 당사자의 위헌법률심판 제청 신청이 법원에 의해 기각된 경우 제청 신청을 한 당사자가 당해 법률조항의 위헌여부의 심판을 헌법재판소에 청구하는 것을 말한다. 이러한 위헌심사형 위헌소원은 그 본질은 위헌법률심판으로서의 성격을 가진다.

헌법재판소의 재판관

제111조 제2항에 따라 헌법재판소는 법관의 자격을 가진 9인의 재판관으로 구성하며, 재판관은 대통령이 임명한다. 「헌법재판소법」은 재판관의 자격을 법관의 자격을 가진 자로서, 15년 이상 다음 각호의 1에 해당하는 직에 있었던 40세 이상의 자로 규정하고 있다. 다만 다음 각호 중 둘 이상의 직에 있던 사람의 재직기간은 합산한다. 1. 판사, 검사, 변호사, 2. 변호사자격이 있는 사람으로서 국가기관, 국영·공영 기업체, 「공공기관의 운영에 관한 법률」 제4조에 따른 공공기관 또는 그 밖의 법인에서 법률에 관한 사무에 종사한 사람, 3. 변호사 자격이 있는 사람으로서 공인된 대학의 법률학 조교수 이상의 직에 있던 사람(동법 제5조 제1항).

제111조 제3항에 의해 재판관 중 3인은 국회에서 선출하는 자를, 3인은 대법원장이 지명하는 자를 임명한다. 헌법재판소의 구성을 대통령, 국회, 대법원장의 합동행위에 의하도록 한 것은 그 관할사항이 정치적 성격을 띠고 있기 때문에 정치적 중립성을 유지하기 위한 것이라 할 수 있고, 나아가 헌법재판소의 헌법수호기관으로서의 역할을 독립적이고 공정하게 수행할 수 있도록 하기 위한 것으로 볼 수 있다. 그러나 다른 한편 이러한 헌법재판소의 구성방법에 대해서는 민주적 정당성의 관점에서 문제점이 지적될 수 있다. 헌법재판소 구성에 있어서 민주적 정

당성을 제고하기 위해서는 재판관 전원을 대법원 구성의 경우와 마찬가지로 국회의 동의를 얻도록 하는 것이 필요하다는 견해가 있다. 대법원장이 3인의 재판관을 지명하는 것에 대해서도 민주적 정당성이 취약한 대법원장에게 국회, 대통령과 동등하게 구성권을 부여하는 것은 권력분립을 형식적이고 기계적으로 적용하는 것에 지나지 않으므로 적절하지 않다는 지적이 있다.

헌법재판소장은 국회의 동의를 얻어 대통령이 임명한다

제111조 제4항에 따라 헌법재판소의 장은 국회의 동의를 얻어 재판관 중에서 대통령이 임명한다. “재판관 중에서” 대통령이 임명한다는 의미는 현재 재직 중에 있는 재판관 중에서 소장이 임명되어야 한다는 것으로만 해석되어서는 안 될 것이다. 이렇게 해석하게 되면 대통령이 재임 중 여러 명의 소장을 임명할 수 있는 문제가 있으며, 헌법재판소의 안정성을 유지할 수도 없게 된다. 그러므로 대통령이 헌법재판소장을 임명할 때에는 동시에 재판관에 대한 임명이 있는 것으로 보아야 한다. 현재 재임 중의 재판관 중에서 재판소장을 임명할 수도 있지만, 헌법은 재판소장의 임기를 따로 정하고 있지 않기 때문에, 이 경우 재판소장의 임기는 그 재판관의 잔여 임기로 끝나게 된다.

헌법재판소장은 헌법재판소를 대표하며, 헌법재판소의 사무를 총괄하고 소속공무원을 지휘·감독한다(헌법재판소법 제12조 제3항). 재판소장이 궐위되거나 부득이한 사유로 인하여 직무를 수행할 수 없을 때에는 다른 재판관이 헌법재판소규칙이 정하는 순서에 따라 그 권한을 대행한다(동법 제12조 제4항). 헌법재판소장은 헌법재판소의 조직·인사·운영·심판절차 등의 사항에 대한 법률의 제·개정이 필요하다고 인정하는 경우에는 국회에 서면으로 그 의견을 제출할 수 있다(동법 제10조의2).

헌법재판소장의 대우와 보수는 대법원장의 예에 따른다(동법 제15조).

제112조
① 헌법재판소 재판관의 임기는 6년으로 하며, 법률이 정하는 바에 의하여 연임할 수 있다.
② 헌법재판소 재판관은 정당에 가입하거나 정치에 관여할 수 없다.
③ 헌법재판소 재판관은 탄핵 또는 금고 이상의 형의 선고에 의하지 아니하고는 파면되지 아니한다.

헌법재판소 재판관의 임기 등

제112조 제1항에 의해 헌법재판관의 임기는 6년으로 하며, 법률이 정하는 바에 의하여 연임할 수 있다. 헌법재판소 재판관의 임기 6년 규정에 대하여는 개정논의가 있는데, 임기 6년은 전문적인 헌법재판 업무를 수행하는 데 문제가 있으므로 현행의 임기를 다소 연장하는 것이 바람직하다고 할 것이다. 미국의 연방대법원 판사의 임기는 종신제이며 독일의 연방헌법재판소 재판관의 임기가 12년임에 비추어 향후 헌법개정시에는 우리의 헌법재판관의 임기도 8년 내지 10년 정도로 하는 것을 검토할 필요가 있다고 본다. 「헌법재판소법」은 헌법재판소장인 재판관의 정년과 재판관의 정년을 70세로 규정하고 있다(동법 제7조 제2항).

헌법재판소장의 임기는?

헌법은 헌법재판관의 임기 6년만을 규정하고 헌법재판소장의 임기에 관하여는 따로 명시적인 조항을 두고 있지 않다. 이는 대법원장의 임기를 대법관과 별도로 두고 있는 것과 차이가 있다(헌법 제105조 제1

항). 따라서 재판관으로 재임 중에 재판소장으로 임명되는 경우 그 재판소장의 임기는 재판관의 잔여 임기로 해석할 수밖에 없다. 이와 관련된 사례 하나를 들어보면, 2006년 8월 노무현 대통령은 헌법재판소 재판소장을 임명하기 위하여 당시 재임 중인 전효숙 재판관을 재판소장으로 임명할 뜻을 밝히자, 재직 중의 재판관을 재판소장으로 임명하는 경우 임기는 그 재판관의 잔여임기에 그쳐야 한다는 반대여론에 따라 전효숙 재판관을 사임시키고 대통령은 사인한 전 재판관을 재판소장 후보자로 임명했다. 이에 대해 야당 의원들과 일부 보수언론 등에서는 헌법재판소장의 임기를 연장시키기 위한 꼼수라고 비난하였고 재판소장의 임기 문제를 둘러싼 논쟁이 가열되자 결국 전효숙 재판소장 후보자는 물러나게 되었다. 그리하여 대법관 출신의 이강국 변호사가 새로운 후보자로 지명되었고, 국회의 동의를 얻어 임기 6년의 제4대 헌법재판소장으로 취임하였다.

제112조 제2항은 헌법재판소 재판관은 정당에 가입하거나 정치에 관여할 수 없도록 하여 정치적 중립성을 요구하고 있다. 「헌법재판소법」은 재판관은 국회 또는 지방의회의 의원직과 국회·정부·법원의 공무원직, 법인·단체 등의 임원 또는 직원의 직을 겸하거나 영리를 목적으로 하는 사업을 할 수 없도록 겸직 금지를 규정하고 있다(동법 제14조).

제112조 제3항은 재판관의 신분보장에 관하여 탄핵 또는 금고 이상의 형의 선고에 의하지 아니하고는 파면되지 아니한다고 규정하고 있다. 앞의 법관의 신분보장에 관한 헌법 제106조 제1항과 마찬가지로 재판관의 파면사유의 제한을 규정하여 탄핵 또는 금고 이상의 형의 선고의 경우가 아니면 징계에 의해서는 재판관을 파면할 수 없다.

제113조
① 헌법재판소에서 법률의 위헌결정, 탄핵의 결정, 정당해산의 결정 또는 헌법소원에 관한 인용결정을 할 때에는 재판관 6인 이상의 찬성이 있어야 한다,
② 헌법재판소는 법률에 저촉되지 아니하는 범위 안에서 심판에 관한 절차, 내부규율과 사무처리에 관한 규칙을 제정할 수 있다.
③ 헌법재판소의 조직과 운영 기타 필요한 사항은 법률로 정한다.

헌법재판소 결정의 정족수 등

헌법 제113조 제1항은 헌법재판소 결정의 정족수를 규정하여 법률의 위헌결정, 탄핵결정, 정당해산결정, 헌법소원의 인용결정을 하는 경우에는 재판관 6인 이상의 찬성을 요건으로 하고 있다. 제113조 제1항에서 규정하지 않은 권한쟁의심판의 인용결정은 「헌법재판소법」에 정하고 있는데, 종국심리에 관여한 재판관 과반수의 찬성으로써 한다(동법 제23조 제2항). 「헌법재판소법」은 종전에 헌법재판소가 판시한 헌법 또는 법률의 해석·적용에 관한 의견을 변경하는 경우(판례 변경)에는 위의 제113조 제1항의 경우와 마찬가지로 재판관 6인 이상의 찬성이 있어야 한다고 규정하고 있다(동법 제23조 제1항).

제113조 제2항에 따라 헌법재판소는 심판절차와 내부규율, 사무처리에 관한 규칙제정권을 갖는다. 헌법에 근거하여 제정되는 국가기관의 규칙은 법규명령의 성격을 갖는 것으로 국민에 대한 법적 구속력을 갖는다.

제113조 제3항에 따라 헌법재판소의 조직과 운영 등에 관한 사항은

「헌법재판소법」에 정하고 있다. 헌법재판소의 의결기관으로 '재판관회의'가 구성되어 있다. 재판관회의는 재판관 전원으로 구성하며 헌법재판소장이 의장이 된다. 재판관회의는 헌법재판소규칙의 제정과 개정에 관한 사항, 헌법재판소와 관련된 입법의견의 제출에 관한 사항, 예산요구, 사무처장 등의 임면에 관한 사항을 의결한다(동법 제16조). 헌법재판소의 행정사무를 처리하기 위하여 사무처를 두며(동법 제17조), 헌법재판소장의 명을 받아 사건의 심리 및 심판에 관한 조사연구를 위하여 헌법연구관, 헌법연구관보, 헌법연구위원을 둔다(동법 제19조, 제19조의 2, 3). 헌법 및 헌법재판연구와 헌법연구관, 사무처 공무원 등의 교육을 위하여 헌법재판소에 헌법재판연구원을 둔다(동법 제19조의4).

헌법재판의 일반 심판절차

「헌법재판소법」에 규정된 헌법재판의 일반 심판절차를 요약하면 다음과 같다. 재판부의 구성은 법률에 특별한 규정이 있는 경우가 아니면 헌법재판소의 심판은 재판관 전원으로 구성되는 재판부에서 관장한다. 전원재판부의 재판장은 헌법재판소장이 되며(동법 제22조), 전원재판부는 7인 이상의 출석으로 사건을 심리한다(동법 제23조 제1항). 헌법소원심판의 경우에는 사전심사를 위하여 재판관 3인으로 구성되는 지정재판부를 둘 수 있다(동법 제72조 제1항). 헌법재판절차에서 심판당사자는 청구인과 피청구인인데, 자기 이름으로 심판을 청구하는 자를 청구인(위헌법률심판의 경우는 제청법원, 탄핵심판의 경우는 소추위원인 국회 법제사법위원회 위원장, 정당해산심판의 경우는 정부)이라 하고, 그 상대방인 당사자를 피청구인이라 한다. 정부가 당사자인 경우에는 법무부장관이 정부를 대표하지만, 당사자인 국가기관이나 지방자치단체는 변호사 또는 변호사의 자격이 있는 소속직원을 대리인으로 선임하여 심판을 수행하게 할 수 있다(동법 제25조 제1항, 제2항). 그러나 헌법소원심판과 같이 사인이 당사자인 경우에는 변호사강제주의에 의하여 변호사를 대리인으로 선임하지 않으면 심판 청구 또는 심판 수행을 할 수 없다. 다만 그가 변호사의 자격이 있는 경우에는 그러하지 아니하다(동법 제25조 제3항). 헌법소원심판을 청구하려는 자가 변호사를 대리인으로 선임할 자력(資力)이 없는 경우에는 헌법재판소에 국선대리인을 선임하여 줄 것을 신청할 수 있다(동법 제70조 제1항). 이러한 헌법소원심판에서의 변호사강제주의는 무자력자의 헌법재판을 받을 권리를 크게 제한하는 것이라 할 수 있지만, 국선대리인 제도라는 대상조치가 별도로 마련되어 있는 이상 그러한 제한을 두고 재판을 받을 권리의 본질적 내용의 침해라고 볼 수 없다는 것이 헌법재판소의 입장이다(헌재 1990. 9. 3. 89헌마120등).

헌법재판소의 심판절차에 관하여는 「헌법재판소법」에 특별한 규정이 있는 경우를 제외하고는 헌법재판의 성질에 반하지 아니하는 한도 내에서 민사소송에 관한 법령을 준용한다. 이 경우 탄핵심판의 경우에는 형사소송에 관한 법령을 준용하고, 권한쟁의심판 및 헌법소원심판의 경우에는 「행정소송법」을 함께 준용한다(동법 제40조 제1항). 다만 이 경우 형사소송에 관한 법령이나 「행정소송법」이 민사소송에 관한 법령에 저촉될 때에는 민사소송에 관한 법령은 준용하지 아니한다(동법 제40조 제2항).

재판부의 사건심리가 끝나면 종국결정을 하기 위해 재판관회의에서 '평의'(評議)를 하게 된다. 평의란 재판관들이 사건에 관하여 자신의 의견을 개진하고 반대의견을 청취하면서 헌법재판소 결정의 결론을 도출해 내는 과정을 말한다. 평의에 회부하고자 하는 주심재판관은 관련 사건에 관한 평의요청서를 작성하고 그에 검토보고서를 첨부하여 각 재판관에게 배포한다. 재판장은 재판관들과 협의하여 평의일정을 확정하여 평의를 진행한 후 최종적으로 평결을 하게 된다. 평결에서는 우선 주심재판관이 의견을 내고 그 다음은 직무상 최하위서열의 재판관부터 순차적으로 의견을 낸 후 재판장이 마지막으로 의견을 내는 것이

관례로 되어 있다. 평의는 공개하지 아니한다(동법 제34조 제1항 단서).

「헌법재판소법」은 “심판에 참여한 재판관은 결정서에 의견을 표시하여야 한다”(동법 제36조 제3항)고 하여 소수의견제도를 인정하고 있다. 소수의견제도는 다양한 배경의 재판관들이 모인 평의절차에서 소수의견의 재판관으로 하여금 자신의 견해를 피력할 수 있게 함으로써 법논리의 다양성을 보여주며, 또한 평의를 통한 합의 도출 과정에서 다수의견만 결정문에 기재될 때 나타날 수 있는 극단적 의견 일치 과정상의 갈등을 순화시켜 주는 기능을 수행한다.

헌법재판소는 재판부가 심리를 마친 때에는 종국결정을 한다(동법 제36조 제1항). 종국결정은 재판부에 계속되고 있는 심리사건을 완결하여 끝내는 종국적 판단을 내용으로 한다. 심판 청구가 부적법할 경우에는 각하결정을 하고, 심판 청구가 적법하지만 이유가 없을 때에는 기각결정을 하며, 심판 청구가 적법하고 이유가 있을 때에는 인용결정을 한다. 다만 위헌법률심판의 경우에는 합헌결정이나 위헌결정을 내릴 수 있으며 그 밖에 헌법불합치결정, 한정위헌결정, 한정합헌결정 등을 할 수 있다.

헌법불합치결정이란 해당 법률조항이 헌법에 위반되는 경우에도 단순위헌결정을 하는 것이 아니라 헌법에 합치하지 않는다는 것을 선언하고 그 효력을 일정기간 유지시키거나 그 조항의 적용을 중지하는 것을 말한다(단순 위헌결정을 하게 되면 해당 법률조항은 그 위헌결정과 함께 효력을 상실하게 된다). 한정합헌결정은 법률조항의 해석에 있어서 합헌으로 해석되는 여지와 위헌으로 해석되는 여지가 병존하는 경우 합헌적인 내용으로 축소·한정하에 그 의미로서만 해당 법률조항의 효력을 유지시키는 결정을 말한다. 한정합헌결정의 대표적 예로는 구「국가보안법」 제7조 제1항의 반국가단체나 그 구성원 또는 그 지령을 받은 자의 활동을 찬양·고무·선전하는 자를 처벌하는 조항에 대하여, 헌법재판소가 "그 소정행위가 국가의 존립·안전을 위태롭게 하거나 자유민주적 기본질서에 위해를 줄 명백한 위험이 있을 경우에만 축소적용되는 것으로 해석하는 한 헌법에 위반되지 아니한다"고 판시한 것을 들 수 있다(헌재 1990. 4. 2. 89헌가113).

한정위헌결정은 위헌심판의 대상이 된 법률조항의 해석에 있어서 위헌으로 해석되는 의미 부분만을 해당 법률의 의미에서 제거하는 결정이다. 한정위헌결정을 내린 대표적인 판례로는 헌법재판소법 제68조 제1항(재판소원금지의 원칙)의 해석에 관한 것이다. 헌법재판소는 "헌법재판소법 제68조 제1항이 원칙적으로 헌법에 위반되지 아니한다고 하더라도, 법원이 헌법재판소가 위헌으로 결정하여 그 효력을 전부 또는 일부 상실하거나 위헌으로 확인된 법률을 적용함으로써 국민의 기본권을 침해한 경우에도 법원의 재판에 대한 헌법소원이 허용되지 않는 것으로 해석한다면, 위 법률조항은 그러한 한도 내에서 헌법에 위반된다"고 판단하여 한정위헌결정을 하였다(헌재 1997. 12. 24. 96헌마172등).

그러나 이러한 한정위헌결정에 대하여 대법원은 이를 수용하지 않고 부정적인 입장을 취하고 있다. 즉 한정위헌결정은 법률의 해석을 의미하며 법률의 해석·적용은 법원에 전속된 권한이므로 헌법재판소의 법률해석은 법원에 대해 기속력을 갖지 못하는 단순한 의사표명에 불과하다고 하였다(대판 1996. 4. 9. 95누11405). 한정위헌결정의 기속력이 문제되는 것은 「헌법재판소법」에 "위헌법률심판의 위헌결정과 헌법소원심판의 인용결정"에 대해서만 모든 국가기관과 지방자치단체를 기속한다고 규정하고 있기 때문이다(동법 제47조 제1항, 제75조 제1항). 헌법재판소와 법원의 입장의 차이를 해결하기 위해서는 양 기관의 상호존중과 협력이 필요하며, 법률개정으로 한정위헌결정 등과 같은 변형결정에 기속력을 인정하는 방안을 검토할 필요가 있다.

제 7 장

선거관리

제114조

① 선거와 국민투표의 공정한 관리 및 정당에 관한 사무를 처리하기 위하여 선거관리위원회를 둔다.

② 중앙선거관리위원회는 대통령이 임명하는 3인, 국회에서 선출하는 3인과 대법원장이 지명하는 3인의 위원으로 구성한다. 위원장은 위원 중에서 호선한다.

③ 위원의 임기는 6년으로 한다.

④ 위원은 정당에 가입하거나 정치에 관여할 수 없다.

⑤ 위원은 탄핵 또는 금고 이상의 형의 선고에 의하지 아니하고는 파면되지 아니한다.

⑥ 중앙선거관리위원회는 법령의 범위 안에서 선거관리·국민투표관리 또는 정당사무에 관한 규칙을 제정할 수 있으며, 법률에 저촉되지 아니하는 범위 안에서 내부규율에 관한 규칙을 제정할 수 있다.

⑦ 각급 선거관리위원회의 조직·직무범위 기타 필요한 사항은 법률로 정한다.

선거관리위원회는 합의제기관이며 독립된 헌법기관이다

헌법 제114조는 선거관리위원회를 규정하고 있다. 한국헌법사에 있어서 헌법에 선거관리위원회를 최초로 규정한 것은 1960년 헌법이다. 이는 이승만 정부의 3·15부정선거에 대한 헌정사적 반성에서 선거관리를 공정하게 하기 위하여 독립적인 헌법기관으로 중앙선거관리위원회를 설치하게 된 것이다(1960년 헌법 제75조의2).

제114조 제1항은 선거관리위원회가 선거와 국민투표의 공정한 관리 및 정당에 관한 사무를 처리하는 헌법상 합의제기관이라는 것을 밝히고 있다. 선거관리위원회는 합의제기관이므로 구성원의 합의로써 업무

를 처리하며, 합의에 있어서 위원장을 포함한 위원은 모두 동등한 지위를 가진다. 그리고 선거관리위원회는 임의적 기구가 아니라 필수적 헌법기관이다.

중앙선거관리위원회의 구성방법

제114조 제2항은 선거관리위원회가 공정하게 선거와 국민투표 관리 등의 사무를 처리하기 위해서는 정치적 중립성이 요구되는 독립기관의 지위를 가져야 하기 때문에 중앙선거관리위원회를 대통령 직속기구로 하거나 행정부 관할하에 두지 않고 독립된 기관으로 구성하도록 하고 있다. 그리하여 중앙선거관리위원회는 대통령이 임명하는 3인, 국회에서 선출하는 3인과 대법원장이 지명하는 3인의 위원으로 구성하도록 하고, 위원장은 위원 중에서 호선(互選)하도록 규정하고 있다. 위원장을 위원 중에서 호선하는 것은 위원장의 선임에 대통령의 관여나 영향력을 억제하기 위한 것이다. 선거나 국민투표의 관리는 그 성질상 행정작용에 속하지만 그 관리를 전적으로 행정부의 관할하에 두면 선거나 국민투표의 자유롭고 공정한 실시를 기대하기 어렵기 때문에 헌법은 선거관리위원회를 행정부로부터 독립한 헌법기관으로 규정하고 있다.

선거관리기구에 관한 각국의 입법례를 보면 영국과 프랑스는 행정부 소속으로 하고 있으며 미국, 독일, 일본 등은 행정부로부터 독립된 기관을 두고 있으나 우리와 같은 헌법기관이 아닌 법률기관으로 설치되어 있다. 우리나라의 경우 국회, 행정부, 법원으로부터 독립된 헌법기관으로 선거관리위원회를 두고 있으나, 중앙선거관리위원회 위원장은 관례상 대법관 중에서 선임되고 각급 선거관리위원회 위원장도 법관 중에서 선임되는 것이 문제될 수 있다. 선거관리는 행정작용에 속하는데 사법과 무관한 선거관리에 법관이 관여하는 것이 권력분립원리에 위배될 수 있다는 지적이 있다(김학성, 헌법학원론, 피앤씨미디어, 2018, 1074면).

제114조 제3항은 중앙선거관리위원회 위원의 임기를 6년으로 하고 있다. 대통령의 임기가 5년이고 국회의원의 임기가 4년인 데 반하여 중앙선거관리위원회 위원의 임기를 6년으로 하여 임기차등제를 둔 것은 정권교체에 영향을 받지 않고 선거관리위원회가 중립적인 선거관리를 할 수 있도록 한 것이다. 「선거관리위원회법」에 의하면 중앙선거관리위원회와 시·도선거관리위원회에 위원장을 보좌하고 그 명을 받아 소속사무처의 사무를 감독하게 하기 위하여 각 1인의 상임위원을 둔다(동법 제6조 제1항).

각급선거관리위원회 위원의 임기도 6년으로 규정하고 있다. 다만 구·시·군선거관리위원회 위원의 임기는 3년으로 하되, 1회에 한정하여 연임할 수 있다(동법 제8조).

제114조 제4항은 선거관리위원회의 중립성과 독립성을 유지하기 위하여 위원의 정당 가입과 정치 관여를 금지하고 있다. 위원의 정당 가입과 정치 관여 금지는 각급 선거관리위원회 위원의 경우에도 적용되며 각급 선거관리위원회 위원이 정당에 가입하거나 정치에 관여한 때에는 해임사유가 된다(동법 제9조).

제114조 제5항은 위원의 신분보장을 위해 탄핵 또는 금고 이상의 형의 선고에 의하지 아니하고는 파면되지 아니한다고 규정하고 있다.

제114조 제6항에 의해 중앙선거관리위원회는 법령의 범위 안에서 선거관리·국민투표관리 또는 정당사무에 관한 규칙을 제정할 수 있으며, 법률에 저촉되지 아니하는 범위 안에서 내부규율에 관한 규칙을 제정할 수 있다. 따라서 중앙선거관리위원회는 국민에 대한 법적 구속력을 갖는 법규명령으로서의 규칙과 그 밖의 행정명령으로서의 규칙(행정내규)을 모두 제정할 수 있다. 헌법재판소는 중앙선거관리위원회의

'공직선거에 관한 사무처리예규'는 각급 선거관리위원회 직원 등에 대한 업무처리지침 내지 사무처리준칙에 불과할 뿐 국민이나 법원을 구속하는 효력이 없는 행정규칙에 해당하므로 헌법소원의 심판대상이 되지 아니한다고 판시하였다(헌재 2000. 6. 29. 2000헌마325).

제7항에 따라 「선거관리위원회법」은 각급 선거관리위원의 조직과 직무범위 등을 규정하고 있다. 선거관리위원회에는 중앙선거관리위원회 밑에 서울특별시·광역시·도선거관리위원회, 구·시·군선거관리위원회, 읍·면·동선거관리위원회가 있으며(동법 제2조 제1항). 각급 선거관리위원회는 위원 과반수의 출석으로 개의하고 출석위원 과반수의 찬성으로 의결한다. 위원장도 표결권을 가지며 가부동수의 때에는 위원장이 결정권을 가진다(동법 제10조 제1항, 제2항). 중앙선거관리위원회는 선거운동을 관리하고 투표와 개표, 당선자의 확정 등 선거관리사무와 국민투표(주민투표 포함)의 실시에 관한 사무를 담당한다.

선거관리위원회는 「정당법」에 따른 정당에 관한 사무를 담당한다. 선거관리위원회는 정당의 창당준비위원회결성신고, 등록 및 등록취소 등에 관한 사항을 관리한다(동법 제8조, 제11조 등). 또한 선거관리위원회는 「정치자금법」에 따라 정치자금의 기탁과 기탁된 정치자금 및 국고보조금을 각 정당에 배분하는 사무를 담당한다(동법 제22조~제30조).

제115조

① 각급 선거관리위원회는 선거인명부의 작성 등 선거사무와 국민투표사무에 관하여 행정기관에 필요한 지시를 할 수 있다.

② 제1항의 지시를 받은 당해 행정기관은 이에 응하여야 한다.

각급 선거관리위원회의 사무

제115조 제1항에 따라 각급 선거관리위원회는 선거인명부의 작성 등 선거사무와 국민투표사무에 관계행정기관에 필요한 지시를 할 수 있고, 국가기관 또는 지방자치단체에 대하여 소속공무원의 파견근무를 요청할 수 있다. 또한 직무 수행상 필요한 때에는 관계행정기관에 사무협조를 요청할 수 있다. 제115조 제2항에 따라 이러한 지시나 요청을 받은 당해 행정기관은 이에 응해야 한다(선거관리위원회법 제16조).

각급 선거관리위원회는 선거권자의 주권자의식의 앙양을 위하여 항상 계몽을 실시하여야 한다. 특히 선거 또는 국민투표를 실시할 때에는 그 주관하에 문서·도화·시설물·신문·방송 등의 방법으로 투표방법, 기권 방지 기타 선거 또는 국민투표에 관하여 필요한 계도를 실시하여야 한다(선거관리위원회법 제14조).

제116조

① 선거운동은 각급 선거관리위원회의 관리하에 법률이 정하는 범위 안에서 하되, 균등한 기회가 보장되어야 한다.

② 선거에 관한 경비는 법률이 정하는 경우를 제외하고는 정당 또는 후보자에게 부담시킬 수 없다.

제116조

선거운동의 기회균등의 원칙

제116조 제1항은 선거관리위원회의 관리하에 행해지는 선거운동의 기회균등 보장을 규정하고 있다.

선거운동의 기회균등 보장은 헌법상 선거제도의 기본원칙으로서 평등선거의 원칙에 의해서도 보장되는 것이며, 동시에 국민의 기본권으로서 정치적 영역에 있어서 평등권 보장에 의해서도 실현되어야 하는 것이다. 오늘날 민주적 선거제도를 확립하기 위한 선거법제의 기본이념은 선거의 자유와 공정을 확보하는 데 있다. 선거의 공정성 확보는 무엇보다도 선거운동의 기회균등 보장이 전제되어야 하는 것이다.

현행 「공직선거법」은 선거의 공정성 확보를 위하여 선거운동의 자유를 광범위하게 제한하고 있다. 특히 선거운동의 기간을 제한하여 선거운동은 "선거기간 개시일부터 선거일 전일까지"에 한하여 할 수 있다. 선거별 선거기간은 대통령선거는 23일, 국회의원선거와 지방자치단체의 의원선거와 장선거는 14일로 규정하고 있다. 대통령선거의 경우 선거기간은 후보자등록 마감일의 다음날부터 선거일까지를 말하며, 국회의원선거와 지방선거의 경우는 후보자등록 마감일 후 6일부터 선거일까지로 한다(동법 제33조 제1항, 제3항). 따라서 법정선거운동기간은 대통령선거는 22일간, 국회의원선거는 13일간으로 한정되어 있다. 다만 예비후보자로 등록된 사람은 대통령선거는 선거일 전 240일, 국회의원선거는 선거일 전 120일부터 제한된 범위에서 선거운동을 허용하고 있다. 이러한 선거운동의 기간 제한에 대해 헌법재판소는 선거운동방법의 제한과 마찬가지로 일관되게 합헌성을 인정하고 있으나, 여기에는 문제가 있다고 본다. 서구에서는 선거운동기간을 법으로 제한하지 않고 상시 선거운동이 허용되고 있다. 우리의 선거운동기간 제한이 현실적인 선거풍토와 과열선거의 상황 하에서 불가피하다고 하지만, 선거운동기간의 제한은 그 자체로써 선거운동의 자유를 제한하게 될 뿐만 아니라 기성정치인과 신인후보자 간의 선거운동의 불평등을 초래하는 근본적인 원인이 되고 있다(선거운동 제한의 문제점에 관하여는 정만희, 헌법과 통치구조, 법문사, 2003, 374면 이하).

그 밖에 예비후보자의 후원회 제한과 관련하여 헌법재판소는 2019

년 12월 27일 특별시장·광역시장·특별자치시장·도지사 등 광역자치단체장 선거의 예비후보자를 후원회지정권자에서 제외하고 있는 「정치자금법」 조항에 관한 헌법소원심판청구 사건에서 광역자치단체장선거의 예비후보자의 평등권을 침해한다고 하여 헌법불합치결정을 하였다. 이 사건에서 헌법재판소는 국회의원선거의 예비후보자 및 그 예비후보자에게 후원금을 기부하고자 하는 자와 광역자치단체장선거의 예비후보자 및 이들 예비후보자에게 후원금을 기부하고자 하는 자를 계속하여 달리 취급하는 것은, 불합리한 차별에 해당하고 입법재량을 현저히 남용하거나 한계를 일탈한 것이라고 판단하고 있다(헌재 2019. 12. 27. 2018헌마301).

선거공영제의 원칙

제116조 제2항의 선거공영제의 원칙은 「공직선거법」에 의해 구체화되고 있다. 선거공영제의 내용을 보면, 선거공영제의 전제로서 법적으로 허용되는 선거운동의 방법을 제한하고 그 한정된 선거운동을 위한 선거비용을 일정한 조건하에서 국가가 부담하는 방식을 취하고 있다. 이러한 선거공영제의 방식은 선거운동의 자유를 지나치게 제한하게 되는 문제가 있다. 선거공영제가 선거운동의 제한에 대한 반대급부로 인정되는 것은 아니며, 선거의 공정을 확보하기 위한 선거공영제가 선거의 자유를 침해해서는 안 되기 때문에 선거의 자유는 선거공영제와 관계없이 확대되어 나가야 한다고 본다. 또한 우리의 선거공영제는 대정당의 후보나 기성정치인에게 유리하고 소정당의 후보나 정치신인에게 불리한 제도라는 점에서 문제가 있다. 현행 선거공영제는 우선 선거과정에서 후보자가 먼저 선거비용을 지출하고 사후에 국고로부터 '보전'(補塡)받는 방식을 취하고 있으며, 그 선거비용 보전은 당해 선거에

서 후보자가 얻은 일정한 득표수를 요건으로 하고 있기 때문에 이러한 엄격한 보전요건의 선거공영제는 사실상 선거에 처음 출마한 약체후보에게 훨씬 불리한 제도가 되는 문제가 있다. 「공직선거법」은 대통령선거와 지역구 국회의원선거 및 지방선거에서 당선되거나 유효투표총수의 100분의 15 이상을 득표한 경우는 후보자가 지출한 선거비용 전액을 보전받지만, 후보자의 득표수가 유효투표총수의 100분의 10 이상 100분의 15 미만인 경우에는 선거비용의 50%만 보전받을 수 있고, 100분의 10 미만인 경우에는 선거비용을 보전받지 못하도록 규정하고 있다. 그리고 예비후보자의 경우에는 예비후보자의 선거운동비용은 보전하지 아니한다고 규정하고 있다(동법 제122조의2 제1항, 제2항). 이러한 예비후보자의 선거비용 보전 제한조항에 대하여 헌법재판소는 선거가 조기에 과열되거나 불필요한 선거운동이 남용되어 선거과정이 혼탁해지는 것을 방지하는 한편, 선거공영제를 운영함에 있어 국가예산의 효율적 집행을 도모하기 위한 것으로 입법목적이 정당하고 과잉금지원칙에 위반되지 않으므로 선거운동의 자유를 침해하는 것이 아니라고 판시하였다(헌재 2018. 7. 26. 2016헌마524).

제 8 장

지방자치

제117조

① 지방자치단체는 주민의 복리에 관한 사무를 처리하고 재산을 관리하며, 법령의 범위 안에서 자치에 관한 규정을 제정할 수 있다.

② 지방자치단체의 종류는 법률로 정한다.

지방자치와 풀뿌리 민주주의

헌법 제8장의 제117조와 제118조는 지방자치제도의 보장에 관한 조항이다. 지방자치제도는 민주주의를 의미하는 '국민의 자치'를 지방적 범위 내에서 실현하는 것을 말한다. 지방자치제도는 지방의 시정(施政)에 직접적인 관심과 이해관계가 있는 지방주민으로 하여금 스스로 다스리게 함으로써 자연히 민주주의가 육성·발전될 수 있다는 이른바 '풀뿌리 민주주의'(grass roots democracy)를 그 이념적 배경으로 하고 있는 것이다. 나아가 지방자치제도는 중앙집권주의를 견제할 수 있는 지방분권주의의 실현을 이념으로 한다. 지방자치는 헌법상 권력분립원리를 중앙과 지방의 관계에서 실현시키는 수직적 권력분립을 제도화하여 지방분권의 실현에 기여하게 된다.

우리 헌법재판소도 지방자치제도의 개념을 다음과 같이 정의하고 있다. "지방자치제도란 일정한 지역을 단위로 하여 일정한 지역의 주민이 그 지방에 관한 사무를 그들의 책임하에 자신들이 선출한 기관을 통하여 직접 처리하게 함으로써, 지방자치행정의 민주성과 능률성을 제고하고 지방의 균형 있는 발전과 아울러 국가의 민주적 발전을 도모하는 제도를 말한다"(헌재 1996. 6. 26. 96헌마200).

지방자치제도의 헌법적 보장에 관하여 헌법이론적으로 '제도적 보장'의 성격을 갖는 것으로 설명한다. 제도적 보장이란 국가존립의 기반이 되는 기존의 전통적 제도를 헌법적 수준에서 보장함으로써 그 제도의 본질을 유지하고 국가권력에 의해 당해 제도의 본질이 훼손 또는 침해되지 않도록 하는 것을 말한다. 따라서 지방자치제의 제도적 본질을 입법에 의하여 폐지하거나 유명무실한 것이 되게 하여서는 안 된다. 다만, 제도적 보장은 기본권 보장과 구별되기 때문에 지방자치제는 제도의 본질이 침해되지 않는 한 입법자에 의한 광범위한 형성의 자유가 인정된다. 여기서 지방자치제 보장의 본질적 내용은 지방자치단체의 보장과 지방자치권 및 자치사무의 보장으로 파악하는 것이 일반적이다.

지방자치의 본질

지방자치권의 본질에 관하여는 국가성립 이전부터 지역주민이 보유해 온 권리라고 하는 자치고유권설과 국가의 기능을 필요에 따라 지방자치단체에 위임한 것에 불과하다는 자치권위임설로 나뉘고 있다. 전자는 영미법계에서, 후자는 대륙법계에서 지방자치의 발전과정에서 주장된 이론이다. 현대의 주권국가는 국가권력의 통일성과 일원성을 특징으로 하므로 국가공동체 내의 모든 규율권한은 통일적인 국가권력으로부터 유래해야 하고 국가권력의 통제 하에 있어야 한다. 따라서 국가의 의사로부터 독립된 자치권은 존재하기 어렵고, 지방자치는 헌법과 법률의 테두리 안에서 인정될 수밖에 없는 것이므로 자치권위임설이 타당하다고 할 것이다. 우리 헌법이 제117조에 지방자치단체의 자치입법권을 '법령의 범위 안에서' 인정하고 자치단체의 종류를 '법률'로 정한다고 규정한 것도 자치권위임설에 근거한 것이다.

지방자치의 본질과 관련하여 전통적으로 주민자치와 단체자치의 구별에 관한 논의가 있다. 주민자치는 영국에서 발전한 것으로, 주민이 자치적으로 구성한 자치단체가 국가의 간섭을 배제하고 지방행정을 처리하는 것을 말한다. 여기서는 자치단체에 대한 국가의 통제는 주로 입법과 사법권을 통해 이루어진다는 점이 특징이며, 주민이 스스로 통치하는 것이 지방자치의 본질이기 때문에 지방의 의사결정에 직접결정방식(직접민주제)도 채택된다. 단체자치는 독일과 프랑스 등에서 발전한 것으로, 국가로부터 독립한 법인격을 가진 지역단체를 설치하여 지방행정을 처리하게 하며, 국가와 지방자치단체 사이에 분권이 이루어지고, 자치단체에 대한 국가의 통제는 주로 중앙행정기관을 통해 이루어지는 점이 특징이다.

주민자치와 단체자치는 영국과 유럽대륙의 정치적 전통에 따라 개별적으로 발전해 온 제도이나, 오늘날 지방자치제는 국가의 효율적인 운영과 권력분립원리 및 민주주의 실현을 위한 제도로 운영됨에 따라 양자의 구분 없이 모두 지방자치의 요소로 기능하게 된다. 다만, 각 국가마다 어느 쪽에 비중을 더 두느냐에 따라 현실적인 형태에서는 차이가 있게 된다. 우리나라의 지방자치도 주민자치와 단체자치를 포괄하는 융합된 형태로 이해되고 있다(헌재 2006. 2. 23. 2005헌마403).

지방자치단체의 자치행정권과 자치재정권

헌법 제117조 제1항에 따라 지방자치단체는 주민의 복리에 관한 사무를 처리하고 재산을 관리하는 자치행정권과 자치재정권을 행사한다. 지방자치단체란 국가 내의 일정한 지역을 기초로 그 지역 안의 모든 주민을 구성원으로 하여 자치권을 행사하는 공법상의 법인을 말한다. 「지방자치법」 제3조 제1항은 "지방자치단체는 법인으로 한다"고 규정하고 있다. 따라서 지방자치단체는 권리·의무의 주체가 되는 권리능력을 가지며, 이 점에서 법인격이 없는 국가의 행정기관과 구별된다.

지방자치단체의 자치행정은 그 고유사무인 주민의 복지 증진에 관한 사무를 처리하는 데 있다. 고유사무는 지방자치단체의 존립목적이 되는 사무로서 주민의 복리 증진에 관한 사무가 그 핵심을 이룬다. 고유사무에 대한 국가적 감독은 소극적 감독만 허용되며 적극적 감독은 배제된다. 그 외에 법령에 의하여 국가사무가 지방자치단체에 위임된 사무인 '단체위임사무'와 국가 또는 광역자치단체가 지방자치단체의 장에게 위임한 사무인 '기관위임사무'도 처리한다.

우리나라는 최근 지방자치의 실질화를 위하여 중앙정부의 국가사무를 지방자치단체의 사무로 대폭 이양하는 것이 논의되고 있다. 우리나라의 경우 법령상 국가사무가 거의 70%에 이르고 지방사무가 30% 수준에 머물고 있는 상황을 극복하기 위하여 2020년 1월 9일 국회에서 「중앙행정권한 및 사무 등의 지방 일괄 이양을 위한 물가안정에 관한 법률 등 46개 법률 일부개정을 위한 법률안」(약칭 「지방이양일괄법」)이 통과됨으로써 2021년 1월 1일부터 16개 중앙부처 소관 46개 법률에 명시된 400개의 국가사무가 지방의 사무로 이양되어 자치단체의 권한과 책임으로 그 사무를 처리하게 되었다. 「지방이양일괄법」에 의해 지방에 이양되는 주요 사무는 해양수산부의 지방관리무역항 및 지방관리연안항에 대한 항만의 개발·관리에 관한 사무는 시·도로 바뀌며, 국토교통부가 수행하는 개발부담금의 부과 및 징수 등에 관한 권한은 시·군·구로 이양되는 것 등이다.

지방자치단체는 자치의 목적 달성을 위하여 재산을 관리하며 재산을 형성하고 유지할 권한을 가진다. 「지방자치법」상 지방자치단체는 수익을 위한 기본재산을 유지하고, 사업을 조직·경영하며, 특정한 목적을 위한 특별기본재산을 설치할 수 있고, 자치에 필요한 경비를 주민에게 조세로써 부과할 수 있다. 또한 법령의 범위 안에서 공공시설을 설치하여 사용료를 징수하고 사무에 관한 수수료와 그 밖의 분담금을 징수할 수 있다.

자치입법권으로서 조례제정권

제117조 제1항에 따라 지방자치단체는 법령의 범위 안에서 자치에 관한 규정을 제정할 수 있는 자치입법권을 가진다. 자치입법으로는 지방의회가 법령의 범위 안에서 그 지방의 사무에 관하여 정하는 조례와 지방자치단체의 장이 법령과 조례의 범위 안에서 그 권한에 속하는 사무에 관하여 정하는 규칙이 있다.

헌법이 지역적 효력을 가지는 법규범인 조례의 제정권을 지방자치단체에 부여한 것은 규범정립자와 수범자 간의 간격을 줄임으로써 지역적 에너지를 활성화하고, 지역적 특성을 고려하여 탄력적 규율을 가능하게 하며, 국가입법기관의 부담도 경감하려는 데 그 목적이 있는 것이다. 따라서 지방자치단체는 국가의 사무를 제외한 모든 사무에 관하여 법률의 수권이나 위임이 없더라도 법령에 위배되지 아니하는 한 조례로써 규정할 수 있다.

조례는 당해 지방자치단체의 지역 안에서만 효력을 가지는 것이지만, 그것이 전체적인 국법질서와 모순될 수 없다. 따라서 조례의 형식적 효력은 법률과 명령의 하위에 있으며, 조례는 "법령의 범위 안에서" 자치에 관한 규정을 제정할 수 있다. 여기서 "법령의 범위 안에서"의 의미는 법률의 위임이 있어야 한다는 것이 아니라 "법령에 위반되지 않는 범위 내에서" 조례를 제정할 수 있다는 의미이다. 이 조항의 해석과 관련되는 문제는 다음과 같다. 첫째, 지방자치에 관한 입법권한은 전부 지방자치단체에 위임할 수 있는 것은 아니며, 지방자치에 관한 중요하고 본질적인 사항은 국회가 직접 법률로써 정립하여야 한다. 둘째, 주민의 자유와 재산을 침해하거나 제한하는 조례의 제정은 특별한 법률의 위임을 요한다. 이에 관하여 「지방자치법」은 제22조 단서에 "주민의 권리제한 또는 의무부과에 관한 사항이나 벌칙을 정할 때에는 법률의 위임이 있어야 한다"라고 규정하고 있다. 그리고 동법 제27조 제1항은 "지방자치단체는 조례로써 조례위반행위에 대하여 천만원 이하의 과태료를 부과할 수 있다"라고 규정하고 있다. 여기서 '법률의 위임'의 해석이 문제되는데, 지방자치단체에 포괄적인 자치권을 보장하고 있는 취지로 볼 때 조례에 대한 지나친 제약은 바람직하지 않으므로 법률의 위임이 필요하되 포괄적 위임으로 족하다고 보는 것이 판례의 입장이다(헌재 1995. 4. 20. 92헌마264). 그러므로 지방자치단체는 그 내용이 주민의 권리 제한 또는 의무 부과에 관한 사항이거나 벌칙에 관한 사항이 아닌 경우에는 법률의 위임이 없더라도 조례를 제정할 수 있다. 셋째, 조례에 의한 규제는 그 성질상 지역에 따라 상이하게 나타나므로 조례에 의한 벌칙의 규정이 지역에 따라 불평등한 것이 되더라도, 그것은 헌법이 지방자치제를 보장하고 있는 데에서 오는 불가피한 결과이므로 헌법 위반이라고 할 수 없다.

지방자치단체가 조례로 규정할 수 있는 사항은 자치사무에 한하며, 국가사무 중 기관위임사무는 조례로써 규정할 수 없다. 다만 국가사무 중 단체위임사무는 지방자치단체에 의한 자율적 처리가 어느 정도 인정되는 것이기 때문에 자치사무와 같이 조례의 제정에 특별한 법률상의 근거를 요하지 아니한다. 그리고 조례는 법령의 범위 안에서 제정되어야 하는 것이므로 법률에 일정한 기준을 설정하고 있는 경우에 그보다 더 가중된 기준을 추가하거나 법률이 위임한 한계를 초과하는 내용의 조례는 법률에 위반되는 것이 된다.

위법한 조례가 의결된 경우에는 지방자치단체의 장이 의결사항을 20일 이내에 지방의회로 환부하고 그에 대해 재의를 요구할 수 있으며, 그것이 다시 의결된 경우에는 20일 이내에 대법원에 소를 제기할 수 있다(지방자치법 제107조, 제172조 제3항).

지방자치단체의 종류

제117조 제2항에 따라 「지방자치법」은 지방`자치단체의 종류를 보통지방자치단체와 특별지방자치단체로 구분한다. 보통지방자치단체는 특별시, 광역시, 특별자치시, 도, 특별자치도의 광역자치단체와 시, 군, 구의 기초자치단체의 두 종류로 구성한다(동법 제2조 제1항). 이 중 특별시, 광역시, 특별자치시, 도, 특별자치도는 정부의 직할로 두고, 시는 도의 관할 구역 안에, 군은 광역시, 특별자치시나 도의 관할 구역 안에 두며, 자치구는 특별시와 광역시, 특별자치시의 관할 구역 안에 둔다(동법 제3조 제2항). 이러한 일반적인 지방자치단체 외에 특별한 목적을 수행하기 위한 특별지방자치단체로 「지방교육자치에 관한 법률」에 의하여 지방교육자치단체를 설치하고 있다. 이 법률은 교육의 자주성 및 전문성과 지방교육의 특수성을 살리기 위하여 지방자치단체의 교육·과학·기술·체육 그 밖의 학예에 관한 사무를 관장하는 기관의 설치와 그 조직 및 운영 등에 관한 사항을 규정함으로써 지방교육의 발전에 이바지함을 목적으로 하고 있다(동법 제1조). 이 법률에 의해 광역자치단체에 교육자치를 시행하기 위하여 그 의결기관으로 시·도의회에 교육위원회를 두고 있으며, 집행기관으로 자치단체의 장과 별도로 교육감을 두고 있다. 교육위원회는 시·도의회의 상임위원회로 운영되며 교육위원회 위원은 모두 시·도의회의 의원으로 구성된다.

제118조

① 지방자치단체에 의회를 둔다.

② 지방의회의 조직·권한·의원선거와 지방자치단체의 장의 선임방법 기타 지방자치단체의 조직과 운영에 관한 사항은 법률로 정한다.

지방의회와 자치단체의 장

제118조는 지방자치단체의 기구로서 지방의회와 자치단체장을 규정하고 있다. 이에 따라 일반 지방자치단체는 의결기관으로서 지방의회를 두고, 지방자치단체의 사무를 처리하고 지방의회의 의결사항을 집행하는 지방자치단체의 장을 두고 있다. 「지방자치법」은 의결기관인 의회의 권한과 집행기관인 단체장의 권한을 분리하여 배분하고 있으며, 양 기관의 상호견제와 균형을 유지하도록 하고 있다.

지방의회는 주민의 보통·평등·직접·비밀선거에 의해 선출되는 임기 4년의 지방의회의원으로 구성한다. 지방의회의원은 국회의원과 달리 면책특권과 불체포특권이 인정되지 않는다. 지방의회의원에게는 의정활동비와 여비, 직무활동에 대한 월정수당이 지급된다(동법 제33조).

우리의 지방자치제도의 연혁을 보면, 1948년 건국헌법상의 지방자치에 관한 규정에 따라 1952년 최초로 지방의회의원 선거가 실시되었다. 1962년 헌법은 부칙에 지방의회 구성시기를 법률로 정한다고 규정하였으나 실제로 법률은 제정되지 않았으며, 1980년 헌법하에서도 지방의회는 구성되지 못하였다. 1987년 현행 헌법에 이르러 비로소 「지방자치법」 개정으로 1991년 지방의회가 구성되었고 1995년에는 지방의회의원과 지방단체장 동시선거가 행해지게 되었다.

지방자치단체의 장은 주민의 보통·평등·직접·비밀선거에 의해 선출되며 임기는 4년이고 계속 재임은 3기에 한한다(동법 제93조). 헌법재판소는 지방자치단체장의 계속 재임 3기 제한에 대하여 지방자치단체장의 공무담임권과 평등권을 침해하는 것이 아니며 자치단체 주민의 선거권과 자치권을 침해하는 것이 아니라고 판시하였다. 지방자치단체장의 계속 재임을 3기로 제한한 규정의 입법취지는 장기집권으로 인한 지역발전 저해 방지와 유능한 인사의 자치단체장 진출 확대로 대별할 수 있는바, 그 목적의 정당성, 방법의 적절성, 피해의 최소성, 법익의 균형성이 충족되므로 헌법에 위반되지 아니한다고 결정하였다(헌재 2006. 2. 23. 2005헌마403).

지방자치단체 주민의 권리

지방자치단체의 주민은 법령으로 정하는 바에 따라 당해 자치단체의 의회의원과 단체장의 선거권 및 피선거권을 가진다(동법 제13조 제2항). 외국인의 경우 「출입국관리법」에 따라 영주의 체류자격을 취득한 후 3년이 경과한 18세 이상인 자로서 해당 지방자치단체의 외국인등록대장에 올라 있는 사람도 지방선거의 선거권을 행사할 수 있다(공직선거법 제15조).

지방자치단체의 19세 이상의 주민은 일정한 주민 수 이상의 연서로 당해 지방자치단체의 장에게 조례의 제정이나 개폐를 청구할 수 있다. 지방자치단체의 장은 조례의 제정이나 개폐의 청구를 수리한 날로부터 60일 이내에 조례의 제정 또는 개폐안을 작성하여 지방의회에 부의하여야 하며, 그 결과를 청구인의 대표자에게 통지하여야 한다(지방자치법 제15조).

지방자치단체 주민은 당해 지역 내의 공공시설을 이용하고 균등하게 행정의 혜택을 받을 권리를 가진다. 지방자치단체의 주민은 조례가 정하는 19세 이상의 주민 수의 연서로, 시·도에서는 주무부장관에게, 시·군·구에서는 시·도지사에게 당해 지방자치단체와 그 장의 권한에 속하는 사무의 처리가 법령에 위반되거나 공익을 현저히 해한다고 인정되는 경우에는 감사를 청구할 수 있다(동법 제16조).

지방자치단체의 장은 주민에게 과도한 부담을 주거나 중대한 영향을 미치는 지방자치단체의 주요 결정사항 등에 대하여는 이를 주민투표에 붙일 수 있다(동법 제14조). 주민투표의 대상, 발의자, 발의요건 등에 관하여는 따로 법률로 정하도록 하는데, 이에 관한 법률로 「주민투표법」이 있다.

주민은 또한 그 지방자치단체의 장 및 지방의회의원을 소환할 권리를 가진다. 주민소환제는 선출직 지방공직자의 위법·부당한 행위와 직권남용 등을 통제하고 지방자치행정의 민주성과 책임성을 제고하기 위해 도입된 제도이다. 주민투표청구권자의 일정수의 서명으로 주민소환투표가 확정된 때에는 주민소환투표대상자는 그 결과가 공표된 시점부터 그 직을 상실하게 된다. 주민소환투표의 청구권자, 청구요건, 절차 및 효력 등에 관하여는 따로 「주민소환에 관한 법률」로 정하고 있다. 동법 제7조 제1항에 의하면 주민소환의 사유에 대하여 아무런 규정을 두고 있지 않은데, 이 규정에 대하여 헌법재판소는 "주민소환은 대표자에 대한 신임을 묻는 것으로서 그 속성은 재선거와 다를 바 없으므로 선거와 마찬가지로 그 사유를 묻지 않는 것이 제도의 취지에도 부합한다"고 하여 이 규정이 공무담임권을 침해하는 것이 아니라고 판시하였다(헌재 2009. 3. 26. 2007헌마843).

헌법재판소는 지방자치단체의 주민으로서의 자치권 또는 주민권은 헌법에 의하여 직접 보장된 개인의 주관적 공권이 아니어서, 그 침해를 이유로 헌법소원심판을 청구할 수 없다고 판시한 바 있다(헌재 2006. 3. 30. 2003헌마837). 주민은 법령이 정하는 바에 의하여 그 소속 지방자치단체의 비용을 부담할 의무를 진다. 이에 따라 지방세, 분담금, 수수료, 사용료 등의 공과금을 납부할 의무를 진다(지방자치법 제21조).

제 9 장

경 제

제119조

① 대한민국의 경제질서는 개인과 기업의 경제상의 자유와 창의를 존중함을 기본으로 한다.

② 국가는 균형있는 국민경제의 성장 및 안정과 적정한 소득의 분배를 유지하고, 시장의 지배와 경제력의 남용을 방지하며, 경제주체간의 조화를 통한 경제의 민주화를 위하여 경제에 관한 규제와 조정을 할 수 있다.

헌법과 경제질서

우리 헌법은 경제영역에 관한 기본질서를 규율하는 경제헌법조항들을 독립된 장으로 하여 제9장(제119조~제127조)에 규정하고 있다. 경제헌법이란 헌법에 규정된 경제에 관한 조항을 말한다. 헌법사에 있어 경제헌법조항의 등장은 1919년 바이마르공화국 헌법이 사회국가원리를 채택하면서 그 기원을 찾아볼 수 있으며, 우리의 1948년 건국헌법도 바이마르헌법의 영향을 받아 경제헌법조항을 명문화하였다. 이 경제헌법조항은 그동안 몇 차례 개정을 거쳐 현행 헌법에 이르고 있다.

오늘날 각국 헌법에 경제조항을 두고 있는 경우에 헌법상의 경제질서는 고전적인 자본주의 경제질서를 유지하는 것이 아니라 자본주의의 여러 가지 결함과 모순을 극복하기 위해 일부 국가에서는 자본주의 시장경제질서의 기본을 유지하면서 경제에 대한 국가의 간섭과 규제를 허용하는 이른바 수정자본주의 형태의 경제질서를 채택하게 된다. 이러한 경제질서를 독일 등 일부 국가의 경제헌법조항에 반영된 '사회적 시장경제질서'라고 한다. 사회적 시장경제질서란 자본주의의 자유시장경제질서를 바탕으로 하면서 사회국가의 이념을 실현하기 위해 사회주의적 계획경제의 요소를 일부 가미한 경제질서를 의미한다. 반면에, 자본주의의 모순을 극복하는 방안으로 자본주의를 부정하는 급진적인 사회혁명의 길을 채택한 것이 구 소련, 중국, 북한 등 공산국가에서의 '사회주의적 계획경제질서'에 해당하는 것이다.

헌법 제119조는 우리 헌법의 경제질서에 관한 기본원리조항을 의미한다. 이 조항은 경제헌법의 핵심조항에 해당하는 것으로 제1항은 자유시장경제질서를 보장하고 있으며, 제2항은 사회국가원리를 구현하기 위해 채택된 조항으로서 중요한 의미를 갖는다. 제119조 제1항과 제2항에 근거하여 우리의 경제질서는 순수한 자본주의 자유시장경제질서라 할 수 없으며, 자유시장경제를 기반으로 하면서 사회국가원리와 사회정의의 이념을 반영하고 있다는 점에서 헌법학적 표현으로 사회적 시장경제질서라고 지칭하는 것이다. 그렇지만 "개인과 기업의 경제상의 자유와 창의를 존중함을 기본으로 한다"는 점에서 우리의 경제질서를 일반국민들이 자본주의와 자유시장경제질서라고 일컫는 것도 틀린 말이 아닌 것이다.

현행 헌법의 경제조항을 이해하기 위해서는 건국헌법의 경제조항과 그 후 경제헌법조항의 변천과정을 살펴 볼 필요가 있다. 건국헌법의 경제에 관한 기본조항인 제84조에서는 "대한민국의 경제질서는 모든 국민에게 생활의 기본적 수요를 충족할 수 있게 하는 사회정의의 실현과 균형있는 국민경제의 발전을 경제질서의 기본으로 삼는다. 각인의 경제상 자유는 이 한계 내에서 보장된다"고 규정하여 '사회정의'의 실현과 '균형 있는 국민경제의 발전'을 위한 경제질서를 원칙으로 하고, 개인의 경제적 자유를 부차적 원리로 규정하였다. 그러나 이러한 과도한 통제경제의 실시는 기업가의 창의적 기업의욕을 감퇴시키고 외자도입마저 곤란하게 하여 경제발전을 오히려 저해하게 되었다. 그리하여 1954년 제2차 개정 헌법에서는 경제질서에 자연자원의 이용, 대외무역, 사기업의 국공유화 등에 관하여 국가통제를 완화하고 자유시장경제적 요소를 강화하게 되었다. 그 후 1962년 헌법에서 경제에 관한 기본원리조항이 개정되어 개인의 경제상의 자유를 기본으로 하면서, 사회정의의 실현을 위한 국가의 경제에 대한 규제와 조정을 부차적인 원리로 규정하였다. 즉 1962년 헌법은 제111조 제1항에 "대한민국의 경제질서는 개인의 경제상의 자유와 창의를 존중함을 기본으로 한다"고 밝히고, 동조 제2항에 "국가는 모든 국민에게 생활의 기본적 수요를 충족시키는 사회정의의 실현과 균형있는 국민경제의 발전을 위하여 필요한 범위안에서 경제에 관한 규제와 조정을 한다"고 규정하였다. 이러한 개정은 건국헌법상 국가 주도의 통제경제를 완화하여 자유시장경제질서가 우리 경제질서의 기본임을 명확하게 한 것이다. 그 후 1972년 헌법은 경제의 기본원리조항을 그대로 유지하면서 경제에 대한 국가적 간섭은 그 범위가 확대되었으며, 1980년 헌법은 경제조항에 독과점의 규제·조정, 중소기업의 보호·육성, 소비자보호운동의 보장 등을 규정하였다.

1987년 현행 헌법의 경제조항은 경제질서의 기본원리조항의 내용이 일부 변경되어 종전의 "모든 국민에게 생활의 기본적 수요를 충족시키는 사회정의의 실현"이라는 표현이 삭제되고, 대신에 "적정한 소득의 분배를 유지하고, 시장의 지배와 경제력의 남용을 방지하며, 경제주체간의 조화를 통한 경제의 민주화를 위하여"라는 표현이 추가되었다. 그리고 제120조 이하의 개별적 경제헌법조항을 통해 경제과정에 대한 국가적 통제와 계획을 확대한 것이 특징이다.

경제질서의 기본원리로서 사회적 시장경제질서

제119조 제1항은 "대한민국의 경제질서는 개인과 기업의 경제상의 자유와 창의를 존중함을 기본으로 한다"라고 하여 경제질서의 기본원

칙이 개인과 기업의 경제적 자유의 보장에 있다는 경제적 자유주의에 입각하고 있음을 밝힌 것이다. 이것은 기본권조항에서 규정한 재산권, 직업선택의 자유 등의 경제적 자유를 재확인한 것을 의미한다. 경제적 자유의 보장을 통해 자유시장경제질서가 형성되므로 제119조 제1항은 자본주의적 자유시장경제질서를 보장하는 것이다. 자유시장경제질서의 내용적 특징으로는 사유재산제 보장, 직업선택의 자유, 이윤추구의 원리, 자율적 가격기구 등을 들 수 있다.

제119조 제2항은 경제에 대한 국가의 개입의 목표와 근거를 밝히고 있다. 즉 "국가는 균형있는 국민경제의 성장 및 안정과 적정한 소득의 분배를 유지하고 시장의 지배와 경제력의 남용을 방지하며, 경제주체간의 조화를 통한 경제의 민주화를 위하여 경제에 관한 규제와 조정을 할 수 있다"라는 규정은 우리 헌법의 경제에 관한 국가목표는 사회국가 내지 복지국가이며 경제질서는 사회적 시장경제질서임을 밝히고 있는 것이다.

국가의 경제정책의 목표로서 먼저 '균형 있는 국민경제의 성장 및 안정'을 규정하여 '균형 있는 국민경제의 성장'과 '국민경제의 안정'의 조화를 경제정책의 기본으로 삼고 있다. 국민경제의 성장은 국민경제 성과의 지속적 증가를 목표로 하는 것이지만, 국민경제의 안정은 물가의 안정과 경기의 안정을 목표로 한다. '적정한 소득의 분배'의 유지란 경제과정에서 이루어지는 일차적인 자율적 소득의 분배가 아니라 이러한 일차적 분배에 의해 형성된 소득과 재산의 불균형을 시정하기 위한 국가의 2차적 분배정책을 말한다. 이러한 소득의 재분배정책은 소득에 대한 누진세율, 최저임금정책, 사회적 급부, 사회보장 등과 같은 국가적 조치를 요구하게 된다. '시장의 지배와 경제력 남용의 방지'는 독과점의 규제라는 경제정책의 목표를 의미한다. 독과점 규제는 시장경제가 제대로 기능하기 위한 전제조건으로서 가격과 경쟁의 기능을 유지하고 촉진하기 위해 필요한 조치이다.

경제의 민주화란 무엇인가?

제119조 제2항의 해석에 있어서 국가의 경제정책의 목표로서 1987년 헌법에 의해 새롭게 규정된 '경제의 민주화'의 의미가 무엇인지에 관하여 학계의 논의가 있다. 이에 관한 다수적 견해는 경제의 민주화란 정치영역에서의 민주주의원리를 경제영역에 적용하는 것이 아니라, 경제영역에서의 사회정의의 실현을 의미하는 것으로 이해하고 있다. 즉 구 헌법상의 경제의 기본원리조항에서 언급된 '사회정의의 실현'이 '경제의 민주화'라는 개념으로 대체된 것으로 보고 있다. 따라서 헌법 제119조 제2항의 '경제의 민주화'란 협의의 개념으로는 경제주체간의 조화를 통한 경제의 민주화로서 그것은 경제활동에 관한 의사결정권이 한 곳에 집중되지 아니하고 분산됨으로써 경제주체간에 견제와 균형이 이루어지는 것을 말한다. 여기에다 그 밖의 국가의 경제목표로서 균형 있는 국민경제의 성장 및 안정, 적정한 소득의 분배, 시장의 지배와 경제력 남용의 방지 등을 모두 포함하는 광의의 개념으로 경제의 민주화를 이해하는 것이 통설적 입장이다.

헌법재판소 판례를 보면 우리 헌법의 경제질서는 "사유재산제를 바탕으로 하고 자유경쟁을 존중하는 자유시장 경제질서를 기본으로 하면서도 이에 수반되는 갖가지 모순을 제거하고 사회복지·사회정의를 실현하기 위하여 국가적 규제와 조정을 용인하는 사회적 시장경제질서로서의 성격을 띠고 있다"고 판시하고 있으며(헌재 2001. 6. 28. 2001헌마13), 헌법 제119조 제2항에 규정된 경제주체간의 조화를 통한 경제민주화의 이념에 대해서 "경제영역에서 정의로운 사회질서를 형성하기 위하여 추구할 수 있는 국가목표"로서 개인의 기본권을 제한하는 국가

행위를 정당화하는 헌법규범이라고 판시하고 있다(헌재 2004. 10. 28. 99헌바91).

헌법 제119조 제2항의 '경제의 민주화'는 그 표현의 추상성과 모호성 때문에 해석상 논란이 되어 왔다고 할 수 있다. 민주주의의 개념은 본래 국가와 정치적 영역에 있어서 국민주권원리의 구현방법으로서 국가의사의 결정에 관한 원리를 의미하며, 이는 국가의 정치적 의사 형성에 참여하는 국민 개개인의 형식적·절대적 평등을 전제로 하는 것이기 때문에 이러한 정치적 민주주의원리를 사회적·경제적 영역에 확대하는 것은 국가와 시장의 구별을 전제로 하는 우리의 헌법구조와 조화되기 어려운 것이다. 그렇기 때문에 경제의 민주화는 그 규범적 의미를 갖기 어려운 본질적인 문제가 있으므로 경제의 민주화란 단지 '수사적 의미'로서 경제주체간의 참여와 상호 의사소통을 통한 경제 운영에 있어서 투명성과 공개성이 증진되어야 한다는 정도로 이해할 수 있다는 견해가 있다(전광석, 앞의 책, 885면 이하). 한편, 이와 다른 입장에서는 경제의 민주화는 정치의 민주화의 경제영역에 적용을 의미하는 것이 아님을 전제로 하면서, 그것은 경제영역에 있어서 사회정의의 실현이라는 국가적 과제를 의미한다고 한다. 그것은 제119조 제2항에 규정된 균형 있는 국민경제의 성장 및 안정, 적정한 소득의 분배, 시장의 지배와 경제력 남용의 방지 등의 국가목표와 중복되며, 그 밖의 개별적 경제헌법조항(제120조~제127조)에 언급된 경제정책적 목표를 포괄하는 '상위개념'으로 이해한다(한수웅, 앞의 책, 327면 이하; 정호열, 「한국의 시장경제 다시 생각한다」, 박영사, 2019, 269면).

생각건대 헌법 제119조 제2항의 해석에 있어서 '경제의 민주화'의 개념은 정치영역에 있어서의 국민주권원리의 구현을 위한 정치적 의사결정 과정에 개인의 균등한 참여와 형식적 평등, 다수결 원리 등을 내용으로 하는 민주주의를 사회 구성원의 고유성과 다양성, 사적 자치의 원칙을 기초로 하는 경제적 영역에까지 요구하는 것은 아니다. 그러므로 경제의 민주화는 경제영역에 있어서 사회정의와 실질적 평등의 실현으로 이해하고, 그 구체적 내용으로는 경제주체간의 조화뿐만 아니라 균형 있는 국민경제의 성장 및 안정, 적정한 소득분배, 시장지배와 경제력 남용 방지 등을 포함하는 광의의 개념으로 이해하는 것이 타당하다고 본다. 즉 국가가 경제에 관한 규제와 조정을 할 수 있는 헌법상의 경제정책적 목표를 모두 포괄하여 경제의 민주화라고 할 수 있으며, 그것이 곧 경제영역에 있어서 사회정의의 실현을 의미한다고 볼 수 있다. 그렇게 보더라도 경제의 민주화는 여전히 그 개념의 모호성으로 인하여 그 범위가 지나치게 확대될 가능성이 있으며, 경제의 민주화를 위한 국가 개입의 한계가 애매하여 시장경제에 대한 위협이 될 수도 있기 때문에 그 의미내용을 가능한 한 명확히 한정하는 것이 필요하다고 할 것이다.

사회적 시장경제질서의 한계

사회국가원리와 사회적 시장경제질서의 채택으로 인한 경제영역에 있어서의 국가적 개입은 일정한 한계가 있다. 첫째, 사회적 시장경제질서도 민주국가적 헌법원리인 의회제 민주주의와 법치국가원리에 위배되어서는 안 된다. 둘째, 경제에 대한 국가의 규제와 조정은 자유시장경제질서의 근간을 이루는 자유경쟁과 계약의 자유 등 사적 자치의 원칙을 유지해야 한다. 셋째, 개인의 재산권을 제한하는 경우에는 사회적 이익과 조화를 이룰 수 있도록 필요한 한도 내에서 해야 하며 재산권의 본질적 내용을 침해할 수 없다. 넷째, 자본주의를 부정하는 사회주의적 계획경제 내지 전면적 국가관리경제는 허용될 수 없다. 따라서 우리 헌법의 경제질서는 헌법 제119조 제1항에 따라 자유주의를 기본으로 하되 고전적 자유방임주의가 아니라 제119조 제2항에 따라 사회정의 내지 경제의 민주화 등을 위한 국가개입을 보충적으로 인정하는 것이므로 경제에 대한 국가의 개입에는 '보충의 원칙'에 의한 일정한 한계가 인정된다(헌재 1989. 12. 22. 88헌가13). 이에 따라 「국민기초생활보장법」은 보충성의 원리를 구체화하여 "이 법에 의한 급여는 수급자가 자신의 생활의 유지·향상을 위하여 그 소득·재산·근로능력 등을 활용하여 최대한 노력하는 것을 전제로 이를 보충·발전시키는 것을 기본원칙으로 한다"(제3조 제1항)고 규정하고 있다.

사회적 시장경제질서와 경제에 대한 국가적 개입의 한계에 관한 헌법재판소의 주요 판례를 보면, 1993년 '국제그룹 사건'에서 헌법적 근거 없는 공권력 행사에 의한 기업의 강제해체지시는 기업의 경제상의 자유와 창의의 존중을 기본으로 하는 헌법 제119조 제1항에 위배된다고 판단하였다(헌재 1993. 7. 29. 89헌마31). 「의료법」상 의료광고의 금지에 대하여는 기존의 의료인과의 경쟁에서 불리한 결과를 초래할 수 있는 것이므로 이는 자유롭고 공정한 경쟁을 추구하는 헌법상의 시장경제질서에 부합되지 않으며, 의료인의 표현의 자유와 직업수행의 자유를 침해하는 것이라고 하였다(헌재 2005. 10. 27. 2003헌가3).

제120조

① 광물 기타 중요한 지하자원·수산자원·수력과 경제상 이용할 수 있는 자연력은 법률이 정하는 바에 의하여 일정한 기간 그 체취·개발 또는 이용을 특허할 수 있다.

② 국토와 자원은 국가의 보호를 받으며, 국가는 그 균형있는 개발과 이용을 위하여 필요한 계획을 수립한다.

광물·지하자원 등의 국유와 특허제

제120조 제1항은 광물 및 지하자원·수산자원·수력 등 자연자원이 국가소유임을 밝히고 이를 전제로 그 채취와 개발 등을 특허할 수 있다고 규정하고 있다. 이에 관하여 건국헌법의 경제조항(제85조)에는 "광물 기타 중요한 지하자원, 수산자원, 수력과 경제상 이용할 수 있는 자연력은 국유로 한다. 공공필요에 의하여 일정한 기간 그 개발 또는 이용을 특허하거나 또는 특허를 취소함은 법률의 정하는 바에 의하여 행한다"고 규정하여 자연자원과 자연력을 '국유'로 한다는 것을 명시한 바 있다. 현행 헌법은 자연자원을 "국유로 한다"는 명시적 표현은 없으나, 자연자원의 "채취·개발·이용을 특허할 수 있다"고 규정한 것은 국유를 전제로 한 것을 의미한다. 즉 광물 등의 지하자원, 수산자원, 수력과 경제상 이용할 수 있는 자연력은 국가의 소유이며, 그 채취·개발·이용을 필요로 하는 자에게 법률이 정하는 바에 의하여 특별히 그 권리를 허용할 수 있다는 것이 제120조 제1항의 의미이다. 그리하여 바다에서 물고기를 잡기 위해서는 「수산업법」에 따라 미리 허가를 받아야 하며, 산에서 나무를 채취하기 위해서는 「산림기본법」과 「산림자원의 조성 및 관리에 관한 법률」에 따라 미리 벌채 허가를 받아야 한다.

국토의 균형개발계획의 수립

제120조 제2항은 따라 국토와 자원은 국가의 보호를 받으며, 국가는 국토의 균형 있는 개발과 이용을 위하여 필요한 계획을 수립한다. 이 조항은 후술하는 제122조와의 관계에서 생각해볼 것이 있다. 제122조에도 국토의 효율적이고 균형 있는 개발·이용과 보전을 위하여 "법률이 정하는 바에 의하여 그에 필요한 제한과 의무를 과할 수 있다"고 규정하고 있다. 그런데 제120조 제2항에는 "법률이 정하는 바에 의하여"

라는 문구가 없이 국토에 대해 개발·이용 계획을 수립한다고 규정하고 있다. 그렇지만 제120조 제2항에 의한 국가의 국토에 대한 개발·이용 계획의 수립에도 마땅히 법률이 정하는 바에 의하여 행해져야 하는 것으로 해석되어야 할 것이다. 그리하여 제120조 제2항에 근거한 법률로 「국가균형발전특별법」, 「지방분권특별법」, 「국토기본법」, 「국토의 계획 및 이용에 관한 법률」 등이 제정되어 시행되고 있다.

제121조

① 국가는 농지에 관하여 경자유전의 원칙이 달성될 수 있도록 노력하여야 하며, 농지의 소작제도는 금지된다.

② 농업생산성의 제고와 농지의 합리적인 이용을 위하거나 불가피한 사정으로 발생하는 농지의 임대차와 위탁경영은 법률이 정하는 바에 의하여 인정된다.

농지의 소작제도 금지와 합리적인 이용

제121조 제1항은 농지에 관한 '경자유전(耕者有田)의 원칙'과 소작제도의 금지를 명문화하고 있다. 경자유전의 원칙이란 농사짓는 사람이 농지를 소유하는 것을 원칙으로 한다는 것을 말한다. 소작제도는 봉건적인 생산양식으로서 소작인이 지주에게 예속되어 노동력을 수탈당하고 경제적 자립능력을 잃게 되는 폐해가 컸기 때문에 우리나라는 해방 이후 농지개혁을 추진해 왔으며, 건국헌법은 경제와 관련하여 농지개혁을 선언한 것이 특징이다. 건국헌법은 제86조에 "농지는 농민에게 분배하며, 그 분배의 방법, 소유의 한도, 소유권의 내용과 한계는 법률로 정한다"고 규정하였으며, 그에 따라 1949년 6월 「농지개혁법」이 제

정되어 농지소유의 상한을 3헥타르로 정한 다음 그 이상의 모든 농지를 지주로부터 유상으로 수용하여 소작농에게 유상으로 분배하였다. 농지개혁이 시행된 결과 농촌 주민은 모두 자작농이 될 수 있었다. 이는 건국헌법상의 평등원칙조항(제8조)의 이념이 농지개혁을 통해 실현되는 것을 의미하였다. 그 후 1962년 제3공화국헌법 제113조는 농지개혁이 완성된 것을 전제로 하여 "농지의 소작제도는 법률이 정하는 바에 의하여 금지된다"고 규정하였으며 경자유전의 원칙과 소작제도 금지는 현행 헌법 제121조로 이어져 오게 되었다. 구 헌법에서는 소작제도의 금지는 "법률이 정하는 바에 의하여 금지된다"는 법률유보조항의 형식을 취하였으나, 현행 헌법에 와서 절대적 금지제도로 바뀌게 되었다.

경자유전의 원칙과 소작제도 금지를 규정한 제121조 제1항의 해석에 있어서는 제23조 제1항의 "재산권의 내용과 한계는 법률로 정한다"는 조항과의 관계를 어떻게 볼 것인지의 문제가 있다. 이에 관하여는 농지에 관한 재산권의 내용과 한계를 직접 헌법에서 규정한 제121조가 제23조 제1항의 법률유보조항에 우월한 것으로 보는 것이 타당하다.

경자유전의 원칙에 따라 「농지법」은 제6조 제1항에 "농지는 자기의 농업경영에 이용하거나 이용할 자가 아니면 소유하지 못한다"라고 규정하고 있다. 다만 「농지법」은 경자유전의 원칙에 대한 예외를 규정하여 제6조 제2항의 제1호에서 제10호에 걸쳐 비농인의 농지소유를 한정적으로 인정하고 있다. 그 예외에 해당하는 것으로는 국가나 지방자치단체가 농지를 소유한 경우, 학교나 공공단체·농업연구기관 등이 그 목적사업을 수행하기 위하여 농지를 취득하여 소유하는 경우, 주말·체험농장(농업인이 아닌 개인이 주말 등을 이용하여 취미생활이나 여가활동으로 농작물을 경작하거나 다년생식물을 재배하는 것을 말한다)을 하려고 농지를 소유한 경우, 상속으로 농지를 취득하여 소유하는 경우 등이 있다.

제121조 제2항은 농업생산성의 제고와 농지의 합리적인 이용을 위하거나 불가피한 사정으로 발생하는 농지의 임대차와 위탁경영은 법률이 정하는 바에 의하여 인정된다고 규정하여 소작제도가 폐지된 대신에 농지의 임대차와 위탁경영을 인정하고 있다. 이 조항은 1980년 헌법에서 처음 규정된 것을 그대로 유지하고 있는 것이다. 이에 따라 「농지법」은 농업인이 자기노동력이 부족하여 농작업의 일부를 위탁하는 경우 등에 농지의 위탁경영을 인정하고 있으며(동법 제9조), 상속으로 농지를 취득하여 소유하는 경우 등의 사정이 있는 경우에만 농지의 임대차 또는 사용대차를 허용하고 있다(동법 제23조).

제 122 조

제122조
국가는 국민 모두의 생산 및 생활의 기반이 되는 국토의 효율적이고 균형 있는 이용·개발과 보전을 위하여 법률이 정하는 바에 의하여 그에 관한 필요한 제한과 의무를 과할 수 있다.

국토의 효율적이고 균형 있는 이용·개발을 위한 제한

제122조는 국토의 효율적이고 균형 있는 이용·개발과 보전을 위하여 토지에 대하여 일정한 제한과 의무를 부과할 수 있다고 규정하고 있다. 국토는 국민 모두의 생산 및 생활의 기반이 되기 때문에 국토의 효율적이고 균형 있는 이용·개발과 보존이 필요하게 되며 이를 위하여 토지에 대한 법적 규제가 요구되는 것이다. 헌법상 국토의 효율적인 이용·개발과 보전을 위해 필요한 제한과 의무를 과할 수 있다는 규정은 1972년 헌법에서 채택되었으며, 현행 헌법에 와서 토지에 대한 법적

제한의 정당성을 강조하는 의미에서 "국민 모두의 생산 및 생활의 기반이 되는" 국토라는 문구가 추가되었다.

제122조는 제121조에서 규정한 농지를 제외한 국토 일반에 대한 규정으로서, 국토의 효율적이고 균형 있는 이용·개발과 보전을 위한 국가의 입법의무를 부과하는 것이면서, 동시에 토지 재산권에 대한 특별한 제한규정으로서의 의미를 갖는다. 제122조는 토지 재산권에 대한 특별한 제한규정이라는 점에서 재산권의 보장과 제한에 관한 일반조항인 제23조에 대한 특별규정으로서의 성격을 가진다.

토지문제는 근본적으로 토지가격과 주택가격의 상승으로 인한 경제안정의 저해를 방지하고 토지투기로 인한 불로소득을 억제하여 소득불균형을 완화하기 위한 정책적 방안을 제시해야 하는 중요한 국가적 과제라 할 수 있다. 그리하여 우리 사회에서는 1970년대부터 토지문제의 해결을 위한 토지의 '공개념'(公槪念)에 관한 논의가 전개되어 왔으며, 1987년 헌법의 채택 이후에는 제122조에 근거하여 토지 공개념의 제도화에 관한 논의가 본격화되었다. 토지의 공개념이란, 토지는 소유자가 누구이든 그것이 가지는 기능이나 적성 또는 그것이 위치하는 지역에 따라 공공복리를 위하여 가장 효율적으로 이용되어야 하며 이를 위하여 국가에 의한 적절한 규제가 가해져야 한다는 관념으로, 또는 토지의 개인적 소유권은 인정하되 그 이용을 공공복리에 적합하게 규제하여야 한다는 뜻으로 이해되고 있다. 헌법재판소도 "토지소유권은 이제 더 이상 절대적인 것일 수가 없었고 공공의 이익 또는 공공복리의 증진을 위하여 의무를 부담하거나 제약을 수반하는 것으로 변화되었으며, 토지소유권은 신성불가침의 것이 아니고 실정법상의 여러 의무와 제약을 감내하지 않으면 안 되는 것으로 되었으니 이것이 이른바, '토지공개념 이론'인 것이다"라고 하고 있다(헌재 1989. 12. 22. 88헌가13). 토지 공개념은 법률상의 용어는 아니지만 지가상승과 부동산투기 등으로 인한 폐단을 차단하기 위한 국가정책의 이론적 근거를 제공하는 개념이다. 그것은 곧 토지소유권의 '사회적 구속성'의 원칙을 의미하며, 토지의 특수성에 비추어 토지재산권에 대하여 다른 재산권보다 더 강한 사회적 제약을 가할 수 있다는 것을 의미한다.

토지 공개념을 구체화하기 위한 3대 입법으로 1989년 12월 「개발이익환수에 관한 법률」, 「택지소유상한제에 관한 법률」, 「토지초과이득세법」 등이 제정·시행되었으나 이들 법률은 헌법재판소에 의해 위헌결정 또는 헌법불합치결정을 받게 되어 토지 공개념 실현의 헌법적 한계가 드러나게 되었다. 특히 1999년 4월 위헌결정을 받은 「택지소유상한제에 관한 법률」에 대해서는 "택지의 소유목적이나 택지의 기능에 따른 예외를 전혀 인정하지 아니한 채 일률적으로 200평으로 소유상한을 제한함으로써, 어떠한 경우에도 어느 누구라도 200평을 초과하는 택지를 취득할 수 없게 한 것은 적정한 택지공급이라는 입법목적을 달성하기 위하여 필요한 정도를 넘는 과도한 제한으로서, 헌법상의 재산권을 과도하게 침해하는 위헌적인 규정"이라고 판시하였다(헌재 1999. 4. 29. 94헌바37등). 그렇지만 「국토이용관리법」상 '토지거래허가제'의 위헌 여부가 문제된 사건에서 헌법재판소는 "생산이 자유롭지 아니한 토지에 대하여 처분의 자유를 인정하지 아니하고 이를 제한할 수밖에 없음은 실로 부득이한 것이며, 토지거래허가제는 헌법이 명문으로 인정하고 있는(제122조) 재산권의 제한의 한 형태로서 재산권의 본질적인 침해라고 할 수 없는 것"이라고 판시한 바 있다(헌재 1989. 12. 22. 88헌가13).

헌법 제122조에 따라 제정·시행된 법률로는 「개발제한구역의 지정 및 관리에 관한 특별조치법」, 「국토의 계획 및 이용에 관한 특별조치법」, 「자연공원법」, 「산림기본법」 등이 있다.

제123조

① 국가는 농업 및 어업을 보호·육성하기 위하여 농·어촌종합개발과 그 지원 등 필요한 계획을 수립·시행하여야 한다.

② 국가는 지역간의 균형있는 발전을 위하여 지역경제를 육성할 의무를 진다.

③ 국가는 중소기업을 보호·육성하여야 한다.

④ 국가는 농·수산물의 수급균형과 유통구조의 개선에 노력하여 가격안정을 도모함으로써 농·어민의 이익을 보호한다.

⑤ 국가는 농·어민과 중소기업의 자조조직을 육성하여야 하며, 그 자율적 활동과 발전을 보장한다.

농·어업과 지역경제 및 중소기업의 보호·육성

제123조는 현대산업사회에서 열악한 지위에 있는 산업으로서 농업과 어업 및 중소기업의 보호·육성과 그에 종사하는 국민을 보호함과 동시에 지역간 경제의 불균형으로 야기되는 국민수혜의 불균형을 시정하기 위한 국가적 의무를 규정하고 있다. 이 조항은 농수산정책, 지역적 경제촉진과 중소기업정책의 필요성을 구체적으로 강조함으로써 지역간의 경제적 차이를 조정하고, 국민경제적 이유에서 일정경제부문이 변화한 시장조건에 적응하는 것을 용이하게 하거나 또는 경쟁에서의 상이한 조건을 수정하기 위하여, 경제적으로 낙후한 지역이나 일정경제부문을 지원할 국가의 과제를 규정하고 있다. 즉 국가가 보조금이나 세제상의 혜택 등을 통하여 시장의 형성과정에 지역적으로 또는 경제부문별로 관여함으로써, 시장에서의 경쟁이 국가의 지원조치에 의하여 조정된 새로운 기초 위에서 이루어질 수 있도록 하는 것이 헌법 제123조의 목적이다(헌재 1996. 12. 26. 96헌가18).

제123조 제1항에 따라 농업과 어업은 자본주의 시장경제에서 대표적인 사회적 약자 집단에 속하기 때문에 국가는 농·어업의 보호·육성을 위하여 농·어촌종합개발과 그 지원계획 등을 수립·시행하여야 한다. 농업·어업의 보호·육성에 관한 법률로는 「농업·농촌기본법」, 「농·어촌발전특별조치법」 등이 있다.

제123조 제2항에 따라 지역간의 균형 있는 발전을 위한 지역경제를 육성하는 것이 국가적 과제가 되고 있다. 국가는 농·어촌의 이주현상과 대도시로의 인구집중을 방지하고 균형 있는 인구분산을 하여 해당 지역의 발전과 전국적으로 균형 있는 경제·사회 및 문화적 발전의 목표를 동시에 추구하여야 한다. 지역균형발전과 지역경제 육성에 관한 법률로 「지역균형개발 및 중소기업육성에 관한 법률」이 제정되어 시행되고 있다.

제123조 제3항은 중소기업의 보호·육성을 규정하고 있다. 중소기업은 생산 및 고용의 증진에 기여하고, 또한 새로운 기술개발의 진원이지만 대기업에 비하여 경영의 합리화와 경쟁력에 있어서 열세에 있기 때문에 중소기업을 대기업과 공정한 경쟁을 할 수 있도록 국가가 중소기업을 특별히 지원하고 배려하는 것이 적극적으로 요청된다. 국가는 중소기업의 불리한 경쟁조건을 완화하고 균등한 경쟁조건을 형성하기 위하여 세법상의 혜택을 통하여 중소기업을 육성하여야 한다. 중소기업 지원을 위한 특별법으로 「중소기업기본법」이 시행되고 있다.

제123조 제4항에 따라 국가는 농·수산물의 수급균형과 유통구조의 개선에 노력하여 가격안정을 도모함으로써 농·어민의 이익을 보호하여야 한다. 이 조항은 현행 헌법에서 신설된 조항이다. 농·수산물의 수요와 공급의 균형 유지와 건전한 유통구조를 통하여 가격안정을 도모함으로써 농·어민의 경제적 이익을 도모함과 동시에 농수산물의 최종소

비자인 전체 국민의 이익을 보호하게 된다.

제123조 제5항에 따라 국가는 농·어민과 중소기업의 자조조직을 육성하여야 하며, 그 자율적 활동과 발전을 보장하여야 한다. 국가는 이들 조직의 자율성을 침해하지 않을 소극적인 의무가 있을 뿐 아니라 이들 조직이 충실히 기능할 수 없는 상황에서는 적극적으로 이들 조직을 육성하여야 한다. 국민경제의 뿌리인 농·어민의 보호를 위한 자조조직은 일반적으로 '협동조합'의 형태를 취한다. 농·어민과 중소기업의 자조조직이 과거에는 정치적 이용의 대상이 되어 왔기 때문에 1980년 헌법에서는 "자조조직의 정치적 중립성을 보장한다"라고 하였으나, 현행 헌법에서는 표현을 수정하여 "그 자율적 활동과 발전을 보장한다"라고 규정하였다. 농·어민과 중소기업의 자조조직에 관한 법률로 「농업협동조합법」, 「수산업협동조합법」, 「중소기업협동조합법」이 있다.

제124조
국가는 건전한 소비행위를 계도하고, 생산품의 품질향상을 촉구하기 위한 소비자보호운동을 법률이 정하는 바에 의하여 보장한다.

제
124
조

소비자보호운동의 보장

헌법 제124조에 따라 국가는 건전한 소비행위를 계도하고 생산물의 품질 향상을 촉구하기 위한 소비자보호운동을 법률이 정하는 바에 의하여 보장한다. 이 조항은 1980년 헌법에 의해 신설된 것이다. 이 소비자보호운동의 국가적 보장에 관한 규정은 소비자보호운동권이라는 기본권을 보장한 것인가에 관하여 해석상 논의가 있으나, 오늘날 헌법 제

124조는 국가의 소비자 보호 정책을 시행할 권한을 부여하는 조항일 뿐만 아니라 소비자의 권리 보장의 헌법적 근거가 된다고 해석하는 것이 지배적 견해이다. 소비자의 권리 내지 소비자 기본권이란 소비자가 인간다운 생활을 영위하기 위하여 공정한 가격으로 양질의 상품 또는 용역을 적절한 유통구조를 통해 적절한 시기에 구입하거나 사용할 수 있는 권리로 정의될 수 있다.

소비자보호에 관한 법률로 「소비자기본법」 등이 있다. 「소비자기본법」은 소비자의 권리와 책무, 국가·지방자치단체 및 사업자의 책무, 소비자단체의 역할 등을 규정하고 있으며, 특히 소비자의 적극적 권리 행사를 위한 제도로서 소비자 집단분쟁조정제도(제60조~제69조)와 소비자 단체소송제도(제70조~제76조)를 도입하고 있다.

제 125 조

> 제125조
> 국가는 대외무역을 육성하며, 이를 규제·조정할 수 있다.

대외무역의 육성과 규제·조정

헌법 제125조는 국가의 대외무역 육성을 위한 규제와 조정을 규정하여 대외무역에 대한 국가적 차원의 정책적 의지를 밝히고 있다. 헌법상 경제조항 중에서 대외무역에 관한 규정은 건국헌법에서 최초로 "대외무역은 국가의 통제하에 둔다"(제87조)고 규정한 것을 볼 수 있다. 건국헌법에 대외무력 조항을 둔 것은 대외무역에 관하여 국가가 일정한 계획을 수립하고 그 계획의 범위 내에서 사인의 활동을 허용함으로써 국가 주도 하에 해외로 시장을 확대해야 한다는 것과 무역으로 인한 경제적 대외종속의 우려를 방지한다는 데에 그 의미가 있는 것이었다. 이 조항은 1954년 제2차 개헌에 의해 "대외무역은 법률이 정하는 바에 의하여 국가의 통제하에 둔다"라고 부분 수정되었으나, 1962년 제3공화국헌법에서 "국가는 대외무역을 육성하며, 이를 규제·조정할 수 있다"(제116조)라고 수정하여 현행 헌법에 그대로 유지되고 있다. 1962년 헌법의 대외무역에 관한 조항은 종전의 국가통제하의 대외무역을 기본적으로 자유무역체제로 전환하는 것을 의미하였다. 그리하여 우리나라는 1960년대 이후 수출을 통해서 단기간에 고도성장을 이룩할 수 있었으며, 최근에도 국내총생산 중에서 수출이 가장 큰 비중을 차지하고 있을 정도로 대외무역은 우리 경제에서 중심적 역할을 하고 있다.

이처럼 국가의 대외무역 육성과 그 규제·조정에 관한 조항은 국민들이 무역 상대국과 대등한 지위에서 무역을 할 수 있도록 국가가 적극적인 조치를 취해야 하며, 무역으로 인한 경제적 대외 종속의 우려를 방지해야 할 의무를 진다는 데 의미가 있는 것이다.

제126조
국방상 또는 국민경제상 긴절한 필요로 인하여 법률이 정하는 경우를 제외하고는, 사영기업을 국유 또는 공유로 이전하거나 그 경영을 통제 또는 관리할 수 없다.

제126조

사기업의 국·공영화의 원칙적 금지

제126조는 사기업의 국·공영화에 대한 원칙적 금지를 선언하고, 예외적으로 국방상 또는 국민경제상 긴절한 필요로 법률이 정하는 경우

에 사기업을 국유 또는 공유로 이전하거나 그 경영을 통제하거나 관리할 수 있다고 규정하고 있다. 자본주의적 자유시장경제질서를 기반으로 하고 사유재산제가 보장되는 우리 경제질서에 있어서 사기업의 국·공영화는 엄격히 제한되어야 하므로 그 요건을 국방상 또는 국민경제상 긴절한 필요가 있는 경우에 법률이 정하는 바에 의해서만 사기업의 국·공영화를 허용하고 있다. 여기서 '긴절한 필요'란 필수적으로 요구되는 것으로서 다른 수단으로는 목적을 달성할 수 없는 경우를 말한다.

이 조항은 1948년 건국헌법 제88조에 "국방상 또는 국민경제상 긴절한 필요에 의하여 사영기업을 국유 또는 공유로 이전하거나 그 경영을 통제관리함은 법률의 정하는 바에 의하여 행한다"고 규정하였던 것을 1954년 제2차 개헌에 의해 조문의 표현이 일부 수정되어 현행 헌법에까지 그대로 유지되고 있는 것이다. 현행 헌법 제126조의 의미는 건국헌법 제88조에 비해서 사기업의 사회화의 '예외적' 허용과 사기업의 자유의 확대를 강조한 점에서 차이가 있다고 할 것이다.

제126조의 해석과 관련된 판례로 1993년의 '국제그룹 사건'이 중요한 의미를 갖는다. 전두환 정부 당시 대통령의 지시로 국제그룹이 해체되었는데, 전두환 정부가 교체되고 헌법재판소 시대가 전개되자 국제그룹 양정모 회장은 공권력 행사로 인한 재산권 침해에 대해 헌법소원을 청구하였다. 이 사건에서 헌법재판소는 재무부장관이 대통령의 지시를 받아 재벌기업인 국제그룹을 해체키로 기본방침을 정하고 그 후속 조치로 한 일련의 공권력의 행사가 위헌이라고 결정하였다. 즉 "법률적 근거 없이 사영기업의 경영권에 개입하여 그 힘으로 이를 제3자에게 이전시키기 위한 공권력의 행사였다는 점에서 헌법 제119조 제1항·제126조 소정의 개인기업의 자유과 경영권 불간섭의 원칙을 직접적으로 위반한 것이다. 이에 청구인으로서는 법률상 무권한의 공권력의 행사로 인하여 자의적이고 차별적인 대우를 받지 않을 권리인 평등

권 그리고 기업활동의 자유를 침해당하게 된 것"이라고 판단하였다(헌재 1993. 7. 29. 89헌마31).

국영기업에 관한 법률로 「우편법」 등이 있고, 공기업에 관한 법률로 「지방공기업법」이 있다. 특수법인기업에 관한 법률로 「한국은행법」, 「한국철도공사법」 등이 있다.

> 第127조
> ① 국가는 과학기술의 혁신과 정보 및 인력의 개발을 통하여 국민경제의 발전에 노력하여야 한다.
> ② 국가는 국가표준제도를 확립한다.
> ③ 대통령은 제1항의 목적을 달성하기 위하여 필요한 자문기구를 둘 수 있다.

과학기술의 혁신과 국가표준제도의 확립

제127조 제1항은 과학기술의 혁신과 정보 및 인력의 개발을 통한 국민경제의 발전에 국가가 노력하여야 한다고 밝히고 있다. 이 규정은 1987년 헌법에 의해 신설된 조항이다. 국가의 과학진흥 정책 수립에 관한 최초의 헌법조항은 1962년 헌법(제3공화국헌법)에서 규정된 것을 볼 수 있는데, 동 헌법은 제118조 제1항에 "국민경제의 발전과 이를 위한 과학진흥에 관련되는 중요한 정책수립에 관하여 국무회의의 심의에 앞서 대통령의 자문에 응하기 위하여 경제·과학심의회를 둔다"고 규정하였으며, 이후 일부 내용과 자구의 수정을 거쳐 현행 헌법 제127조로 자리매김하게 되었다.

제127조 제2항에서는 과학기술의 혁신과 발전을 위하여 국가표준제도를 확립한다고 규정하고 있다. 이에 따라 과학기술의 혁신과 산업구조의 고도화 및 정보화사회의 촉진을 도모하기 위하여 「국가표준기본법」이 제정되어 있다. 국가표준제도에 관한 조항은 1980년 헌법에서 신설되었다. 국가표준제도는 국가가 과학기술 분야에 대하여 용어, 규격, 검사방법 등의 표준이 되는 기준을 정하여 공정한 통일을 기하는 제도를 말한다. 예컨대 도량형제도에 있어서 길이에는 미터를 사용하고, 넓이에는 평방미터, 무게에는 킬로그램을 사용하도록 하는 것이 이에 해당한다. 국가표준제도는 도량형제도보다 광의의 개념이며 전문적 개념으로서 과학기술계의 표준을 의미한다.

제127조 제3항에서는 과학기술의 혁신과 정보 및 인력의 개발을 위해 필요한 자문기구를 둘 수 있다고 규정하고 있는데, 현재 「국가과학기술자문회의법」에 따라 대통령 직속기구로 국가과학기술자문회의가 설치되어 있다.

제10장

헌법개정

제128조
① 헌법개정은 국회재적의원 과반수 또는 대통령의 발의로 제안된다.
② 대통령의 임기연장 또는 중임변경을 위한 헌법개정은 그 헌법개정 제안 당시의 대통령에 대하여는 효력이 없다.

헌법에 헌법개정조항을 둔 의미는?

헌법 제128조에서 제130조에 걸친 조항들은 헌법개정절차에 관한 것이다. 오늘날 성문헌법 국가는 예외 없이 헌법 개정에 관한 명문규정을 두고 있으며, 그 헌법개정조항은 일반 법률의 개정방법과는 다른 특별한 절차를 두고 있는 것이 보편적이다. 입헌주의의 이념에 기초하여 헌법제정권자는 국민의 자유와 권리를 보장하기 위한 국가권력과정 통제의 기본적 장치로서의 헌법을 제정하면서 그 헌법규범에 의해 국가공동체의 안정성과 지속성을 유지하게 할 수 있도록 헌법개정을 어렵게 하는 헌법개정절차를 규정하여 '헌법개정의 곤란성'을 확보하고 있다. 그러므로 헌법개정조항에 나타난 헌법개정의 곤란성의 정도는 국가형태와 통치구조의 선택 등과 함께 헌법제정권자의 근본적 결단에 해당하는 것으로 최대한 존중되어야 하며, 현실의 헌법운용 과정에서 권력담당자는 그 권력 행사의 근거가 되는 헌법규범에 만족하지 못하더라도 그 헌법개정조항에 의하지 않고서는 집권자의 의도대로 헌법을 수정하거나 변경할 수 없는 것이다.

그러나 현실적으로 헌법개정의 빈도와 용이성을 보면 헌법개정절차가 까다로운 강한 경성헌법이라고 해서 헌법개정이 실제로 잘 행해지지 않는 것은 아니며 연성주의 하에서도 헌법개정 없이 헌법의 안정성이 유지되는 국가도 있다. 결국 특정 국가에 있어서 헌법의 안정성은 경성헌법주의 여하가 아니라 그 국가의 정치세력들이 헌법에 순응하는 태도와 국민의 헌법 수호의 의지에 달려 있다고 할 수 있다.

그렇지만 헌법은 미래의 역사발전과 시대변천을 모두 예견하고 입법화할 수 없으므로 헌법규범과 헌법현실 사이에는 항상 간격이 있기 마련이다. 따라서 헌법의 현실적응성과 실효성을 유지하기 위하여는 헌법개정이 불가피한 현상이 되며, 헌법개정은 헌법을 살아 있는 규범으로 유지시키고 헌법의 파괴를 미연에 방지할 수 있는 중요한 수단이 된다. 헌법의 운용과정에서 헌법규범과 헌법현실의 불일치로 인한 괴리가 발생하는 경우 그 헌법에 대한 불만과 불신의 방치는 결국 폭력에 의한 헌법의 파괴로 이어질 우려가 있기 때문에 헌법 자체에 합헌적인 방법과 절차에 의한 헌법개정을 규정함으로써 헌법의 흠결을 극복할 수 있도록 하는 것이 필요하게 된다. 따라서 시대적 상황의 변화에 따른 헌법의 현실적응성에 관한 사회적 욕구가 강하게 되면 헌법개정은 불가피하다고 할 수 있다. 특히 오늘날의 세계화·정보화의 급격한 시대적 상황의 변화는 그 어느 때보다도 헌법의 탄력적 현실적응성이 요구되고 있다.

헌법개정 발의권자는 국회의원과 대통령

제128조 제1항은 헌법개정절차에 있어서 헌법개정안의 발의권자를 규정하고 있다. 우리 헌법의 개정절차에 있어서 첫 단계인 헌법개정안의 발의는 국회의원 또는 대통령이 할 수 있다. 국회의원이 헌법개정안을 발의하는 경우에는 재적의원 과반수의 찬성이 있어야 한다. 대통령의 개헌안은 헌법 제89조 제3호에 따라 국무회의의 심의를 거쳐 제안할 수 있다.

현행 헌법개정절차는 국민의 헌법개정안 발의를 인정하고 있지 않으나, 과거 1954년 제2차 개헌에 의해 대통령 또는 국회뿐만 아니라 유권자 50만명 이상의 찬성으로 헌법개정을 발의할 수 있도록 하였다. 이러한 유권자의 헌법개정발의권은 그 후 제3공화국헌법에 이르기까지 인정되었으나 1972년 유신헌법에 의해 폐지되었다.

제128조 제2항은 "대통령의 임기연장 또는 중임변경을 위한 헌법개정은 그 헌법개정 제안 당시의 대통령에 대하여는 효력이 없다"라고 규정하고 있는데, 이는 실정헌법상 개정금지조항이 아니고, 대통령의 임기연장 또는 중임변경에 관한 개정은 가능하지만 개정 제안 당시의 대통령에 대해서만 개정의 효력을 배제한다는 것이다. 즉 헌법개정효력의 적용대상을 제한하는 조항을 의미한다. 이 조항은 한국 헌정사에 있어서 대통령의 집권연장과 장기집권을 위한 정치적 욕망에 의해 위헌적이고 반민주적으로 헌법개정이 여러 차례 단행된 과거의 어두운 역사적 경험에 대한 반성으로 명문화한 것을 의미한다.

위의 제2항과 관련하여 헌법상 헌법개정의 대상이 될 수 없는 사항은 어떠한 것인지 생각해 볼 필요가 있다. 헌법개정의 한계 문제에 관한 것인데, 국가형태로서의 민주공화국, 헌법의 최고원리로서 국민주권원리, 자유민주적 기본질서, 핵심적인 기본적 인권, 복수정당제 보장, 사유재산제와 시장경제질서의 전면적 부정 등은 헌법개정의 대상이 될 수 없다. 우리 헌법의 핵심적 질서이며 헌법제정권자의 근본적 결단에 해당하는 자유민주적 기본질서의 구성요소를 폐지하는 것은 허용될 수 없으므로 기본권 보장, 권력분립원리, 사법권의 독립 등 법치국가적 요소와 국민주권의 원리를 구현하는 선거제도, 의회주의, 복수정당제 등의 민주주의 요소는 헌법개정의 대상이 될 수 없음은 당연하다. 또한 우리 헌법의 핵심적 기본원리의 하나로서 사회국가원리와 국제평화주의도 헌법제정권자의 근본적인 정치적 결단에 해당하는 것으로서 헌법개정의 한계에 속한다.

헌법개정의 한계와 관련하여 현행 헌법개정조항의 개정 가능성의 문제가 제기될 수 있다. 이에 관하여 헌법개정조항의 본질적 부분은 개정할 수 없는 것으로 보아야 하므로 현행의 국민투표절차에 관한 규정 자체를 폐지하는 것은 허용될 수 없다고 본다. 그러나 모든 헌법개정사항에 대한 필수적 국민투표절차를 부분적으로 완화하여 헌법개정사항의 중요도에 따라 중요도가 높은 특정 헌법개정사항만을 국민투표에 붙이는 방안 등은 검토해 볼 필요가 있다(이에 관하여는 정만희, 헌법개정과 정치제도개혁, 피엔씨미디어, 2017, 114면 이하 참조).

제
129
조

> 제129조
> 제안된 헌법개정안은 대통령이 20일 이상의 기간 공고하여야 한다.

헌법개정안의 공고기간

제129조에 따라 제안된 헌법개정안은 대통령이 20일 이상의 기간 이를 공고하여야 한다. 공고는 개헌안의 내용을 국민에게 주지시키고 그에 대한 자유로운 의견교환을 통하여 개헌에 대한 국민적 합의를 형성하기 위한 필수적인 절차이다. 따라서 공고기간의 의미는 개헌안의 내용에 대해 국회의 의결에 앞서 일반국민의 여론을 묻기 위한 충분한 시간을 두는 것이며, 대통령이나 국회의 다수당이 국민의 여론을 무시하고 졸속으로 헌법 개정을 단행하는 폐해를 막기 위한 것이라는 데에 그 근본취지가 있다. 건국헌법 당시의 헌법개정조항은 공고기간을 '30일 이상'으로 규정하였으나 현행 헌법은 '20일 이상'으로 단축하고 있

어서 국민의 공감대 형성을 위한 충분한 토론과 여론형성의 기간이 확보되지 못할 우려가 없지 않다.

> 제130조
> ① 국회는 헌법개정안이 공고된 날로부터 60일 이내에 의결하여야 하며, 국회의 의결은 재적의원 3분의 2 이상의 찬성을 얻어야 한다.
> ② 헌법개정안은 국회가 의결한 후 30일 이내에 국민투표에 붙여 국회의원 선거권자 과반수의 투표와 투표자 과반수의 찬성을 얻어야 한다.
> ③ 헌법개정안이 제2항의 찬성을 얻은 때에는 헌법개정은 확정되며, 대통령은 즉시 이를 공포하여야 한다.

헌법개정안에 대한 국회 의결과 국민투표절차

제130조 제1항에 따라 국회는 헌법개정안이 공고된 날로부터 60일 이내에 의결하여야 하며, 국회의 의결은 재적의원 3분의 2 이상의 찬성을 얻어야 한다. 개정안은 수정의결을 할 수 없고 원안의 가부투표에 회부된다. 국회의 표결은 기명투표로써 한다(국회법 제112조 제4항).

공고한 날로부터 60일 이내에 의결하여야 한다는 규정은 20일 이상의 공고기간과 마찬가지로 개헌안에 대한 공론화 과정을 확보한다는 의미를 가진다. 따라서 헌법개정안이 발의된 경우 단시일 내에 전격적으로 개헌을 밀어붙이기 위해 20일의 최소기간 공고절차를 거치고 나서 곧바로 의결절차로 들어가는 경우에는 '60일 이내'의 의결이라는 제130조 제1항의 기본취지에 반하게 되므로 60일 이내의 의결기간은 최대한 보장되어야 한다.

제130조 제2항에 의해 헌법개정안은 국회가 의결한 후 30일 이내에 국민투표에 회부한다. 대통령은 늦어도 국민투표일 전 18일까지 투표일과 헌법개정안을 동시에 공고하여야 한다. 헌법개정은 국회의원선거권자 과반수의 투표와 투표자 과반수의 찬성으로 확정된다. 헌법개정안에 대한 국민투표제는 그 투표 결과에 나타난 유권자의 자유로운 정치적 의사에 근거하여 헌법개정행위에 대해 민주적 정당성을 부여하게 되고, 그와 반대의 경우로 의회의 다수파나 실력자에 의한 헌법개정의 시도에 대해 국민투표를 통해 이를 부결시킴으로써 국민의 의사에 반하는 헌법개정에 대한 통제기능을 수행하는 점에서 그 의의와 중요성은 매우 크다고 할 수 있다.

제130조 제3항에 따라 대통령은 국민투표의 결과를 통보받은 때에는 즉시 공포하여야 한다. 헌법개정의 발효시기는 부칙의 규정으로 정해지지만 부칙에 특별한 규정이 없는 경우에는 공포한 날로부터 효력을 발생한다고 보는 것이 통설이다.

부칙 <제10호, 1987. 10. 29.>

제1조 이 헌법은 1988년 2월 25일부터 시행한다. 다만, 이 헌법을 시행하기 위하여 필요한 법률의 제정·개정과 이 헌법에 의한 대통령 및 국회의원의 선거 기타 이 헌법 시행에 관한 준비는 이 헌법 시행 전에 할 수 있다.

제2조 ① 이 헌법에 의한 최초의 대통령선거는 이 헌법시행일 40일 전까지 실시한다.

② 이 헌법에 의한 최초의 대통령의 임기는 이 헌법시행일로부터 개시한다.

제3조 ① 이 헌법에 의한 최초의 국회의원선거는 이 헌법공포일로부터 6월 이내에 실시하며, 이 헌법에 의하여 선출된 최초의 국회의원의 임기는 국회의원선거후 이 헌법에 의한 국회의 최초의 집회일로부터 개시한다.

② 이 헌법공포 당시의 국회의원의 임기는 제1항에 의한 국회의 최초의 집회일 전일까지로 한다.

제4조 ① 이 헌법 시행 당시의 공무원과 정부가 임명한 기업체의 임원은 이 헌법에 의하여 임명된 것으로 본다. 다만, 이 헌법에 의하여 선임방법이나 임명권자가 변경된 공무원과 대법원장 및 감사원장은 이 헌법에 의하여 후임자가 선임될 때까지 그 직무를 행하며, 이 경우 전임자인 공무원의 임기는 후임자가 선임되는 전일까지로 한다.

② 이 헌법 시행 당시의 대법원장과 대법원판사가 아닌 법관은 제1항 단서의 규정에 불구하고 이 헌법에 의하여 임명된 것으로 본다.

③ 이 헌법 중 공무원의 임기 또는 중임제한에 관한 규정은 이 헌법에 의하여 그 공무원이 최초로 선출 또는 임명된 때로부터 적용한다.

제5조 이 헌법 시행 당시의 법령과 조약은 이 헌법에 위배되지 아니하는 한 그 효력을 지속한다.

제6조 이 헌법 시행 당시에 이 헌법에 의하여 새로 설치될 기관의 권한에 속하는 직무를 행하고 있는 기관은 이 헌법에 의하여 새로운 기관이 설치될 때까지 존속하며 그 직무를 행한다.

판례색인

[제3장]

[제4장]

[제5장]

[제6장]

[제7장]

[제8장]

[제9장]

사항색인

[ㄴ]

[ㄷ]

[ㅅ]

[ㅇ]

[ㅈ]

제 2 판
우리에게 헌법이란 무엇인가

초판발행 2021년 9월 30일
제2판발행 2022년 10월 31일

지은이 정만희
펴낸이 박노일

총괄기획 최준규
편 집 심성보·이상민

펴낸곳 pnc publishing and culture 피앤씨미디어
경기도 고양시 일산동구 강송로 153 310-1501
등록 제396-2012-000203호
전 화 070)7550-3758 팩 스 02)718-8554
홈페이지 www.pncmedia.co.kr 이메일 pnc@pncmedia.co.kr
ISBN 979-11-5730-847-7 93360

정 가 24,000원